Les essentielles ERMEL CE1

15 Situations pour l´apprentissage de la numération et du calcul

Conception et rédaction

Henri-Claude Argaud, Jacques Douaire,
Fabien Emprin, Gérard Gerdil-Margueron

L'Équipe ERMEL est une équipe de Recherche sur l'Enseignement des Mathématiques
à l'École Élémentaire de l'Institut Français de l'Éducation (IFé-ENS Lyon)

Hatier

Les situations décrites et les progressions proposées dans cette publication ont été expérimentées dans le cadre de la recherche INRP « Apprentissages numériques et résolution de problèmes chez les élèves de 5 à 8 ans ».

Les résultats de cette recherche, les approches théoriques, les activités pour la classe ont été publiés dans l'ouvrage ERMEL CE1 « Apprentissages numériques et résolution de problèmes au Cours Élémentaire (1re année) » (Hatier, 2005), dont les concepteurs et rédacteurs étaient : Jeanine Boët, Nicole Bouculat, Élisabeth Boursey, Colette Chaniac, Roland Charnay, Gérard Deramcourt, Jacques Douaire, Jean-Claude Guillaume, Christiane Hubert, Marie-Hélène Lallement, Danièle Noyarie, Jean-Louis Porcheron, Michel Ramus et Dominique Valentin.

L'équipe de rédaction remercie Fabienne Emprin-Charotte qui a accompagné cette publication tout au long de son évolution, ainsi que Marianne Frémin et Claude Rajain pour leur soutien constant, Nadia Blein, Stéphanie Duffour, Magali Nowak pour leur éclairage attentif, et tous les enseignants sollicités pour un avis, un conseil durant l'élaboration de cet ouvrage.

Responsable d'édition : Corinne Caraty
Édition : Pierre Le Scoul
Principe maquette : Hung Ho Thanh
Mise en page : Christine Paquereau
Schémas et dessins : Jean-Luc Guérin
Iconographie : Hatier Illustration
Illustrateur : Nicolas Haverland

ISBN : 978-2-218-99876-8

Pourquoi cette nouvelle publication ?

LES CONSTATS

Les ouvrages de la collection ERMEL mettent à la disposition des enseignants et des formateurs les résultats de recherches sur les apprentissages numériques et la résolution de problèmes conduites dans le cadre de l'Institut français de l'Education (Ifé-ENS, ex INRP).

La fiabilité des situations, s'appuyant sur des expérimentations dans de très nombreuses classes, **les analyses** de ce que les élèves produisent, ainsi que **les synthèses proposées** en font aussi un outil reconnu pour les formateurs.

Cependant depuis quelques années, la formation tant initiale que continue a évolué. Les souhaits d'enseignants débutants ou expérimentés et de formateurs nous ont incité à concevoir un ouvrage présentant nos dispositifs d'enseignement d'une façon plus accessible, prenant davantage en compte la gestion de la classe et la différenciation.

Ce nouvel outil s'articulera avec un nouveau cahier de l'élève disponible en 2018.

LES PRINCIPES STRUCTURANT CETTE NOUVELLE PUBLICATION

Une entrée par les situations d'apprentissage explicitant les choix de l'enseignant

Cette publication vise une entrée progressive dans les dispositifs d'enseignement, en facilitant leur mise en œuvre par une précision accrue de la description de leur déroulement. Des analyses et des commentaires mettent en évidence les choix de l'enseignant en s'appuyant sur des exemples concrets.
Les situations essentielles ainsi que les activités d'accompagnement sont présentées de façon chronologique (alors que dans l'ouvrage ERMEL « Apprentissages numériques et résolution de problèmes au CE1 », elles sont regroupées par thèmes).

Une progression plus claire des apprentissages de l'année

- ✔ **Une organisation chronologique en 5 périodes, comportant chacune trois « situations essentielles » (une par quinzaine)**
  Les deux premières périodes sont consacrées à la numération et au calcul additif afin de prendre en compte la diversité des connaissances des élèves après le CP. Les périodes suivantes abordent la mesure, le calcul multiplicatif et la construction d'une technique opératoire de la soustraction.
  Ce choix facilite la conduite des apprentissages et rend plus lisible l'organisation de l'année.
- ✔ **Une description détaillée de la mise en œuvre de chaque « situation essentielle »**
  Chaque quinzaine comporte une situation essentielle, constituée dans la plupart des cas d'une activité principale et d'une activité complémentaire, avec des commentaires didactiques et pédagogiques. Chaque situation essentielle contribue à un apprentissage important en confrontant l'élève à une activité de recherche, permettant la découverte et l'appropriation d'un nouveau savoir. Des adaptations de ces situations aux connaissances des élèves et aux types de classes sont proposées.
- ✔ **Une présentation des activités d'accompagnement stabilisant les connaissances**
  Pour chaque période, des activités d'accompagnement permettent aux élèves de développer des habiletés, d'utiliser ce qu'ils ont acquis, de s'entrainer, d'évaluer leur progrès. Elles portent sur les apprentissages de la période en cours ou des précédentes.
- ✔ **Des réponses à des questions sur les apprentissages, sur des choix d'enseignement**
  À la suite du descriptif de chaque situation essentielle, des éclairages sur les enjeux des apprentissages, sur les organisations didactiques, sur les choix pédagogiques apportent des premières réponses à des questions que se seront posées les enseignants lors de la mise en œuvre de ces situations.

Un ensemble de ressources pour la classe

- ✔ Cette publication comporte un CD-Rom contenant les fichiers et annexes nécessaires aux « situations essentielles » et aux activités d'accompagnement.
- ✔ La valisette de matériel « Numéricartes CE1 » est utilisable pour éviter ou limiter les impressions de nombreux documents proposés dans le CD-Rom.
- ✔ Des références régulières à l'ouvrage « Apprentissages numériques et résolution de problèmes au CE1 » (Hatier, 2005) offrent des informations complémentaires sur les conceptions de l'apprentissage ou de l'enseignement et leur évolution, ainsi que des exercices.
- ✔ Un cahier de l'élève complètera en 2018 cet ensemble.

Sommaire

Période 4

Période 5

Compléments didactiques

Annexes

Organisation de l'année

LES THÈMES DES PÉRIODES

- ✔ L'année est structurée en **5 périodes de 3 quinzaines**.
- ✔ Les apprentissages numériques au CE1 sont regroupés au sein de 4 domaines principaux :
  - des problèmes pour apprendre à chercher ;
  - la numération et la mesure ;
  - le calcul additif et soustractif ;
  - le calcul multiplicatif.

  Les situations essentielles de chaque période privilégient les aspects nouveaux d'un ou plusieurs de ces domaines : pour chaque notion, de nouvelles procédures, propriétés et possibilités de représentations vont être découvertes dans les 3 situations essentielles, puis stabilisées grâce aux activités d'accompagnement.
- ✔ **Dans les deux premières périodes**, le développement de la numération et du calcul additif permet de prendre en compte la diversité des connaissances des élèves sortant du CP.
- ✔ **Dans les périodes suivantes**, de nouveaux domaines sont abordés : la mesure, le calcul multiplicatif ainsi que la construction d'une technique de la soustraction.
- ✔ De plus, la maitrise progressive de l'écrit, tant par son appui dans la production de solutions que pour la lecture des énoncés, permet de développer les capacités de résolution de problèmes.

LA RÉPARTITION DES THÈMES SUR L'ANNÉE

	ENJEU PRINCIPAL DE CHAQUE PÉRIODE				
	Période 1	Période 2	Période 3	Période 4	Période 5
	Développer des procédures mentales...	**Développer la connaissance et l'usage des dizaines...**	**Utiliser les nombres dans de nouveaux domaines de connaissances...**	**Produire et utiliser l'écrit dans un problème...**	**Appréhender de nouvelles techniques...**
Des problèmes pour apprendre à chercher	... en produisant des solutions et en les contrôlant		... en produisant des essais de calcul dans un problème de partage		... en organisant ses essais
Numération et mesures	... pour réaliser des échanges entre centaines, dizaines et unités	... pour quantifier ou constituer une collection	... pour résoudre un problème de mesure	... pour distinguer nombre de dizaines et chiffre des dizaines	... pour mesurer une grande longueur
Calculs additifs et soustractifs	... pour résoudre des problèmes additifs	... pour installer et utiliser des méthodes de calcul	... pour résoudre des problèmes de comparaison	... pour mettre en œuvre l'opération (l'addition ou la soustraction)	... pour effectuer une soustraction
Calculs multiplicatifs			... pour découvrir une nouvelle opération : la multiplication	... pour approcher le calcul multiplicatif	... pour effectuer une multiplication

Période 1 Des procédures mentales pour résoudre des problèmes

Certains élèves, au début du CE1, sont désarmés pour résoudre des problèmes. Ces situations leur permettent de prendre confiance et de développer des stratégies de recherche.

Quinzaine	Situation essentielle	Objectif principal
1	**LA RENTRÉE**	*Produire des solutions et les contrôler*
2	**LE CAISSIER**	*Réaliser des échanges*
3	**LA BOITE JAUNE**	*Résoudre mentalement des petits problèmes additifs*

Période 2 Développer la connaissance et l'usage des dizaines

Les situations essentielles de cette période renforcent le rôle de la dizaine tant pour une quantification efficace de collections que pour le calcul.

Quinzaine	Situation essentielle	Objectif principal
4	**LES TIMBRES**	*Comprendre la valeur des chiffres dans le nombre*
5	**SUR LA PISTE**	*Développer les procédures de calcul*
6	**JULIE VA AU CENTRE COMMERCIAL**	*Mettre en relation les questions et les informations dans un énoncé écrit*

Période 3 Utiliser les nombres dans de nouveaux domaines de connaissances

De nouveaux champs sont abordés : celui de la mesure et des problèmes multiplicatifs. Le recours à des calculs écrits pour remplacer les représentations figurées y est aussi développé.

Quinzaine	Situation essentielle	Objectif principal
7	**PARTAGES**	*Produire des essais de calculs*
8	**LES BANDES**	*Identifier une grandeur et produire sa mesure*
9	**LES ENVELOPPES**	*Découvrir la multiplication*

Période 4 Produire et utiliser l'écrit dans un problème

Les situations essentielles visent la découverte des propriétés de la multiplication et le développement de procédures pour approcher la soustraction.

Quinzaine	Situation essentielle	Objectif principal
10	**MINI-TARTARE**	*Extraire le nombre de dizaines d'un nombre à 3 chiffres*
11	**LES COMMANDES**	*Approcher le calcul multiplicatif*
12	**LES ÉCARTS**	*Mettre en évidence le recours à la soustraction*

Période 5 Appréhender de nouvelles techniques

Réinvestir les procédures développées précédemment pour résoudre des problèmes de mesure, développer des méthodes de recherche et poser des soustractions.

Quinzaine	Situation essentielle	Objectif principal
13	**LE COULOIR**	*Mesurer pour résoudre des problèmes*
14	**LE THÉ DES MAITRESSES**	*Produire et organiser des essais*
15	**SOUSTRAIRE**	*Construire une technique opératoire de la soustraction*

Les activités d'accompagnement

Les situations essentielles de CE1 étendent la maitrise de la numération et accroissent les capacités des élèves à résoudre des problèmes. Elles abordent aussi de nouveaux domaines de savoir, ceux de la multiplication et de la mesure des grandeurs, et introduisent de nouvelles techniques comme celle de la soustraction. Pour chaque période, des activités d'accompagnement stabilisent les connaissances. Elles permettent aux élèves de développer des habiletés, d'utiliser ce qu'ils ont acquis, de s'entrainer mais aussi de prendre conscience de leurs progrès. Elles portent sur les apprentissages introduits lors de la période en cours ou reprennent ceux des précédentes.

LES CONTENUS DES ACTIVITÉS D'ACCOMPAGNEMENT

- ✔ La connaissance des nombres : structuration de la suite écrite en reprenant les apprentissages du CP en période 1, comparaison des nombres tout au long de l'année.
- ✔ La mémorisation des résultats additifs, la fluidité des procédures de calcul, la connaissance des multiples.
- ✔ De nouveaux outils comme la droite graduée ou non graduée.
- ✔ La mise en œuvre de procédures de mesurage.

LES DIFFÉRENTS TYPES D'ACTIVITÉS D'ACCOMPAGNEMENT

Des activités d'entrainement

Il s'agit de jeux rapides qui peuvent concerner la numération ou des résultats additifs et soustractifs. Avec une même forme de jeu, ils peuvent aborder des contenus différents (jeux de cartes de type RECTO-VERSO ou MARIAGES, par exemple).

Certains de ces jeux peuvent servir à différents moments de l'année, avec des objectifs ou des valeurs numériques différentes (cf. CARTES RECTO-VERSO, tableaux p. 53, 94, 136 et 179). Après une rapide présentation orale collective, ils se déroulent en binômes ou en groupes. Leur description précise l'enchainement des activités (cf. LES JEUX DE MARIAGES, p 132-133) et des suggestions de différenciation.

Des activités nouvelles comme situations d'accompagnement

Compte tenu de l'évolution des possibilités des élèves au cours du CE1, elles font davantage appel à la réflexion (analyse de l'écrit ou de l'efficacité des méthodes).

Leur description présente en général une analyse des procédures des élèves, et des indications sur les échanges possibles dans les mises en commun. Certaines proposent une présentation suffisamment détaillée des différentes étapes, nécessaire pour leur mise en œuvre, comme VERS LA DROITE NUMERIQUE, LE JEU DES 4 CHIFFRES ou LA CIBLE DES DIZAINES. D'autres décrivent un enchainement d'exercices (comme les problèmes additifs proposés dans LES CUBES). Toutefois, si ces activités sont importantes pour les apprentissages, les choix de l'enseignant ont moins besoin d'être analysés que dans les situations essentielles ; leur gestion nécessite moins de commentaires didactiques ou pédagogiques, c'est pourquoi ces derniers sont intégrés dans la description de ces activités.

Elles sont souvent affectées à une quinzaine spécifique.

CES SITUATIONS FIGURENT EN MAJUSCULES DANS LE TABLEAU DE LA PAGE CI-CONTRE.

Des prolongements ou reprises de situations essentielles

Ces activités figurent dans les descriptifs des situations essentielles, où elles sont souvent suggérées comme dernière phase. Elles visent à stabiliser des connaissances en proposant des problèmes voisins, souvent indispensables pour certains élèves qui ont compris, lors des mises en commun, des procédures plus performantes que les leurs, mais qui n'ont pas encore pu les mettre en œuvre eux-mêmes.

Elles peuvent être programmées dans les jours ou les semaines qui suivent la situation essentielle.

	RÉPARTITION DES ACTIVITÉS D'ACCOMPAGNEMENT SUR L'ANNÉE EN FONCTION DES DIFFÉRENTS THÈMES				
	Période 1	Période 2	Période 3	Période 4	Période 5
Connaissance des nombres	Désignations orale et écrite LE TABLEAU DES NOMBRES (quinzaine 1) Représenter les nombres VERS LA DROITE NUMÉRIQUE (quinzaine 2)	Comparer les nombres LE JEU DES 4 CHIFFRES (quinzaine 5)	Écrire les nombres en lettres LES MOTS-NOMBRES (quinzaine 8)	Comparer les nombres LE PLUS PRÈS (quinzaine 12) Structurer la suite des nombres 25, 50 ET 75 (quinzaine 12)	Extraire le nombre de dizaines (ou de centaines) d'un nombre LES CAHIERS (quinzaine 14)
Calculs additifs et soustractifs	Renforcer le répertoire LES CARTES RECTO-VERSO LA TABLE D'ADDITION (quinzaine 3)	Calculer avec les dizaines LA CIBLE DES DIZAINES (quinzaine 4) Résoudre des problèmes additifs de composition d'états LES CUBES (quinzaine 6)	Calculer avec les dizaines LES JEUX DE MARIAGES LES CARTES RECTO-VERSO (quinzaine 7)	Calculer avec les centaines LES CARTES RECTO-VERSO (quinzaine 11)	Calculer avec les centaines LES CARTES RECTO-VERSO (quinzaine 13 ou 14)
Calculs multiplicatifs				Mémoriser les tables LES CARTES RECTO-VERSO (quinzaine 10)	Associer une représentation rectangulaire à un produit et inversement LES NOMBRES RECTANGULAIRES (quinzaine 15)
Mesures			Acquérir de l'habileté pour mesurer et savoir ajouter des longueurs LE SERPENT (quinzaine 9)	Mesurer une longueur par report d'instrument LA GRANDE BANDE (quinzaine 10)	Se représenter des longueurs ORDRES DE GRANDEURS (quinzaine 13)

Organisation d'une période

UNE STRUCTURE EN 4 PARTIES

1re partie : La présentation de la période avec les **objectifs** des situations essentielles et des activités d'accompagnement, leur **place dans la progression** de l'année, et le planning de la période.

2e partie : Les **situations essentielles** de chaque quinzaine :

- ✔ une description détaillée de chaque « situation essentielle » ;
- ✔ des réponses à des questions sur les apprentissages et l'enseignement après la mise en œuvre de ces situations (rubriques « Questions sur »).

3e partie : Des **activités d'entrainement**, **de stabilisation des connaissances** et **d'évaluation**. Elles concernent aussi les apprentissages des périodes précédentes.
Elles peuvent être suivies d'une rubrique « Questions sur ».

4e partie : Des **éclairages complémentaires** sur les concepts en jeu dans la période. **Ils permettent à ceux qui le souhaitent d'aller plus loin** et de faire le lien entre cette publication et les parties théoriques des ouvrages ERMEL de référence.

UN DESCRIPTIF D'UNE SITUATION ESSENTIELLE

Ce descriptif (ici la situation essentielle « SUR LA PISTE » de la période 2, quinzaine 5) comporte :

- ✔ un résumé des connaissances visées et les références à ERMEL (haut de la 1re page) ;
- ✔ un descriptif détaillé, pour chacune des phases, du déroulement des activités, des consignes, des fonctions (présentation, recherche, mise en commun…) et des formes de travail (1re colonne) ;
- ✔ des commentaires didactiques et pédagogiques permettant d'adapter si nécessaire la situation, en précisant les productions observables et les choix possibles de l'enseignant (2e colonne).

Le rôle de la situation dans la progression du thème est précisé.

PÉRIODE 2 – Quinzaine 5

Situation essentielle **SUR LA PISTE**

Au cours du CE1, la droite numérique[1] va devenir progressivement un support privilégié pour aider les élèves à faire évoluer leurs procédures mentales de calcul et à les expliciter.

Cette situation propose de résoudre des problèmes du type « a + ? = b », « a + b = ? » ou « a – b = ? », a et b étant deux nombres donnés de deux ou trois chiffres. Elle conduit à utiliser la droite numérique comme support de représentation du problème posé puis comme support de calcul, en s'appuyant sur les dizaines, sur l'ordre des nombres et sur leurs écarts.

Dans les deux premières phases, les problèmes proposés sont sans énoncé se référant à un contexte autre que des déplacements sur une ligne graduée, où les unités sont repérées par des points et où seules les dizaines sont écrites.
Dans la seconde phase, pour inciter au calcul, le support matériel n'est plus fourni.
Une troisième phase permet un réinvestissement dans des problèmes à énoncé.

Cette situation pourra se dérouler sur 5 séances. Séance 1 : phase 1 (étapes 1 à 3) ; Séance 2 : phase 1 (étape 4) ; Séance 3 : phase 2 (étape 1) ; Séance 4 : phase 2 (étape 2) ; Séance 5 : phase 3.

La situation SUR LA PISTE reprend des objectifs de la situation LA DROITE NUMÉRIQUE (ERMEL CE1 p. 229 à 240) du thème « Calculs additifs et soustractifs ».

La présentation des « situations essentielles » est détaillée.

Présentation de la situation

Matériel collectif (phase 1)
- Une ligne graduée (la piste) format A3 ou A2 affichée au tableau (cf. Annexe 4 p. 74 et CD).

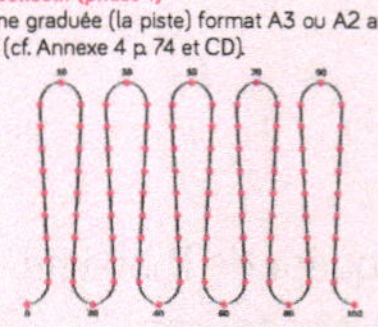

- Des cartes format A5 sur lesquelles l'enseignant écrira les nombres correspondant au déplacement (en rouge ou en vert).

Matériel par équipe de deux élèves (phase 1)
- Une piste et un petit jeton (la puce).
- Pour les étapes 1 à 3, une carte sur laquelle l'enseignant écrit en noir la position de départ attribuée à l'équipe. Une autre carte pour l'étape 4.

Codage du déplacement
Sur les cartes indiquant le déplacement, les nombres sont écrits soit en vert, soit en rouge. La carte 25 permet de faire avancer la puce de 25 tandis que la carte 25 indique que la puce va reculer de 25. Cette distinction permet d'éviter une notation comme + 25 ou – 25 qui serait prématurée à ce stade. De plus, en évitant les termes « plus » ou « moins » dans la communication du déplacement, elle impose à l'élève de déterminer le sens de celui-ci en fonction du code donné dans la consigne.

Choix des nombres
Afin de favoriser les procédures mentales de calcul et l'utilisation du support graphique de la piste graduée :
- sur la piste, les nombres se situent entre 0 et 100 ;
- pour les déplacements, ils se situent entre 10 et 30 (ils doivent être suffisamment familiers pour permettre des calculs s'appuyant sur des décompositions utilisant lés dizaines).

Phase 1 : La piste est disponible

ÉTAPE 1 : PRÉSENTATION DU DISPOSITIF ET ÉMISSION DU MESSAGE

Les élèves travaillent par équipes de deux, homogènes du point de vue des connaissances.
L'enseignant choisit pour chaque équipe une carte-nombre. Ce sera le point de départ de la puce. Quatre points de départ sont possibles

Enjeu de la phase 1
C'est essentiellement l'appropriation du problème. L'élève doit donc comprendre la relation entre le déplacement, son codage et la détermination d'une position, et élaborer une procédure adaptée pour cela. Cette phase ne vise pas la recherche de la procédure la plus pertinente pour résoudre le problème.

1. Voir « Le calcul et ses représentations », page 76.

Les essentielles ERMEL CE1 70 SUR LA PISTE

La description du déroulement (matériel, consignes, etc.) permet, dès sa première lecture, une mise en œuvre fiable.

Des choix d'organisation ou de différenciation pour l'enseignant selon les caractéristiques de sa classe sont proposés.

PÉRIODE 1

DES PROCÉDURES MENTALES POUR RÉSOUDRE DES PROBLÈMES

Certains élèves, au début du CE1, sont désarmés pour résoudre des problèmes. Ces situations leurs permettent de prendre confiance et de développer des stratégies de recherche.

Quinzaine	Situation essentielle	Objectif principal
1	LA RENTRÉE	*Produire des solutions et les contrôler*
2	LE CAISSIER	*Réaliser des échanges*
3	LA BOITE JAUNE	*Résoudre mentalement des petits problèmes additifs*

Présentation de la période

Les apprentissages mathématiques développés dans « Les essentielles ERMEL CP » ont été organisés selon deux axes :

- la découverte de notre système de numération et de ses propriétés ;
- la résolution de différents types de problèmes additifs en lien avec le développement des procédures mentales de calcul, puis la découverte de la technique opératoire de l'addition.

LES APPRENTISSAGES DE LA PÉRIODE 1

Au début du CE1, les connaissances des élèves sur la numération et le calcul peuvent être variées. En particulier, certains élèves se trouvent démunis dès que la solution d'un problème ne peut pas être obtenue par une addition posée de deux nombres de l'énoncé. Aussi, à la période 1, les élèves :

- **produisent des solutions** pour résoudre un problème à énoncé et apprennent à les contrôler ;
- **consolident leurs connaissances** de la numération ;
- **développent des procédures mentales** pour résoudre de nouveaux problèmes additifs.

Donner confiance à chaque élève dans ses capacités à utiliser ses connaissances est une priorité dès le début de l'année.

LES SITUATIONS ESSENTIELLES

Trois « situations essentielles » sont proposées.

Quinzaine 1 : LA RENTRÉE vise un double objectif : mettre en évidence les tâches et initiatives de l'élève pour résoudre un problème, et découvrir comment utiliser un énoncé écrit. Ces apprentissages sont prolongés par le problème LE GOUTER.

Quinzaine 2 : LE CAISSIER utilise la monnaie pour comprendre :

- la signification d'un chiffre selon sa position dans l'écriture décimale d'un nombre ;
- la notion d'échange ;
- la différence entre la valeur et la quantité (*« 1 billet de 10 € c'est 1 "objet" mais il a la même valeur que 10 pièces de 1 €. »*) ;
- la constitution d'une somme d'argent.

Deux situations complètent ces apprentissages en fonction des connaissances des élèves :

- LES FOURMILLIONS, expérience incontournable pour les élèves qui ne l'ont pas abordée au CP ;
- et/ou LES TRAITS pour les autres.

Quinzaine 3 : LA BOITE JAUNE propose différents types de problèmes additifs ou soustractifs. L'apprentissage de la technique opératoire de l'addition en fin de CP permet à l'élève de résoudre certains problèmes. Il est cependant essentiel qu'il comprenne que cette technique est inefficace dans d'autres problèmes et que, plutôt que de l'appliquer à tort, il peut s'appuyer sur des procédures mentales de calcul pour les résoudre. LE NOMBRE PENSÉ permet de poursuivre le travail et de faire une analyse de ces procédures.

DES QUESTIONS SUR LES APPRENTISSAGES

À chaque quinzaine, un approfondissement des apprentissages est proposé :

Quinzaine 1 : « En début d'année, que faire avec ce que les élèves savent ? » précise la continuité entre les activités que nous proposons au CP et celles du CE1.

Quinzaine 2 : « Intérêts et limites de la manipulation » explicite les fonctions et les ambiguïtés de cette pratique pour des élèves aux connaissances plus faibles.

Quinzaine 3 : « Savoir calculer au CE1 » analyse l'évolution des procédures.

DES QUESTIONS SUR L'ENSEIGNEMENT

Des synthèses sur les gestes professionnels sollicités par ces activités sont proposées :

Quinzaine 1 : « Des choix de l'enseignant pour relancer la recherche » propose des adaptations dans le cas où des élèves seraient déconcertés par la résolution d'un problème.

Quinzaine 2 : « Aider tous les élèves à comprendre la numération » développe des propositions d'activités.

Quinzaine 3 : « La résolution de problèmes additifs » permet un bilan dans ce domaine.

À la fin de la période, un éclairage est proposé sur « Les procédures mentales : quelle continuité entre le CP et le CE1 ? ».

LES ACTIVITÉS D'ACCOMPAGNEMENT

Les apprentissages de la période sont aussi assurés par des activités d'entrainement variées indispensables et quotidiennes en début d'année. Elles ont notamment pour but le renforcement de :

- la connaissance écrite et orale des nombres ;
- la comparaison des nombres, de leur ordre ;
- l'usage des tables d'addition.

Planning de la période

<table>
<tr><td colspan="2"></td><td colspan="3">PÉRIODE 1</td><td>PÉRIODE 2...</td></tr>
<tr><td colspan="2"></td><td>Quinzaine 1</td><td>Quinzaine 2</td><td>Quinzaine 3</td><td>Quinzaine 4</td></tr>
<tr><td colspan="2">SITUATIONS ESSENTIELLES</td><td>LA RENTRÉE
p.14-15</td><td>LE CAISSIER
p. 21-27</td><td>LA BOITE JAUNE
p. 37-42</td><td>LES TIMBRES
p. 60-66</td></tr>
<tr><td rowspan="5">Séance n°</td><td>1</td><td>Phase 1
(étapes 1 et 2)</td><td>Phase 0 (optionnelle)</td><td rowspan="5">8 séances courtes
(2 séances par phase)</td><td>Phase 1</td></tr>
<tr><td>2</td><td>Phase 1
(étapes 3 et 4)</td><td>Phase 1</td><td>Phase 2
(étape 1)</td></tr>
<tr><td>3</td><td>Phase 2 : LE GOUTER</td><td>Phase 2</td><td>Phase 2
(étapes 2 et 3)</td></tr>
<tr><td>4</td><td rowspan="2"></td><td>Phases 3 et 4</td><td rowspan="2">Phase 3
(séances courtes)</td></tr>
<tr><td>5</td><td>Phases 5 et 6</td></tr>
<tr><td colspan="6">ACCOMPAGNEMENTS</td></tr>
<tr><td colspan="2" rowspan="11">Connaissance des nombres</td><td colspan="2">COMPTINE NUMÉRIQUE</td><td rowspan="4">LES FOURMILLIONS ou LES TRAITS</td><td></td></tr>
<tr><td colspan="2">JEU DU FURET</td><td>JEU DU FURET</td></tr>
<tr><td colspan="2">BANDE NUMÉRIQUE INDIVIDUELLE</td><td></td></tr>
<tr><td colspan="2">ROULEAU DES NOMBRES</td><td></td></tr>
<tr><td colspan="2">TABLEAU DES NOMBRES</td><td></td><td></td></tr>
<tr><td colspan="2">JEUX DE PORTRAITS</td><td></td><td>JEUX DE PORTRAITS</td></tr>
<tr><td colspan="2">CALCULATRICE</td><td></td><td></td></tr>
<tr><td colspan="2">LABYNOMBRES et HEXANOMBRES</td><td></td><td></td></tr>
<tr><td></td><td></td><td></td><td></td></tr>
<tr><td></td><td></td><td></td><td></td></tr>
<tr><td></td><td>VERS LA DROITE NUMÉRIQUE</td><td></td><td></td></tr>
<tr><td colspan="2" rowspan="8">Calculs additifs et soustractifs</td><td></td><td></td><td></td><td>LA CIBLE DES DIZAINES</td></tr>
<tr><td></td><td></td><td></td><td></td></tr>
<tr><td></td><td></td><td>DES NOMBRES SUR UNE LIGNE DROITE</td><td>DES NOMBRES SUR UNE LIGNE DROITE</td></tr>
<tr><td></td><td></td><td>DÉTERMINER L'ÉCART ENTRE DEUX NOMBRES</td><td>DÉTERMINER L'ÉCART ENTRE DEUX NOMBRES</td></tr>
<tr><td></td><td></td><td>CARTES RECTO-VERSO
Jeux 1 à 5</td><td>CARTES RECTO-VERSO
Jeu 6</td></tr>
<tr><td></td><td></td><td>TABLE D'ADDITIONS</td><td>TABLE D'ADDITIONS</td></tr>
<tr><td></td><td colspan="2">Dix-minos, loto, dominos, puzzles à colorier</td><td>Dix-minos, loto, dominos, puzzles à colorier</td></tr>
<tr><td></td><td></td><td></td><td></td></tr>
<tr><td colspan="2">Calculs multiplicatifs et de division</td><td></td><td></td><td></td><td></td></tr>
<tr><td colspan="2">Mesure</td><td></td><td></td><td></td><td></td></tr>
</table>

- Mise en œuvre de l'activité d'accompagnement
- Prolongement de l'activité d'accompagnement

EN MAJUSCULES : activité décrite dans « Les Essentielles »
en minuscules : activité décrite dans le référent ERMEL CE1

Situation essentielle LA RENTRÉE

Il s'agit de permettre aux élèves d'appréhender deux composantes de l'activité mathématique :

1. *La compréhension progressive des règles d'un contrat didactique pour la résolution de problèmes. Il comporte deux dimensions principales :*
   - *ce que l'élève doit faire : chercher sans se précipiter sur les nombres de l'énoncé pour appliquer une procédure non appropriée à la situation, produire une solution, valider lui-même sa réponse ;*
   - *ce que l'élève peut faire : choisir sa méthode, utiliser un brouillon (il peut faire des ratures...), faire des essais, recommencer.*
2. *L'identification des données de l'énoncé qui doivent être prises en compte pour répondre aux questions. Pour certains élèves, cela peut être la première fois que toute l'information qu'ils ont à utiliser est donnée par un énoncé écrit (sans image, ou présentation complémentaire par l'enseignant, et non issue de sa vie personnelle ou de celle de la classe).*

Certains élèves risquent d'être déroutés par cette demande d'initiatives face à une activité nouvelle ; aussi, le déroulement de la situation propose une phase d'appropriation visant à assurer la compréhension de l'énoncé. LE GOUTER prolonge cette situation avec un autre contexte, et permet de renforcer la prise en compte de ces attentes.

Cette situation pourra se dérouler sur 3 séances : deux pour LA RENTRÉE et une pour LE GOUTER.

La situation LA RENTRÉE (ERMEL CE1 p. 53 à 55) est une situation du thème « Des problèmes pour apprendre à chercher ».

Phase 1 : LA RENTRÉE

PRÉSENTATION DE LA SITUATION

Énoncé (cf. CD)

« C'est la rentrée. Il y a 26 élèves dans une classe. Le maitre donne des cahiers et des livres. Chaque élève reçoit 2 cahiers et 1 livre. Combien le maitre donne-t-Il de cahiers ? Combien donne-t-il de livres ? »

Le texte de l'énoncé est écrit sur une feuille A4, qui est distribuée à chaque élève, et sur laquelle ils pourront écrire, dessiner...
L'enseignant lit oralement l'énoncé.

Consigne

« Il faut que vous réfléchissiez, c'est à vous de trouver une réponse.
Je ne vous dirai pas si c'est juste ou si c'est faux.
Vous avez du temps pour réfléchir.
Vous pouvez utiliser toute la feuille pour chercher la réponse.
Je vous demande une réponse écrite. »

ÉTAPE 1 : RECHERCHE INDIVIDUELLE

L'enseignant laisse chercher les élèves. Il observe leur comportement et leurs productions :

1. Certains élèves restent sans rien faire.
2. D'autres répondent « *1 et 2* » ou ajoutent certains nombres de l'énoncé (« *2 + 1* » ou « *26 + 2 + 1* ») et font des additions non pertinentes pour le problème posé, puis s'arrêtent.
3. D'autres encore commencent à écrire « *2 + 2 + 2...* » mais perdent rapidement confiance car ils pensent que ce calcul est trop long, et de ce fait qu'il ne peut pas être la solution.
4. D'autres enfin résolvent un autre problème, pour leur classe : « *22 + 22* », par exemple, si 22 est le nombre d'élèves de leur classe.

Enjeu

Dans cette situation, les élèves vont :
- devoir développer des procédures de résolution diverses mais appropriées à la situation (dessin simplifié, calculs) ;
- prendre conscience que les informations utiles sont dans le texte.

Choix des valeurs

Le nombre d'élèves choisi est 26, mais il pourra être changé par l'enseignant, car il doit être différent mais assez proche du nombre d'élèves dans la classe pour que la confusion entre ces deux nombres soit possible (si certains enfants croient que c'est pour « leur » classe que l'on cherche le nombre de cahiers et de livres). Cela permettra ainsi à l'enseignant de traiter cette interprétation erronée et de préciser : *« Dans un problème dont l'énoncé est écrit, les informations à utiliser sont celles écrites dans le texte. »*

Analyses des procédures pour déterminer le nombre de cahiers et de livres

Étant donné les nombres 26 et 2, les procédures avec un dessin simplifié ou avec les nombres (*« 2 + 2 + 2... »*) prennent sensiblement le même temps.
Le calcul *« 26 + 26 »*, bien que plus performant, ne correspond pas a priori à la représentation de la distribution induite par l'énoncé (à moins que certains enfants distribuent d'abord 1 cahier puis 1 autre cahier) ; cette procédure peut apparaitre, mais ce n'est pas la procédure visée.

ÉTAPE 2 : ANALYSE DES DIFFICULTÉS, RELANCE ÉVENTUELLE OU MISE AU POINT

Si plusieurs élèves ne produisent rien (cas n° 1 ci-dessus) ou se contentent d'ajouter deux ou trois nombres de l'énoncé (cas n° 2), cela peut relever de l'une des deux difficultés suivantes :

- Des élèves sont déroutés face à la résolution d'un problème, activité nouvelle pour eux. Les relances de l'enseignant sont alors des encouragements.
- Des élèves ne comprennent pas l'énoncé. Ils ne se représentent pas le but de la situation. L'enseignant arrête alors la recherche et organise une mise au point en prenant l'exemple d'une distribution pour un petit nombre d'élèves. En effet, malgré des années de maternelle et de CP, il est possible que des élèves n'aient pas suffisamment l'expérience de ce qu'est une distribution, ou qu'ils l'aient simplement vécue comme une action avec des objets, sans réflexion associée.

ÉTAPE 3 : REPRISE DE LA RECHERCHE

L'enseignant relance la recherche.
Il rappelle que chacun peut faire un dessin, utiliser son brouillon…

ÉTAPE 4 : MISE EN COMMUN

Cette mise en commun a deux fonctions principales :

- analyser collectivement les productions erronées (par exemple l'ajout de tous les nombres), ou celles qui comportent des erreurs de comptage, de calcul ;
- mettre en évidence qu'il est possible de réussir en faisant des dessins, ou avec des calculs très progressifs.

Elle doit faire partager les procédures adaptées au problème (en montrant, par exemple, comment un dessin simplifié permet de le résoudre).
L'enseignant peut afficher les différentes procédures produites dans la classe. Les élèves sont sollicités pour exprimer leurs avis : *« Le résultat répond-il à la question ? Le résultat est-il correct ? Quels sont les erreurs, oublis… de certaines productions ? »*
Les productions aboutissant à des résultats exacts sont identifiées. Une affiche avec les éléments du contrat explicité au cours de la résolution peut être produite à l'issue de cette mise en commun, en partant des formulations des élèves.

Première relance sur le contrat

Dans la construction du contrat, ce que l'enseignant autorise, valorise, contraint, est aussi important que ce qu'il dit. S'il est indispensable que l'enseignant « ne mette pas l'élève sur la voie », il peut intervenir par des rappels (individuels ou collectifs), de ce que ce dernier peut faire : *« tu peux écrire », « tu peux faire un dessin », « tu as le droit de barrer »…*, voire par des encouragements généraux.

Comprendre le but à atteindre

L'enseignant peut choisir quelques-uns de ces élèves et leur faire mimer ou jouer ce qu'est la distribution d'un livre et de deux cahiers (cf. « Des choix de l'enseignant pour relancer la recherche » p. 16). Faire jouer la situation à quelques élèves, permet à tous de se représenter le problème sans indiquer de procédures numériques utilisables pour les nombres de l'énoncé.

Les productions

En début d'année, certains élèves produisent des dessins figuratifs qui prennent beaucoup de temps, d'autres font des dessins schématisés, d'autres encore utilisent des calculs.

Les fonctions des mises en commun

La mise en commun peut constituer la 2e séance. De façon générale, les mises en commun permettent de :

- rappeler ce qui était cherché et reposer pour tous le problème ;
- expliquer ce que les élèves ont fait et prendre ainsi conscience des caractéristiques, erreurs ou oublis de leurs productions ;
- valider collectivement les résultats, en analysant ces productions ;
- mettre en évidence des procédures accessibles aux élèves qui ont échoué à ce problème.

Phase 2 : LE GOUTER

Cette situation est analogue à celle de LA RENTRÉE.

Énoncé (cf. CD)

« 18 enfants sont réunis pour un gouter. Chacun reçoit 1 gâteau et 4 bonbons. Combien de gâteaux a-t-on donné ? Combien de bonbons a-t-on donné ? »

Déroulement

C'est le même que celui de la première activité, sans recours à l'étape 2.
L'enseignant insistera bien sur les conditions de la recherche, par exemple : *« C'est à vous de choisir votre méthode pour trouver une réponse, c'est à vous de savoir si c'est juste… »*

Enjeu

Cette reprise est indispensable car elle permet aux élèves en échec dans la situation précédente de faire des essais, et à tous de réinvestir ou d'améliorer leurs procédures.

Propositions de différenciation

- Pour les élèves qui ont résolu aisément la situation précédente, l'enseignant peut proposer « 3 gâteaux et 4 bonbons ».
- Pour les élèves qui auraient eu des difficultés dans la première activité, on prendra « 8 enfants », les « dessins » ou les calculs étant difficiles à gérer lorsque ce nombre est plus grand.

Questions sur DES CHOIX DE L'ENSEIGNANT POUR RELANCER LA RECHERCHE

Nous nous plaçons ici dans le cas où, ayant donné un problème à résoudre, l'enseignant s'aperçoit que la recherche s'avère difficile pour les élèves – voire infructueuse –, que le temps s'écoule sans que la recherche avance. Il estime que peu d'élèves vont pouvoir aboutir. Pour quelles raisons ?

L'enseignant peut observer différentes sortes de déficits : l'élève n'a pas compris ce problème, c'est-à-dire qu'il n'a pas perçu le but à atteindre et les actions inadaptées, ou il ne sait pas ce qui est attendu de lui dans une situation de recherche en mathématiques (par exemple : utiliser un brouillon, faire des essais, écrire des calculs...)

UN EXEMPLE VU EN PÉRIODE 1 DANS LA CLASSE

La situation

En début d'année, dans une classe à plusieurs niveaux de 24 élèves, 15 élèves de CE1 ont à résoudre le problème LA RENTRÉE. Il leur est communiqué sous forme d'un énoncé écrit, alors qu'au CP les problèmes l'ont rarement été sous cette forme. Le but de cette situation est que les élèves comprennent que toute l'information est dans le texte et seulement là.

« C'est la rentrée. Il y a 26 élèves dans une classe. Le maitre donne des cahiers et des livres. Chaque élève reçoit 2 cahiers et 1 livre. Combien le maitre donne-t-Il de cahiers ? Combien donne-t-il de livres ? ».

Le nombre 26 a été choisi pour ne pas correspondre exactement au nombre d'élèves de la classe (24), de manière à ce que les élèves s'appuient sur les données de l'énoncé et non sur celles de leur classe.

Les réponses observées

- ✔ Quelques élèves réalisent des dessins mais ne parviennent pas à organiser leur travail : ils représentent les élèves, les cahiers...
- ✔ Plusieurs élèves répondent *« 1 et 2 »*, presque immédiatement. Comme il est indiqué dans l'énoncé « 2 cahiers et 1 livre », ces élèves peuvent, soit penser que la réponse attendue se situe dans l'énoncé, soit aussi ne pas savoir décoder des implicites de l'énoncé et ainsi ne pas percevoir que la question porte sur l'ensemble de la classe (il n'y a pas de mot inducteur comme « en tout » dans l'énoncé et de fait, le maitre donne 2 cahiers et 1 livre à chacun).
- ✔ Certains écrivent *« 1 + 2 = 3 »*, ce qui traduit également une vision du travail attendu : faire des opérations avec les nombres donnés (des élèves peuvent aussi faire la somme *« 26 + 2 + 1 »* ou ne rien produire du tout).
- ✔ Seule une élève dresse la liste *« 2, 4, 8, 10 »*... mais ne parvient pas à gérer cette suite.

Quelle analyse fait alors l'enseignant ?

L'examen des productions des élèves au cours de la résolution du problème amène l'enseignant à **faire des hypothèses**. D'abord sur les éléments du contexte, les élèves n'étant probablement pas tous capables de se représenter la situation :

- ✔ certains élèves ne réalisent pas ce qu'est une distribution (d'un objet à chacun et/ou de deux objets à chacun) : ils n'en ont peut-être jamais réalisé eux-mêmes ou n'ont jamais eu l'occasion de donner 2 objets à chaque élève ;
- ✔ ils n'ont pas eu à faire le choix entre « effectuer un premier tour et donner 1 à chacun, puis effectuer un second tour » (ce qui peut se traduire par « 26 + 26 ») et « donner directement 2 à chacun » (ce qui se traduit plutôt par « 2 + 2... 26 fois »).

Des élèves, suivant leur « pratique » des mathématiques au CP, ne savent pas que :

- ✔ la réponse n'est en général pas immédiate et qu'il faut chercher ;
- ✔ ils ont en principe les moyens de trouver par eux-mêmes ;
- ✔ l'enseignant ne leur donnera pas d'éléments de solution ni a fortiori la réponse.

Quelles actions l'enseignant mène-t-il ?

Il stoppe la recherche et mène un court échange collectif.
Enseignant : *« Qu'a-t-on à faire dans ce problème ? »*
Élève A : *« On doit trouver le nombre de cahiers et de livres. »*
Enseignant : *« Et dans l'énoncé, que donne le maitre à chaque élève ? »*
Élève B : *« Le maitre, il donne 1 livre et il donne 2 cahiers. »*

Ces réponses ne sont pas claires, mais semblent indiquer que ces deux élèves n'ont pas compris que chaque élève doit recevoir 2 cahiers et 1 livre.

Pourtant, la deuxième intervention de l'enseignant, loin d'être anodine, précise nettement l'énoncé et décode un implicite pour tous ceux qui n'ont pas perçu que la question porte sur l'ensemble de la classe. Notons aussi que la phrase de l'énoncé *« Chaque élève reçoit ... »* a été transformée par l'enseignant en *« Que donne le maitre à... »* en référence à la phrase précédente de l'énoncé, *« Le maitre donne des cahiers et des livres »*.

L'enseignant aurait pu alors faire préciser la dernière réponse aux élèves jusqu'à obtenir : *« 2 cahiers et 1 livre à chacun des élèves »*. Il ne fait pas ce choix (ce serait donner trop d'information aux élèves) mais celui de **revenir à une action concrète** pour assurer la compréhension de cette distribution : il dispose 5 chaises autour d'une table et amène des livres et des cahiers, puis demande à des élèves, sous le contrôle des autres, de donner à chaque élève autour de la table 1 livre et 2 cahiers.

Un premier élève fait la distribution en posant à chaque place 1 cahier, puis à chaque place 1 livre. Pour quelle raison agit-il ainsi ? Deux hypothèses encore :

- ✔ il semble connaitre ce qu'est une distribution ;
- ✔ il en effectue une « à sa manière », n'ayant pas prêté attention au fait qu'il faut 2 cahiers à chacun ; il n'identifie pas les différentes contraintes pour livre et cahier et interprète peut-être la consigne comme : *« Tu donnes un cahier et 2* (deuxièmement en quelque sorte ou pour faire 2), *tu donnes un livre »* ; du moment qu'il y a 2 objets sur la table, l'élève est satisfait.

Un autre élève, celui qui avait commencé à faire les sommes « 2 + 2 + 2... », intervient et dit : *« Non ! Il faut dix cahiers, ça fait 2, 4, 6, 8, 10. »*. L'enseignant ne réagit pas à cette intervention de façon à ne pas donner d'indice aux élèves sur les procédures efficaces, et conclut ce temps de simulation en reprenant, sans les montrer, les productions des élèves.
Enseignant : *« Alors, certains ont fait des dessins, certains ont fait des calculs, tout est valable... »*
Les élèves reprennent leur recherche.

Ceux qui avancent vers une solution pertinente continuent avec l'énoncé de départ. À ceux qui sont à nouveau bloqués, l'enseignant donne le même problème mais avec un nombre d'élèves plus petit (mais jamais 5, un élève a 4, l'autre 9...).Les élèves qui réussissent la distribution avec le nombre plus petit reprennent leur recherche sur le nombre initial. L'élève qui doit chercher pour 4 dessine une table ronde et 4 élèves. Il dessine un cahier pour chacun, et un livre pour chacun. Pour cet élève, la difficulté ne réside donc sans doute pas dans la taille des nombres mais sur la compréhension de la situation évoquée.

Un peu plus de la moitié des élèves parvient au résultat : si des erreurs persistent, l'aide a donc eu de l'effet. À la fin de la séance, une mise en commun met en parallèle les différents procédés utilisant des dessins. Un élève, qui a perdu beaucoup de temps à dessiner, n'a pas terminé. Les autres lui disent : *« C'est pas la peine de faire un beau dessin, tu perds trop de temps... »*

Synthèse autour de cet exemple

L'enseignant, confronté à une situation de blocage, a temporairement arrêté la résolution du problème, pour y revenir ensuite. Il a cherché à savoir si les élèves donnaient de la signification aux données (2 cahiers par élève en particulier).

Il a mis en place une simulation du problème pour permettre aux élèves qui ne le savaient pas de comprendre ce qu'est une distribution, les élèves le connaissant ayant le rôle d'aide ou de contrôle.

Les différentes adaptations ont également contribué à ce que **les élèves comprennent ce qui est attendu d'eux** dans la résolution de problèmes.

Questions sur EN DÉBUT D'ANNÉE, QUE FAIRE AVEC CE QUE LES ÉLÈVES SAVENT ?

QUELQUES CONSTATS

Les dispositifs d'enseignement issus des recherches de l'équipe ERMEL sont basés sur une double exigence :

- d'une part, **proposer des apprentissages prenant appui sur la résolution de problèmes**, en particulier lorsqu'il s'agit pour l'élève de découvrir des notions nouvelles, ou d'effectuer un saut qualitatif dans ses procédures numériques ; cela permet ainsi à l'élève de fonder réellement ces acquisitions sur sa propre réflexion ;
- d'autre part, **prendre en compte l'état des connaissances des élèves**, avant chaque apprentissage nouveau, pour s'assurer qu'ils disposent effectivement de moyens pour résoudre ces problèmes et, si nécessaire, en adapter les caractéristiques.

Les élèves en début de CE1 peuvent, non seulement disposer de connaissances très diverses, mais aussi avoir une représentation de l'activité mathématique plus ou moins éloignée de celle que nous cherchons à susciter. Par exemple, pour certains élèves, résoudre un problème consiste à ajouter tous les nombres de l'énoncé.

Cette présentation propose des outils d'analyse pour identifier les connaissances initiales des élèves au début du CE1, ainsi que des choix d'activités pour pallier certaines lacunes et accroitre l'investissement des élèves. Il ne nous semble pas nécessaire de recourir à des évaluations spécifiques, les situations proposées permettant d'effectuer ce diagnostic.

Trois domaines sont concernés pour cette période :

- la mise en place progressive d'un **contrat** favorable à la résolution des problèmes ;
- le **recours aux dizaines** pour constituer ou pour quantifier une collection (relation entre les groupements et les écritures chiffrées) ;
- le **recours à des procédures mentales** de calcul pour résoudre des problèmes additifs.

LA CAPACITÉ À RÉSOUDRE DES PROBLÈMES

Très concrètement, au début du CE1, face à une situation nouvelle, l'élève développe-t-il des initiatives (utiliser un brouillon, faire des essais, les évaluer, recommencer…) ? Peut-il produire une méthode ou contrôler son résultat ou effectue-t-il une addition posée avec les deux premiers nombres de l'énoncé en attendant que l'enseignant lui dise si c'est juste ou faux ?

C'est dans toutes les situations essentielles que l'élève se construit la représentation de ce qui est demandé en mathématiques ; c'est dès le CP-CE1 que se noue le tissu d'obligations implicites vis-à-vis du savoir entre l'enseignant et les élèves. Le regard porté par l'enseignant sur la production de l'élève, ses encouragements, ses incitations à ce que l'élève lui-même contrôle ses résultats, la bienveillance lors de l'énoncé par l'élève de son résultat ou de sa méthode pendant les moments d'échange dès le début d'année contribuent à cette évolution.

Ce sont les actions de l'enseignant, ce qu'il fait ou ne fait pas, autant sinon plus que ses paroles, qui vont conditionner cette représentation. Si, par exemple, il annonce que « toutes les méthodes sont bonnes », mais que ce sont toujours des élèves qui ont produit les plus performantes qui viennent les présenter au tableau, les élèves en difficulté retiendront surtout que leur travail n'est pas valorisé.
Nous développons l'analyse de ce point dans les pages précédentes (cf. « Des choix de l'enseignant pour relancer la recherche », p. 16-17), et nous proposons des activités pour faire évoluer cette représentation des mathématiques.

LA NUMÉRATION

Les connaissances développées au CP sont multiples, notamment :

- la compréhension de la structuration algorithmique des écritures (comment est organisée la suite écrite des nombres), la comparaison des nombres, la connaissance des noms de nombres ;
- la compréhension des relations entre position des chiffres dans le nombre et les groupements par 10, par 100… ;
- la compréhension des règles d'échange (une dizaine contre dix unités et réciproquement).

Or, c'est notamment dans l'usage effectif de ces deux derniers types de connaissances que l'écart peut être grand entre les différentes expériences des élèves en début de CE1. En d'autres termes, pour résoudre un problème, c'est-à-dire dans une situation où le choix de la méthode relève bien de l'élève et n'est pas conditionné par les activités précédentes, quelles connaissances l'élève utilise-t-il spontanément ? En particulier, lorsque la tâche nécessite de quantifier une collection, c'est-à-dire d'associer un nombre à une collection ou de constituer une collection à partir d'un nombre donné.

Par exemple, si l'on demande à un élève en début de CE1 de prendre 37 objets (ceux-ci étant organisés d'une part en groupements par 10 et d'autre part en vrac), celui-ci peut notamment :

- ✔ prendre 3 paquets de 10 et compléter avec les unités ;
- ✔ prendre 1 paquet de 10 puis compter « *11, 12, 13…* » ;
- ✔ compter les objets un par un depuis le début.

Donc, pour constituer ou pour quantifier une collection, l'enseignant peut rapidement constater si l'élève a un recours spontané à des groupements par 10, ou s'il ne recourt qu'au dénombrement des unités.

Aussi, pour permettre aux élèves de faire évoluer ces procédures, nous proposons dans les premières quinzaines des situations essentielles où :

- ✔ le recours à la dizaine va apparaitre comme une nécessité pour quantifier une collection (passage des objets au nombre d'éléments) en la structurant par 10 ;
- ✔ la prise d'information sur le nombre de dizaines d'un nombre va devenir un outil nécessaire pour constituer une collection.

Le tableau suivant met en relation les situations du début de CE1 avec celles abordées au CP selon deux critères principaux :

- ✔ la nature du problème mathématique proposé : quantifier une collection, ou constituer une collection à partir d'un nombre donné, ou effectuer des échanges ;
- ✔ la structuration des collections : objets en vrac, ou regroupés par 10, ou représentés de façon organisée.

Mise en correspondance des activités des ESSENTIELLES CP et des ESSENTIELLES CE1

OBJECTIF	Objets en vrac	Collection partiellement organisée par 10	Collection symbolisée
Recourir aux groupements par 10, 100, 1 000 pour **quantifier une collection** Passage collection → nombre	*CP LES FOURMILLIONS Q11* ***CE1 LES FOURMILLIONS Q2***		
Utiliser le nombre de dizaines pour **constituer une collection** Passage nombre → groupement par 10		*CP CARRELER UNE PIÈCE Q12* ***CE1 LES TIMBRES Q4***	
Effectuer des échanges 10 contre 1 et réciproquement			*CP MONNAIE Q9* ***CE1 LE CAISSIER Q2***

LE CALCUL

Au terme du CP, l'élève a dû rencontrer les techniques de calcul additif : calcul mental, calcul posé (la technique opératoire de l'addition) et calcul instrumenté (avec la calculatrice).

Dans LES ESSENTIELLES CP, la priorité est donnée à l'évolution des procédures mentales tout au long de l'année, du comptage au surcomptage, puis du surcomptage au calcul. Cette évolution s'appuie, dans la résolution de problèmes additifs, sur la mémorisation croissante de résultats et sur la décomposition des nombres en dizaines et unités, développée dans la numération. La technique écrite de l'addition constitue la transcription écrite des procédures développées dans les situations de fin d'année.

L'écueil principal rencontré en début de CE1 est le risque réel de la déconnexion entre d'une part des procédures mentales basées encore chez certains élèves sur le comptage, et d'autre part la technique écrite de l'addition que les mêmes élèves se croient obligés d'employer quel que soit le problème. Pour des élèves n'ayant rencontré que des problèmes aboutissant à la technique posée de l'addition, l'adéquation ou l'inadéquation de cette technique à d'autres problèmes ne peut plus être vérifiée, faute de procédures mentales le permettant. Or, comme de nombreuses notions mathématiques, l'addition est associée à des procédures, à des techniques et des outils de calcul, à des représentations symboliques, à des propriétés et à des problèmes.

Deux points sont particulièrement sensibles en début d'année :

- ✔ le développement de procédures mentales (ce point est développé page 56 dans « Les procédures mentales : quelle continuité entre le CP et le CE1 ? ») ;
- ✔ la résolution de différents types de problèmes additifs.

Gérard Vergnaud propose une typologie des problèmes additifs[1], dont nous dressons un bref résumé ici, concernant spécifiquement ceux qui sont accessibles au CE1 :

1. **Recherche de l'état final**, connaissant un état initial et une transformation positive ou négative (*« J'ai 19 objets dans la boite, j'en ajoute ou enlève 6, combien y en a-t-il ? »*). Ce type de problème sera codé « e t+ E »[2] ou « e t– E ».
2. **Recherche de la transformation**, connaissant l'état initial et l'état final (*« Il y a 6 objets dans la boite, j'en rajoute, maintenant il y en a 19, combien j'en ai rajouté ? »*), problème codé « e T+ e ».
3. **Recherche de l'état initial**, connaissant la transformation et l'état final (*« J'ai mis des objets dans la boite, j'en rajoute 13, j'en ai 19, combien y en avait-il ? »*), problème codé « E t+ e ».
4. **Recherche du tout** dans la réunion de deux collections (*« Il y a 13 cubes rouges et 6 cubes bleus dans la boite. Combien y a-t-il de cubes dans la boite ? »*), problème codé « e e E ».
5. **Recherche d'une partie**, connaissant son complément et le tout (*« Dans la classe il y a 25 élèves, il y en a 12 qui mangent à la cantine, combien rentrent chez eux le midi ? »*), problème codé « e E e ».

À la période 1, nous proposons des problèmes issus des catégories numérotées 1 à 3. Il nous parait donc nécessaire de **varier les types de problèmes additifs**, pour que les élèves prennent conscience de la diversité des cas, de la nécessité d'adapter leurs procédures et d'interpréter leurs résultats dans les termes de l'énoncé. Ils repèrent des invariants dans leurs actions, par exemple la somme de deux nombres est la même quel que soit l'ordre dans lequel on la fait. Ces problèmes vont aussi, au CE1, permettre de développer les procédures mentales qui seront à la base de la technique de la soustraction.

1. G. Vergnaud a explicité le champ conceptuel des structures additives communes à la résolution des problèmes d'addition et de soustraction qui étaient autrefois étudiés séparément (cf. Grand N n°38).
2. La lettre en majuscule indique ce qui est cherché ; ici, dans « e t+ E » c'est l'état final qui est inconnu.

Situation essentielle

LE CAISSIER

L'apprentissage de notre système de numération nécessite notamment de savoir utiliser les groupements successifs par 10 ainsi que les échanges « 10 contre 1 » et « 1 contre 10 ».

Cette situation utilise le matériel « monnaie », (matériel familier, au moins pour certains élèves), et sollicite donc des connaissances sur la monnaie, notamment la constitution de collections de pièces et billets d'un montant donné, et la notion d'échange. Elle contribue à faire comprendre la différence entre la valeur et la quantité (« 1 billet c'est 1 "objet", mais il vaut 10 euros comme 10 pièces de 1 euro. »).

Elle permet également de travailler la compréhension de la signification des chiffres dans l'écriture d'un nombre, élément clé de cet apprentissage.

Elle nécessite aussi d'autres éléments des activités mathématiques, plus généraux, comme : chercher, essayer, vérifier ses essais, garder trace de ses essais…

Cette situation pourra se dérouler sur 4 ou 5 séances.
SÉANCE 1 : phase 0 optionnelle ; SÉANCE 2 : phase 1 ; SÉANCE 3 : phase 2 ; SÉANCE 4 : phases 3 et 4 ; SÉANCE 5 : phases 5 et 6 ; avec des temps d'entrainement courts en parallèle.

La situation CAISSIER (ERMEL CE1 p. 322 à 329 et p. 351 à 354) est une situation du thème « Connaitre les nombres ».

Présentation de la situation

Dans un premier temps, les élèves tirent des cartes et gagnent des pièces de 1 €, billets de 10 € et 100 €, qu'ils sont ensuite amenés à échanger. Dans un second temps, ils doivent payer une somme d'argent à un caissier qui rend ou non la monnaie. Les élèves travaillent par groupes de 3 ou 4 : 1 caissier et 2 ou 3 joueurs.

Matériel pour un groupe de 4

- 3 boites contenant des pièces et des billets (cf. CD) :
  - Boite 1 : 100 pièces de 1 € ;
  - Boite 2 : 30 billets de 10 € ;
  - Boite 3 : 4 billets de 100 €.
- 20 cartes avec des nombres compris entre 6 et 30 (cf. CD).
  Par exemple : 6 - 7 - 8 - 9 - 10 - 12 - 13 - 15 - 16 - 17 - 18 - 19 - 20 - 21 - 25 - 26 - 27 - 28 - 29 - 30.
- Une boite pour chaque élève qui sera le portemonnaie.
- Un couvercle de boite dans lequel l'élève qui veut échanger dépose l'argent à échanger.
- Plusieurs feuilles de scores par joueur :
  - avec 3 lancers pour les phases 1 et 2 (cf. Annexe 1 p. 25 et CD) ;
  - avec 5 lancers pour les phases 3 et 4 (cf. Annexe 2 p. 26 et CD).
  Ainsi que des feuilles avec tirages préremplis pour les jeux arrêtés.

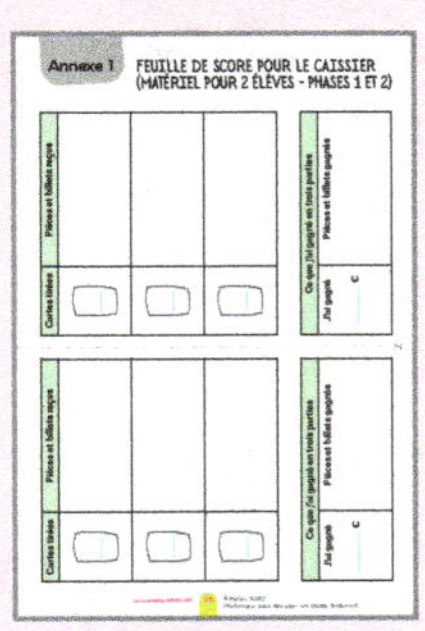

- Des cartes « achats » pour la phase 5 avec des dessins d'objets et leur prix : tube de colle à 2 €, tubes de peinture à 3 €, calculette à 4 €, feutres à 5 €, trousse à 6 € (cf. Annexe 3 p. 27 et CD).
- Des cartes « sommes » pour la phase 6 : 57 €, 38 €, 65 €, 34 €, 29 € (cf. Annexe 4 p. 27 et CD).

Variables didactiques

La variable essentielle est le nombre de coupures de chaque valeur que l'élève a le droit d'utiliser :

- soit il atteint ou dépasse 10, et la réalisation des sommes d'argent peut être faite sans échange ;
- soit il est inférieur à 10, et les échanges deviennent obligatoires.

Cette variable (la limitation à 9 du nombre de pièces ou billets de chaque sorte) interviendra à partir de la phase 2.

Remarque sur le matériel

Le fait d'utiliser un couvercle pour formaliser les échanges permet de les ritualiser et de les matérialiser. En effet, certains élèves montrent le billet de 10 € et demandent 10 pièces, mais conservent leur billet.

Phase 0 : Réaliser des sommes d'argent avec des pièces de monnaie ou des billets

Les élèves ont des pièces et des billets sur la table (une vingtaine de pièces de 1 €, une dizaine de billets de 10 € et 1 billet de 100 €) Dans cette phase, les élèves travaillent individuellement.

ÉTAPE 1 : RÉALISER QUELQUES VALEURS

Consigne : « *Prenez 12 euros !* »

Les élèves réalisent la somme avec les pièces et billets.

L'enseignant inscrit au tableau les réponses, correctes ou non. Les erreurs sont analysées.
Les deux façons correctes de faire sont comparées et vérifiées. L'enseignant demande par exemple aux élèves pourquoi « un billet de 10 € et 2 pièces de 1 € » correspondent bien à la même somme que « 12 × 1 € ».

On reprend avec 25 € et 112 €.

ÉTAPE 2 : RÉALISER LA MÊME SOMME D'ARGENT DIFFÉREMMENT

L'enseignant montre 42 € avec 3 billets de 10 € et 12 pièces de 1 € : « *Combien ai-je d'argent ? Faites la même somme d'argent autrement.* »

Les élèves réalisent la somme.

Les façons de faire sont comparées comme à l'étape 1. L'enseignant fait verbaliser par les élèves ce qu'ils remarquent : par exemple, que l'on utilise plus ou moins de matériel (pièces et billets).

On reprend avec 49 € et 131 €.

ÉTAPE 3 : RÉALISER DES SOMMES D'ARGENT AVEC CONTRAINTES

Consigne : « *Vous devez réaliser 64 € avec 10 pièces ou billets.* »

Même déroulement qu'aux étapes 1 et 2.

On reprend avec 101 € en 2 pièces ou billets, et 110 € en 2 pièces ou billets.

Une fois les 3 sommes réalisées, l'enseignant demande : « *Où y a-t-il le plus de pièces et billets ?* Où y *a-t-il le plus d'argent ?* »

Phase 1 : Jeu sans contrainte

Les élèves sont regroupés par équipes de 3 ou 4 : 1 caissier et 2 ou 3 joueurs. Le caissier a les trois boites contenant les pièces et les billets. Une pile de cartes est placée au milieu. Chaque élève a une feuille de score (cf. Annexe 1 p. 25).

Consigne 1

« *Dans chaque équipe, il y a les joueurs et le caissier. Lorsque l'on rejouera, on changera les rôles.*
Chacun leur tour, les joueurs tirent une carte. Ils demandent au caissier les pièces et les billets qu'ils veulent pour constituer la somme inscrite sur leur carte. Le caissier vérifie que cela correspond bien à la somme tirée et les joueurs vérifient ce que donne le caissier. Chaque joueur note sur sa feuille la carte tirée et dessine les pièces et billets reçus.

Pourquoi une phase 0 optionnelle ?
En CP, les élèves ont travaillé sur la différence entre la valeur et la quantité, c'est-à-dire que 1 billet de 10 € et 10 pièces de 1 € ont la même valeur, même si dans le premier cas on a 1 objet alors que dans le second on en a 10. La phase 0 permet de vérifier que les élèves sont bien capables de réaliser ce type d'échange, et les amène à observer que la valeur d'une collection de pièces et billets n'est pas liée au nombre de pièces et billets (étapes 2 et 3).
Il s'agit de repérer les élèves qui ont des difficultés (étape 1) :
- ceux qui ne prennent pas la bonne somme ;
- ceux qui ne prennent que des pièces de 1 € ;
- ceux qui ont du mal à admettre l'équivalence « 10 pièces ↔ 1 billet ».

Utilisation d'un écrit pour matérialiser les échanges
Ces activités d'échanges peuvent être réalisées par écrit. Le biais induit par le passage à l'écrit, notamment le dessin des échanges, doit être pris en compte par l'enseignant dans l'analyse. Ce travail écrit permet un temps d'autonomie des élèves (parfois nécessaire en cours à double niveau par exemple) et peut être confirmé par des activités réelles uniquement avec les élèves pour lesquels l'enseignant a un doute.

Valeurs et quantités
Les trois sommes choisies permettent de montrer que l'on peut avoir plus d'argent avec moins de pièces ou billets. De même, avec le même nombre de pièces ou billets, on peut avoir deux sommes différentes.

Interventions de l'enseignant
Les élèves peuvent avoir des difficultés à verbaliser ce qu'ils ont, et notamment à faire la distinction entre le nombre de pièces et billets et la valeur de ce qu'ils ont. L'enseignant demande alors : « *Combien de pièces avez-vous ? Combien de billets ? Combien est-ce que cela fait d'argent ?* »

Pourquoi des groupes hétérogènes ?
La différenciation s'opère par le rôle joué dans la situation. Dans la phase 1, le rôle de caissier est joué par des élèves qui ont été repérés par l'enseignant comme ne faisant pas la différence entre valeur et quantité en phase 0 ou ayant des difficultés à réaliser les échanges. Puisque les joueurs font une commande, l'interaction « joueurs/caissier » doit permettre au caissier de se questionner sur ce qu'il aurait fait.

Les joueurs font trois tirages et vérifient leur somme d'argent à chacun des tirages. »
L'enseignant passe entre les groupes et vérifie les feuilles de score.

Consigne 2

« *Dans chaque équipe, cherchez qui a le plus d'argent.* »

Mise en commun

Cette mise en commun vise à faire partager :
- le contrôle sur le contenu des portemonnaies ;
- les méthodes des groupes pour déterminer qui a la plus d'argent.

L'enseignant demande à chaque groupe d'expliciter ses procédures, et les écrit au tableau. Pour chaque procédure explicitée, il demande quels sont les groupes qui l'ont utilisée.

Phase 2 : Jeu avec limitation à 9

Le jeu est repris avec les mêmes groupes, mais les rôles sont échangés : un des acheteurs devient caissier et le caissier prend sa place.

Consigne

« *Vous jouez avec les mêmes règles, mais cette fois chacun ne peut pas garder plus de 9 pièces sur la table. Vous devez trouver qui a plus grande somme d'argent.* »

Jeu

Chaque joueur tire une carte et commande ses pièces et billets.
Il note sur la feuille de score le nombre qu'il a tiré et les pièces et billets reçus (cf. Annexe 1 p. 25).
Au deuxième tour, même avec une commande correcte, les élèves peuvent avoir un cumul supérieur à dix pièces. L'enseignant intervient alors pour rappeler la règle.

Point intermédiaire sur les règles

Si plusieurs élèves ont des cumuls supérieurs à 9 pièces, l'enseignant arrête les jeux et prend un exemple de cumul : « *Voici ce que X a sur sa table. Est-ce que cela respecte la règle du jeu ? Comment faire pour ne pas avoir plus de 9 pièces ?* »
Les élèves doivent alors proposer des échanges.

Vérification individuelle des feuilles de scores et mise en commun

À la fin du jeu, les élèves réalisent la somme des cartes et dessinent les pièces et billets obtenus.
Les feuilles sont alors échangées dans les groupes pour vérifier la somme et les commandes (en particulier la limitation à 9).
La mise en commun se déroule de façon similaire à la précédente.

Jeux arrêtés différenciés (à intercaler entre les phases)

L'enseignant propose aux élèves des jeux arrêtés en choisissant des valeurs adaptées aux capacités des élèves. Il utilise pour cela la feuille de score vierge, sur laquelle il fixe lui-même les valeurs des cartes tirées par l'élève fictif (utilisation de l'annexe 1).

Rôle de la feuille de score
La feuille de score permet à l'enseignant d'avoir une trace de l'activité de chaque élève. Elle permet accessoirement de faire en sorte que les élèves aient une activité à réaliser pendant que les deux autres tirent leur carte et réalisent leur commande.

Procédures observées :
- réalisation des échanges et mise en relation du nombre de billets de 10 avec le nombre de dizaines, et du nombre de pièces avec le nombre d'unités ;
- comptage de 10 en 10 pour les billets, puis des unités (*« 10, 20, 30, 40, 41, 42, 43... »*) ;
- calcul (par exemple *« 25 + 26 + 8 = 59 »*), en posant le calcul, avec la calculette ou par un calcul utilisant une démarche personnelle (*« 25 + 25 ça fait 50, donc + 26 ça fait 51... »*).

Rôle de l'enseignant
Lors du premier tour, l'enseignant passe dans les groupes pour identifier ce que les élèves ont commandé. Il demande à tous les joueurs de contrôler que personne ne dépasse 10.

Utilisation de la feuille de score
La feuille comporte une place suffisante pour que les élèves schématisent les échanges.

Rôle de l'enseignant
Les feuilles sont examinées individuellement par l'enseignant qui repère les élèves en difficulté pour réaliser des échanges.

Jeux arrêtés en accompagnement
L'enseignant propose régulièrement de petits exercices rapides de calcul mental :
- *« J'ai 108 €, écris ce que je commande au caissier »*, 108 pouvant être écrit au tableau ou seulement dit par l'enseignant.
- *« J'ai 257 €, j'ajoute deux billets de 10 €, combien ai-je ? »*
- Plusieurs sommes d'argent sont au tableau : « Stéphane : 143 € », « Pierre : 124 € », « Angélique : 34 € », « Christine : 135 € », « Laura : 28 € », « Émilie : 40 € ».
  Consigne : *« Chacun compte ses billets. Qui a 4 billets de 10 € ? »*

Différenciation
La contrainte « pas plus de 9 pièces » est inhérente à notre système de numération. Toutefois, le fait de l'imposer n'est qu'une possibilité. Nous exposons un autre dispositif dans « Une version du CAISSIER sans limitation du nombre de pièces » p. 33.

Phase 3 : Jeu à 5 tours pour dépasser 100

Le rôle de caissier est attribué à un nouvel élève. L'activité est reprise, mais cette fois les élèves jouent 5 tours (cf. Annexe 2 p. 26), ce qui les amène à dépasser 100 et à réaliser un échange d'ordre supérieur. La phase se termine par une validation individuelle des commandes comme en phase 2.

Phase 4 : Une seule commande

Le rôle de caissier est attribué à un nouvel élève. Chaque élève tire 5 cartes d'un coup et réalise une unique commande respectant les règles. La phase se termine par une validation individuelle des commandes comme en phase 2.

Phase 5 : Faire de la monnaie sur 10 €

Dans cette phase, l'élève doit acheter un objet et le payer au caissier, mais il n'a pas l'appoint. Il devrait donc faire de la monnaie de 10 € en pièces de 1 € ou demander au caissier de rendre la monnaie.
Les élèves sont en groupes de 4 dont un caissier.
Dans un même groupe, chaque élève doit acheter un objet différent.
Chaque joueur reçoit 23 € (2 × 10 € et 3 × 1 €).
Le caissier a 43 pièces de 1 €.
Un jeu de cartes avec des objets à acheter et leur prix est placé au milieu (cf. Annexe 3 p. 27).

Consigne

« Chacun son tour, un acheteur tire une carte et doit payer l'objet auprès du caissier. Il doit noter sur sa feuille combien il a d'argent, l'objet tiré et son prix, ce qu'il a donné au caissier et ce qu'il lui reste. »

Mise en commun

Pour chaque objet en vente, on examine les différentes productions. L'enseignant choisit des élèves qui ont des stratégies différentes : donner beaucoup trop, donner juste au-dessus, faire l'appoint en échangeant…
Ces procédures sont exposées et notées comme trace écrite.

Phase 6 : Faire de la monnaie sur 100 €

Cette fois, les élèves doivent payer une somme d'argent au caissier. Cette somme est indiquée sur une carte, qui tient lieu de « ticket de caisse » (cf. Annexe 4 p. 27). Les sommes manipulées sont plus importantes. Les rôles sont à nouveau changés.
Au niveau du matériel : un billet de 100 € est ajouté dans le portemonnaie de chaque élève, et 30 billets de 10 € dans la caisse.

Consigne

« Cette fois, le caissier n'a plus le droit de rendre la monnaie. À chaque tour, les élèves tirent une carte et le caissier doit demander si quelqu'un a besoin de faire des échanges. Une fois les échanges terminés, chacun doit donner la somme exacte. Chacun note sur sa feuille la carte tirée, ce qu'il a comme argent, ce qu'il échange et ce qu'il lui reste »

Mise en commun

L'enseignant met en débat les feuilles de scores avec des erreurs.

Exercices individuels

Les élèves travaillent sur des jeux arrêtés ainsi que des corrections de fiches d'élèves fictifs.

Nombre de pièces ou de billets
Dans les phases 3 et 4, la consigne devient : *« Vous ne devez pas garder plus de 9 pièces ou 9 billets sur la table. »*.

Constitution des groupes
Si dans les phases 1 à 4 on peut conserver les mêmes groupes pour permettre les changements de rôle, il est souhaitable de changer les groupes pour les phases 5 et 6 de façon à éviter que des routines ne se créent. Les groupes restent hétérogènes.

Choix des objets
Ce sont les mêmes objets que l'on retrouve dans tous les groupes. Ce choix facilite l'analyse des productions par l'enseignant et aussi la validation des procédures : les élèves peuvent formuler des justifications ou des critiques sur les différentes solutions pour un même objet.

Feuilles pour la trace de l'activité
Demander à l'élève de modéliser les échanges est une tâche difficile qui se surajoute à l'activité mathématique principale : ici, faire des échanges. Néanmoins, l'enseignant a besoin de trace de l'activité de ses élèves.
Il peut donc ne faire dessiner que les états du portemonnaie : *« Je note combien j'ai, quelle carte je tire et combien il me reste. »*
Cette activité peut contribuer, chez certains élèves, à abandonner le dessin au profit de notations numériques (comme *« 20 + 100 + 4 »* par exemple).
Il est toutefois possible de demander aux élèves de noter leurs échanges, à condition de prévoir une feuille de score comme proposée sur le CD.

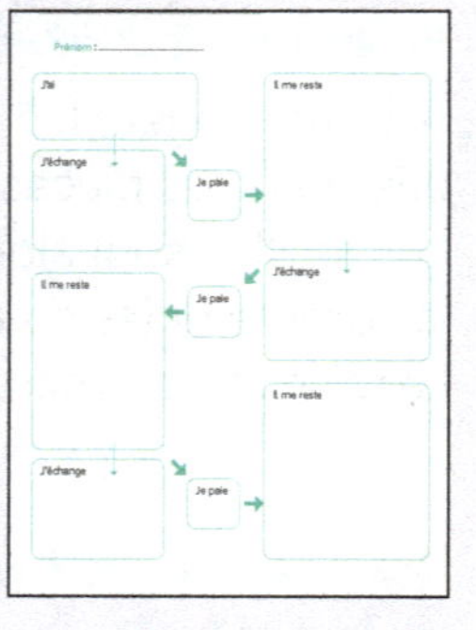

Validation individuelle
Les feuilles sont contrôlées par le groupe puis par l'enseignant.

Annexe 1

FEUILLE DE SCORE POUR LE CAISSIER (MATÉRIEL POUR 2 ÉLÈVES - PHASES 1 ET 2)

Cartes tirées	Pièces et billets reçus
……	
……	
……	

Ce que j'ai gagné en trois parties	
J'ai gagné	Pièces et billets gagnés
…… €	

Cartes tirées	Pièces et billets reçus
……	
……	
……	

Ce que j'ai gagné en trois parties	
J'ai gagné	Pièces et billets gagnés
…… €	

Annexe 2

FEUILLE DE SCORE POUR LE CAISSIER (MATÉRIEL POUR 2 ÉLÈVES – PHASES 3 ET 4)

Cartes tirées	Pièces et billets reçus
....	
....	
....	
....	
....	

Ce que j'ai gagné en cinq parties	
J'ai gagné	Pièces et billets gagnés
.... €	

✂ ....

Cartes tirées	Pièces et billets reçus
....	
....	
....	
....	
....	

Ce que j'ai gagné en cinq parties	
J'ai gagné	Pièces et billets gagnés
.... €	

Annexe 3

CARTES « ACHATS » POUR LE CAISSIER (MATÉRIEL POUR 2 GROUPES - PHASE 5)

2 €

3 €

4 €

5 €

6 €

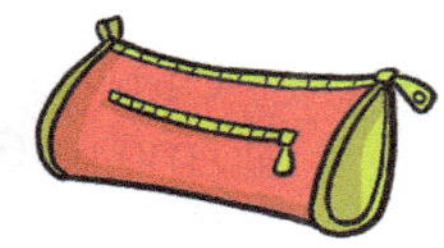

2 €

3 €

4 €

5 €

6 €

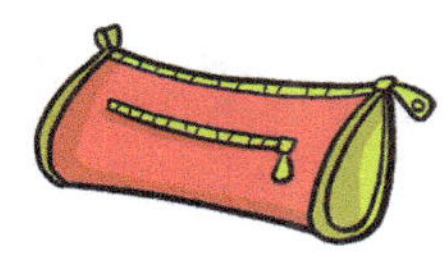

Annexe 4

CARTES « SOMMES » POUR LE CAISSIER (MATÉRIEL POUR 2 GROUPES - PHASE 6)

57 €	38 €	65 €	34 €	29 €
57 €	38 €	65 €	34 €	29 €

Situation reprise du CP

LES FOURMILLIONS

La situation LES FOURMILLIONS permet aux élèves de quantifier une grande collection à partir de leurs connaissances sur les unités et les dizaines étendues aux centaines et milliers. Cette prise de conscience de la puissance qu'offre la numération est une découverte fructueuse.

À qui cette situation est-elle proposée ?

• Si aucun élève n'a fait LES FOURMILLIONS CP, alors LES FOURMILLIONS CE1 est proposée à tous les élèves.

• Si une partie des élèves a fait LES FOURMILLIONS CP, alors :
 – ceux qui ne l'ont pas vu au CP démarrent cette situation en phase 1 (sous réserve qu'il y ait au moins 6 élèves concernés) ;
 – les autres les rejoignent en phase 3.

• Si les élèves ont fait LES FOURMILLIONS CP, la situation n'est pas reprise au CE1 : c'est l'activité LES TRAITS (cf. p. 34) qui est mise en œuvre.

Cette situation a pour objectifs de :

– mettre en évidence l'efficacité de groupements par 10 pour dénombrer une grande collection (groupement des objets par paquets de 10, de 10 paquets de 10 pour constituer un paquet de 100, de 10 paquets de 100 pour former un paquet de 1 000) ; cet apprentissage du principe qui fonde notre système de numération (les éléments d'un même ordre, unité, dizaine, centaine…, regroupés par 10, forment une unité de l'ordre supérieur) est abordé dès le CP ;

– utiliser un matériel pour représenter des quantités ; ainsi, par un enjeu réel, il s'agit de constituer une représentation à laquelle les élèves pourront d'eux-mêmes se référer.

La première phase constitue une expérience stimulante destinée aux élèves qui ne l'auraient pas appréhendée au CP. La deuxième phase propose l'extension d'une méthode connue (constituer une dizaine : un paquet de 10) à des unités plus grandes. Elle renforce l'idée de structurer les groupements successifs par 10, 100, 1 000). La troisième phase, avec l'augmentation de la collection, stabilise ces apprentissages par des reprises plus courtes pendant quelques jours dans la quinzaine. Différents matériels accompagnent cette situation (compteurs, abaques…) dans la quatrième phase.

Cette situation pourra se dérouler sur 2 séances, avec des reprises plus courtes pendant quelques jours dans la quinzaine.

La situation LES FOURMILLIONS (ERMEL CE1 p. 329 à 336) est une situation du thème « Connaitre les nombres ».

Présentation de la situation

Dans cette situation, les élèves auront à dénombrer une collection contenant plus de 2 300 éléments.

Matériel

- Des objets identiques pour les unités (bâtons d'esquimaux, ou tout autre matériel facile à rassembler et à manipuler, et qui peut être utilisé en grand nombre).
- 300 enveloppes pour les paquets de 10.
- 30 sacs pouvant contenir 10 enveloppes.
- 3 boites pouvant contenir 10 sacs.
- Des feuilles de papier et des stylos à billes. Pas de calculette.

En groupe ou en classe entière ?

Dans le cas où cette situation concernerait un groupe peu nombreux d'élèves, la collection sera diminuée pour que la tâche de groupement ne soit pas trop fastidieuse (autour de 1 500 objets). De plus, il faut éviter que les élèves ayant déjà vécu la situation ne disent d'emblée : *« Il faut faire des paquets de 10, 100, 1 000. »* Ces élèves ne peuvent donc pas participer à la phase 1. Ils seront réintégrés à partir de la phase 3.

Phase 1 : Émergence de questions

Mise en place de la situation

L'enseignant apporte la collection d'objets de façon à ce qu'elle soit visible de tous (dans un contenant transparent), la pose sur une table et demande : « *Combien y a-t-il d'objets ?* ».
Les enveloppes, sacs et boites sont cachés pour l'instant.

Recherche par groupes

L'enseignant laisse les élèves chercher pendant un quart d'heure, par groupes de 4 : ils peuvent prendre des objets et commencer à compter, faire des paquets… selon leur choix.

Mise en commun

L'enseignant demande aux élèves : « *Qui a une idée pour savoir combien il y en a ?* »
Si les élèves se mettent d'accord sur un type de groupement autre que 10 (par 5, par exemple), l'enseignant peut leur demander de compter de 5 en 5 afin qu'ils se rendent compte qu'ils ne parviennent pas à dénombrer la collection, ou intervenir directement pour proposer les groupements par 10.
L'enseignant sort alors les enveloppes qu'il donne aux élèves pour réaliser les paquets.

Procédures

Les élèves, par groupe, peuvent essayer de compter un à un, de 2 en 2, faire des groupements (très souvent de valeurs différentes, ce qui complique encore la tâche du dénombrement…).
Il est important que cette phase dure le temps nécessaire (de l'ordre d'un quart d'heure) de façon à ce que les élèves, et notamment ceux qui cherchent à compter, se confrontent à la tâche et prennent conscience de son ampleur. En effet, l'investissement dans cette recherche est une condition pour que la situation puisse constituer une expérience à laquelle ils se référeront.

Enjeu de la mise en commun

L'enjeu de ce temps collectif est la disqualification, par les élèves si possible, des procédures de comptage un à un ou de 2 en 2, au profit des groupements réguliers par 10. Il se peut cependant que la procédure de groupements successifs par 10 ne soit proposée par aucun élève.
Si l'idée de groupements par 10 n'est pas émise, l'enseignant devra la proposer.

Phase 2 : Dénombrer une grande quantité

ÉTAPE 1 : LES GROUPEMENTS PAR DIX

Les élèves sont regroupés par quatre. L'enseignant dépose sur la table de chaque groupe une partie des objets.

Consigne

« *On va faire des paquets de dix que l'on mettra dans une enveloppe.* »

Activité par groupes

Chaque élève dénombre 10 objets, les met sous enveloppe et écrit 10 sur l'enveloppe, puis il recommence jusqu'à l'épuisement du tas d'objets.

Question

Une fois tous les groupements réalisés, l'enseignant demande : « *Combien y a-t-il d'objets ?* »

Recherche par groupes

Les élèves cherchent sur leur feuille de brouillon.

Mise en commun

L'enseignant demande alors : « *Maintenant que vous avez fait des enveloppes de 10, comment faire pour savoir combien il y en a ?* »
Là encore, l'ampleur de la tâche amène les élèves à faire des groupements de 10 enveloppes.

Que faire des objets isolés ?

À la fin de ce travail, chaque groupe se retrouve avec des objets isolés. On décide alors de les regrouper, en chargeant un groupe d'enfants de faire les groupements par 10 et la mise sous enveloppes.

ÉTAPE 2 : LES GROUPEMENTS PAR CENT

Activité par groupes

L'enseignant donne alors des **sacs** pour mettre 10 enveloppes. Les élèves réalisent les groupements par 10 enveloppes.

Procédures

Le dénombrement conduit à la production d'écritures du nombre d'objets : « *100* », « *cent* », « *10 + 10 + 10 + 10 + 10 + 10 + 10 + 10 + 10 + 10* », « *10 fois 10* »… Ce nombre d'objets peut aussi être obtenu par comptage de 10 en 10 (« *10, 20, 30, 40…* ») ou par calcul.

Question

Une fois tous les groupements réalisés, l'enseignant demande : « *Combien y a-t-il d'objets dans un **sac** ?* »

Recherche par groupes

Les élèves cherchent sur leur feuille de brouillon.

Mise en commun

« *Comment peut-on faire maintenant ?* » Les deux précédents groupements induisent fortement les élèves à proposer de faire des groupements de 10 sacs.

ÉTAPE 3 : LES GROUPEMENTS PAR MILLE

Activité par groupes

L'enseignant donne alors les **boites** et les élèves réalisent les groupements de 10 sacs.

Question

Une fois tous les groupements réalisés, l'enseignant demande : « *Combien y a-t-il d'objets dans une **boite** ?* »

Recherche par groupes

Les élèves cherchent sur leur feuille de brouillon.

Mise en commun

Tous les sacs de 100, enveloppes de 10 et objets isolés sont placés sur une même table. Les élèves sont regroupés autour. L'enseignant demande si de nouveaux paquets de 100 peuvent être faits avec les objets pouvant être regroupés par 10.

ÉTAPE 4 : PRODUCTION D'UNE ÉCRITURE DU NOMBRE D'OBJETS DE LA COLLECTION

Bilan collectif et relance

L'enseignant écrit au tableau le nombre de boites, de sacs, d'enveloppes et d'objets (en désordre) : « *J'écris au tableau ce que nous avons trouvé : 8 enveloppes, 3 sacs, 2 boites et 7 objets seuls* (par exemple). ». Il pose à nouveau la question : « *Combien y a-t-il d'objets ?* »

Recherche par groupes

Par deux, les élèves cherchent sur une feuille.

Mise en commun pour la validation

Les feuilles réponses des élèves sont affichées, présentées et débattues, tant sur le résultat que sur les types d'écrits. La calculette peut être donnée pour vérifier.
Les différentes écritures validées sont écrites sous la collection.

Temps collectif de mise à distance (ou prise de recul)

L'enseignant demande : « *Que pensez-vous de ce travail ?* »
La question peut être précisée au fur et à mesure des remarques des élèves pour mettre en évidence les aspects mathématiques. Ces remarques peuvent porter soit sur la forme des écritures, soit sur les nombres d'objets proprement dits.
Exemples de réponses des élèves :
- « *C'était un gros travail.* » ; « *C'était long.* »
- « *Ça fait beaucoup.* »
- « *Quand on a compté de 5 en 5, on n'y arrivait pas.* »
- « *En comptant de 10 en 10, c'était plus facile parce qu'on sait compter* (sous-entendu "de cette façon"). »

Constitution de la collection

Si nécessaire, l'enseignant précise lui-même : « *De nouveaux sacs de 100 peuvent être faits ?* » Il désigne des élèves pour en faire, si nécessaire, de nouveaux.

Fonction de la mise en commun

Faire prendre conscience aux élèves des différences entre le nombre de dizaines et le nombre d'objets dans les enveloppes.

Réponses pour mille

Le dénombrement conduit à la production d'écritures du nombre d'objets : « *1 000* », « *mille* » ; « *100 + 100 + 100 + 100 + 100 + 100 + 100 + 100 + 100 + 100* », « *10 fois 100* »… Ce nombre d'objets peut aussi être obtenu par comptage de 100 en 100 (« *100, 200, 300, 400…* ») ou par calcul.

Productions

Les élèves peuvent :
- surcompter, à partir des paquets : « *1 000, 2 000, 2 100, 2 200, 2 300, 2 310, 2 320… 2 387* » ;
- poser une addition en colonne ou en ligne.

Et proposer comme réponse un nombre écrit :
- sous forme de somme ;
- de façon mixte (en chiffres et en mots) ;
- en chiffres.

Mise en commun

D'autres questions peuvent suivre, comme :
- « *On a trouvé 2 387. Comment peut-on retrouver ce nombre en regardant la collection ?* »
- « *Combien y a-t-il de boites de 1 000 ?* »
- « *Combien y a-t-il de sacs tout seuls (que l'on n'a pas pu grouper) ?* »
- « *Combien y a-t-il de sacs de 100 ?* »
- « *Combien y a-t-il d'enveloppes toutes seules (que l'on n'a pas pu grouper) ?* »
- « *Combien y a-t-il d'enveloppes de 10 ?* »

- *« Oui, et de 100 en 100 aussi : cent, deux-cents, trois-cents... et de 1 000 en 1 000 aussi. »*
- *« Quand on compte de 1 000 en 1 000, c'est pareil que quand on compte de 100 en 100. »*
- *« Après, on peut calculer plus facilement. »*
- *« Et c'est plus facile de dire les nombres. »*

C'est un temps collectif capital, dans la mesure où les élèves se recentrent sur « le mathématique » et se dégagent des aspects contingents de la situation. Ils sont capables de faire ce pas de côté.

Phase 3 : La collection augmente

Cette phase et la suivante concernent tous les élèves de la classe.

Principe et rythme des séances

Des collections de paquets de 10 et des unités vont être ajoutées à la collection de la classe, dans un premier temps plusieurs jours de suite, puis une fois par semaine (durée : 10 à 15 min).
Par exemple, si la collection de départ est de 2 387, l'enseignant apporte d'abord 8 sacs de 100 et 1 enveloppe de 10 ; la collection devient 3 197 après la réalisation d'un échange. Il apporte ensuite 4 sacs de 100, 5 enveloppes de 10 et 7 unités, ce qui conduit à réaliser des groupements pour obtenir 3 654.

Enjeu de la phase 3

De façon à bien faire comprendre que les règles établies s'étendent à l'écriture de tous les nombres, l'enseignant complète la collection par de nouveaux stocks déjà organisés.

Phase 4 : Utilisation de différents matériels

Dans cette phase, il s'agit de construire une relation entre les différents matériels présents en classe et le matériel FOURMILLIONS (cf. CD) que les élèves viennent de construire, ou de reconstruire.
Les différentes représentations du nombre (pour 2 387) :
- écriture chiffrée : 2 387 ;
- écriture décomposée minimale : 2 000 + 300 + 80 + 7 ;
- écriture décomposée : 1 000 + 1 000 + 100 + 100 + 100 + 10 + 10 + 10 + 10 + 10 + 10 + 10 + 10 + 1 + 1 + 1 + 1 + 1 + 1 + 1 ;
- Représentation avec le matériel des FOURMILLIONS :

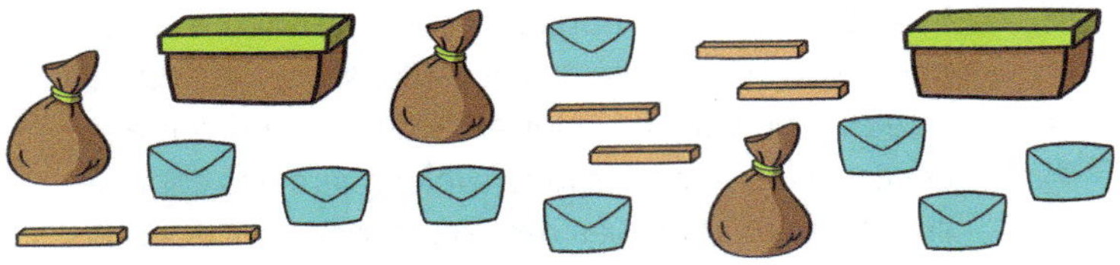

Représentation sur compteur (cf. CD)

En prenant appui sur des compteurs, les élèves mettent en évidence leur capacité à déterminer le nombre de paquets de chaque sorte à partir de leur écrit, tout en pouvant se référer au matériel organisé pour s'en assurer.

Représentation avec l'abaque (cf. CD)

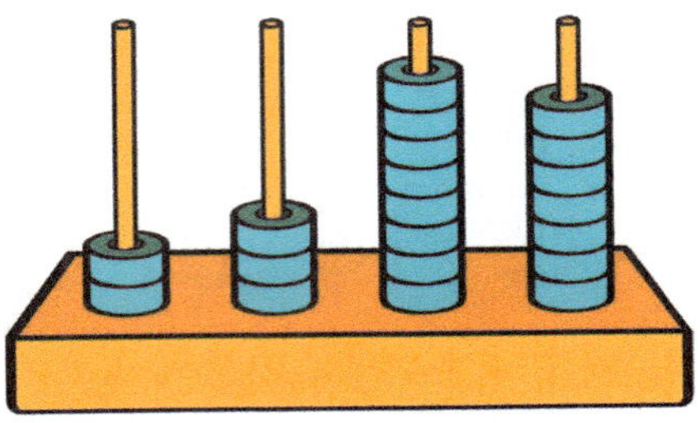

Rôle des compteurs

Il s'agit de recourir à une autre représentation symbolique qui articule « visuellement » le passage entre les groupements et leur écriture (et non leur dénomination matérielle comme précédemment dans la situation).
Exemple : 1 000, c'est « 900 + 100 », et non pas seulement « 9 paquets de 100 plus 1 paquet de 100 », fixé par un matériel.

Différenciation

De la même façon, dans des activités de calcul, l'enseignant peut demander aux élèves d'utiliser l'une ou l'autre des représentations qui deviennent donc une contrainte spécifique et un outil de différenciations. Ce peut être le cas par exemple dans la situation LA BOITE JAUNE de la quinzaine 3.

Questions sur AIDER TOUS LES ÉLÈVES À COMPRENDRE LA NUMÉRATION

La numération recouvre l'apprentissage des désignations orales et écrites des nombres.
Au CP, les élèves ont découvert les règles de production de la numération écrite, les relations entre numération écrite et numération parlée, tout en étendant le domaine des nombres concernés par ces désignations.
Ils ont aussi mis en œuvre les règles de groupements et d'échanges entre des unités de valeurs différentes (dizaines, centaines...)
Enfin, la connaissance de la valeur des chiffres leur a permis de décomposer les nombres en dizaines et unités et d'accéder ainsi à des procédures de calcul plus efficaces.

Apprendre et comprendre la numération suppose de très nombreuses connaissances, en interaction les unes avec les autres, qui seront construites au cours de l'école élémentaire. Au CE1, puis au CE2, les élèves doivent acquérir progressivement une expertise de la numération, au niveau de sa compréhension et de son usage, en relation avec les nombres entiers. Et cet apprentissage se prolongera au CM avec la découverte des nombres décimaux.

QUELLES CONNAISSANCES SUR LA NUMÉRATION EN CONSTRUCTION À L'ENTRÉE DU CE1 ?

- ✔ La différence entre les règles de la numération chiffrée et celles de la numération verbale :
  - les règles de la numération chiffrée font que le type d'écritures qui en découle est très algorithmique, c'est-à-dire qu'elles se répètent selon des règles constantes ;
  - les règles de la numération verbale sont beaucoup plus disparates et présentent de nombreuses irrégularités.

  Or, ces deux systèmes ont des structures très différentes : la numération écrite est une numération de position utilisant seulement dix chiffres dont le zéro, la numération parlée est un système hybride associant le nom des groupements (dix, cent...) et leur nombre (deux-mille-trois-cents).
- ✔ La signification des chiffres suivant leur position dans l'écriture, et l'identification de l'écriture chiffrée d'un nombre (227) à partir de sa forme verbale écrite ou de sa désignation orale (« deux-cent-vingt-sept »). Et inversement.
- ✔ L'association à ces chiffres de groupements par 10, 100... et réciproquement.
- ✔ La distinction « chiffre/nombre ».
- ✔ La distinction entre la valeur d'un objet ou d'une collection symbolisant des nombres et la quantité d'objets.
- ✔ La comparaison de deux nombres par leur écriture chiffrée (voire par leur désignation).

DES PROPOSITIONS D'ACTIVITÉS COMPLÉMENTAIRES

Le développement de ces connaissances suppose qu'elles aient d'abord été comprises par les élèves comme des solutions efficaces.

C'est pourquoi les situations contextualisées, comme LES FOURMILLIONS ou LE CAISSIER donnent une cohérence à la construction de connaissances sur la numération, en font des points d'appui concrets, auxquels les élèves pourront se rapporter ou se rattacher éventuellement lorsqu'ils mobiliseront la connaissance mathématique correspondante en dehors de tout contexte.

Les connaissances apparaissent ainsi d'abord appropriées dans des contextes et sous une forme destinée à l'élève, provisoire ; d'autres activités tendront à les décontextualiser, à les faire évoluer vers des connaissances mathématiques, des connaissances théoriques.

Aussi, après la situation essentielle LE CAISSIER, suivie éventuellement par LES FOURMILLIONS si certains élèves ne l'ont pas rencontrée au CP, nous proposons dans les pages qui suivent :

1. Une version du CAISSIER sans limitation du nombre de pièces, centrée sur l'intérêt de faire des échanges, pour les élèves qui en auraient besoin.
2. Les exercices écrits LES TRAITS destinés aux classes qui ont abordé LES FOURMILLIONS au CP.

1 Une version du CAISSIER sans limitation du nombre de pièces

Dans la situation LE CAISSIER phase 2, nous avons fait le choix d'imposer une contrainte aux élèves : ne pas avoir plus de 9 pièces ou billets de chaque valeur. Cette contrainte est exclusivement scolaire (dans un portemonnaie, on peut avoir plus de 10 pièces de 1 €).

Or, pour que la contrainte « pas plus de 9 unités » ne soit pas qu'une simple convention pour les élèves, il faut qu'ils aient bien compris le principe de groupement-échange et la différence entre le nombre de pièces et de billets de chaque sorte et la valeur que chaque type de monnaie représente.

Nous proposons donc une reprise différenciée de la phase 2 ci-dessous, pour permettre aux élèves n'ayant pas ces acquis de s'approprier plus facilement cette équivalence entre « 1 billet de 10 € et 12 pièces de 1 € » et « 2 billets de 10 € et 2 pièces de 1 € ».

LA PHASE 2 DU JEU DU CAISSIER EN BINÔMES HÉTÉROGÈNES

Les élèves sont répartis dans des binômes hétérogènes : le joueur B est un élève que l'enseignant identifie comme n'ayant pas les acquis nécessaires, tandis que le joueur A est un élève supposé les avoir. L'enseignant joue sur les spécificités du matériel pour amener l'élève A et l'élève B à constituer la même somme de deux façons différentes.

Matériel pour chaque binôme

- Une caisse avec des pièces et billets.
- Des cartes-nombres.
- Une feuille de score séparée en deux.

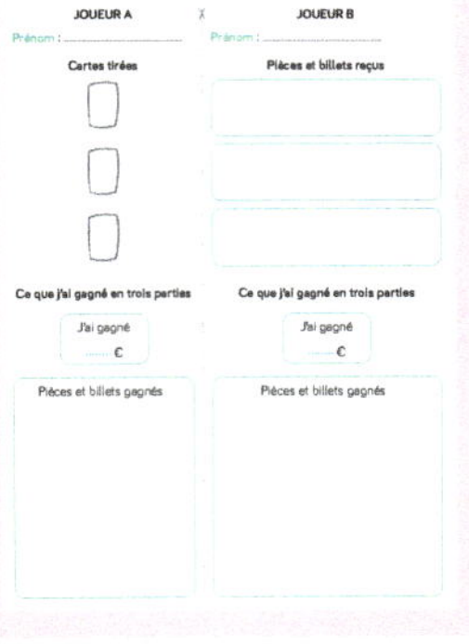
JOUEUR A | JOUEUR B
Prénom : | Prénom :
Cartes tirées | Pièces et billets reçus
Ce que j'ai gagné en trois parties | Ce que j'ai gagné en trois parties
J'ai gagné ... € | J'ai gagné ... €
Pièces et billets gagnés | Pièces et billets gagnés

Feuille disponible sur le CD-Rom

Déroulement

Le joueur A tire une carte et note sur la feuille de score la somme gagnée. B prend les pièces dans la caisse et les dessine de son côté sur la feuille de score. L'opération est réalisée 3 fois.

On sépare alors les deux colonnes de la feuille : A ne travaille plus que sur les nombres (colonne de gauche) et B sur les pièces dessinées (colonne de droite) qu'il a par ailleurs en matériel avec lui.

A calcule la somme et dessine les pièces et billets.

B compte ses pièces et billets, écrit la somme et dessine ce qu'il a.

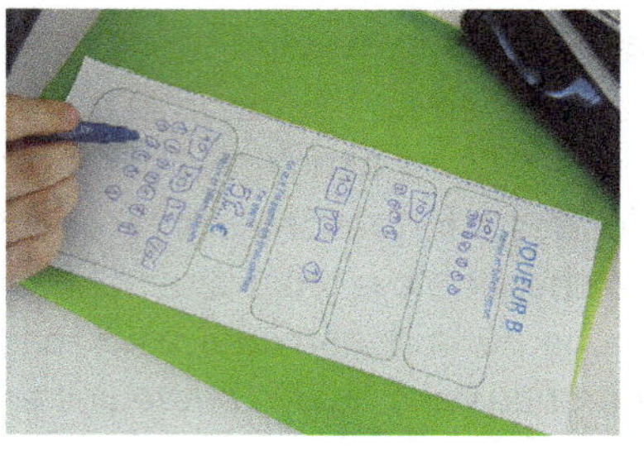

Les deux feuilles sont alors réunies et l'enseignant demande : *« Est-ce que chacun de vous a la même somme d'argent ? Dites pourquoi. »*.

L'élève B est alors amené à expliquer pourquoi on a bien la même somme avec des pièces et billets différents et comment faire pour que chacun ait la même collection de pièces et billets : « *Il faut faire des échanges.* » Les échanges sont alors réalisés.

Analyse du travail de A et de B

B dessine donc les pièces et les billets, alors que A opère avec les cartes-nombres uniquement. Pour faire la somme, B, s'il ne fait pas d'échange (ce qui est probable), rassemble le matériel obtenu. Il a donc plus de 10 pièces ou billets, mais devrait trouver la bonne valeur. A, quant à lui, qui travaille directement avec les nombres, obtient la somme par le calcul, ou la calculette, puis convertit en pièces et billets. Il devrait donc avoir le matériel groupé. En comparant ce qu'ils ont obtenu, A et B doivent être amenés à se rendre compte qu'ils ont la même somme (ils travaillent avec le même tirage), mais constituée de façon différente. L'enseignant leur demande donc d'expliquer comment faire pour avoir la même collection de pièces et billets. Cette question a pour but d'amener l'élève B à réaliser des groupements et des échanges.

2 Exercices écrits : LES TRAITS

Ces deux exercices sont destinés à des classes où tous les élèves auraient déjà travaillés la situation LES FOURMILLIONS au CP. Les différents supports présentés ici sont disponibles sur le CD.

Ces exercices permettent de :

- ✔ différencier facilement le travail demandé aux élèves en fonction de leurs connaissances ;
- ✔ générer des temps d'autonomie qui facilitent la gestion d'un cours à multiples niveaux ;
- ✔ prendre des informations sur ce qu'est capable de faire chaque élève (contrairement aux activités de groupe où la dynamique peut masquer des incompréhensions ou des stratégies erronées).

Ils peuvent :

- ✔ servir de clarification pour une classe supposée déjà à l'aise avec un dénombrement s'appuyant sur des groupements par 10, par 100…
- ✔ ou être mis en œuvre à distance de l'apprentissage, en constituant ainsi un réinvestissement, ou aussi une forme d'évaluation.

Les énoncés comportent très peu de texte de façon à ne pas surajouter de difficulté au début de l'année et à renforcer la compréhension de l'écriture des nombres pour dénombrer des grandes collections.

EXERCICE 1

Il oblige les élèves à réaliser des groupements.

« Combien y a-t-il de traits ? »

EXERCICE 2 (cf. Annexe 5 p. 35 et CD)

L'augmentation de la collection permet ici une différenciation pour les élèves les plus avancés, ou une incitation pour ceux qui font du comptage de 10 en 10 à abandonner leur stratégie.

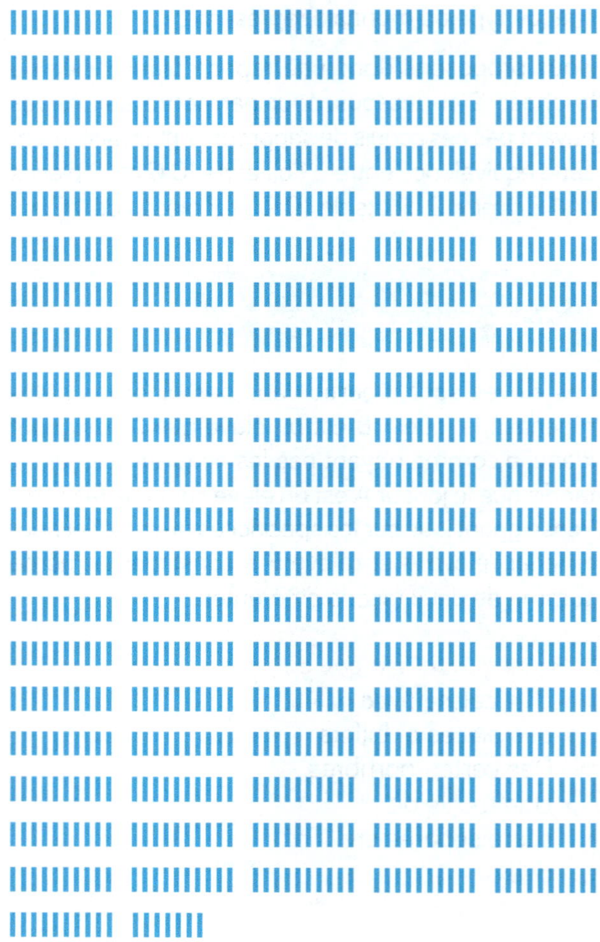

Annexe 5 LES TRAITS (EXERCICE 2)

Combien y a-t-il de traits ?

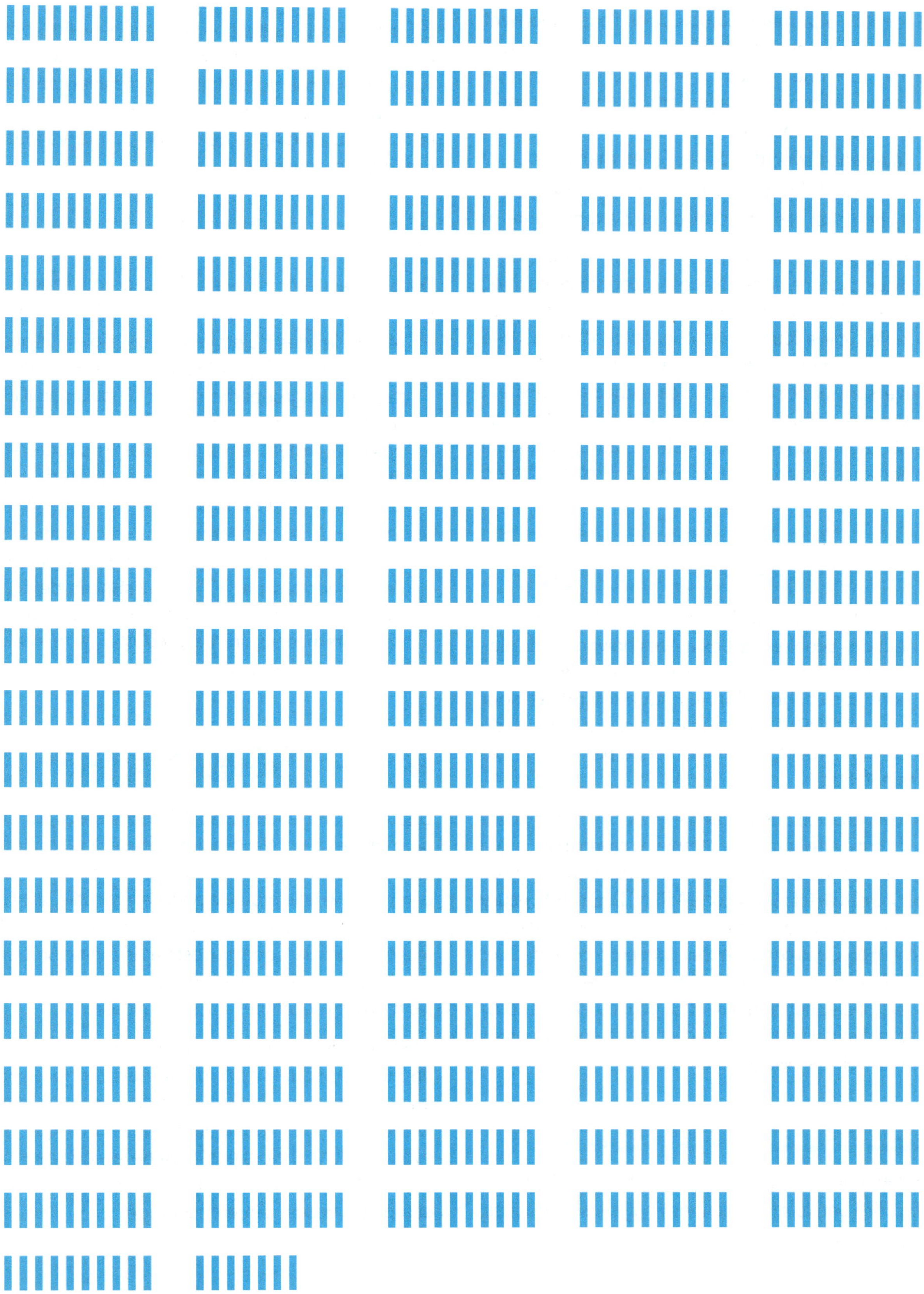

Questions sur INTERÊTS ET LIMITES DE LA MANIPULATION

UNE CONCEPTION « ANCIENNE » DE LA MANIPULATION

Le recours à la manipulation dans l'enseignement des mathématiques au début du primaire est parfois compris comme le premier stade d'une conception ancienne de l'apprentissage. Par exemple, pour additionner deux nombres :

- ✔ l'élève agit avec des objets (il les manipule…) ;
- ✔ il représente le résultat sur des supports graphiques ;
- ✔ il code avec les nombres ce qu'il a représenté.

Cette conception est erronée selon nous. Elle sous-tend que chacune de ces étapes (action sur du concret, utilisation d'une représentation, abstraction) et le passage de l'une à l'autre s'accompagnent d'une activité cognitive réelle. Or, dans ce modèle, les tâches de l'élève sont principalement des tâches de constat ; il n'y a pas d'anticipation de sa part, c'est-à-dire pas d'élaboration d'une solution, juste ou fausse, adéquate ou non, que l'action sur les objets viendrait confirmer.

RECOURIR À DES OBJETS POUR COMPRENDRE LE PROBLÈME

Les situations essentielles de cette publication proposent des problèmes. Les élèves doivent donc élaborer une solution, mentalement ou par le recours à l'écrit sur un brouillon. Lorsque les objets sont présents (FOURMILLIONS, monnaie…), la solution du problème ne peut pas être obtenue par leur simple manipulation.

En revanche, lorsque certains élèves ne comprennent pas le but à atteindre, par exemple ne savent pas ce que signifie *« donner à chaque élève deux cahiers et un livre »* pour 26 élèves (cf. la situation LA RENTRÉE, p. 14), il peut y avoir une manipulation, en l'occurrence la réalisation d'une distribution. Dans ce cas, l'enseignant propose d'effectuer – ou de représenter – cette distribution avec un nombre d'élèves assez petit (entre 4 et 8) pour qu'elle soit comprise, mais sans que des procédures soient suggérées pour les valeurs initiales du problème.

RECOURIR À DES OBJETS POUR VÉRIFIER

En début d'année, dans la situation LA BOITE JAUNE (cf. p. 38), une fois les solutions analysées et validées, il peut être toutefois utile de « regarder dans la boite » pour effectuer une « validation pratique ».

Ce recours à la collection d'objets peut être ponctuellement intéressant pour des élèves encore peu surs de leur solution. Mais progressivement, l'enseignant permet à tous les élèves de comprendre la force du calcul, ce qui rend ainsi la validation pratique en général superflue.

LA MANIPULATION POUR LA NUMÉRATION

Dans les activités relevant de l'apprentissage de la numération, les élèves peuvent, selon les situations :

- ✔ Manipuler des objets isolés, pour quantifier une collection (cf. LES FOURMILLIONS p. 28) en faisant des groupements par 10, puis par 100 et par 1 000. Mais cette manipulation ne leur donne pas directement le résultat. C'est la structuration et l'expression des groupements en dizaines, centaines, milliers qui est l'objet de l'apprentissage.
- ✔ Recourir à des représentations de quantités sous différentes formes (des traits…), qui peuvent être déjà groupées par 10 et puissances de 10, ou symbolisées par un nombre (monnaie). Mais, il est alors nécessaire de produire, par un calcul, les valeurs cherchées.

RECOURIR À LA MANIPULATION EN CAS DE DIFFICULTÉ

Une pratique fréquente au CE1 consiste à proposer du matériel à un élève qui a échoué à résoudre un problème ou que l'enseignant juge en difficulté. Si, bien entendu, une telle pratique peut s'avérer utile, ainsi que nous l'avons rappelé dans la situation LA RENTRÉE, il faut être conscient que ce n'est pas le même problème qui est résolu avec ou sans matériel, et ce ne sont pas les mêmes procédures qui sont utilisées.

Aussi, lorsque, dans une situation au début du CE1, un élève n'ose pas faire des essais ou ne dispose pas encore de procédure de calcul bien stabilisée, le recours à des manipulations peut bloquer son évolution. Il n'est alors pas dupe de la signification de cette aide, et de l'éventuelle réussite qui en suivrait, et a plutôt besoin d'être encouragé.

Situation essentielle

LA BOITE JAUNE

Dès le début de l'année de CE1, nous proposons différents types de problèmes additifs ou soustractifs[3]. Cette diversité permet à l'élève de se rendre compte qu'il ne faut pas appliquer partout l'addition, en vérifiant les résultats, soit par lui-même, soit lors des mises en commun.

En effet, l'apprentissage de la technique opératoire de l'addition en fin de CP permet à l'élève de disposer d'une procédure efficace pour résoudre certains problèmes, notamment les problèmes portant sur l'augmentation d'une collection (problèmes de recherche d'état final suite à une transformation positive). Il est cependant essentiel qu'il comprenne que cette technique est inopérante ou inefficace dans bon nombre de problèmes (problèmes de recherche d'état initial suite à une transformation positive, par exemple), et qu'il peut toujours s'appuyer sur les procédures mentales de calcul pour les résoudre.

Cette situation pourra se dérouler sur 8 séances courtes (2 séances par phase).

La situation LA BOITE JAUNE (ERMEL CE1 pp. 130 à 136) est une situation du thème « Calculs additifs et soustractifs ».

Elle reprend le contexte de la situation LA BOITE NOIRE (Les essentielles ERMEL CP p. 50 à 55).

Présentation de la situation

Une boite opaque contient un certain nombre de cubes (état initial). L'enseignant ou un élève ajoute ou retire des cubes (la transformation est donc positive ou négative). La boite contient alors un nouveau nombre de cubes (l'état final).
Les informations et la question sont données oralement ou par écrit. Les élèves ne voient pas le contenu de la boite.

Deux des données étant connues, il s'agit de trouver la troisième ; l'inconnue peut donc être selon le problème : l'état initial, la transformation ou l'état final.

Exemples :

- « *J'ai 25 cubes dans la boite. J'en ajoute et maintenant il y en a 37. Combien en ai-je rajoutés ?* » (problème de recherche de la transformation sachant qu'elle est positive)
- « *J'ai 30 cubes dans la boite. J'en retire 16. Combien en reste-t-il ?* » (problème de recherche d'état final après transformation négative)
- « *J'ai des cubes dans la boite. J'en ajoute 17. Il y en a maintenant 35. Combien y avait-il de cubes dans la boite avant ?* » (problème de recherche d'état initial, la transformation positive et l'état final étant connus)

Matériel collectif
- Une boite opaque avec couvercle.
- Un lot de cubes (une centaine environ).

Matériel individuel
- Des feuilles de papier pour chercher.
- Une calculatrice.

Enjeux
Cette situation vise le recours à des procédures mentales de calcul mais aussi l'utilisation d'écritures additives.

Domaine numérique
Pour des états inférieurs à 20 et des transformations inférieures à 10, les élèves peuvent utiliser des dessins et le surcomptage. Au-delà, le calcul est plus économique.

Matériel
Il est important de garder la boite jaune et son contenu comme support matériel du problème jusqu'à son terme, mais aussi de ne pas enlever ou ajouter les cubes un par un pour éviter que les élèves surcomptent directement en voyant l'action se réaliser. La boite pourra être ouverte si nécessaire au moment de la validation des réponses
La calculatrice ne sera utilisée que dans les phases de validation. Cela pourra donner l'occasion d'un premier usage de cet outil pour le calcul à des élèves qui ne l'auraient pas utilisée en CP.

3. Voir « En début d'année, que faire avec ce que les élèves savent ? » p. 20.

Phase 1 : Recherche d'un état initial

ÉTAPE 1 : PRÉSENTATION COLLECTIVE DU DISPOSITIF ET DU PREMIER PROBLÈME

En cachette, l'enseignant met 9 cubes dans la boite ; il la referme. Puis il dit : *« Dans la boite, il y a des cubes. Je ne vous dis pas combien. J'en ajoute 8* (en les montrant). *Maintenant, il y a 17 cubes. Combien y avait-il de cubes dans la boite avant que j'en ajoute ? »* Il présente une affiche au tableau sur laquelle est écrit l'énoncé du problème et le fait lire à un élève : *« Dans la boite, il y a des cubes. Nous en avons ajouté 8. Maintenant, il y a 17 cubes. Combien y avait-il de cubes dans la boite avant ? »*

Consigne

« Vous devez trouver combien il y avait de cubes dans la boite avant que j'en rajoute. Pour chercher, vous pouvez utiliser la feuille de papier. Vous écrirez votre réponse en gros, pour qu'elle soit visible quand nous afficherons votre travail. »

Recherche individuelle

Pendant le temps de recherche, l'enseignant passe dans les rangs et repère les procédures produites.

Mise en commun des productions

L'enseignant fait afficher les productions et laisse un temps d'observation.
Il peut solliciter une réorganisation de l'affichage de façon à regrouper les productions qui proposent la même réponse.
Les résultats sont ensuite discutés : *« Lesquels sont surement faux ? Pourquoi ? »* → *« Ça ne peut pas être 25 car avant d'en ajouter on en avait moins que 17. »*
Les productions restantes (voir procédures 2 à 4 ci-contre) sont ensuite examinées du point de vue des procédures.

Validation

À la fin de la mise en commun, les résultats sont validés. *« Maintenant que nous avons examiné toutes vos propositions, comment pouvons-nous vérifier ? »*
On vise une répartition des 17 cubes en deux tas, un de 8 et un de 9, et une conclusion s'appuyant davantage sur le calcul que sur du surcomptage : *« C'était bien 9 dans la boite au début, parce que si j'en mets 9 et que j'en rajoute 8, alors ça fait 9 + 8 = 17. »*

ÉTAPE 2 : REPRISE AVEC UNE TRANSFORMATION NÉGATIVE

Le dispositif est analogue à celui de l'étape 1. Comme il est connu des élèves, la communication du problème peut être plus rapide : *« Dans la boite, il y a des cubes. Nous en enlevons 7. Maintenant, il y a 15 cubes. Combien y avait-il de cubes dans la boite avant ? »*

La mise en commun se déroule comme à l'étape 1. L'échange sur les résultats peut donner lieu à une comparaison entre ces deux problèmes.

C'est l'occasion d'initier un souci de vraisemblance des résultats : *« Quand j'enlève des cubes, j'en ai moins après qu'avant, mais quand j'ajoute des cubes, j'en ai plus. »* (notamment si des élèves proposent encore systématiquement une addition posée des deux nombres de l'énoncé).

Quels problèmes pour la phase 1 ?

Afin d'éviter le recours immédiat à une technique, nous proposons un problème de recherche d'état initial, les élèves ne disposant pas de la technique opératoire de la soustraction.

Communication du problème

Après la lecture de l'énoncé, l'enseignant peut demander aux élèves, si nécessaire, de reformuler le problème (préciser ce que l'on sait, ce que l'on cherche).

Procédures observées à l'étape 1

1. Addition « 8 + 17 » (procédure erronée).
2. Dessins :
   - de 17 cubes, 8 sont barrés ou entourés, puis comptage du reste ;
   - de 8 cubes, puis dessin du complément jusqu'à 17 et comptage de ces cubes.
3. Surcomptage à partir de 8 jusqu'à 17, ou décomptage de 8 à partir de 17.
4. Écriture additive s'appuyant sur des résultats mémorisés : *« 8 + 9 = 17 »* ou *« 9 + 8 = 17 »*.

Enjeu de la mise en commun

Cette activité ne vise pas la recherche de procédures plus efficaces, mais plutôt de :
- mettre en évidence que l'on peut trouver la solution sans poser une opération ;
- permettre une comparaison entre les procédures :
  - reconnaissance de procédures identiques et, en cas de résultats différents, identification des erreurs (difficultés et limites du surcomptage...) ;
  - mise en évidence de résultats identiques obtenus avec des procédures différentes.

Procédures observées à l'étape 2

1. Surcomptage de 7 à partir de 15.
2. Utilisation d'un résultat mémorisé : *« 15 + 7 = 22 »*.
3. Utilisation de procédures mentales de calcul :
   - *« 15 + 5 + 2 = 22 »*, l'appui sur 15 + 5 étant favorisé par les nombres en jeu ;
   - *« 10 + 5 + 7 = 22 »* avec appui sur le résultat mémorisé 5 + 7 = 12.

Ce sont les procédures relevant du calcul qui sont visées. Elles seront mises en évidence par des écritures additives lors de la mise en commun.

Phase 2 : Recherche d'un état final

ÉTAPE 1 : LA TRANSFORMATION EST POSITIVE, LE DOMAINE NUMÉRIQUE PERMET UN CALCUL MENTAL

L'enseignant annonce qu'il met 15 cubes dans la boite. Puis, il en rajoute 7 en le disant, en une seule poignée et ferme la boite. Puis, il affiche l'énoncé du problème : *« Nous avions 15 cubes dans la boite. Nous en avons rajouté 7. Combien en avons-nous maintenant ? »*

Recherche individuelle

Les nombres sont choisis pour favoriser les procédures mentales, **Les calculatrices ne sont pas disponibles pendant le temps de recherche.**

Mise en commun

Étant donné le domaine numérique, les procédures relevant de dessins et de surcomptage permettent de répondre rapidement. Certains élèves auront recours à la technique opératoire. Leur résultat sera simplement validé, sans autre commentaire sur leur procédure dans cette phase.

Validation

Les élèves sont amenés à effectuer les différents calculs écrits au tableau.

Mise en commun

La mise en commun doit permettre de mettre en évidence la lourdeur des procédures de type dessins ou comptage et le risque d'erreurs qu'elles induisent.
On pourra aussi montrer que les calculs mentaux utilisant les dizaines et s'appuyant sur des écritures additives sont tout aussi efficaces que la technique opératoire.

ÉTAPE 2 : LA TRANSFORMATION EST NÉGATIVE, LE DOMAINE NUMÉRIQUE PERMET UN CALCUL MENTAL

« Nous avons mis 25 cubes dans la boite. Nous en avons enlevé 6. Combien en avons-nous maintenant ? »

Le déroulement est analogue à celui de l'étape 1.
La calculatrice reste indisponible pendant le temps de recherche et servira lors de la validation.

La transformation étant négative, on devrait voir davantage de procédures relevant du dessin ou du décomptage.

Procédures visées à l'étape 2

Ce sont toujours les procédures mentales de calcul qui sont visées : *« 25 – 5 – 1 = 19 »* ou *« 19 + 6 = 25 »* ou *« 25 – 5 = 20 ; comme j'enlève 6 ça fait 1 de moins ; il en reste 19. »*

ÉTAPE 3 : LA TRANSFORMATION EST POSITIVE, LE DOMAINE NUMÉRIQUE NÉCESSITE UN CALCUL ÉCRIT

« Nous avons mis 36 cubes dans la boite. Puis, nous en avons ajouté 27. Combien en avons-nous maintenant ? »

Le déroulement est analogue à celui de l'étape 1.
La calculatrice reste indisponible pendant le temps de recherche et servira lors de la validation.

Mise en commun

La mise en commun doit à nouveau mettre en évidence la lourdeur des procédures de type dessins ou comptage et le risque d'erreurs qu'elles induisent.

L'enseignant pourra aussi demander : *« Quelle(s) égalité(s) ou quels calculs on pourrait écrire pour expliquer ce que vous avez fait ? »*

Procédures observées à l'étape 3

1. Dessins de 36 cubes puis de 27 et comptage.
2. Surcomptage de 27 à partir de 36 à l'aide de la bande numérique ou des doigts.
3. Calculs utilisant notamment la décomposition en dizaines : *« 36 + 20 + 7 »*, *« 30 + 20 + 6 + 7 »*, *« 30 + 20 + 6 + 4 + 3 »*.
4. Recours à la technique opératoire de l'addition.

ÉTAPE 4 : LA TRANSFORMATION EST NÉGATIVE, LE DOMAINE NUMÉRIQUE NÉCESSITE UN CALCUL ÉCRIT

« Nous avons mis 41 cubes dans la boite. Puis, nous en avons enlevé 23. Combien en avons-nous maintenant ? »

Le déroulement est analogue à celui de l'étape 1.
La calculatrice est toujours indisponible durant le temps de recherche.

Lors de la mise en commun, on pourra mettre en évidence qu'on ne sait pas encore faire le calcul posé correspondant, mais que la calculatrice peut permettre de donner le résultat.
Les calculs écrits au tableau qui traduisent les procédures mentales de calcul utilisées sont alors repris avec la machine. Cela permet de montrer que la séquence de touches 4 1 - 2 3 = donne directement la réponse au problème.

Prolongement éventuel : *« Et si nous avions eu 43 - 21 ? »*
Ce prolongement conduit à constater que, dans ce cas, le traitement séparé des unités puis des dizaines permet d'obtenir rapidement le résultat : *« 3 - 1 = 2 et 40 - 20 = 20 ; réponse 22. »*

Procédures observées à l'étape 4

1. Recours à la technique opératoire de l'addition et réponse erronée.
2. Dessins de 41 cubes ; puis 23 sont barrés et comptage du reste.
3. Décomptage de 23 à partir de 41 à l'aide de la bande numérique.
4. Calculs utilisant notamment la décomposition en dizaines : *« 41 - 10 - 10 - 3 », « 41 - 20 - 3 », « 41 - 20 - 1 - 2 », « 30 - 20 = 10 ; 11 - 3 = 8 ; réponse 18 ».*

Phase 3 : Des procédures de calcul pour la recherche d'une transformation positive

ÉTAPE 1 : LE DOMAINE NUMÉRIQUE PERMET UNE RÉPONSE À PARTIR DES RELATIONS ENTRE LES NOMBRES

« J'ai mis 27 cubes dans la boite. J'en ajoute, mais je ne vous dis pas combien. Maintenant, il y en a 47 dans la boite. Combien en ai-je ajoutés ? »

Le déroulement reprend celui des phases précédentes.
Cette première étape permet de s'assurer que les élèves répondent bien à la question posée.

La mise en commun peut se limiter à un simple inventaire des résultats.

On peut envisager une reprise rapide avec le problème :
« J'ai mis 25 cubes dans la boite. J'en ajoute, mais je ne vous dis pas combien. Maintenant, il y en a 40 dans la boite. Combien en ai-je ajoutés ? »

Choix des nombres

Les nombres sont choisis pour permettre aux élèves de fournir directement la réponse en utilisant les relations entre les nombres : *« C'est 20 parce que 27 + 20 = 47. »* ou *« J'ai remarqué qu'il y a deux dizaines de plus après. »*

ÉTAPE 2 : LE DOMAINE NUMÉRIQUE NÉCESSITE UN CALCUL

« J'ai mis 35 cubes dans la boite. J'en ajoute, mais je ne vous dis pas combien. Maintenant, il y en a 62 dans la boite. Combien en ai-je ajoutés ? »

Étant donné les nombres en présence et les mises en commun sur les problèmes des phases 1 et 2, les procédures par dessins ou comptage devraient être plus rares.

Lors de la mise en commun, il sera intéressant de traduire toutes les procédures par bonds ou essais par des écritures additives, de façon à mettre en évidence leur intérêt pour traduire un calcul.

Procédures observées à l'étape 2

1. Par bonds : *« Pour passer de 35 à 62, j'ajoute 5, ça fait 40 ; puis 20, ça fait 60 ; et encore 2, ça fait 62. J'en ai ajouté 5 + 20 + 2, c'est 27. »*
2. Par essais, éventuellement à l'aide de la calculatrice : *« 35 + 30 = 65, c'est trop ; 35 + 25 = 60, il manque 2 ; 35 + 27 = 62, c'est 27. »*

ÉTAPE 3 : PROLONGEMENT ÉVENTUEL VERS L'ADDITION À TROU POSÉE

Au début de CE1, les élèves en recherche d'une technique opératoire adaptée peuvent traduire le problème par l'addition à trou posée *« 35 + ... = 62 »*, mais l'effectuer est une source de réelles difficultés.

Si cette idée est apparue dans l'étape 2, il peut être intéressant de poser le problème : *« J'ai mis 35 cubes dans la boite. J'en ajoute, mais je ne vous dis pas combien. Maintenant, il y en a 68 dans la boite. Combien en ai-je ajoutés ? »*
Le traitement séparé des unités puis des dizaines est alors possible et peut conduire à trouver facilement le résultat de l'addition à trou posée : *« 35 + ... = 68 »*.

Phase 4 : Réinvestissement

LE NOMBRE PENSÉ

L'enseignant propose des questions à propos d'une relation additive ou soustractive entre trois nombres ; il s'agit de trouver l'un des nombres connaissant les deux autres.
On retrouve ainsi les différents types de problèmes utilisés avec LA BOITE JAUNE.
Exemples :

- *« Je pense à un nombre. Je lui ajoute 4 ; je trouve 10. À quel nombre ai-je pensé ? »*
- *« Je pense à un nombre. Je lui enlève 9 ; je trouve 3. À quel nombre ai-je pensé ? »*
- *« Je pense à un nombre. Pour le trouver, il faut ajouter 11 à 5. À quel nombre ai-je pensé ? »*
- *« Je pense à un nombre. Pour le trouver, il faut enlever 5 à 11. À quel nombre ai-je pensé ? »*
- *« Je pense à un nombre. Je le retranche de 12 et je trouve 7. À quel nombre ai-je pensé ? »*
- *« Je pense à un nombre. Je l'ajoute à 8 et je trouve 13. À quel nombre ai-je pensé ? »*

Déroulement

L'enseignant communique le problème et les élèves écrivent la réponse sur leur ardoise. L'enseignant gère le temps de réponse de façon à limiter les procédures par comptage et favoriser le recours au répertoire additif et aux procédures mentales de calcul utilisant notamment l'appui sur la dizaine.

Pour chaque item, une brève mise en commun permet de recenser les différentes réponses, de faire expliciter quelques exemples de procédés et de noter l'écriture additive ou soustractive correspondante au tableau.

Reprises

Après une première séance permettant de mettre en place ce type d'activité, celle-ci sera reprise régulièrement dans le temps de calcul mental, mais aussi sous forme de jeu à des moments inattendus des élèves.

Enjeu

L'élève doit élaborer des procédures mentales de calcul portant sur des nombres sans référence à un contexte matériel (objets, positions...), à la différence des problèmes proposés dans les phases précédentes.

Communication du problème

- La forme standardisée et répétitive de l'énoncé permet d'initier des automatismes visant la reconnaissance du problème posé et la procédure mentale associée.
- Le problème peut être communiqué à l'oral mais aussi sous forme d'affichage avec des cartes-nombres et les cartes (+), (−) et (=) ; cela peut aider des élèves en difficulté pour mémoriser un énoncé oral, même bref.
  Exemple : (...) (+) (4) (=) (10)

Il se peut que les élèves rencontrent le mot « retrancher » pour la première fois.
L'enseignant veillera donc à ce que tous en connaissent le sens.

Utilisation de la calculatrice

L'utilisation de la calculatrice présente peu d'intérêt pour les problèmes de recherche d'état final, dont l'opération experte – l'addition – est connue. Cependant, lors de certaines reprises, l'enseignant peut ne proposer que des problèmes de recherche d'état initial ou de recherche de transformation avec des nombres plus grands et laisser la calculatrice disponible. Les élèves peuvent alors l'utiliser pour des procédures par essais successifs avec la touche (+)
(exemple pour 41 − 23 : *« 10 + 23 = 33, c'est pas assez ; 20 + 23 = 43, c'est 2 de trop ; 18 + 23 = 41. »*).
Cela permet d'encourager la recherche d'un ordre de grandeur du résultat pour limiter le nombre d'essais dans le temps imparti.

LA RÈGLE PENSÉE

Deux séries de nombres sont liés par une règle de calcul qu'il faut retrouver pour compléter la série ou trouver un intrus.

Exemples (cf. CD) :

• *« Quel est le nombre manquant ? »*

Nombres proposés		Nombres obtenus
3		7
8		12
5		9
11		?

ou

Nombres proposés		Nombres obtenus
3		7
8		12
5		9
?		15

• *« Une ligne contient une erreur. Laquelle ? »*

Nombres proposés		Nombres obtenus
9		4
12		7
15		9
8		3

Déroulement

L'enseignant pense à une règle de calcul et l'applique au nombre proposé par un élève.
Deux élèves proposent un autre nombre et l'enseignant applique à nouveau la même règle de calcul.
Puis, il propose un nombre et les élèves doivent écrire le nombre obtenu en appliquant la règle sur leur ardoise.
L'enseignant peut aussi écrire le nombre obtenu et demander le nombre proposé ou remplir le tableau en indiquant une erreur à trouver.

Pour chaque item, une brève mise en commun permet de recenser les différentes réponses, de faire expliciter quelques exemples de procédés et de noter l'écriture additive ou soustractive correspondante au tableau.

Un problème à étapes

- Pour identifier la règle pensée par l'enseignant, l'élève doit résoudre un problème de recherche de transformation en prenant des indices sur le premier calcul :
  – augmentation (+) ou diminution (–) ;
  – valeur de la transformation (de... pour aller à...)
- Il doit ensuite valider ce qu'il a trouvé avec les items suivants en procédant soit comme dans l'étape précédente, soit comme dans un problème de recherche d'état final.
- Pour donner la réponse, il est enfin confronté à un problème de recherche d'état final ou de recherche d'état initial.

Reprises

Après une première séance permettant de mettre en place ce type d'activité, celle-ci sera reprise régulièrement dans le temps de calcul mental, mais aussi sous forme de jeu à des moments inattendus des élèves.

SAVOIR CALCULER AU CE1

Savoir calculer au CE1, c'est notamment être capable de réduire des expressions du type « a + b », « a – b », « de a pour aller à b » – ou des combinaisons de telles expressions – à un nombre.

Savoir calculer repose sur l'existence et la mise en relation de plusieurs compétences :

- ✔ **la connaissance d'un répertoire de résultats mémorisés** (les « tables ») ;
- ✔ **la mobilisation de procédures mentales de calcul**, éventuellement transcrites à l'écrit, s'appuyant sur les résultats mémorisés, les règles de fonctionnement des systèmes de numération et l'utilisation de certaines propriétés plus ou moins implicites sur les opérations concernées (la commutativité de l'addition par exemple) ;
- ✔ **la maitrise des techniques opératoires usuelles** : addition dans un premier temps au CE1, puis multiplication et soustraction ;
- ✔ **la capacité à utiliser de façon appropriée la calculatrice** pour obtenir certains résultats.

Mais savoir calculer, au-delà de produire un calcul juste, c'est aussi utiliser le calcul pour résoudre des problèmes et savoir évaluer l'ordre de grandeur d'un résultat pour contrôler ses calculs.

MÉMORISER ET/OU RECONSTRUIRE TRÈS RAPIDEMENT DES RÉSULTATS INDISPENSABLES

Les répertoires du calcul additif ou soustractif

Le répertoire additif recouvre l'ensemble des questions du type « a + b = ? », avec a et b entiers inférieurs ou égaux à 9.

Le répertoire des compléments recouvre l'ensemble des questions du type « a + ? = b », avec a et b entiers tels que a ⩽ b, a ⩽ 9, b ⩽ 18.
La recherche d'un complément pourra se représenter par une écriture du type « a + ? = b », ou plus fréquemment par la question « de a pour aller à b ? », qui suggère le calcul par bonds sur la droite numérique, particulièrement travaillé au CE1, en lien avec la mobilisation des dizaines.

À partir d'un résultat du répertoire additif comme « 7 + 3 = 10 », on peut obtenir d'autres résultats comme « 3 + 7 = 10 » ou « 10 – 3 = 7 » ou « 10 – 7 = 3 » ou « de 3 pour aller à 10, c'est 7 » ou « de 7 pour aller à 10, c'est 3 ».

Ces équivalences de calcul ne sont pas construites au CE1. Toutefois, l'élève de CE1 les fréquente et prend conscience qu'un résultat peut être obtenu à partir d'autres, mais ceci reste local pour la majorité des élèves et ces équivalences de calcul ne se maitriseront que progressivement au CE2.

De la même façon, l'élève prend conscience au cours des activités de calcul mental qu'il est difficile de maitriser rapidement l'ensemble de ces résultats, mais que, en revanche, certains d'entre eux peuvent être reconstitués aisément grâce à des techniques mentales simples de calcul.

Les résultats indispensables sur lesquels s'appuyer sont constitués des doubles de « 2 + 2 » à « 9 + 9 », des décompositions additives de 5 et de 10, des décompositions additives de 6, 7, 8 et 9, avec appui sur 5 comme « 8 = 5 + 3 ». Par exemple, « 8 + 9 » peut être reconstruit à partir de « 8 + 8 » ou de « 9 + 9 » (c'est un de plus ou un de moins). Mais pour d'autres élèves, « 8 + 9 » ce sera plutôt « 8 + 2 + 7 » !

Il est effectivement intéressant de constater que les procédures mentales permettant de reconstituer des résultats ne sont pas les mêmes pour tous les élèves pour un calcul donné, et même qu'elles peuvent varier pour un même élève !
Il sera donc particulièrement important de faire régulièrement des « inventaires de procédures » pour un même calcul au cours des activités de calcul mental, de façon à permettre aux élèves qui sont en difficulté sur ce type d'activité mentale de reconnaitre et de s'approprier une procédure qui leur « parle » plus que d'autres.

Des additions et soustractions avec appui sur les dizaines

Il s'agit de favoriser le calcul rapide de résultats utilisant les dizaines de façon à pouvoir les réinvestir rapidement pour reconstruire d'autres résultats comme évoqué ci-dessus :

- ✔ « 10 + a », « 10 – a », « de a pour aller à 10 », « de 10 pour aller à a (avec a entre 11 et 19) » ;
- ✔ « a + 10 » ou « a – 10 » en lien avec le comptage, ou le comptage de 10 en 10, a étant un nombre à deux, trois ou quatre chiffres ;
- ✔ des calculs du type « 20 + 5 », « 40 – 6 », « de 30 pour aller à 37 », « de 3 pour aller à 40 » ;
- ✔ des calculs avec passage à la dizaine ou à la centaine supérieure ou inférieure comme, « 37 + ? = 40 »,

« 110 + ? = 200 », « 300 – ? = 220 » ou « de 540 pour aller à 600 » ;

- ✔ des calculs pour élargir le répertoire aux multiples de 10 inférieurs à 100 et aux multiples de 100 inférieurs à 1 000, comme « 20 + 30 = ? », « 600 - 200 = ? » ou « de 400 pour aller à 900 ».

S'APPROPRIER DES PROCÉDURES MENTALES DE CALCUL

Cet objectif concerne tout aussi bien les calculs simples évoqués ci-dessus, que des calculs plus complexes comme « 57 + 36 », ou même « Quel est l'écart entre 126 et 209 ? » dont on souhaite obtenir le résultat sans poser l'opération et sans utiliser la calculette.
Ces calculs plus complexes seront initiés progressivement, au CE1 à partir de la période 3, et poursuivis dans les années ultérieures.

Dans le cas de calculs plus complexes, la droite numérique, introduite comme outil de représentation des nombres à la quinzaine 2, deviendra support de calcul dès la quinzaine 7.
Ainsi, pour calculer « 57 + 36 » ou pour déterminer l'écart entre 126 et 209, le **déplacement par bonds sur la droite numérique** permet de mettre en œuvre différentes procédures de calcul.

Exemple 1 : « 57 + 36 »

- ✔ 57 + 36 = 50 + 7 + 30 + 6 = 50 + 30 + 7 + 6 (50 + 30 par calcul sur les dizaines, 7 + 6 par utilisation d'un résultat du répertoire) ;
- ✔ 57 + 36 = 57 + 3 + 10 + 10 + 10 + 3, avec support de la droite numérique ou non ;

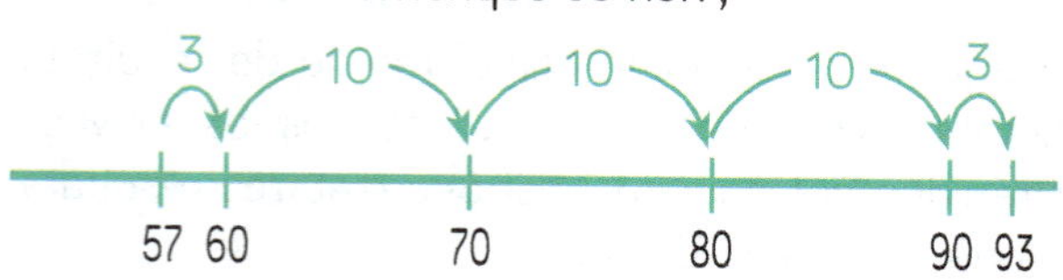

- ✔ 57 + 36 = 57 + 3 + 30 + 3 (ou 57 + 36 = 60 + 30 + 3), avec support de la droite numérique ou non ;

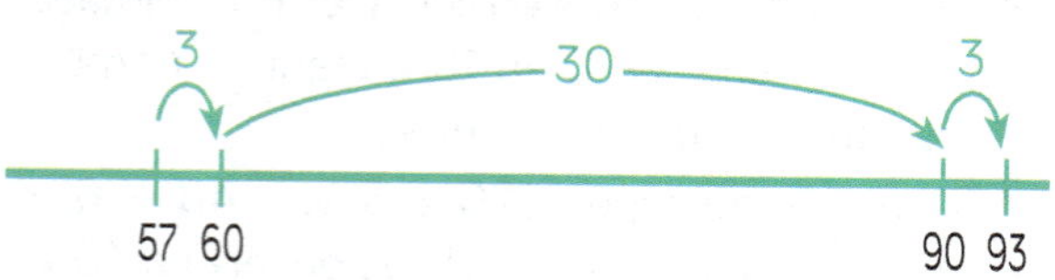

- ✔ 57 + 36 = 57 + 10 + 10 + 10 + 3 + 3.

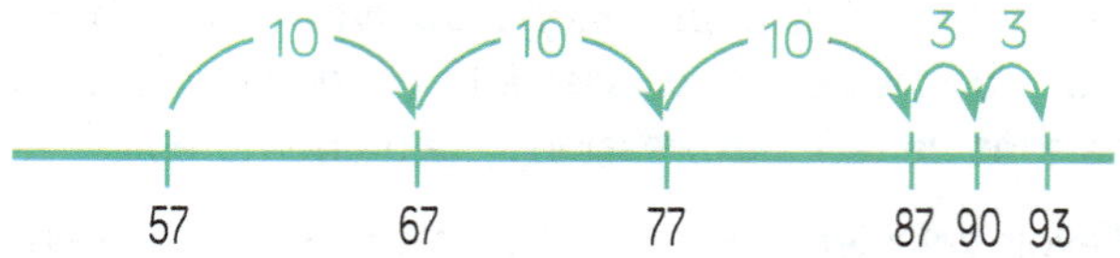

Exemple 2 : « Quel écart entre 126 et 209 ? »

- ✔ 4 + 10 + 10 + 10 + 10 + 10 + 10 + 10 + 9 = 83

- ✔ 4 + 20 + 50 + 9 = 83

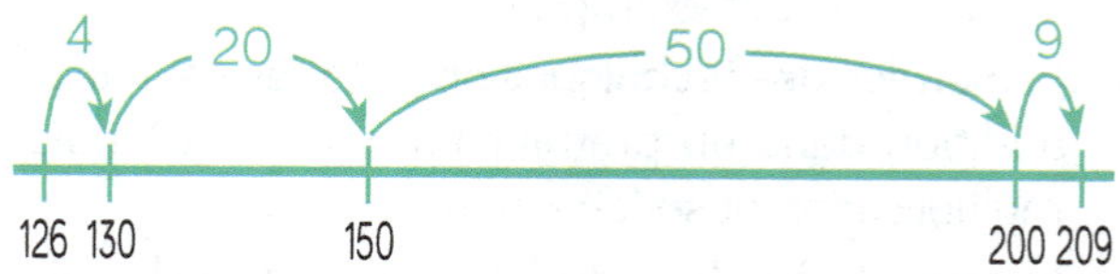

- ✔ 4 + 70 + 9 = 83

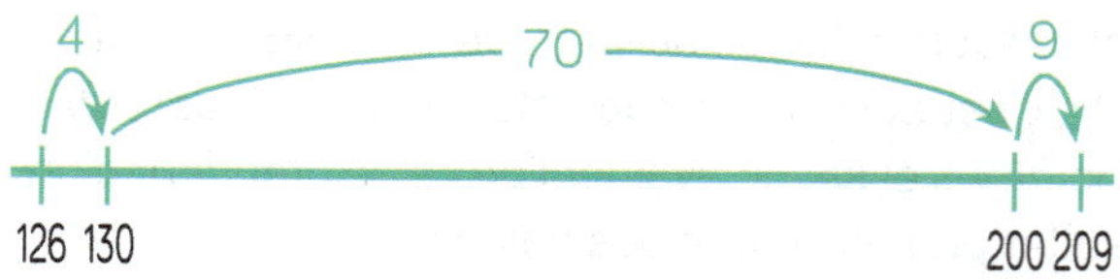

Ainsi, l'utilisation de la droite numérique peut faciliter l'abandon du surcomptage ou du décomptage au profit du calcul. L'élève doit alors utiliser certaines propriétés de la numération, mobiliser des résultats mémorisés et prendre en compte les particularités des nombres en présence.

COMMENT RÉALISER CES APPRENTISSAGES ?

La répétition est certes un facteur favorisant, à condition de ne pas être le seul moyen utilisé et d'intervenir au travers d'activités variées : jeux, interrogations diverses, etc.

De plus, on mémorise mieux un ensemble d'éléments structurés, organisés entre eux que des éléments hétéroclites ; on proposera donc des activités qui favorisent cette structuration (appui sur les doubles, passage par la dizaine, commutativité de l'addition…)

Dès la quinzaine 3, et tout au long de l'année, les exercices d'accompagnement proposés, souvent sur des supports de jeux, vont permettre ces apprentissages tout en respectant la diversité des élèves face à ces procédures mentales de calcul.

Questions sur LA RÉSOLUTION DE PROBLÈMES ADDITIFS

Cette partie a pour but de proposer aux enseignants des modalités d'évaluation particulières concernant l'analyse des productions des élèves : que cherchons-nous à analyser ? à quels critères donnons-nous de l'importance ?

Elle vise donc à renseigner les enseignants sur les connaissances dont disposent les élèves (ici, vis-à-vis des problèmes additifs et soustractifs), et présente une analyse détaillée d'un problème qui montre la diversité et la richesse des connaissances à un moment donné de l'apprentissage.

Nous proposons en période 2 (pages 68-69) d'autres énoncés à disposition de l'enseignant pour diversifier les problèmes additifs.

UN PROBLÈME : LES PIN'S

Comment l'évaluation est-elle menée ?

Le problème suivant a été posé en novembre :

> Charles a 18 pin's.
> Il en donne 5 à la récréation.
> Combien lui en reste-t-il ?

C'est un problème de recherche de l'état final avec une transformation négative (du type « e t– E », cf. p. 20). Les nombres ont été choisis de telle façon que les élèves ayant des connaissances moindres puissent le résoudre avec les moyens dont ils disposent.

Le problème est communiqué aux élèves selon la manière habituelle : *« Aujourd'hui, pour commencer, je vous ai préparé un problème à résoudre... »*. Le texte a été écrit au tableau par l'enseignant ; il est lu individuellement en silence, puis à voix haute par deux élèves. Les élèves reçoivent le texte écrit sur une feuille A5. Ce n'est donc pas une évaluation identifiée. Les élèves peuvent de plus ne pas avoir de retour sur le résultat de cette passation. Les parents le peuvent en revanche (avec un retour personnalisé).

Quelles connaissances mobilisent les élèves ? À quelles procédures ont-ils recours ? Quelles erreurs font-ils ? La réponse est-elle trouvée ? Comment est-elle fournie ?

1 Production de Cyrielle

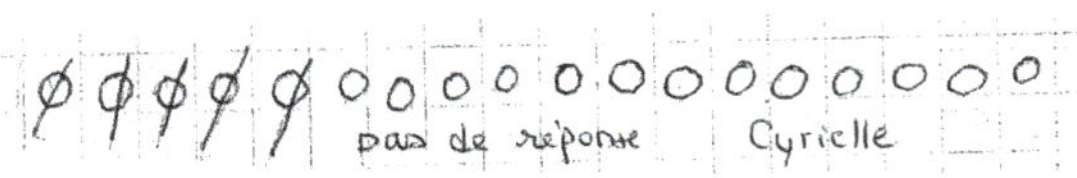

Cyrielle représente la collection des objets, dénombre et élimine les objets donnés. Pour l'enseignant, il n'y a « pas de réponse ». Mais Cyrielle peut penser avoir donné la réponse puisqu'elle a représenté ce qu'il reste. Ce peut être une question de contrat : elle ne sait peut-être pas qu'elle devait donner un nombre comme réponse.

2 Production de Bénédicte

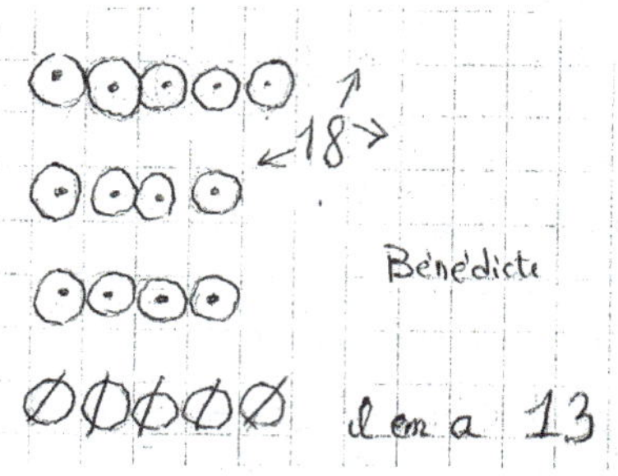

Bénédicte procède de la même manière, mais fournit la réponse en dénombrant (par marquage et comptage) les objets non éliminés.

3 Production de Clément

Clément écrit la suite décroissante des nombres résultant du décomptage, mais prend en compte le nombre d'objets (18) pour commencer son décomptage.

4 Production d'Aline

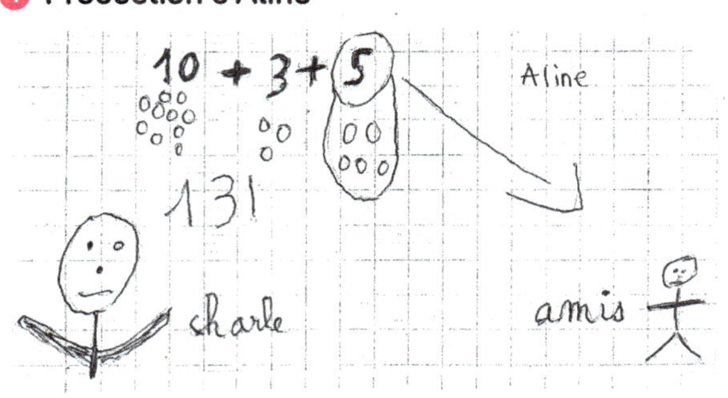

Plusieurs interprétations sont possibles.
On peut penser qu'Aline effectue deux décompositions additives (en s'appuyant sur une représentation des objets) :

- ✔ d'abord du nombre d'objets (18 = 10 + 8), qui est canonique et utilise les connaissances en numération ;
- ✔ puis du nombre d'unités isolées (8 = 3 + 5), dont un des termes (5) est le nombre d'objets donnés.

Ce qui est surprenant dans son calcul, c'est l'ordre « 10 + 3 + 5 », y compris dans les représentations, un peu comme si elle avait projeté une addition à trou en trois termes :

- ✔ 10 et 5 d'une part, et le 3 mis ensuite pour compléter ;
- ✔ ou 10 et 3, le 5 étant à la fin puisqu'il représente les objets éliminés.

Il y a probablement chez elle des procédures mentales sous-jacentes qui correspondent aux deux décompositions évoquées mais que l'on ne peut pas voir sur l'écrit.
Une autre interprétation est qu'elle sait que 5 est plus petit que 8, donc que ce sont seulement les unités qui sont « en jeu » dans ce calcul pour enlever 5.

L'analyse de ces productions conduit à émettre des hypothèses sur les procédures des élèves, ce qui est non seulement utile, mais permet d'enrichir la connaissance de leur variété de méthodes. Cela incite à penser que tirer une conclusion à partir d'une seule production peut entrainer une interprétation erronée : il est important de demander aux élèves quelle a été leur méthode, ou de leur proposer, en cas de doute, d'autres exercices.

5 Production de Yaëlle

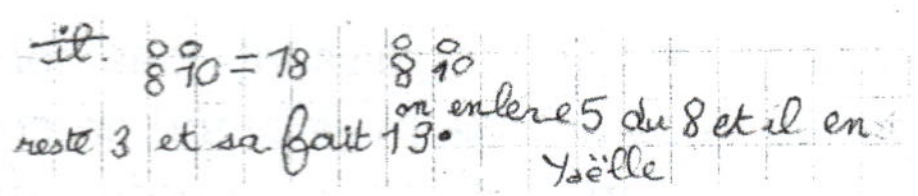

Yaëlle fait une première décomposition analogue (18 = 10 + 8), puis une différence (8 - 5 = 3) ; les deux « opérations » sont faites mentalement, et traduites par l'élève à sa manière, à l'écrit.

6 Production d'Olivier

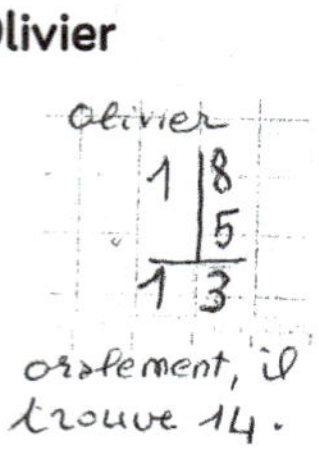

Olivier trouve par écrit la bonne réponse (mais il n'y a pas de trace de procédé), alors qu'il décompte probablement lorsque la réponse lui est demandée.

7 Production de Camille

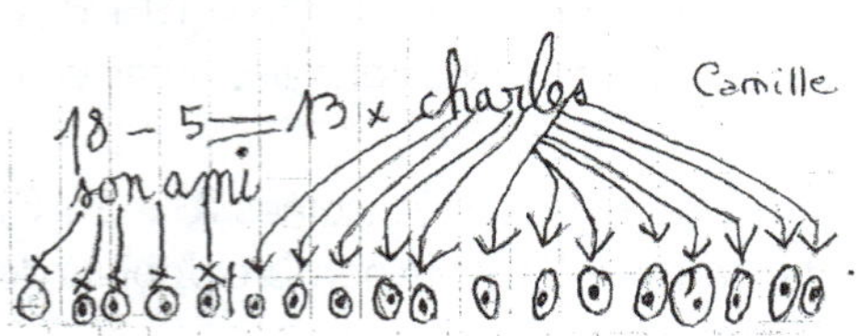

Camille, par l'égalité fournie et l'emploi du signe, identifie le problème comme relevant de la soustraction. Elle représente la collection complète en séparant les objets éliminés et les objets conservés par leur propriétaire par une barre. La réponse est fournie :

- ✔ soit parce que l'élève sait que 18 - 5 = 13, (le dessin étant réalisé ensuite pour se rassurer ou par effet de contrat dans l'intention de vérifier) ;
- ✔ soit par comptage (avec marquage) des objets non éliminés et écriture de « 18 - 5 = 13 » pour répondre.

8 Productions de Florent et Manon

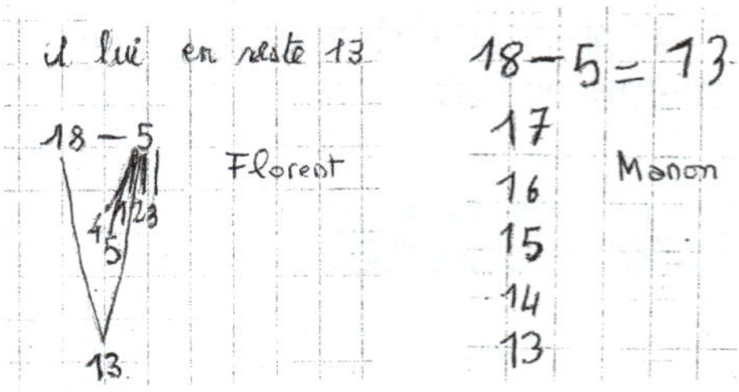

Florent et Manon voient aussi la soustraction comme opération référente, mais obtiennent la réponse par décomptage.

9 Productions d'Adrien et Jennifer

Les deux élèves proposent la bonne réponse. Adrien a écrit une égalité au moyen de l'opération sous-jacente. Jennifer ne donne que la réponse. Étant donné l'absence de trace, on peut penser qu'ils l'ont obtenue mentalement, soit en décomptant dans leur tête, soit en ayant mémorisé le résultat.

Qu'est-ce que ces travaux montrent ?

Il est possible d'examiner la réponse (est-elle exacte ? est-elle formulée ? sous quelle forme ?).
Les plus riches enseignements sont à tirer de l'analyse des procédures.
On en obtient un état de connaissances à un instant donné. L'élève :

- ✔ représente ou pas les objets ;
- ✔ modifie son brouillon : souligne, barre... ;
- ✔ compte/décompte ou pas ;
- ✔ utilise des connaissances de numération, des résultats mémorisés (les décompositions additives) ;
- ✔ voit la soustraction comme opération appropriée, bien qu'il n'en connaisse pas encore la technique.

Une classification des procédures pourrait être hiérarchisée en fonction du niveau de savoirs véhiculés dans chacune : calcul additif par rapport au surcomptage, soustraction par rapport à l'addition à trou...

Appui sur :	Référence à la soustraction	Non référence à la soustraction
le comptage	Camille	Cyrielle Bénédicte
le décomptage	Florent Manon	Clément
la numération (décompositions additives par exemple).		Olivier Yaëlle Aline
une opération mentale (non identifiable)	Adrien	Jennifer

Notons qu'une classification hiérarchisée fait ressortir certaines connaissances jugées importantes et en occulte d'autres, dans la mesure où elle est organisée par les savoirs. Mais elle repose sur les éléments écrits fournis par les élèves, dont on a dit qu'ils accompagnent ou non une procédure mentale, qu'ils traduisent ou non la procédure employée. L'enseignant doit ainsi, en analysant l'écrit de l'élève, considérer que son écrit ne précède pas et ne traduit pas systématiquement le mental, et que l'élève a très bien pu procéder mentalement différemment de ce qu'indique l'écrit.

Dans ces productions, des connaissances très diverses et de niveaux différents sont bien utilisées. Le choix du domaine numérique a autorisé les élèves à employer des connaissances modestes, et à proposer une solution sans erreur grossière. Des nombres plus grands auraient pu perturber ou empêcher les représentations du problème et mettre les élèves en difficulté.

Quelle conclusion l'enseignant peut-il en tirer ?

Dans le cas où des problèmes voisins n'ont pas été proposés auparavant avec un but d'institutionnalisation, cette diversité de procédures est « normale ».
Que tous les élèves ne soient pas au même niveau de connaissances est très souvent une réalité, et ce peut être une richesse. En effet, cela peut signifier, d'une part, qu'ils ont confiance en eux vis-à-vis du problème et le résolvent « avec les moyens du bord », et, d'autre part, qu'ils mettent ces procédures en commun pour identifier les plus performantes (celles qui utilisent un résultat mémorisé, par exemple).
Ces productions peuvent aussi montrer (aux réserves formulées plus haut près) que des élèves, ayant encore besoin de représenter ou n'ayant pas à disposition l'opération référente, résolvent tout de même correctement le problème.

Cette analyse peut aussi amener l'enseignant à se poser des questions :

- ✔ A quelles erreurs chercher à remédier ? (ici, celles qui proviennent du décomptage)
- ✔ Quelles connaissances ou procédures chercher à renforcer ? (l'identification de la soustraction, le recours au calcul, par exemple)
- ✔ Des connaissances sont-elles susceptibles d'être institutionnalisées ?

Bien sûr, cela suppose de prendre en compte l'ensemble des productions des élèves de la classe, non pas seulement celles sélectionnées, même si celles-ci constituent un échantillon assez représentatif.

Activités d'accompagnement

POUR LA PÉRIODE

Ces activités privilégient la connaissance de la suite des nombres, leur représentation sur la droite numérique et la mémorisation des résultats additifs.

OBJECTIF
Renforcer la connaissance orale et écrite de la suite des nombres (Quinzaines 1 et 2)

La chaine orale (cf. ERMEL CE1 p. 361 et 362)

1 LA COMPTINE NUMÉRIQUE

On reprend la comptine numérique, notamment sur les domaines souvent lieux de difficultés pour les élèves, c'est-à-dire 70-80 et 90-100.

Connaitre la comptine en CE1, c'est savoir la réciter dans l'ordre, mais aussi :

- ✔ commencer à n'importe quel nombre fixé ;
- ✔ s'arrêter à n'importe quel nombre fixé ;
- ✔ compter de 2 en 2 à partir de n'importe quel nombre (pair ou impair), à l'endroit et à rebours ;
- ✔ compter de 10 en 10 à partir de n'importe quel nombre (finissant par 0 ou non), à l'endroit et à rebours ;
- ✔ compter de 100 en 100 à partir de n'importe quel nombre (finissant par 0 ou non), à l'endroit et à rebours.

2 LE JEU DU FURET

Il permet de travailler ces différents aspects de la comptine en gardant l'attention des élèves : l'enseignant détermine la règle (de 1 en 1, de 2 en 2, de 10 en 10…) et le point de départ, commence la récitation, s'interrompt et désigne l'élève qui doit continuer jusqu'à ce que l'enseignant donne la parole à un autre élève qui doit continuer.

Les régularités de la chaine écrite (cf. ERMEL CE1 p. 362 à 368)

1 LA BANDE NUMÉRIQUE INDIVIDUELLE

Dès les premiers jours du CE1, l'enseignant fait construire la bande numérique individuelle de chaque élève à partir de morceaux de bandes, incomplets, se chevauchant ou avec des répétitions (cf. CD).

60	61	62	63	64	65	66	67	68	69	

70	71	72	73	74	75	76	77	78	78	79	80	81

2 LE ROULEAU DES NOMBRES

L'enseignant peut également utiliser, faire construire ou compléter le rouleau des nombres de la classe qui n'est plus individuel comme au CP. Il s'agit d'un rouleau de caisse enregistreuse, suspendu dans un coin de la classe, déroulé verticalement, sur lequel sont écrits les nombres l'un en dessous de l'autre. À tour de rôle, à plusieurs moments de la journée et sur plusieurs jours, les élèves sont amenés à écrire sur le rouleau le nombre qui suit le dernier nombre inscrit. Ils pourront ainsi écrire des nombres au-delà de 1 000, même s'ils ne savent pas encore les lire, l'essentiel étant qu'ils repèrent la régularité de construction de l'écriture chiffrée d'une part, et que cette suite ne s'arrête jamais d'autre part.
On pourra aussi faire le lien entre l'écriture du suivant d'un nombre et la séquence de touches [+] [1] [=] de la calculette.
Sur le même principe, on pourra organiser ensuite des rouleaux de suites décroissantes de 1 en 1 à partir d'un nombre donné à quatre chiffres.

3 LE TABLEAU DES NOMBRES

Il est organisé par dizaines (cf. CD).

0	1	2	3	4	5	6	7	8	9
10	11	12	13	14	15	16	17	18	19
20	21	22	23	24	25	26	27	28	29
30	31	32	33	34	35	36	37	38	39
40	41	42	43	44	45	46	47	48	49
50	51	52	53	54	55	56	57	58	59
60	61	62	63	64	65	66	67	68	69
70	71	72	73	74	75	76	77	78	79
80	81	82	83	84	85	86	87	88	89
90	91	92	93	94	95	96	97	98	99

Il donne lieu à de nombreuses activités permettant de repérer et de formuler les régularités de construction de la suite des nombres (cf. CD) :

- ✔ Colorier une « famille », celle « des cinquante », par exemple.
- ✔ Colorier de 10 en 10 à partir d'un nombre donné.
- ✔ Colorier les nombres qui ont 4 pour chiffre des unités ou 6 pour chiffre des dizaines.
- ✔ Remplir les cases effacées dans le tableau des nombres.
- ✔ Remplir les cases indiquées dans un tableau où il ne reste que :
  - la première ligne et la première colonne ;
  - la première ligne ou la première colonne ;
  - quelques nombres.
- ✔ Remplir les cases indiquées dans des extraits de tableau ;

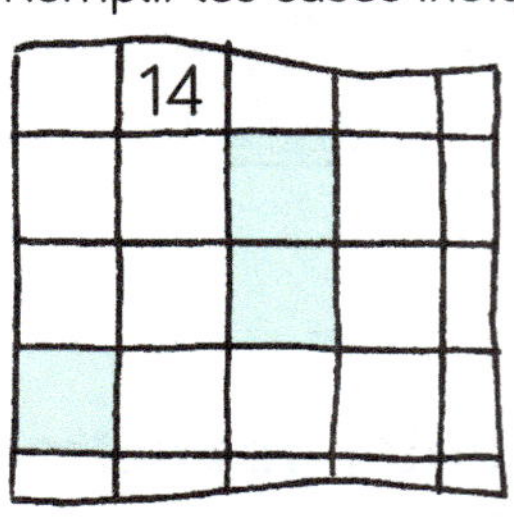

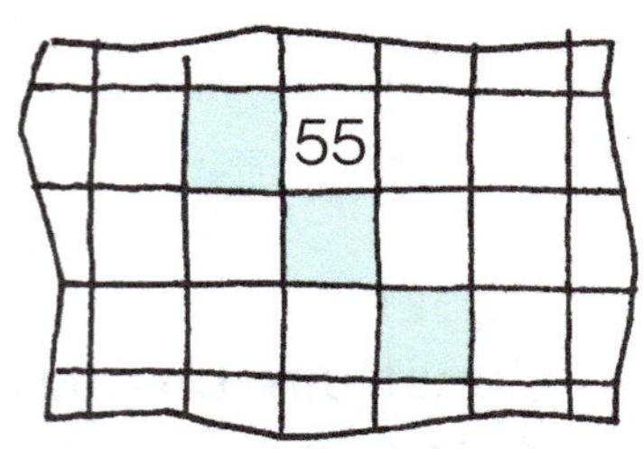

- ✔ Assembler des puzzles du tableau.
- ✔ Retrouver des nombres intrus ou mal placés dans le tableau.

4 LES JEUX DE PORTRAITS

Ils permettent d'utiliser les connaissances acquises sur les régularités de la suite écrite mais aussi sur les régularités et irrégularités de la suite orale.

L'enseignant propose une liste de nombres (tous les nombres entre deux valeurs données avec comme support la bande numérique ou le rouleau des nombres, une sélection de nombres sous forme de liste affichée au tableau, etc.) Il en choisit un et les élèves doivent poser des questions pour le trouver. Il peut aussi établir une liste de questions avec leurs réponses et c'est aux élèves de trouver de quel nombre il s'agit. Un élève peut ensuite prendre le rôle de l'enseignant.

Ce jeu pourra être repris à la fin de la période et dans les périodes suivantes, quand les élèves pourront poser des questions portant sur le nombre de dizaines, le chiffre des dizaines, ou répondre à de telles questions.

5 LA CALCULATRICE

Introduite au CP, elle peut être reprise en début de CE1, comme lieu d'écriture des nombres et environnement pour poser et résoudre des problèmes du type :

- ✔ *« Affiche 57. Affiche le nombre suivant sur ta calculette sans utiliser la touche "efface", puis continue avec les nombres suivants jusqu'à 67. »*
- ✔ *« Affiche 68. Affiche les nombres qui suivent, de 5 en 5, sans utiliser la touche "efface". »*
- ✔ *« Affiche 45. Affiche les nombres qui suivent, de 10 en 10, sans utiliser la touche "efface". »*
- ✔ *« Affiche 284. "Change" le 8 en 9 sans utiliser la touche "efface". »*
- ✔ *« Affiche 654. "Change" le 6 en 7 sans utiliser la touche "efface". »*

Pour chaque problème, on compare les procédés utilisés et on essaie de déterminer celui qui utilise le moins de touches.

6 LABYNOMBRE ET HEXANOMBRE

Les activités de type labynombre ou hexanombre permettent de demander à l'élève de suivre la suite des nombres de 10 en 10 ou de 5 en 5 à partir d'un nombre donné. Des exemples sont fournis sur le CD. Ils peuvent être adaptés par l'enseignant.

LABYNOMBRE
Trouve un chemin de l'entrée à la sortie en comptant de 5 en 5.

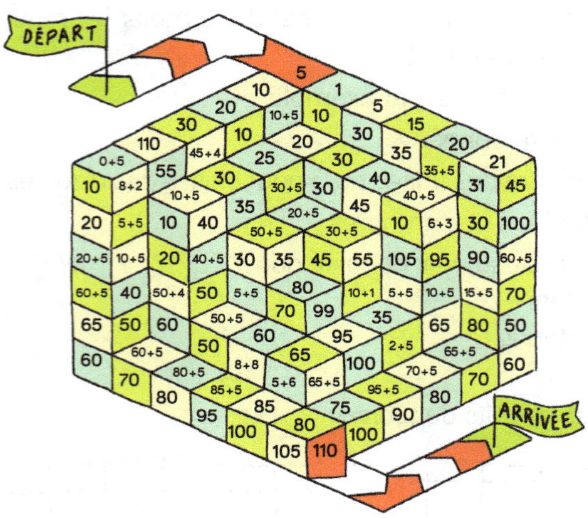

HEXANOMBRE de ? en ?
Colorie le chemin qui te permet de traverser le labynombre en comptant de ? en ?.

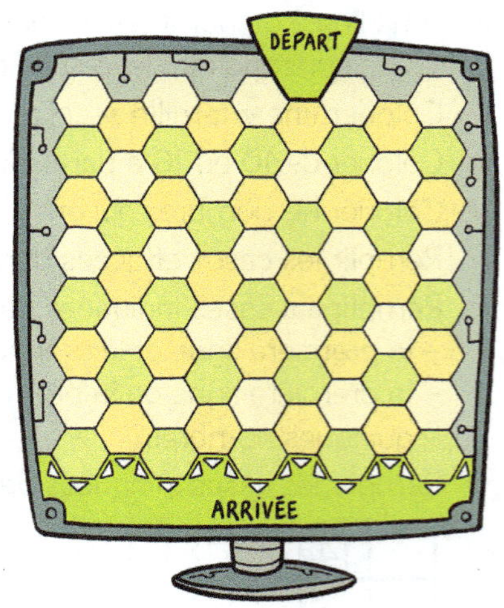

OBJECTIF

Construire un nouveau support pour représenter des extraits de la suite des nombres adaptés à un problème donné

VERS LA DROITE NUMÉRIQUE

En GS et au CP, les élèves ont travaillé sur la suite des nombres à partir de supports comme la bande numérique ou le tableau des nombres, où chacun des nombres d'un intervalle donné est présent et individualisé dans une case.

20	21	22	23	24	25	26	27	28	29	30	31	32	33	34	35	36	37	38	39

Nous proposons d'introduire, dès le début du CE1, un nouveau support, la droite numérique, pour représenter la suite des nombres, plus adapté aux problèmes de calculs et notamment au travail sur les écarts entre les nombres. Avec la droite numérique, les nombres sont repérés par un point ou un trait sur une ligne droite.

Progressivement, seuls les nombres de l'énoncé et ceux produits par l'élève sont inscrits sur le support avec une graduation à la charge de ce dernier, adaptée au problème posé. Exemple : « *Pour aller de 50 à 86 ?* »

Des nombres sur une ligne droite

Chaque élève dispose d'une feuille de brouillon pour ses recherches, puis d'une étiquette distribuée par l'enseignant pour écrire sa proposition (format A4 partagé en 8).

Consigne

« En n'utilisant que les chiffres 1, 2, 3 et 4, formez des nombres à deux chiffres, puis trouvez lequel de ces nombres est le plus près de 28. Vous pouvez utiliser une feuille pour vos recherches et vous noterez le nombre retenu sur l'étiquette que je vais vous distribuer. »

Mise en commun

Toutes les étiquettes sont affichées au tableau ; les étiquettes identiques sont posées les unes sur les autres ; on ne conserve que les propositions respectant la consigne (pas d'autres chiffres que 1, 2, 3 et 4).
L'enseignant dessine un trait droit au tableau et place l'étiquette 28 « au milieu ».
Une étiquette de chaque paquet va être placée sur la ligne. L'enseignant place une des propositions les plus éloignées de 28 (21, par exemple) en précisant : « *Comme sur la bande numérique, je place 21 à gauche de 28 parce que 21 est plus petit que 28.* ». Puis, il fait de même avec une proposition plus grande que 28 (32, par exemple).

Toutes les étiquettes sont ensuite placées et l'enseignant demande : « *Comment savoir si le plus proche de 28 est 24 ou bien 31 ?* »
Si aucun élève ne le propose, il demande de placer tous les nombres qui existent entre 24 et 28, puis entre 28 et 31. On peut alors compter les pas qui séparent 24 de 28 et 28 de 31 pour conclure.

Reprises

L'activité peut être reprise avec les données suivantes :

- ✔ trouver le nombre le plus près de 55 écrit avec les chiffres 2, 4, 6 ou 8 ;
- ✔ trouver le nombre le plus près de 45 écrit avec les chiffres 1, 2, 3 ou 5.

Déterminer l'écart entre deux nombres

L'enseignant distribue une feuille par élève sur laquelle sont tracées plusieurs lignes droites sans aucun nombre écrit, ni graduation.

Consigne 1

« *Placer 65, 67 et 71 sur la première ligne.* »

Recherche individuelle

Pendant que les élèves placent les nombres sur leur feuille, l'enseignant repère rapidement les difficultés (quel nombre placer en premier ? faut-il commencer par dessiner une graduation de 1 en 1 ? faut-il écrire tous les nombres entre 65 et 71 ? etc.)

Mise en commun

L'enseignant affiche ensuite 4 ou 5 productions représentatives et demande aux élèves d'expliquer comment ils ont procédé.
Les échanges doivent permettre de distinguer parmi les productions :

- ✔ celles où les trois nombres sont placés dans le bon ordre ;
- ✔ celles où la ligne a été graduée de 1 en 1, avec un comptage possible de 65 à 67, puis de 67 à 71 (« nombre de pas ») ;
- ✔ celles où seules les graduations correspondant aux trois nombres en jeu sont marquées avec des écarts approximatifs.

La mise en commun peut se conclure en retenant des schémas correspondant aux productions des élèves comme :

Consigne 2

« Quel est l'écart entre 65 et 71 ? Écrivez votre réponse sur votre feuille. »

Mise en commun

L'enseignant fait un inventaire des réponses des élèves qu'il note au tableau.
Il demande ensuite à chacun d'expliquer comment il a procédé (surcomptage sur les doigts de 65 à 71, comptage de 2 en 2 de 65 à 71, tracé d'un nouveau schéma...)
Au vu des réponses des élèves, il peut introduire le schéma suivant qui correspond à une première approche de l'utilisation de la droite numérique pour calculer :

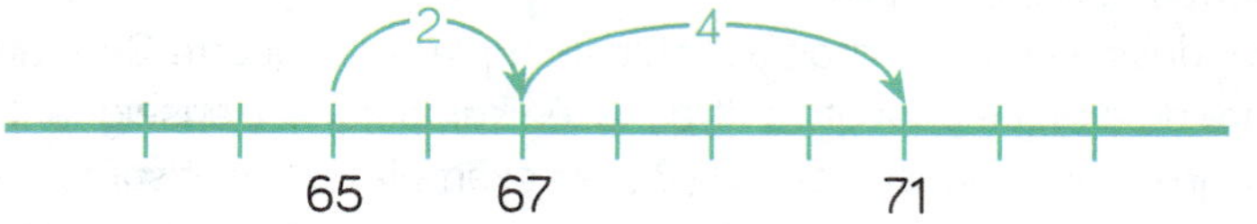

Reprises

Avec les nombres : 39, 23 et 28 ; 98, 89 et 100 ; 33, 40 et 25 ; 109, 95 et 112.

Réinvestissements possibles

1 Placer les nombres 49, 52, 55 et 61 sur la ligne graduée.

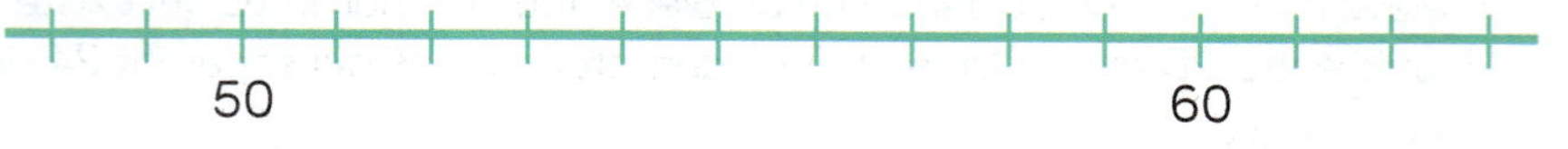

2 Placer tous les nombres possibles entre 90 et 105.

3 Placer les nombres 50, 75, 57, 32, 87.

Dans les deux derniers exercices, aucune graduation n'est donnée. L'élève doit donc prendre l'initiative d'une graduation. Une graduation de 1 en 1 est possible dans l'exercice 2, mais on ne vise pas une régularité stricte de celle-ci. Dans l'exercice 3, l'élève devra prendre conscience qu'il est impossible de graduer de 1 en 1. On pourra remarquer que *« 50 et 57 sont plus "serrés" que 57 et 75 ».*

Au cours de cette phase de réinvestissement, on pourra introduire l'expression « droite numérique » qui remplacera progressivement « ligne graduée ». Mais comme la notion de droite n'est pas encore maitrisée à ce stade de la scolarité, on restera prudent avec ce vocabulaire.

OBJECTIF

Renforcer le répertoire additif et soustractif : mémoriser et reconstruire rapidement des résultats

LES CARTES RECTO-VERSO (cf. ERMEL CE1 p. 170 à 174)

Principe du jeu

Le jeu se joue à deux avec des cartes sur lesquelles figurent un calcul à effectuer au recto et son résultat au verso.

Les cartes sont étalées sur la table, côtés « recto » visibles. En lisant une des cartes, un élève pose une question à l'autre, qui doit répondre. Si la réponse est exacte, celui qui a répondu prend la carte ; sinon, c'est celui qui a posé la question. Les rôles sont échangés à chaque tour. Celui qui a le plus de cartes à la fin de la partie a gagné.

Ce jeu peut donner lieu à des tournois de calcul organisés avec la classe entière ou selon des groupes de niveaux.

Matériel

- Les cartes de la valisette « Numéricartes CE1 », ou des cartes fabriquées par l'enseignant à partir du CD.
- Les cartes peuvent aussi être fabriquées par les élèves à partir d'exemples de calculs fournis par l'enseignant (cf. « Objectifs spécifiques » dans le tableau ci-dessous).

Enjeux

✔ Enrichir le répertoire mental des élèves par une mémorisation progressive des résultats.

✔ Familiariser les élèves avec différentes formulations de calculs additifs ou soustractifs : comme : « 5 – 2 = . » ou « 2 + . = 5 » ou « de 2 pour aller à 5 ? »

✔ Permettre aux élèves moins rapides de prendre le temps qui leur est nécessaire pour répondre, en organisant le jeu par paires de niveaux homogènes.

Déroulement

Ce jeu, présenté en période 1, sera repris régulièrement tout au long de l'année, avec des objectifs qui évolueront avec les connaissances construites par ailleurs.

	Objectifs spécifiques	Exemples de cartes (recto)
Période 1	S'entrainer à la mémorisation des doubles et à la reconstruction rapide des résultats qui en découlent.	« 3 + 3 », « 2 pour aller à 4 », « 18 – 9 », « 7 pour aller à 14 », « 16 - 8 », « 6 + 6 ».
	S'entrainer à la mémorisation des décompositions de 5 et à la reconstruction rapide des résultats qui en découlent.	« 2 + 3 », « 5 - 3 », « 1 pour aller à 5 », « . + 2 = 5 », « 4 + . = 5 ».
	S'entrainer à la mémorisation des décompositions de 10 et à la reconstruction rapide des résultats qui en découlent.	« 2 + 8 », « 10 - 3 », « 1 pour aller à 10 », « . + 2 = 10 », « 4 + . = 10 ».
	S'entrainer à la mémorisation des décompositions de 6, 7, 8 et 9 avec appui sur 5 et à la reconstruction rapide des résultats qui en découlent.	« 7 = 5 + . », « 6 = . + 5 », « 3 + 5 = . », « 9 = . + 5 », « 5 pour aller à 6 », « 5 pour aller à 7 », « 8 – 3 », « 9 - 4 », « 8 - 5 », « 6 - 5 ».

On trouvera d'autres jeux d'entrainement permettant de renforcer le répertoire additif et soustractif dans ERMEL CE1 (cf. p. 174 à 193) : **LE JEU DES « DIX-MINOS », LE LOTO, LES DOMINOS, LES PUZZLES À COLORIER.**

La table d'additions (cf. ERMEL CE1 p. 194 à 197)

En fin de période 1 du CE1, les élèves ont mémorisé un certain nombre de résultats (variable d'un élève à l'autre) émanant des différents répertoires, et disposent de procédures mentales de calcul permettant la reconstruction rapide d'autres résultats.
Aussi, il parait souhaitable de leur donner un moyen de visualiser à la fois ce qu'ils savent par cœur ou par reconstruction rapide, c'est-à-dire avec une réponse quasi immédiate, et ce qu'ils devront encore travailler, dans le cadre d'activités différenciées ou individuellement.
La table d'additions va ainsi permettre de structurer le répertoire additif.

Matériel

- Une table d'additions par élève, avec quelques cases complétées (cf. CD) :

+	0	1	2	3	4	5	6	7	8	9
0										
1				4						
2										
3										
4			6							
5							11			
6										
7										
8										
9									17	

- La même reproduite en grand format au tableau.

Découverte orale et collective du matériel et de ses fonctions

Ce temps a pour objet de donner du sens aux différents nombres inscrits. C'est l'occasion de rappeler les modalités de lecture d'un tableau et de constater que le nombre écrit dans une case est obtenu en ajoutant les deux têtes de ligne et colonne dont la case est l'intersection. On pourra aussi convenir d'un sens de lecture qui sera matérialisé par une flèche dans le coin supérieur gauche.
Très vite, les élèves réalisent qu'il s'agit de toutes les additions de « 0 + 0 » à « 9 + 9 » et qu'il faut « remplir la grille ».

Élaboration écrite et individuelle de la table

L'enseignant demande à chacun de compléter sa grille, comme il l'entend mais le plus rapidement possible. Il peut préciser que cela va durer une dizaine de minutes environ.

Pour démarrer l'activité, différentes procédures apparaissent :
- certains prennent appui sur les cases déjà complétées ; ils remplissent les cases voisines ;
- d'autres procèdent dans l'ordre, par ligne ou par colonne, en prenant conscience ou non qu'à chaque fois les nombres se suivent ;
- d'autres encore commencent par les résultats sus par cœur, notamment les doubles ;
- d'autres enfin remplissent au hasard ; ils se fixent une case, l'identifient et la complètent par surcomptage ou à l'aide d'un résultat mémorisé.

Mise en commun des procédés et exploitation orale et collective des résultats

Dans un premier temps, les élèves sont invités à décrire leur démarche.
Puis, on remplit la grille du tableau collectivement. Pour cela, l'enseignant sollicite les élèves en montrant une case choisie au hasard à chaque fois. L'élève interrogé doit indiquer le calcul et le résultat correspondant à cette case. On évite ainsi de remplir la grille par simple comptage par ligne ou par colonne.

L'enseignant peut solliciter des observations à propos de la grille que l'on essaiera de justifier :

- *« Sur chaque ligne, les nombres se suivent ; on compte de 1 en 1 (1 + 3 = 4 ; et pour 1 + 4, on rajoute un de plus). »*
- *« La grande diagonale, c'est les doubles. »*
- *« Quand on descend en diagonale, on compte de 2 en 2 " (2 + 3 = 5, et 3 + 4 c'est 2 de plus). »*
- *« Quand on monte en diagonale, on a le même nombre (2 + 3 = 5 et 3 + 2, c'est pareil). »*

La table devient ensuite le support de problèmes du type « *Trouvez toutes les sommes de deux nombres qui font...* ». On pourra alors remarquer que « *quand la somme est inférieure à 10, toutes les décompositions sont dans la table* », mais que « *quand la somme est plus grande que 10, il y en a d'autres* ». Par exemple : « *14 c'est 5 + 9, 6 + 8, 7 + 7, 8 + 6, 9 + 5, mais c'est aussi 10 + 4, 11 + 3, 12 + 2, 13 + 1, 1 + 13, 2 + 12, 3 + 11 ou 4 + 10.* »

Autres activités utilisant la table d'additions

Des activités régulières utilisant la table sont à prévoir. Elles ont pour objectif d'aider l'élève à s'auto-évaluer sur sa connaissance du répertoire additif.

Très brèves (entre 5 et 10 minutes), elles peuvent suivre le déroulement suivant :

- ✔ La table est cachée et l'enseignant propose oralement et successivement une quinzaine d'additions extraites du répertoire, avec un rythme assez rapide pour éviter tout surcomptage. Les élèves notent au fur et à mesure les résultats sur leur feuille ou sur leur ardoise.
- ✔ L'enseignant note ensuite dans l'ordre les différents calculs proposés sans écrire la réponse, et les élèves corrigent leurs réponses à l'aide de la table.
- ✔ Chacun colorie sur sa table les cases correspondant aux réponses justes fournies ; après quelques séances, toutes les additions de la table ont été proposées et chaque élève peut ainsi visualiser les résultats qu'il doit travailler.

Elles peuvent aussi s'appuyer sur des tables ou des extraits de la table à compléter (cf. CD) :

- ✔ Remplir les grilles (avec lignes et colonnes dans l'ordre ou dans le désordre).

+	2	3	4	5
5				
6				
7				
8				
9				

+	5	7	8	4
6				
9				
1				
8				
7				
2				

- ✔ Chaque élève dispose d'une table d'additions où seules la première ligne et la première colonne sont remplies. L'enseignant demande par exemple de placer le plus rapidement possible tous les 13 ou tous les 11, ou bien il demande de placer une série de résultats comme 5, 10, 18, 8, 6 et 7.

Éclairages sur LES PROCÉDURES MENTALES : QUELLE CONTINUITÉ ENTRE LE CP ET LE CE1 ?

DES ENJEUX À LONG TERME

De nombreux apprentissages mathématiques se déroulent sur une longue période de temps. Ainsi, la résolution de problèmes additifs, travaillée dès le CP, se poursuivra encore au collège avec l'introduction des nombres négatifs. À l'inverse, ce qui n'est pas bien assimilé au CE peut entrainer des conséquences les années suivantes : par exemple, en numération, ne pas savoir utiliser le fait que chaque unité vaut dix unités de l'ordre inférieur apparaitra comme une source d'erreurs lors de l'étude des décimaux.

Des questions

- ✔ Comment permettre aux élèves d'acquérir des connaissances nouvelles stables, qu'ils sachent utiliser à bon escient, tout en les adaptant à des contextes nouveaux ?
- ✔ Quels rôles vont jouer leurs connaissances plus anciennes dans ce processus ? Par exemple, dans quelles occasions la technique de l'addition posée remplacera-t-elle les méthodes mentales de calcul développées depuis le CP ?

Les procédures développées à l'issue du CP

Ces questions se posent en particulier dans le domaine du calcul, où, depuis le CP, les élèves ont eu recours successivement à différentes procédures mentales :

- ✔ comptage un par un, deux par deux… ;
- ✔ surcomptage, décomptage ;
- ✔ comptage ou surcomptage de 10 en 10 ;
- ✔ utilisation de résultats mémorisés sur les unités : doubles, décompositions de 10, compléments à 10…

Ces procédures sont utilisées car elles demeurent parfois économiques. Le choix de l'une ou l'autre, que l'élève fait parfois de façon « automatique », peut être lié notamment à la valeur des nombres en jeu (dizaines, multiples de 5, doubles…), ou à leur écart.

La progression vers le calcul, développée au CP, est structurée autour de sauts qualitatifs de procédures : du comptage au surcomptage, puis du surcomptage sur les unités à celui sur les dizaines, enfin le passage à l'addition, d'abord mentale, puis posée. Entre ces sauts, les procédures ont été analysées, des résultats mémorisés, la numération écrite approfondie.
Le développement de ces procédures s'accompagne, au cours du CP, du recours à différentes représentations symboliques :

- ✔ celle d'objets d'une collection en relation avec le comptage ;
- ✔ celle de la piste numérique en relation avec le surcomptage ;
- ✔ la décomposition de l'écriture chiffrée en dizaine et unité pour le calcul.

LES MOTEURS DE CETTE ÉVOLUTION

Les évolutions dans le calcul sont liées à la pratique des élèves. Par exemple, ils se rendent compte qu'il est plus rapide d'enlever 2 à 19 que de surcompter de 2 à 19. Les sauts qualitatifs évoqués plus haut sont provoqués par des problèmes où les anciennes procédures deviennent inefficaces. C'est le rôle des situations essentielles de garantir cette prise de conscience individuelle et d'en assurer l'analyse collectivement. Toutefois, ces anciennes procédures vont permettre aux élèves de comprendre le problème posé, puis de contrôler le résultat produit.

Le rôle des problèmes additifs au début du CE1

Nous avons évoqué à la page 20 la diversité des problèmes additifs. Seuls deux d'entre eux ont comme solution experte – accessible à des élèves de CE1 – une addition :

- ✔ la recherche d'un état final connaissant l'état initial et la transformation positive ;
- ✔ la recherche du tout connaissant chacune des parties.

Certains élèves restent démunis lors de la résolution des autres problèmes, ou ajoutent les deux nombres. Ils n'osent pas toujours recourir à des procédures mentales qui peuvent leur paraitre non autorisées, comme surcompter, décompter… C'est donc la fonction des autres problèmes additifs et soustractifs, proposés dans les deux premières périodes, de réinstaller des procédures mentales, qui sont accompagnées par un développement des résultats mémorisés. La recherche d'un état initial, d'une transformation, ou celle d'une des parties connaissant l'autre et leur réunion, va non seulement être possible avec ces procédures, mais constituer des expériences indispensables pour l'apprentissage de la soustraction.

PÉRIODE 2

DÉVELOPPER LA CONNAISSANCE ET L'USAGE DES DIZAINES

Les activités de cette période renforcent le rôle de la dizaine tant pour une quantification efficace de collections que pour le calcul.

Quinzaine	Situation essentielle	Objectif principal
4	LES TIMBRES	*Comprendre la valeur des chiffres dans le nombre*
5	SUR LA PISTE	*Développer les procédures de calcul*
6	JULIE VA AU CENTRE COMMERCIAL	*Mettre en relation les questions et les informations dans un énoncé écrit*

Présentation de la période

LA CONTINUITÉ DE LA PROGRESSION

À la période 1, les élèves ont pu développer des procédures mentales pour résoudre de nouveaux problèmes additifs ; ils ont ainsi eu l'occasion de prendre confiance dans leurs capacités à utiliser leurs connaissances pour produire des solutions et les contrôler. Ils ont aussi consolidé leurs connaissances de la numération.

À la période 2, l'utilisation des dizaines pour organiser des quantités, pour structurer la numération écrite (quinzaine 4) et pour calculer (quinzaine 5) constitue l'apprentissage central. À la quinzaine 6, les élèves vont apprendre à résoudre des problèmes aux énoncés plus complexes, et pour cela poser des questions dont la réponse nécessite un calcul.

LES SITUATIONS ESSENTIELLES

Les situations des quinzaines 4 et 5 portent donc sur l'utilisation efficace des dizaines tant pour la numération que pour le calcul.

Quinzaine 4 : La situation LES TIMBRES, dans le domaine de la numération, utilise la position d'un chiffre, celui des dizaines, pour constituer une collection organisée. Elle permet d'en comprendre la valeur et d'approcher la distinction entre nombre de dizaines et chiffre des dizaines, en mettant l'accent sur l'équivalence entre les écritures et les représentations. Cette situation contribue à associer plus explicitement la technique opératoire de l'addition avec la numération.

Quinzaine 5 : Le rôle des dizaines est mis au service du calcul additif. Dans la situation SUR LA PISTE, les nombres de l'énoncé, puis les étapes du calcul, sont écrits sur une droite. Ce support va devenir pour l'élève un outil privilégié pour représenter (en avançant ou en reculant) ses calculs successifs, et l'aider à développer des procédures mentales s'appuyant sur les dizaines, au moyen de bonds de 10 ou de multiples de 10. Cet apprentissage est complété par la résolution de problèmes additifs sous la forme d'énoncés simples.

Quinzaine 6 : La situation JULIE VA AU CENTRE COMMERCIAL conduit les élèves, à partir d'un énoncé, à formuler des questions pertinentes puis à trier celles auxquelles on peut répondre par un calcul. Le réinvestissement de ces compétences s'effectue avec la situation LE ZOO.

DES QUESTIONS SUR LES APPRENTISSAGES

À chaque quinzaine, un approfondissement des apprentissages est proposé :

Quinzaine 4 : « La numération et ses enjeux » explicite différentes propriétés qui lui sont associées.

Quinzaine 5 : « Le calcul et ses représentations » analyse l'évolution des représentations.

Quinzaine 6 : « L'approche des énoncés de problèmes » précise les problématiques et les choix sur ce sujet.

DES QUESTIONS SUR L'ENSEIGNEMENT

Des synthèses sur les gestes professionnels sollicités par ces activités sont proposées :

Quinzaine 4 : « Évolution de la résolution des problèmes additifs » propose une première évaluation des connaissances, qui sera reprise à deux autres moments de l'année.

Quinzaine 5 : « L'apprentissage de l'ordre et de la comparaison des nombres » resitue le rôle des situations, contextualisées ou non, depuis le CP.

Quinzaine 6 : « Autonomie des élèves et technologies » propose des outils et des organisations pédagogiques.

À la fin de la période, un éclairage est proposé sur « Apprendre à chercher au CE1 ».

LES ACTIVITÉS D'ACCOMPAGNEMENT

Les apprentissages de la période sont aussi assurés par des activités d'accompagnement qui permettent la stabilisation des connaissances développées dans les « situations essentielles » de la période ou de la précédente :

Quinzaine 4 : LA CIBLE DES DIZAINES favorise des procédures de calcul sur les dizaines entières.

Quinzaine 5 : LE JEU DES 4 CHIFFRES étend aux grands nombres des règles de comparaison connues des élèves sur les nombres inférieurs à 100.

Quinzaine 6 : LES CUBES propose la résolution de problèmes additifs, concernant la réunion de collections, complémentaires de ceux abordés à la période précédente.

Des activités d'entrainement, qui poursuivent celles de la période 1, contribuent aussi à la mutualisation des procédures et au renforcement des plus efficaces d'entre elles.

Planning de la période

		...PÉRIODE 1	PÉRIODE 2			PÉRIODE 3...
		Quinzaine 3	**Quinzaine 4**	**Quinzaine 5**	**Quinzaine 6**	**Quinzaine 7**
SITUATIONS ESSENTIELLES		LA BOITE JAUNE p. 37-42	LES TIMBRES p. 60-66	SUR LA PISTE p. 70-74	JULIE VA AU CENTRE COMMERCIAL p. 79-83	PARTAGES p. 100-102
Séance n°	1	8 séances courtes (2 séances par phase)	Phase 1	Phase 1 (étapes 1 à 3)	Phase 1	Phase 1 (étapes 0 et 1)
	2		Phase 2 (étape 1)	Phase 1 (étape 4)	Phase 2	Phase 1 (étape 2)
	3		Phase 2 (étapes 2 et 3)	Phase 2 (étape 1)	Phase 3 : LE ZOO	Phase 2 : LES ŒUFS (étape 1)
	4		Phase 3 (séances courtes)	Phase 2 (étape 2)		Phase 2 : LES ŒUFS (étape 2)
	5			Phase 3		
ACCOMPAGNEMENTS						
Connaissance des nombres		LES FOURMILLIONS ou LES TRAITS	JEU DU FURET			JEU DU FURET
			JEUX DE PORTRAITS			
				JEU DES 4 CHIFFRES		
Calculs additifs et soustractifs			LA CIBLE DES DIZAINES			LA CIBLE DES DIZAINES
						JEUX DE MARIAGES 1a à 2c
		DES NOMBRES SUR UNE LIGNE DROITE	DES NOMBRES SUR UNE LIGNE DROITE			
		DÉTERMINER L'ÉCART ENTRE DEUX NOMBRES	DÉTERMINER L'ÉCART ENTRE DEUX NOMBRES			
		CARTES RECTO-VERSO Jeux 1 à 5	CARTES RECTO-VERSO Jeu 6			CARTES RECTO-VERSO Jeu 7
		TABLE D'ADDITIONS	TABLE D'ADDITIONS			
		Dix-minos, loto, dominos, puzzles à colorier	Dix-minos, loto, dominos, puzzles à colorier			
					LES CUBES	BOITE JAUNE et LES CUBES
Calculs multiplicatifs et de division						
Mesure						

☐ Mise en œuvre de l'activité d'accompagnement
☐ Prolongement de l'activité d'accompagnement

EN MAJUSCULES : activité décrite dans « Les Essentielles »
en minuscules : activité décrite dans le référent ERMEL CE1

Situation essentielle

LES TIMBRES

Cette situation permet de réinvestir la connaissance des règles de numération. L'élève doit lire dans l'écriture décimale d'un nombre les informations nécessaires à la résolution d'un problème de groupements. Elle vise aussi à réinstaller la technique opératoire de l'addition vue en CP, en l'appuyant fortement sur la numération.

Cette situation pourra se dérouler sur 3 séances (+ quelques séances courtes pour la phase 3). Séance 1 : phase 1 ; Séance 2 : phase 2 (étape 1) ; Séance 3 : phase 2 (étapes 2 et 3).

La situation LES TIMBRES reprend les objectifs de la situation LES BONS DE COMMANDE (ERMEL CE1 p. 225 à 227) du thème « Calculs additifs et soustractifs », dans un contexte différent.

Présentation de la situation

Dans chaque phase, les élèves doivent préparer individuellement une commande de timbres à la demande de l'enseignant. La commande est passée sous forme d'un nombre inférieur à 100 en phase 1, puis de deux nombres en phase 2. Les timbres sont fournis par carnets de 10 timbres et timbres seuls.

Matériel individuel pour la phase 1
- Une feuille de stock de timbres (cf. Annexe 1 p. 64 et CD).
- Une feuille blanche (format A5) pour le collage de la commande. Des ciseaux, de la colle.
- Un bon de commande par élève (cf. Annexe 2 p. 65 et CD).

Matériel individuel pour la phase 2
- Deux bons de commande (un par étape - cf. Annexe 3 p. 66 et CD).
- Des bons de commande à préparer pour une reprise différenciée.

Phase 1 : Une commande communiquée par un seul nombre

ÉTAPE 1 : PRÉPARATION MATÉRIELLE DE LA COMMANDE SANS CONTRAINTE

L'enseignant écrit au tableau :

Anaïs achète 37 timbres pour envoyer des lettres.

Consigne

Après avoir fait lire la phrase par un élève, l'enseignant précise : *« Chacun d'entre vous va jouer le rôle du marchand de timbres. Je vous distribue votre stock. Vous devez préparer la commande en découpant juste ce qu'il faut de timbres pour expédier ces lettres. »*

Recherche individuelle

Pendant le temps de recherche, l'enseignant passe dans les rangs et repère les procédures produites pour compter les timbres et organiser le découpage.
Il précise : *« Quand vous avez préparé la commande, vous la collez sur la feuille blanche que je vous distribue. Vous n'oubliez pas de marquer aussi votre prénom sur cette feuille. »*

Enjeu
Cette situation vise à :
- utiliser la position d'un chiffre dans l'écriture du nombre pour en comprendre la valeur ;
- approcher la distinction entre nombre de dizaines et chiffre des dizaines ;
- réinstaller la technique opératoire de l'addition en lien avec la numération.

Contexte
Il est important que tous les élèves perçoivent bien qu'un carnet contient 10 timbres identiques aux timbres présentés individuellement.
L'enseignant pourra présenter un « vrai » carnet de timbres avant de commencer la situation.
Dans le matériel fourni, les carnets sont présentés fermés ; les 10 timbres qu'ils contiennent ne sont pas visibles.

Matériel
Nous avons choisi de ne pas fournir de bons de commande dans l'étape 1, car ceux-ci présentent la distinction entre carnets de 10 timbres et timbres isolés pour la commande. Il est effectivement important que des élèves puissent commander 37 timbres isolés s'ils le souhaitent, puis perçoivent, lors de la mise en commun, la pertinence de l'utilisation de paquets de 10.

Recherche individuelle
La recherche est individuelle car il est important que l'enseignant puisse repérer comment chacun réinvestit ses connaissances sur la numération pour résoudre le problème.

Échange des productions

L'enseignant procède ensuite à un échange des productions et indique : « *Vous devez vérifier si la feuille que vous avez reçue comprend bien 37 timbres, sans écrire dessus.* »

Mise en commun

Les productions vont être affichées en deux groupes : celles qui totalisent bien 37 timbres, et les autres.

L'enseignant sollicite en priorité les élèves qui ont reçu une commande qu'ils pensent erronée. Au moment de l'affichage, il veille à l'exactitude de la vérification et fait expliciter l'erreur éventuelle (par exemple : « *Il a collé 3 carnets de 10 et encore 34 timbres ; ça en fait trop.* »).

L'affichage des productions valides permet de mettre en évidence les différentes solutions proposées, sans souci d'exhaustivité. L'enseignant peut faire remarquer la pertinence des solutions utilisant des carnets au moment de la vérification de la commande.

ÉTAPE 2 : COMMANDE AVEC CONTRAINTE

L'enseignant écrit au tableau :

Vous devez acheter 72 timbres pour envoyer des lettres.

Consigne

Après avoir fait lire la phrase par un élève, l'enseignant précise : « *Chacun d'entre vous doit commander 72 timbres au marchand de timbres. Pour cela, vous allez remplir le bon de commande que je vous distribue. Vous avez toujours la possibilité d'acheter des carnets de 10 timbres et des timbres isolés, mais attention, cette fois, vous ne pouvez pas commander plus de 9 timbres isolés.* »

Bon de commande à reproduire sur une feuille format A5

Prénom : ....
Il me faut : .... timbres.
Je commande : .... carnets de dix timbres,
.... timbres isolés.

Recherche individuelle

Le matériel (carnets, timbres) n'est plus présent.
L'enseignant précise qu'il est possible d'utiliser le bas de la feuille pour la recherche. Il passe dans les rangs et repère les procédures utilisées, notamment si certains élèves ont toujours besoin de dessins des timbres.

Mise en commun

Les productions sont affichées et regroupées selon les traces de procédures figurant sous le bon de commande. Les productions erronées sont repérées par les élèves puis écartées.
On met en évidence que « *7 carnets de 10 timbres, cela fait 70 timbres* », éventuellement par comptage collectif de 10 en 10.

La mise en commun est une étape de validation des bons de commande. Si nécessaire, l'enseignant pourra avoir recours à une validation pratique avec le matériel pour certains élèves, après la séance.

Procédures observées

- 37 timbres isolés avec numérotation ou non ;
- 3 carnets de 10 et 7 timbres isolés ;
- 1 carnet de 10 et 27 timbres isolés, avec comptage « *10, 11, 12...* » (idem avec 2 carnets et 17 timbres isolés avec un comptage « *10, 20, 21, 22...* ») ;
- 5 carnets de 10 (les 5 possibles) et 32 timbres isolés, chaque carnet étant compté comme un objet (idem avec 1, 2, 3 ou 4 carnets) ;
- diverses combinaisons présentant des erreurs de comptage sur les carnets et/ou les timbres isolés.

Validation des productions par échanges entre pairs

L'échange entre élèves permet une vérification rapide de toutes les productions.
Nous proposons que les échanges soient faits entre élèves qui ont des productions identiques ou proches, de façon à ce que les procédures erronées soient bien présentées lors de la mise en commun.
Cependant, un enseignant peut aussi organiser certains échanges en fonction de ce qu'il juge utile de montrer à un élève donné (faire dénombrer une collection utilisant d'autres groupements que la sienne, etc.)
On pourra aussi mettre en évidence des erreurs de vérification du type : 10 timbres dénombrés pour 3 carnets et 7 timbres.

Évolution des procédures entre les deux étapes

Dans l'étape 2, le matériel n'est plus présent, mais les élèves peuvent réinvestir des procédures avec les objets par des dessins. Aussi, le nombre de timbres à commander (72) est beaucoup plus important pour rendre plus fastidieuses les procédures de dessins figuratifs des timbres 1 par 1 (ou à l'aide de petites croix).
La suppression de matériel va favoriser la lecture du nombre de carnets dans l'écriture décimale, mais aussi permettre des procédures s'appuyant sur des écritures additives comme « *10 + 10 + 10 + 10 + 10 + 10 + 10 + 1 + 1* » ou avec cumul progressif « *10 et 10, 20 ; et 10...* ».

Phase 2 : Une commande communiquée par deux nombres

ÉTAPE 1 : LA SOMME EST INFÉRIEURE À 100

L'enseignant écrit au tableau :

> Un commerçant a besoin de 26 timbres pour envoyer des factures et 67 timbres pour envoyer des lettres publicitaires.
> Il n'utilise qu'une sorte de timbres.
> Il met un timbre sur chaque enveloppe.

Consigne

Après avoir fait lire la phrase par un élève, l'enseignant précise : *« Chacun d'entre vous doit rédiger un seul bon de commande à la place du commerçant, pour toutes ses enveloppes. Vous avez toujours la possibilité de commander des carnets de 10 timbres et des timbres isolés, mais vous ne pouvez pas commander plus de 9 timbres isolés. »*

Bon de commande à reproduire sur une feuille format A5

> Prénom : ....
> Le commerçant a besoin de .... timbres pour les factures,
> et de .... timbres pour les publicités.
> Il commande : .... carnets de dix timbres,
> .... timbres isolés.
> Il va recevoir .... timbres.

Recherche individuelle

L'enseignant rappelle qu'il est possible d'utiliser le bas de la feuille pour la recherche.
Il passe dans les rangs et repère les procédures utilisées, notamment comment est géré le cumul des unités.

Mise en commun

Les productions sont affichées et regroupées selon les traces de procédures figurant sous le bon de commande. Les productions erronées sont écartées après explication par un ou plusieurs élèves.
On met en évidence que le cumul de 6 et 7 timbres isolés induit la commande d'un carnet de 10 et 3 timbres isolés.

La mise en commun doit montrer que l'addition « 26 + 67 = 93 » permet de donner rapidement le nombre de carnets et de timbres isolés à commander. La technique opératoire de l'addition posée vue en CP est alors rappelée et commentée en lien étroit avec le contexte des carnets de timbres à commander, notamment pour ce qui concerne la retenue.

Trace écrite

Le bon de commande accompagné de l'addition posée peut constituer une trace écrite de l'activité.

ÉTAPE 2 : LA SOMME EST SUPÉRIEURE À 100

Cette étape est conduite comme la précédente, avec une commande pour 64 factures et 56 lettres publicitaires. Elle permet de réinvestir les constats de l'étape précédente concernant le rôle de l'addition dans la détermination du nombre de carnets et de timbres isolés à commander.

Enjeu de la phase 2

Cette phase donnera l'occasion de faire expliciter les différentes techniques de calcul de sommes employées par les élèves, qu'elles soient personnelles ou qu'il s'agisse de l'algorithme usuel, et d'institutionnaliser cette dernière forme (pour les élèves qui ne la connaissent pas encore).

Choix des nombres dans la phase 2

- Dans l'étape 1, les nombres choisis, 26 et 67, induisent un groupement de 10 unités pour une dizaine supplémentaire.
  Les élèves peuvent employer la technique opératoire standard de l'addition, mais aussi d'autres procédures (par exemple : *« 67 + 26 = 67 + 10 + 10 + 6 »* ou *« 67 + 3 + 3 + 10 + 10 »*...
- Dans l'étape 2, la somme des deux nombres dépasse 100 mais le matériel évoqué ne comprend pas de groupement de 100 unités. Cela permet d'approcher la lecture du nombre de dizaines dans un nombre à trois chiffres et ainsi la distinction entre nombre de dizaines et chiffre des dizaines. Le choix d'un nombre exact de dizaines pour le total facilite cette prise de conscience qui doit progressivement devenir un automatisme.

Productions possibles :

- dessins ou essai de dessin de tous les timbres ou lettres, et dénombrement par comptage et/ou groupements ;
- dessin de carnets et timbres, puis regroupement de 10 timbres parmi les 13 ;
- addition en ligne sans trace, ou avec traces de groupements (arbres...) ;
- addition posée ;
- addition décomposée : *« 20 + 6 + 60 + 7 »*.

Recours à la calculette

Si aucun élève n'a proposé une procédure utilisant une addition (posée ou non), l'enseignant demande de prendre les calculettes et de chercher comment on aurait pu trouver le nombre de carnets et de timbres isolés à commander avec la calculette.

Enjeu de l'étape 2

En l'absence d'un matériel correspondant au groupement de 100 timbres, elle conduit l'élève à comprendre que, pour 120 timbres, il a besoin de 12 carnets de 10

ÉTAPE 3 : REPRISES

Les deux précédentes étapes peuvent être reprises de façon différenciée, l'addition posée étant systématiquement associée au bon de commande. L'enseignant distribue alors un ou plusieurs bons de commande à chaque élève avec des nombres adaptés à chacun.

Exemple de bon de commande

Prénom :	
Le commerçant a besoin	
de **32** timbres pour les factures,	....
et de **57** timbres pour les publicités.	
Il commande : .... carnets de dix timbres,	+ ....
.... timbres isolés.	___________
Il va recevoir .... timbres.	....

Phase 3 : Reprise de la situation dans une activité rapide quotidienne

Matériel collectif (aux quatre coins de la classe)
- 5 lots de cartes avec les nombres de 20 à 40 (cf. CD).
- Un lot de 500 timbres à l'unité et de 500 carnets de 10 timbres.

Matériel individuel
- Un carnet de compte (feuilles A5 agrafées).
- Une enveloppe (pour stocker les timbres).

Chaque élève tire une carte et prend les timbres correspondant à la carte qu'il a tirée. Il note le nombre tiré sur son carnet et organise son stock, qu'il range dans une enveloppe à son nom.

Consigne

« En tirant une carte, vous allez obtenir des timbres et votre stock va augmenter chaque jour. Vous devez noter sur votre carnet combien de timbres vous avez dans votre stock. À tout moment, je peux vous demander ce qu'il y a dans votre stock et vous devez aussi pouvoir vérifier vite combien vous avez de timbres. »

Les élèves disposent d'une feuille comme brouillon pour leurs recherches.

Activité rituelle

Lors de tirages quotidiens, chaque élève note sur son carnet le nombre de timbres tirés, place les timbres dans son enveloppe, et répond à la question « *Combien de timbres en tout dans mon trésor ?* ». Il peut obtenir le nombre de timbres actualisé après le tirage en additionnant les deux nombres (par divers procédés, dont la technique standard), ou en dénombrant la collection de timbres de l'enveloppe. Il vérifie qu'il a bien le même nombre sur la feuille et dans son trésor. En cas d'erreur, il cherche si elle vient du calcul ou du décompte des timbres.

Vérification collective

L'enseignant choisit 2 ou 3 élèves pour présenter leur stock, qui est contrôlé par les autres élèves.

Difficultés de lecture du nombre
Si certains élèves ont toujours des difficultés pour lire le nombre de dizaines et le nombre d'unités dans l'écriture décimale d'un nombre à deux chiffres, on peut leur proposer des exercices correspondant à l'étape 2 de la phase 1.

Proposition de valeurs numériques :
- pour des élèves ayant eu des difficultés de groupement : 32 / 57 ;
- pour des élèves ayant réalisé des groupements : 37 / 59 ;
- pour des élèves plus avancés : 47 / 59.

Différenciation
On peut proposer uniquement des additions posées aux élèves qui ont bien compris le lien entre chiffre des dizaines et nombre de paquets de 10. Ils vérifient alors leurs résultats en autonomie avec la calculatrice.

Enjeu de la phase 3
Dans cette activité, qui se répète plusieurs jours de suite pendant une dizaine de minutes, les élèves se constituent et font augmenter leur stock de timbres. Ils doivent savoir en permanence combien ils ont de timbres ; pour cela, ils utilisent les groupements en dizaines et l'addition. La comparaison du résultat de l'addition et du traitement des groupements permet d'éclairer le traitement des différents chiffres dans une addition.

Choix des élèves
Cette phase peut être destinée de façon privilégiée aux élèves qui ont été repérés comme insuffisamment surs d'eux dans l'utilisation du maximum de dizaines.
Dans tous les cas, ce sont ces élèves qui passent au tableau en fonction des erreurs que l'enseignant a repérées : collection non structurée, procédure basée sur le comptage ou le surcomptage conduisant à des erreurs.

Échanges
Si certains élèves, qui n'ont pas systématiquement pris le maximum de paquets de 10, en prennent conscience et veulent faire des échanges, ils peuvent alors solliciter l'enseignant.

Activité rituelle fictive
Au bout de quelques jours, le stock devient fictif. Les enveloppes sont ramassées et seuls les carnets de compte sont conservés. Les élèves tirent des cartes et notent la nouvelle valeur de leur trésor.

Annexe 1

STOCK DU MARCHAND DE TIMBRES (MATÉRIEL POUR 1 ÉLÈVE - PHASE 1 ÉTAPE 1)

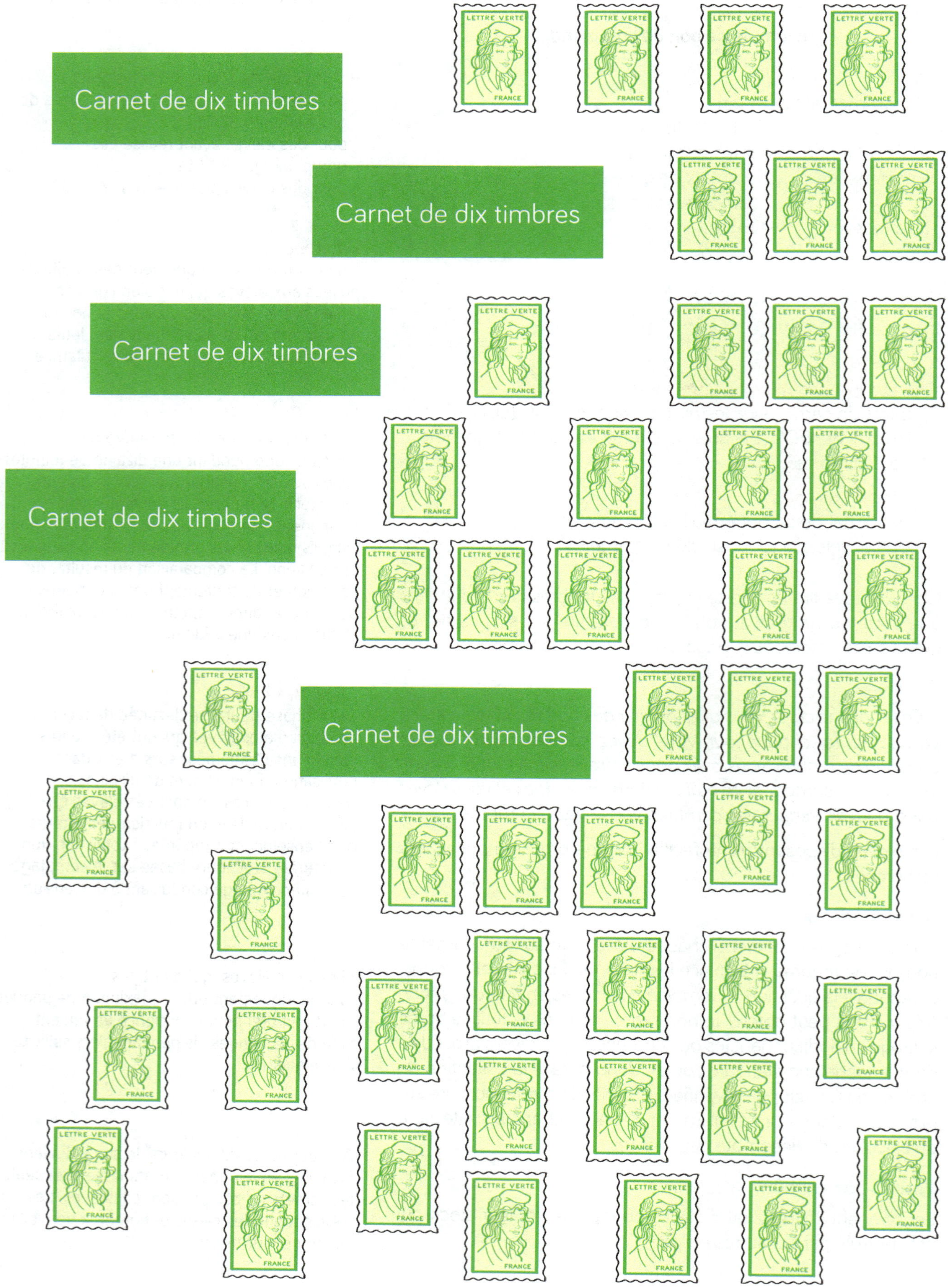

Annexe 2 BON DE COMMANDE POUR LES TIMBRES (MATÉRIEL POUR 2 ÉLÈVES - PHASE 1 ÉTAPE 2)

Prénom : ……………………………

Il me faut : ………… timbres.

Je commande : ………… carnets de dix timbres,

………… timbres isolés.

Prénom : ……………………………

Il me faut : ………… timbres.

Je commande : ………… carnets de dix timbres,

………… timbres isolés.

Annexe 3 BON DE COMMANDE POUR LES TIMBRES (MATÉRIEL POUR 2 ÉLÈVES – PHASE 2)

Prénom : ....

Le commerçant a besoin

de .... timbres pour les factures

et de .... timbres pour les publicités.

Il commande : .... carnets de dix timbres,

.... timbres isolés.

Il va recevoir .... timbres.

✂ ....

Prénom : ....

Le commerçant a besoin

de .... timbres pour les factures

et de .... timbres pour les publicités.

Il commande : .... carnets de dix timbres,

.... timbres isolés.

Il va recevoir .... timbres.

Questions sur LA NUMÉRATION ET SES ENJEUX

Les situations de la période 1 permettent de consolider la signification des chiffres dans l'écriture des nombres, en les associant aux groupements par dix, cent… et en mettant en place, de façon plus fluide qu'au CP, les échanges « 10 contre 1 » au moyen de différents supports (objets réels ou représentés, monnaie).

LES PROPRIÉTÉS MATHÉMATIQUES

La connaissance de la numération décimale suppose la compréhension de plusieurs propriétés qui ne sont pas indépendantes entre elles.

1. **Propriétés en rapport avec les règles d'écriture**
La numération chiffrée permet, avec 10 symboles, de produire tous les nombres entiers. Elle diffère en cela du système de numération orale, plus disparate.
   - ✔ Dans la numération chiffrée, la signification des chiffres dépend de leur position dans l'écriture ; la production de l'écriture chiffrée d'un nombre (207), à partir de sa forme verbale écrite ou de sa désignation orale (« deux-cent-sept »), et l'inverse, constitue un des objets de l'apprentissage.
   - ✔ Dans la numération orale, chaque nouveau groupement par dix, cent… fait appel à un nouveau nom ou à une nouvelle expression.

   Aussi, la distinction entre chiffre et nombre (dans 207, il y a 20 dizaines), ainsi que l'équivalence entre un nombre de centaines ou de dizaines et le nombre d'unités correspondant (7 dizaines c'est 70 unités), sont à acquérir.

2. **Propriétés en rapport avec l'ordre**
La comparaison de deux nombres par leur écriture chiffrée prend en compte la longueur des écritures, contrairement à la numération orale (par exemple, « soixante-trois » comporte plus de mots que « cent »), et porte sur la valeur des chiffres à partir des plus grands rangs. De plus, pour déterminer l'ordre de grandeur d'un nombre, il est utile de trouver des repères particuliers dans la suite des nombres (des multiples de 10 ou de 100, par exemple).

3. **Propriétés en rapport avec le calcul**
L'équivalence entre l'écriture chiffrée d'un nombre et certaines de ses décompositions additives permet l'extraction de son nombre de dizaines ou de centaines (238 c'est $23 \times 10 + 8$, mais aussi $2 \times 100 + 38$), à la différence de la décomposition canonique, qui elle donne le chiffre correspondant à chaque ordre de numération ($238 = 2 \times 100 + 3 \times 10 + 8 \times 1$).

De plus, la numération chiffrée constitue le principal support symbolique nécessaire à tout calcul (par exemple, l'addition suppose la capacité à décomposer les nombres en dizaines et unités et à opérer sur chacun de ces chiffres).

Ce sont notamment ces propriétés mathématiques de la numération écrite qui sont importantes à faire découvrir aux élèves, par leur utilité, leur efficacité dans la résolution de problèmes, au cours de cette année.

DES ENJEUX À LONG TERME

Quelle que soit la propriété en jeu, sa réduction à un simple procédé sur les écritures (par exemple : dire que pour multiplier par 10, il suffit de juxtaposer un « 0 » à droite de l'écriture) ne garantit ni sa compréhension, ni son usage. Pour certains élèves de CE2, ou même de CM, qui ne peuvent pas extraire le nombre de dizaines d'un nombre, ou même ne savent pas utiliser des équivalences simples entre centaines et dizaines, il est nécessaire de reprendre en les adaptant certaines des activités présentées au CE1.

Les connaissances acquises sur l'écriture décimale des nombres entiers, et la signification donnée à ces écritures sont autant d'atouts pour l'apprentissage des nombres décimaux ; les relations ou échanges entre unités et dixièmes, dixièmes et centièmes, par exemple, sont fondées sur les propriétés de la numération de position. Une bonne compréhension de la numération des entiers fournit aux élèves les points d'appui nécessaires, tant pour identifier les connaissances citées précédemment sur les écritures des entiers qui s'étendent aux décimaux (règles d'écriture), que celles qui sont spécifiques à ces derniers (comparaison et ordre).

LES APPRENTISSAGES SUR LA NUMÉRATION EN PÉRIODE 2

Les apprentissages privilégiés à la période 2 portent sur les connaissances suivantes :

- ✔ un recours efficace aux dizaines pour constituer une collection ou organiser son dénombrement et écrire son nombre d'objets (LES TIMBRES) ;
- ✔ la comparaison de nombres donnés par leur écriture (LE JEU DES 4 CHIFFRES p. 89) ;
- ✔ l'utilisation de la numération en interaction avec le calcul (SUR LA PISTE p. 70).

Questions sur ÉVOLUTION DE LA RÉSOLUTION DES PROBLÈMES ADDITIFS

Nous avons vu dans « La résolution de problèmes additifs » (p. 45), la variété de productions des élèves lors de la résolution d'un problème additif en début d'année. Elles associent des procédures mentales, des représentations (schémas), des écritures et le contrôle nécessaire pour aboutir au résultat.
La résolution de problèmes est une composante importante de l'apprentissage du calcul additif et soustractif. C'est aussi un critère pour identifier les acquisitions et difficultés des élèves et pour adapter si nécessaire les activités, notamment d'entrainement.

LA DIVERSITÉ DES PROBLÈMES

La diversité des problèmes additifs et soustractifs, leur degré de complexité, les apprentissages qu'ils favorisent peuvent être analysés suivant plusieurs critères.

1. Si, d'un point de vue mathématique, ces problèmes mettent en jeu trois valeurs numériques, dont deux sont données et une cherchée, la question posée peut évoquer **des actions différentes** : transformer (ajouter, enlever), réunir ou séparer (deux collections), comparer (déterminer une différence), chercher un complément… Pour chacune de ces catégories, la typologie des problèmes additifs de G. Vergnaud précise la variété des problèmes, selon ce qui est cherché : par exemple, l'état initial, la transformation ou l'état final. Nous présentons page 20 ceux qui concernent plus particulièrement le CE1. Si certains problèmes sont abordés dès le CP et résolus par l'addition, d'autres peuvent être relativement nouveaux.
2. D'autres données mathématiques influencent les procédures de calcul des élèves :
   - ✔ **la valeur des nombres** : leur ordre de grandeur, la présence de multiple de 5 ou de 10… ;
   - ✔ **l'enchainement des calculs** : certains problèmes peuvent mettre en jeu plus de trois nombres et nécessiter des calculs successifs.
3. Par ailleurs, d'autres caractéristiques des problèmes (voir ceux présentés dans ERMEL CE1 p. 108-118) ont une influence sur leur niveau de complexité :
   - ✔ la familiarité du contexte, la présence de mots inconnus que l'enseignant doit expliquer, l'existence d'une chronologie qui décrit l'action… ;
   - ✔ la place de la question : un problème de recherche d'état initial est mieux réussi par certains élèves si la question est placée avant les données ;
   - ✔ la longueur de l'énoncé, la présence de données superflues, l'existence de mots inducteurs, qui peuvent orienter ou induire en erreur…

QUELS PROBLÈMES CHOISIR ?

La liste proposée ci-dessous reflète leur diversité (transformation, composition, comparaison).
Ces problèmes ne comportent que trois nombres : deux sont donnés et un est à chercher. Certains problèmes peuvent être a priori résolus assez facilement, et d'autres moins. Une modification des données numériques est nécessaire pour leur utilisation en fin d'année, compte tenu de l'accroissement des résultats mémorisés et des capacités de calcul des élèves. Sinon, des nombres trop petits ne garantiraient pas une réelle recherche.

Problème 1

*« Dans un parking, il y a 17 voitures : des voitures noires et 8 voitures rouges.
Combien y a-t-il de voitures noires ? »*
Problème « **e E e** », avec recherche d'un des états composants.

Problème 2

*« Paul vient de jouer aux billes. Il avait 41 billes avant de jouer. Il en a maintenant 29.
Combien de billes a-t-il perdues ? »*
Problème « **e T– e** », avec recherche de la transformation (négative).

Problème 3

*« Aglaé a 37 images dans sa boite. Elle en donne 12 à Caroline.
Combien y en a-t-il dans sa boite maintenant ? »*
Problème « **e t– E** », avec recherche de l'état final (la transformation est négative).

Problème 4

*« Renaud a 52 € dans sa tirelire. Il dépense 18 € pour s'acheter une bande dessinée.
Quelle somme d'argent lui reste-t-il dans sa tirelire ? »*
Problème « **e t– E** », avec recherche de l'état final (la transformation est négative).

Problème 5

« Au jeu de l'oie, Béatrice est sur la case 25.
Amélie a parcouru 12 cases de moins que Béatrice.
À quelle case se trouve-t-elle ? »
Problème « **e c– E** », avec recherche d'un des états (la comparaison est négative).

Problème 6

« Le compteur de la photocopieuse marque 132. La maitresse tire 28 photocopies.
Maintenant, que marque le compteur ? »
Problème « **e t+ E** », avec recherche de l'état final (la transformation est positive).

Problème 7

« Samuel joue au jeu de l'oie. Son pion est sur une case bleue. Il avance de 14 cases. Il arrive sur une case rouge marquée 37.
Quel était le numéro de la case bleue ? »
Problème « **E t+ e** », avec recherche de l'état initial (la transformation est positive).

Problème 8

« Nasser a 38 vignettes. Il a 13 vignettes de plus que Noé.
Combien Noé a-t-il de vignettes ? »
Problème « **e c+ E** », avec recherche d'un des états (la comparaison est positive).

COMMENT PROPOSER CES PROBLÈMES ?

Les réponses aux problèmes ne sont ni données, ni débattues en collectif : ils ne font pas l'objet de « correction ». Ainsi, si un enseignant souhaite en reproposer un ou plusieurs ultérieurement dans l'année, les élèves ne se souviennent pas, en général, de leurs précédentes résolutions, du fait en particulier de leur éloignement dans le temps et de la diversité des problèmes.
Une passation s'effectue dans les mêmes conditions que le problème LES PIN'S (cf. p. 45). Les problèmes sont proposés deux par deux sur plusieurs séances.

QUEL EST L'APPORT DE CES PASSATIONS ?

L'enseignant dispose alors d'informations sur la diversité, déjà évoquée, des procédures produites (adaptées au problème ou non), et par là même sur la compréhension de ces problèmes.
Les procédures peuvent être regroupées en quatre catégories hiérarchisées :

1. les procédures inadaptées au problème ;
2. le surcomptage/décomptage sur les unités ;
3. le surcomptage/décomptage sur les dizaines, soit en prenant appui sur celles-ci (*« 30, 40, 50 ; et 5, 55 »*), soit par bons de 10 (*« 35, 45, 55 »*), avec appui possible sur la droite numérique ;
4. le calcul (avec différents procédés).

QUELLES DÉCISIONS PRENDRE ?

Dans une classe, il est fréquent que les productions des élèves apparaissent dans chacune des catégories de procédures décrites.
Tout d'abord, ces prises d'information sont importantes pour analyser non seulement les types de problèmes additifs résolus par chaque élève, mais aussi les procédures qu'il utilise.
D'autres activités, dont LA BOITE JAUNE en quinzaine 3, permettent de repérer les difficultés de calcul que rencontre chaque élève, mais sans donner une vision sur un ensemble de problèmes additifs

De plus, en restant dans le domaine du calcul, ces évaluations peuvent inciter l'enseignant à :

- ✔ proposer, dans les semaines qui suivent, aux élèves qui disposent de peu de résultats mémorisés, des activités d'entrainement qui facilitent la mémorisation des résultats (cf. p. 53-55)
- ✔ accompagner les élèves dont les méthodes de calcul sont fragiles dans la variété de problèmes prévue en période 2 (à commencer par la situation SUR LA PISTE et les problèmes à énoncé qui la suivent), ainsi que dans les activités d'accompagnement ; pour ces différents types d'activités, il est aussi important de demander à ces élèves de reformuler des procédures plus performantes dans les phases d'échange.

Situation essentielle

SUR LA PISTE

Au cours du CE1, la droite numérique[1] va devenir progressivement un support privilégié pour aider les élèves à faire évoluer leurs procédures mentales de calcul et à les expliciter.

Cette situation propose de résoudre des problèmes du type « a + ? = b », « a + b = ? » ou « a – b = ? », a et b étant deux nombres donnés de deux ou trois chiffres. Elle conduit à utiliser la droite numérique comme support de représentation du problème posé puis comme support de calcul, en s'appuyant sur les dizaines, sur l'ordre des nombres et sur leurs écarts.

Dans les deux premières phases, les problèmes proposés sont sans énoncé se référant à un contexte autre que des déplacements sur une ligne graduée, où les unités sont repérées par des points et où seules les dizaines sont écrites.
Dans la seconde phase, pour inciter au calcul, le support matériel n'est plus fourni.
Une troisième phase permet un réinvestissement dans des problèmes à énoncé.

Cette situation pourra se dérouler sur 5 séances. SÉANCE 1 : phase 1 (étapes 1 à 3) ; SÉANCE 2 : phase 1 (étape 4) ; SÉANCE 3 : phase 2 (étape 1) ; SÉANCE 4 : phase 2 (étape 2) ; SÉANCE 5 : phase 3.

La situation SUR LA PISTE reprend des objectifs de la situation LA DROITE NUMÉRIQUE (ERMEL CE1 p. 229 à 240) du thème « Calculs additifs et soustractifs ».

Présentation de la situation

Matériel collectif (phase 1)
- Une ligne graduée (la piste) format A3 ou A2 affichée au tableau (cf. Annexe 4 p. 74 et CD).

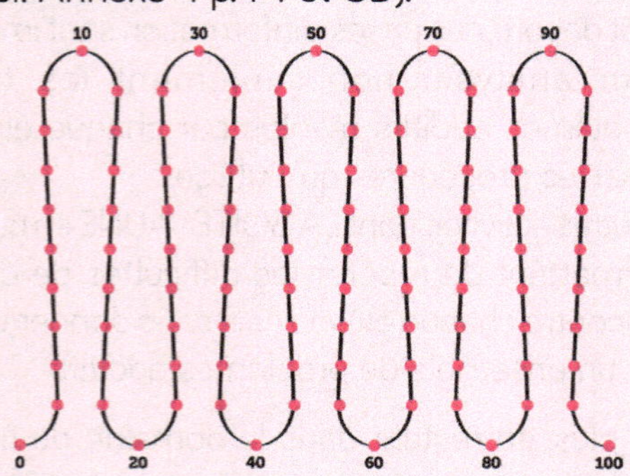

- Des cartes format A5 sur lesquelles l'enseignant écrira les nombres correspondant au déplacement (en rouge ou en vert).

Matériel par équipe de deux élèves (phase 1)
- Une piste et un petit jeton (la puce).
- Pour les étapes 1 à 3, une carte sur laquelle l'enseignant écrit en noir la position de départ attribuée à l'équipe. Une autre carte pour l'étape 4.

Codage du déplacement
Sur les cartes indiquant le déplacement, les nombres sont écrits soit en vert, soit en rouge. La carte 25 permet de faire avancer la puce de 25 tandis que la carte 25 indique que la puce va reculer de 25. Cette distinction permet d'éviter une notation comme + 25 ou – 25 qui serait prématurée à ce stade. De plus, en évitant les termes « plus » ou « moins » dans la communication du déplacement, elle impose à l'élève de déterminer le sens de celui-ci en fonction du code donné dans la consigne.

Choix des nombres
Afin de favoriser les procédures mentales de calcul et l'utilisation du support graphique de la piste graduée :
- sur la piste, les nombres se situent entre 0 et 100 ;
- pour les déplacements, ils se situent entre 10 et 30 (ils doivent être suffisamment familiers pour permettre des calculs s'appuyant sur des décompositions utilisant les dizaines).

Enjeu de la phase 1
C'est essentiellement l'appropriation du problème. L'élève doit donc comprendre la relation entre le déplacement, son codage et la détermination d'une position, et élaborer une procédure adaptée pour cela. Cette phase ne vise pas la recherche de la procédure la plus pertinente pour résoudre le problème.

Phase 1 : La piste est disponible

ÉTAPE 1 : PRÉSENTATION DU DISPOSITIF ET ÉMISSION DU MESSAGE

Les élèves travaillent par équipes de deux, homogènes du point de vue des connaissances.
L'enseignant choisit pour chaque équipe une carte-nombre. Ce sera le point de départ de la puce. Quatre points de départ sont possibles

1. Voir « Le calcul et ses représentations », page 76.

(A : 40 ou B : 31 ou C : 39 ou D : 47), ce qui permet une différenciation et des échanges adaptés (A et B pour des élèves aux connaissances plus faibles, C et D pour des élèves avec de bonnes capacités de calcul). Puis, il indique un même déplacement pour toutes les puces, qui fait avancer ou reculer (domaine numérique entre 10 et 30). Chaque équipe dispose d'une piste sur laquelle elle marque uniquement la position d'arrivée de sa puce. Puis les pistes sont échangées. Chaque équipe réceptrice doit retrouver la position de départ attribuée à l'équipe émettrice correspondante.

Consigne

« Observez la feuille que je vous ai distribuée, que voyez-vous ? » *« C'est le dessin d'une piste et une puce va se déplacer sur cette piste. Chaque équipe dispose d'un jeton. C'est sa puce. Elle va la placer sur la piste, à l'endroit indiqué par la carte que je vais lui donner. C'est une position secrète que l'on ne doit ni dire ni montrer aux autres groupes. Attention, vous n'écrivez pas la position secrète sur la piste, vous placez uniquement la puce au bon endroit. »*

Puis l'enseignant précise : *« Votre puce va faire un grand bond. Je vais vous l'indiquer par une carte sur laquelle est écrit un nombre. Si le nombre est écrit en vert, la puce avance ; s'il est écrit en rouge, la puce recule. Vous devez alors trouver où arrive la puce et mettre un point noir sur la piste à cet endroit. Attention, vous n'écrivez rien d'autre sur la piste. Ensuite, je donnerai votre piste à une autre équipe. Vous pouvez utiliser votre feuille de papier pour faire vos recherches. »*

Il montre à tous la carte indiquant le déplacement : 25.

Recherche par équipe et inscription de la position d'arrivée sur la piste (les équipes sont alors toutes émettrices)

La calculatrice n'est pas disponible.

ÉTAPE 2 : TRAITEMENT DU MESSAGE REÇU

L'enseignant demande à chaque équipe de cacher la carte indiquant la position de départ puis procède aux échanges de pistes. Les élèves qui ont cherché pour la valeur A (ou B) reçoivent une production B (ou A). De même pour C et D. Puis, il précise : *« Vous avez reçu la piste d'une autre équipe. Vous savez donc où est arrivée leur puce. Vous devez trouver leur position secrète d'où est partie leur puce. Quand vous serez d'accord, vous mettrez un point bleu sur cette position secrète. Vous pouvez utiliser votre feuille de papier pour faire vos recherches. »*

Recherche par équipe de la position de départ

La calculatrice n'est pas disponible.

Confrontation entre la position de départ trouvée par les récepteurs et celle choisie par les émetteurs

L'enseignant redonne les pistes aux équipes émettrices en précisant aux élèves qu'ils ne doivent rien dire pour le moment. Celles-ci confrontent la position de départ proposée par les récepteurs à celle indiquée par leur carte.

ÉTAPE 3 : MISE EN COMMUN

Échanges

Pour la mise en commun, l'enseignant propose de traiter successivement les différents cas dans l'ordre suivant : A puis B, C puis D. Pour chaque cas, il commence en sollicitant les équipes émettrices en désaccord avec la réponse qui leur a été retournée.

Deux problèmes successifs dans la même activité :

- **Détermination de la position d'arrivée par les émetteurs :** problème de recherche d'un état final avec une transformation soit positive, soit négative.
- **Détermination de la position de départ par les récepteurs :** problème de recherche d'un état initial avec une transformation soit positive, soit négative.

Pour que les récepteurs puissent la chercher, les élèves ne doivent pas écrire leur nombre de départ sur la piste.

Différenciation

Dans chaque problème, les relations entre les nombres – points de départ ou déplacements – permettent d'adapter la difficulté en fonction des capacités des élèves. Ainsi, dans l'appui sur les dizaines pour déterminer la position finale, la difficulté est croissante entre les trois problèmes :

- « avancer de 25 à partir de 40 » ;
- « avancer de 25 à partir de 31 » (comptage de 10 en 10 à partir d'un nombre non multiple de 10) ;
- « avancer de 25 à partir de 47 » (comptage de 10 en 10 à partir d'un nombre non multiple de 10 et « changement de dizaine » pour ajouter 5).

Procédures observées à l'étape 1 :

- comptage de 1 en 1, de 2 en 2, de 5 en 5 en s'appuyant sur les points de la piste ;
- calcul mental ou écrit avec recours aux dizaines : déplacement 10/10/5 ou 20/5 ;
- utilisation de la technique de l'addition.

Procédures possibles à l'étape 2 :

- procédure erronée (ajouter 25 au lieu d'enlever 25) ;
- procédure sans recours aux dizaines (décomptage de 1 en 1, de 2 en 2... à partir de la position d'arrivée) ;
- procédure avec recours aux dizaines pour décomposer le déplacement ;
- procédures s'appuyant sur les relations entre les nombres (*« En partant de 47, ma puce est arrivée à 72. La sienne est arrivée à 65. Elle est partie 7 avant, donc de 40. »*).

Enjeu de la mise en commun

Dans cette phase, on ne vise pas la recherche des procédures les plus efficaces, mais plutôt une explicitation des procédures qui permettent de distinguer les deux problèmes et de les résoudre. Le jeton a avancé mais sa position de départ ne se détermine pas en faisant une addition.

On examine les litiges sur des résultats différents de façon à faire mettre en évidence par les élèves les types d'erreurs comme :

- erreur des émetteurs dans l'interprétation de la carte « avancer/reculer » : « *Ils ont dit que la puce est arrivée à 22, mais ça se peut pas parce que la puce a avancé ; elle n'a pas pu partir avant 0 !* » ;
- erreur des récepteurs dans la compréhension de l'étape 2 : « *Si on a avancé de 25 et que l'on arrive à 69, on n'a pas pu partir de 94 !* » ; l'addition 25 + 69 ne convient pas ;
- erreurs de calcul des émetteurs ou des récepteurs.

L'enseignant propose ensuite aux équipes réceptrices qui ont trouvé la bonne position de départ de dire comment elles ont procédé.

Validation

La validation est l'occasion de bien identifier le problème de l'étape 2 (recherche de la position initiale). Elle utilise à la fois la piste et le calcul mental.

Exemple avec une position initiale de 47 :

- « *La position de départ est bien 47 car 47 + 25 = 72 ; on peut vérifier en plaçant la puce sur 47 et en la faisant avancer de 25.* »
- « *Si je sais que j'arrive à 72 et que j'ai avancé de 25, pour trouver le départ, je dois reculer de 25 et j'arrive à 47.* »

ÉTAPE 4 : REPRISE AVEC UNE TRANSFORMATION NÉGATIVE

Le dispositif est analogue à celui qui vient d'être utilisé. Le déplacement proposé est 16, soit un recul de 16 avec pour positions de départ : 46 (A), 38 (B), 42 (C) et 54 (D).

Phase 2 : Le matériel n'est plus disponible pour chercher

ÉTAPE 1 : RECHERCHE DE L'ÉTAT INITIAL, LA TRANSFORMATION ÉTANT POSITIVE

Présentation collective

L'enseignant affiche l'énoncé suivant au tableau et le fait lire à un élève : « *J'ai placé la puce sur une position secrète puis je l'ai fait avancer de 33. Maintenant, elle est sur la position 86. Trouvez la position secrète.* »

Recherche individuelle

Dans cette phase, les élèves travaillent seuls et résolvent tous le même problème.
Pendant ce temps, l'enseignant prend de l'information sur les modalités de représentation du problème mises en place par les élèves.

Mise en commun

L'enseignant effectue un recensement des différentes réponses.
On procède à l'élimination des réponses manifestement fausses comme celle qui correspond à l'opération 86 + 33.
On s'intéresse ensuite aux autres réponses.
Les élèves sont invités à venir au tableau pour présenter leur travail. L'enseignant les incite à bien montrer comment ils ont représenté le problème le cas échéant (quels dessins ? quelles indications sur ces dessins ? etc.) Il veille à faire mettre en évidence qu'il est très difficile et fastidieux de replacer tous les points d'une piste sans se tromper. Il récapitule les différentes propositions. Pour chacune, il trace une droite

Représentation du problème

Les élèves ne disposent pas de la piste pour leur recherche dans cette phase.

- Certains peuvent tenter de reconstituer une piste mais, avec un déplacement de 33, cela est fastidieux et source d'erreurs.
- D'autres peuvent marquer uniquement les dizaines, ce qui permet de placer 86 et de retrouver les conditions de la première phase.

La mise en commun doit mettre en évidence les différentes procédures (position inconnue fictive et flèche surmontée d'un nombre pour indiquer le déplacement, représentation du déplacement inverse par une flèche et un nombre, etc.)
Les échanges sur l'utilisation d'une droite numérique pour représenter ou pour calculer permettent d'installer celle-ci comme outil support de raisonnement et d'explicitation.

numérique accompagnée de l'écriture additive correspondante. Si cela n'a pas encore été fait dans la classe, on peut introduire le « ? » pour représenter ce qui est cherché : « ? + 33 = 86 ».
Ces échanges permettent aussi de repérer les erreurs de calculs et de se mettre d'accord sur la bonne réponse.

Trace écrite

À l'issue de cette mise en commun, on peut alors retenir une représentation commune du problème :

? + 33 = 86   53 + 33 = 86

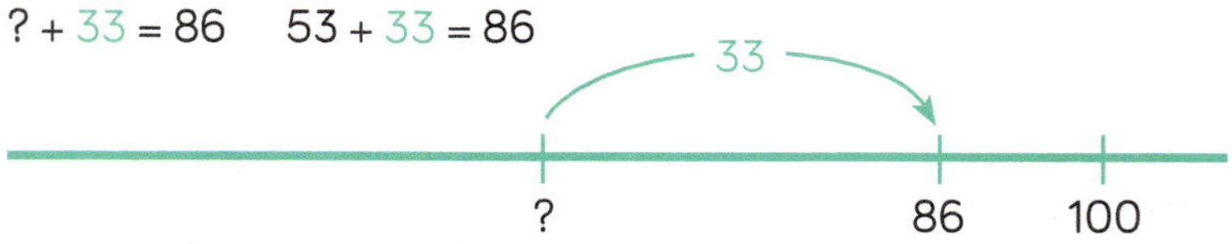

Selon les échanges, on pourra aussi obtenir :

? + 33 = 86   53 + 33 = 86

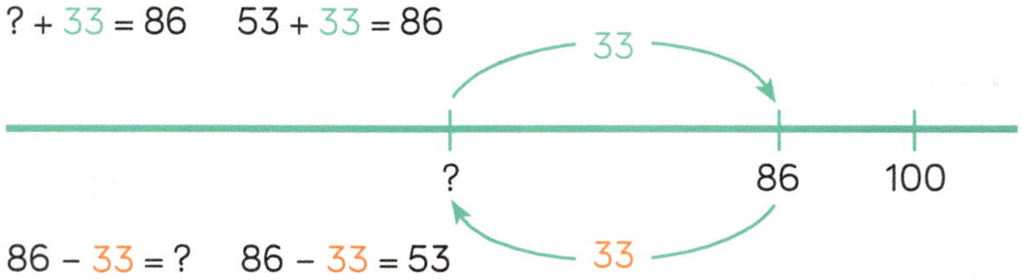

86 − 33 = ?   86 − 33 = 53

ÉTAPE 2 : RECHERCHE DE L'ÉTAT INITIAL, LA TRANSFORMATION ÉTANT NÉGATIVE

On reprend le même déroulement avec le problème : « *J'ai placé la puce sur une position secrète, puis je l'ai fait reculer de 43. Maintenant, elle est sur la position 57. Trouvez la position secrète.* »

Phase 3 : Réinvestissement dans des problèmes à énoncés (cf. CD)

Pour conduire cette séance, l'enseignant peut choisir trois problèmes qui seront proposés successivement à tous les élèves. Pour chacun, une mise en commun sera réalisée quand tous les élèves auront terminé leur recherche (échange sur les différentes propositions, validation, trace écrite). Le quatrième pourra alors être proposé aux élèves plus rapides et corrigé individuellement.

Problème 1

« *Je viens de faire 44 photocopies et le compteur de la photocopieuse marque 92. Combien marquait-il avant mes tirages ?* »

Problème 2

« *La maitresse a 42 cahiers dans l'armoire. Le directeur lui apporte un carton de cahiers. La maitresse a maintenant en tout 67 cahiers. Combien le directeur a-t-il apporté de cahiers ?* »

Problème 3

« *Le compteur de la photocopieuse marque 137. La maitresse tire 56 photocopies. Maintenant, que marque le compteur ?* »

Problème 4

« *Cédric a ramassé 67 coquillages et Benoit en a ramassé 95. Combien Benoit en a-t-il de plus que Cédric en rentrant de la pêche ?* »

Représentations possibles lors de la mise en commun de l'étape 1

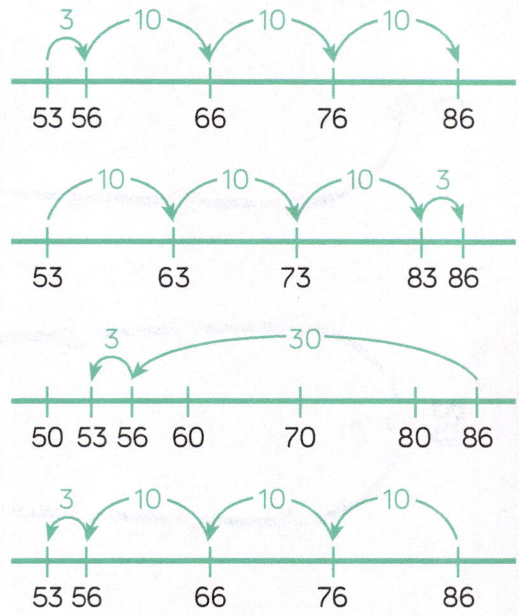

Pourquoi des problèmes à énoncés ?
La phase 3 vise à réinvestir les procédures mises en place dans des problèmes simples. On veillera à la représentation du problème sur une droite numérique d'une part, à sa traduction par une écriture additive ou soustractive d'autre part.

Quels sont les problèmes posés ?
- Problème 1 : recherche d'état initial (état final : 92, transformation : + 44).
- Problème 2 : recherche de la transformation (état final : 67, état initial : 42).
- Problème 3 : recherche d'état final (état initial : 137, transformation : + 56).
- Problème 4 : problème de comparaison (ce type de problème est relativement nouveau ; sa représentation sur une droite numérique peut aider à sa compréhension).

Annexe 4 LIGNE GRADUÉE POUR « SUR LA PISTE »

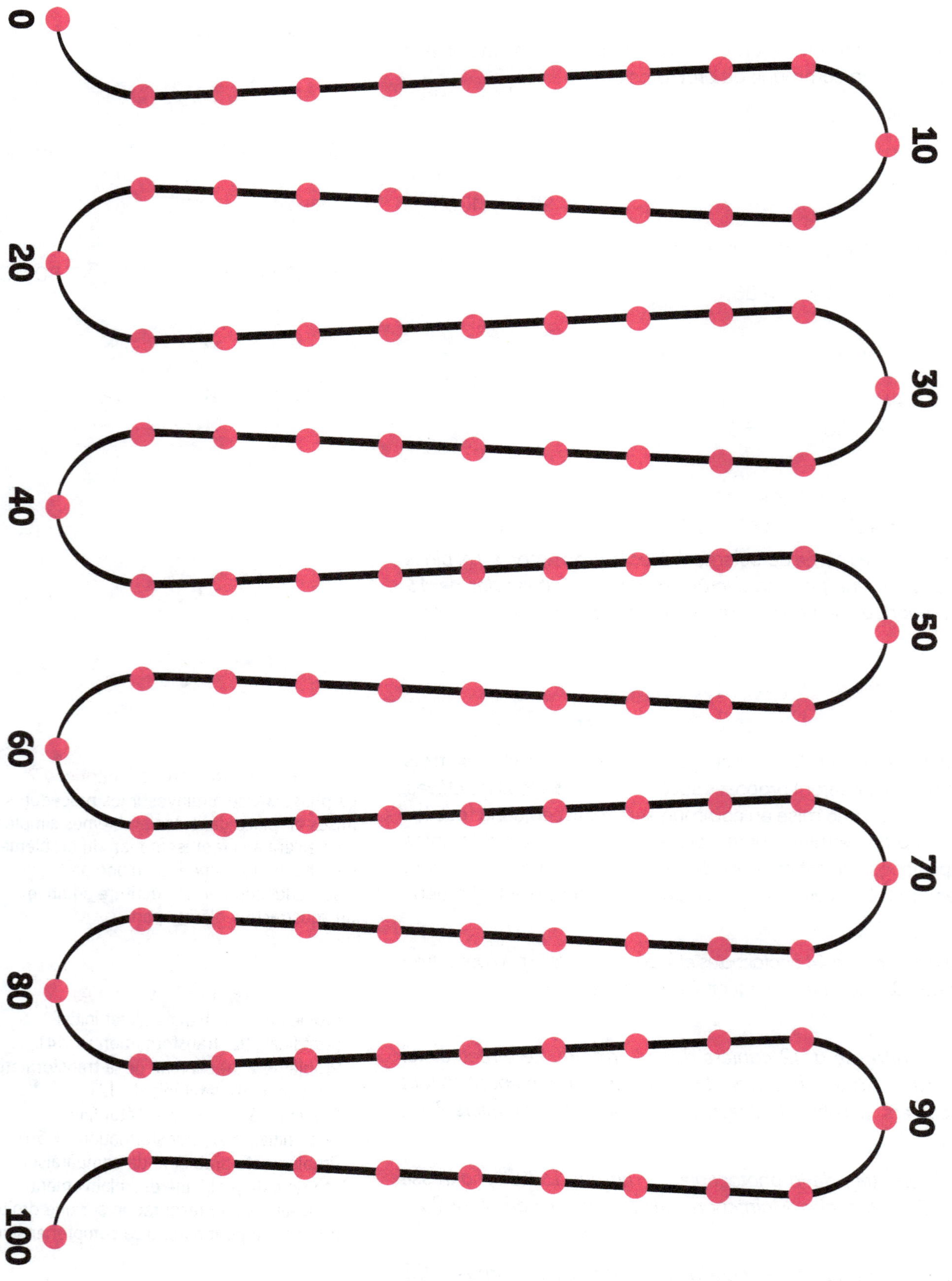

LE CALCUL ET SES REPRÉSENTATIONS

LES COMPOSANTES DU CALCUL ADDITIF

Le calcul additif est développé depuis le CP sous ses différentes formes : calcul mental, calcul instrumenté, technique écrite de l'addition. Son apprentissage, qui se poursuit au CE1, nécessite la résolution de problèmes de plusieurs types[2], la mémorisation de résultats, le recours à des procédures mentales et écrites et l'emploi de propriétés rendant le calcul plus économique.

La compréhension des problèmes additifs et l'élaboration des procédures s'appuient sur des supports tels que des collections réunies ou non, des positions et des déplacements sur une piste graduée, des évocations ou des schématisations d'actions, des écritures numériques, ainsi que sur des images mentales de ces représentations graphiques et sur leur description langagière.

LES CONNAISSANCES DES ÉLÈVES

Au tout début du CE1, des élèves n'arrivent pas à résoudre certains problèmes additifs, notamment s'ils ne les ont pas abordés au CP : ils restent démunis et attendent la réponse ou posent des additions quel que soit le problème proposé.

Aussi, nous privilégierons la résolution de problèmes additifs variés de façon à permettre :

- ✔ la réactivation de **procédures mentales** pour que l'élève produise des solutions et les contrôle (période 1) ;
- ✔ le développement de ces procédures par un **appui sur les dizaines** dans les calculs, en lien avec l'usage de la droite numérique (période 2) ;
- ✔ la stabilisation de la **technique opératoire** de l'addition (période 2).

Bien entendu, des activités d'accompagnement régulières permettent la mémorisation des résultats.

LES PROBLÈMES ADDITIFS AU DÉBUT DU CE1

Au CP, l'addition est apparue comme la solution experte pour résoudre des problèmes :

- ✔ de recherche du tout lorsque deux collections sont réunies (cf. p. 92) ;
- ✔ de recherche d'un état final lorsque l'on connait l'état initial et la transformation (par exemple le problème 3, page 73).

Mais d'autres problèmes, de recherche de la valeur d'une partie (problème n° 1 page 68), ou de l'état initial (problème n° 1 page 73), ou de la transformation (problème n°2 page 73), ou de comparaison (problème n° 4 page 73), sont proposés dès le CP et au CE1. Ils sont résolus avec diverses procédures (surcomptage, décomptage, puis calcul d'écart, recours à la calculatrice...)

Ces problèmes sont aussi nécessaires, dès le début de la scolarité obligatoire, pour éviter que les élèves considèrent l'addition et sa technique opératoire comme la solution à utiliser systématiquement.

LE DÉVELOPPEMENT DE PROCÉDURES DE CALCUL

Les problèmes de la période 1 du CE1 (situation essentielle LA BOITE JAUNE), avec des objets physiques présents en début d'activité, puis rapidement remplacés par leur représentation ou leur évocation, permettent à tous les élèves de prendre confiance dans leur **capacité à produire une solution et à la contrôler**, et de disposer de procédures mentales pour les résoudre.

À la période 2, nous souhaitons développer des procédures de calcul mental plus efficaces, prenant appui sur les dizaines et le support de la droite numérique. Ce support permet aussi une décontextualisation progressive de ces procédures par rapport aux actions évoquées dans les énoncés.

Les principales catégories de procédures pour calculer un écart, une somme ou une différence sont :

1. Le surcomptage ou le décomptage de 1 en 1, ou des formes plus évoluées, de 2 en 2, de 5 en 5. Si ces procédures sont encore utilisables avec le support d'une ligne graduée, où tous les nombres sont représentés par des points, elles ne le sont plus avec la droite numérique.
2. Une procédure mixte de surcomptage des dizaines et des unités. C'est le type de procédure que l'on vise pour tous dans la situation essentielle de la période.

---

2. La typologie des problèmes additifs de G. Vergnaud est présentée p. 20 (voir aussi « Les Essentielles ERMEL CP » p. 84, 85 et 145 et ERMEL CE1 p. 111).

3 La décomposition du nombre en dizaines et unités et le recours à des résultats mémorisés. Par exemple, ajouter des dizaines, jusqu'à approcher le nombre, puis compléter (pour 39 + 25 : *« 39 + 20 = 59 ; plus 1, 60 ; plus 4, 64 »*).

LA DROITE NUMÉRIQUE, AIDE POUR LE CALCUL ?

Introduite au début du CE1, comme support pour comparer et ordonner les nombres, la droite numérique permet de :

1 **Poser un problème de calcul décontextualisé**, c'est-à-dire concernant directement les nombres, sans avoir à interpréter un énoncé évoquant une action réelle ou fictive.

2 **Représenter les données** (le nombre de départ ou d'arrivée, et éventuellement une flèche indiquant le sens du déplacement) dans la phase d'appropriation du problème, ou comme dans la phase 2 de SUR LA PISTE (page 73).

3 **Mettre en œuvre des calculs** dans la phase de résolution, qui soient représentables par les traces des « sauts » successifs. La droite numérique constitue en quelque sorte un brouillon, mais aussi un moyen pour l'élève de savoir s'il a atteint le but. L'élève peut aussi s'aider de ces traces pour récapituler son résultat.

4 **Fournir un support partagé pour comparer les méthodes**, lors des mises en commun. Les résultats différents y sont replacés, les solutions examinées plus facilement grâce à ce support.

5 **Servir de référence** pour valoriser (dans les synthèses puis lors des reprises et des entrainements) les résultats mémorisés, les propriétés mathématiques utilisées : décompositions additives intéressantes (compléments à 10, par exemple), indépendance du résultat par rapport à l'ordre des calculs.

DE LA BANDE NUMÉRIQUE À LA DROITE NUMÉRIQUE

En début de CP, les élèves utilisent la bande numérique où les nombres, objets de l'apprentissage, occupent chacun une case de la bande (les élèves peuvent poser des objets sous chaque case). Elle les aide à mémoriser la suite des nombres, à les écrire puis à percevoir des régularités dans les écritures. Elle facilite ensuite le passage du dénombrement aux procédures de surcomptage, de décomptage, lors de la recherche d'ajouts, de retraits ou d'écarts.

1	2	3	4	5	6	7	8	9	10

Puis, à partir de la période 3 du CP, d'autres outils, comme le tableau des nombres ou la spirale des nombres (cf. ERMEL CE1, p. 364 et 378), leur ont permis de passer plus directement d'une dizaine à l'autre, en faisant ainsi l'économie du surcomptage des nombres un à un.

Au début du CE1, nous proposons d'introduire la droite numérique, autre support pour représenter la suite des nombres, plus adapté aux problèmes de calcul et notamment à la recherche des écarts.

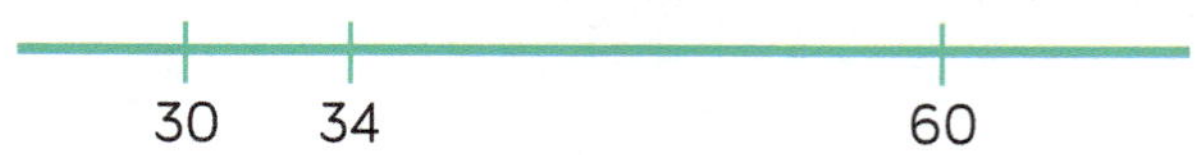

Les nombres sont repérés par des points ou des traits, et très vite, on utilise uniquement des extraits adaptés au problème. Ainsi, dans la plupart des usages, à la différence de la bande numérique, les premiers nombres ne sont pas inscrits.

Puis, seuls les nombres de l'énoncé et ceux produits par l'élève pour ses calculs figurent sur une droite numérique non graduée.

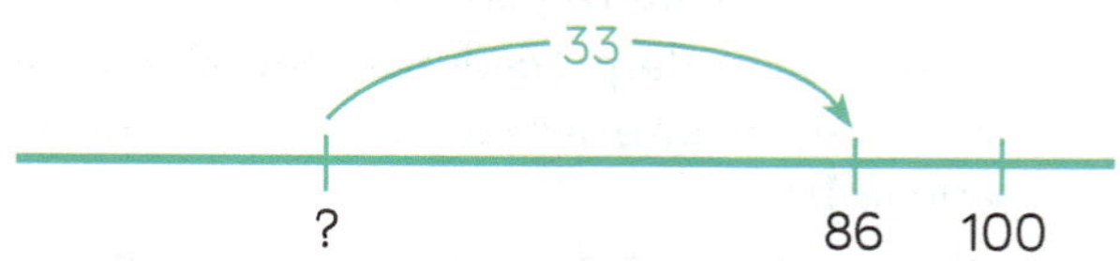

LES ENJEUX À PLUS LONG TERME

Par la décontextualisation du problème et la visualisation des essais de calculs, l'usage de la droite numérique facilite **l'évolution des procédures vers le calcul sur les dizaines**. Ainsi, des problèmes pour lesquels la solution experte est la soustraction, dont la technique ne sera abordée qu'à la période 5, peuvent être résolus par le calcul plus tôt.
La droite numérique constitue donc un moyen de représentation qui sera ensuite utilisée par les élèves tout au long de leur scolarité, en mathématiques mais aussi dans d'autres disciplines. En lien avec la mesure, elle jouera aussi un rôle fondamental dans l'approche des nombres décimaux au CM1.

Questions sur L'APPRENTISSAGE DE L'ORDRE ET DE LA COMPARAISON DES NOMBRES

LES PRODUCTIOS DES ÉLÈVES DANS LA SITUATION « LE JEU DES 4 CHIFFRES »

Analysons les connaissances et difficultés des élèves en nous appuyant sur leurs productions dans l'activité d'accompagnement LE JEU DES 4 CHIFFRES (cf. p. 89) qui propose de comparer des nombres, uniquement à partir de leurs écritures. Son énoncé ne fait pas appel à des quantités (organisées ou non) ou à des contextes connus : cette activité est donc à l'origine **décontextualisée**. Or, au problème *« Quel est le plus grand des deux nombres, 5 781 ou 7 851 ? Explique pourquoi. »*, les élèves peuvent fournir différentes explications :

1. Celles qui s'appuient sur l'évocation de situations matérielles rencontrées, comme LES FOURMILLIONS : *« 7 paquets (boites) de mille, c'est beaucoup plus que 5 paquets de mille. »* ; et cette comparaison peut être confortée ou non par un ordre de grandeur : *« ...et ce qui est en plus dans 5 781 (781), ça ne fait même pas mille. »*
2. Celles qui s'appuient sur des décompositions additives : *« 5 781, c'est 1 000 + 1 000 + 1 000 + 1 000 + 1 000 + 100 + 100 + 100 + 100 + 100 + 100 + 100 + 81, et 7 851 c'est... Et il y a beaucoup plus de 1 000. »*
3. Celles qui portent sur la signification des chiffres selon leur rang dans l'écriture :
   - ✔ *« On est surs qu'il est plus grand parce qu'il commence par un 7, et que quand on compte on commence par le plus grand. »*
   - ✔ *« 7 851 parce que le sept est plus grand que le cinq. »*

   Dans ces deux explications, c'est le chiffre des milliers qui est déterminant.
   - ✔ *« Si ça se termine par un 51, c'est plus petit que celui qui se termine par 81. »*

   Cette dernière explication montre que des élèves ne se focalisent que sur le nombre formé par les deux derniers chiffres pour déterminer l'ordre sans s'occuper des centaines et des milliers.

Pour comprendre cette variété de procédures de comparaison et de formulations, il est utile de se référer aux activités d'apprentissage antérieures.

LES ÉVOLUTIONS DE LA COMPARAISON

Les problèmes

Dès la maternelle, les élèves comparent des grandeurs, des quantités ou des positions, dans des activités quotidiennes, des jeux...

Des situations d'apprentissages spécifiques, proposant des problèmes de comparaison entre deux collections, permettent aux élèves d'utiliser les nombres quand l'estimation des quantités devient insuffisante ou quand la correspondance terme à terme entre les objets de deux collections est impossible : les nombres deviennent alors un outil nécessaire pour comparer. Les apprentissages se situent alors **dans des contextes**.

Les procédures et leurs formulations

Les procédures, par exemple pour ranger des objets selon leur taille ou des collections selon leur quantité d'objets, peuvent s'appuyer sur la correspondance terme à terme, l'estimation, des comparaisons deux à deux ou la recherche du plus grand (ou du plus petit...).

Ces procédures conduisent les élèves à développer un vocabulaire commun[3] (plus que, moins que, c'est plus, plus grand que, plus petit que, le plus grand, avant, après...) qui évolue encore au CP. Dans les situations où les élèves ont à constituer des collections, ils sont souvent amenés à porter un jugement sur leurs solutions ou celles des autres en ayant recours à des comparaisons : *« il y en a en trop »* ; *« il n'y en a pas assez »*...

Les représentations symboliques

Différentes représentations du nombre sont alors sollicitées sous forme de constellation, de mot-nombre et d'écriture chiffrée.[4]

Depuis la maternelle, les mots-nombres constituent une suite orale ordonnée : la comptine numérique, dont les mots peuvent ne pas renvoyer à des quantités. En GS et au début du CP, la connaissance antérieure de cette suite parlée des nombres permet à l'élève de lire des écritures encore inconnues en s'appuyant sur l'ordre de la comptine numérique et celui de la bande numérique.
L'extension de la suite écrite des nombres (matérialisée par la bande numérique) va donner d'autres critères de comparaison des nombres (avant, après, juste après...),

3. Pour J. Bideaud (cf. *Logique et bricolage chez l'enfant*, 1988), ce vocabulaire commun stabiliserait ces procédures.
4. Cf. Les essentielles CP p. 28.

qui vont servir d'outils pour comparer des positions sur une piste, ou des nombres dans une liste.
Ainsi, se constituent des représentations des nombres **indépendantes des contextes**.

À travers les situations, l'ordre des mots-nombres, la position des écritures sur la piste numérique et la comparaison des collections interagissent : les nombres permettent la comparaison des collections et l'augmentation de la taille des collections rend nécessaire une connaissance plus étendue des nombres.
Cette connaissance des nombres est réinvestie dans des **situations contextualisées** (portant sur des objets réels ou représentés).

L'ordre des nombres avec la numération chiffrée

Si, au début du CP, la comparaison des nombres de 1 à 30 (environ) s'appuie sur la mémorisation de l'ordre des mots dans la comptine, puis sur celle des écritures sur la piste, les numérations chiffrées et parlées n'ont pas la même structure (cf. p. 67). Ce que les élèves ont mémorisé jusqu'à 30, à savoir une reconnaissance globale de l'écriture chiffrée par association à son nom, n'est plus efficace pour lire ou produire des écritures au-delà, notamment entre 40 et 100.

La structuration de la suite écrite réalisée dans le tableau des nombres (cf. LE JEU DU CHÂTEAU dans LES ESSENTIELLES CP, p. 91 à 97) est nécessaire pour découvrir les règles de production des écritures chiffrées, comprendre leur régularité et leur ordre.
Ce nouveau support symbolique organise la suite des nombres par dizaines et permet à l'élève de comparer des nombres qu'il ne sait pas encore nommer. Cela ajoute de nouveaux outils de comparaison s'appuyant sur le chiffre des dizaines. Cet apprentissage n'est possible que sur des nombres peu connus où les élèves ne peuvent contourner la difficulté en s'appuyant sur des collections réelles ou imagées. **Cette activité est donc décontextualisée**.

Puis, toujours au cours du CP, l'écriture chiffrée des nombres va s'enrichir d'une nouvelle dimension : chaque chiffre (unité, dizaine, centaine) représente des groupements structurés par une règle d'échange. Or, ces deux propriétés (structuration par des groupements successifs de 10 et échange « 10 contre 1 ») ne peuvent être comprises que par le recours à des quantités d'objets. La puissance des groupements par 10 successifs réussit là où le dénombrement d'une collection de 2 300 objets échoue (LES FOURMILLIONS). **La contextualisation** est nécessaire dans ce cas.

LES APPRENTISSAGES RÉCENTS

Au CP, la signification des nombres, de leur écriture et leur comparaison sollicite donc des **situations contextualisées** (recours à des groupements d'objets par 10 et à leurs représentations). Mais, quand le domaine numérique reste celui des nombres à deux chiffres, les connaissances acquises sur l'ordre et la comparaison des nombres sont disponibles **sans référence à un contexte**.

Au CE1, en période 1, les élèves ont de nouveau recours à l'ordre des nombres et à la comparaison dans la **situation contextualisée** LE JEU DU CAISSIER (à travers le problème *« Lequel des joueurs a gagné ? »*).
De plus, le réseau des connaissances s'est étendu : la meilleure connaissance des nombres à deux chiffres, la compréhension de la signification des écritures chiffrées, des désignations verbales, la connaissance de l'addition... La décomposition (mentale ou écrite) des nombres en dizaines et unités pour les calculs additifs accroit la structuration des nombres et les résultats mémorisés, tous deux **décontextualisés**.
LE JEU DES 4 CHIFFRES intervient en tant que situation **décontextualisée**. Toutefois, dans les productions présentées au début de ce texte pour comparer plusieurs nombres à 4 chiffres, certains élèves évoquent eux-mêmes des paquets de mille, cent...

EN CONCLUSION

Nos choix d'enseignement sont fondés sur cette dialectique entre contextualisation des apprentissages pour découvrir de nouvelles fonctions des nombres et des problèmes qu'ils permettent de résoudre d'une part, et **décontextualisation des supports symboliques, des résultats mémorisés et des propriétés** d'autre part.

C'est l'enjeu de l'activité LE JEU DES 4 CHIFFRES : certains élèves n'ont plus besoin de référence concrète, d'autres y font appel et réussissent aussi. Mais ceux qui échouent en comparant les chiffres des dizaines et unités peuvent comprendre leur erreur en retrouvant **les significations contextualisées** des milliers.
Les élèves peuvent alors renforcer – voire établir – le lien entre la comparaison des nombres et la signification de leur écriture chiffrée. Ils étendent ainsi à des nombres supérieurs à 100 des méthodes de comparaison qu'ils maitrisaient quelques mois avant sur les dizaines. Cette prise de conscience est l'objectif principal de cette activité. L'ordre devient alors un objet d'étude.

Situation essentielle

JULIE VA AU CENTRE COMMERCIAL

Dans cette situation, les élèves vont identifier certaines caractéristiques d'un énoncé de problème. À partir d'un texte dépourvu de question, ils vont en formuler, puis trier parmi leurs propositions celles auxquelles on peut répondre par un calcul. Cette situation permet aux élèves d'appréhender la relation entre les données et les questions, pour qu'un texte constitue un énoncé conduisant à produire un calcul. Il s'agit ainsi d'une étape importante d'une progression qui vise, par les propres productions et interrogations de l'élève, à construire une représentation de ce type d'énoncé de problème. La situation LE ZOO complète cet apprentissage, en mettant en évidence la nécessité de se poser des questions intermédiaires.

Cette situation pourra se dérouler sur 3 séances : deux séances pour JULIE VA AU CENTRE COMMERCIAL et une pour LE ZOO.

Les situations JULIE VA AU CENTRE COMMERCIAL et LE ZOO (ERMEL CE1 p 64-67) sont des situations du thème « Des problèmes pour apprendre à chercher ».

Présentation de la situation

Les élèves disposent d'un texte comportant plusieurs informations numériques. Il leur est demandé de produire des questions auxquelles on peut répondre en calculant, à partir des informations données dans l'énoncé. Ils chercheront ensuite les réponses aux questions retenues.

Enjeu

L'élève, en posant des questions auxquelles il peut répondre par un calcul, appréhende une condition pour qu'un texte constitue un énoncé conduisant à produire un calcul.

Phase 1 : Production de questions

Énoncé (cf. CD)

Julie va au centre commercial.
Elle a dans son portemonnaie 6 billets de 20 €, 5 billets de 10 € et 7 pièces de 2 €.
Elle achète un manteau à 110 € et un pull à 32 €.
Elle voit ensuite des bottes à 85 € qui lui plaisent.

Le texte est distribué à chaque élève (sur une feuille A4, qui pourra aussi servir à l'élève pour écrire sa recherche).

ÉTAPE 1 : APPROPRIATION DU PROBLÈME

L'enseignant laisse les élèves lire le texte silencieusement une première fois, puis le lit à haute voix.

Consigne

L'enseignant précise : « *C'est un problème, mais sans question. C'est à vous de trouver une question. Si on la pose à quelqu'un, il faut qu'il puisse y répondre en faisant un calcul ou plusieurs calculs.* »

ÉTAPE 2 : RECHERCHE DE QUESTIONS

Travail individuel

Chaque élève écrit sa (ses) question(s) sur une feuille.
Si un élève écrit plusieurs questions, l'enseignant pourra préciser qu'il ne s'agit pas de trouver beaucoup de questions.

Présentation aux élèves

L'enseignant pourrait préférer annoncer « *J'ai affiché un énoncé ; vous allez le lire en silence.* », puis demander « *Qu'avez-vous remarqué en lisant ce texte ?* », avant de donner la consigne. Mais le risque est grand qu'un élève dise par exemple « *On ne sait pas si elle a assez pour acheter les bottes.* », et que cela induise une idée de question chez d'autres...

Précision possible sur un « calcul »

L'enseignant peut demander aux élèves « *Comment fait-on un calcul ?* » Réponses possibles : « *On peut calculer dans sa tête.* », « *On peut écrire sur son cahier pour faire le calcul.* », « *On peut utiliser une calculette.* »

Types de questions

Sans établir un inventaire, le tri des questions conduit à s'interroger sur celles :
- dont la réponse est dans le texte ;
- auxquelles on ne peut pas répondre ;
- dont la réponse nécessite un calcul.

Travail dans les groupes

Dans un second temps, les élèves, réunis par groupes homogènes de 4 élèves, confrontent leurs travaux. Ils sont amenés à débattre à propos de la pertinence des questions par rapport à la consigne : *« Est-ce qu'on peut trouver la réponse en faisant un calcul ? »* Ce qui conduit à rejeter les questions dont la réponse est dans l'énoncé, et celles pour lesquelles on ne peut pas répondre par un calcul. L'enseignant peut aussi demander d'attacher ensemble les questions en double.

Constitution des groupes homogènes

Les groupes ne sont pas constitués en fonction des questions produites, pour éviter un accord sans critique ; mais de façon à ce que tous les élèves puissent justifier leurs propositions, donc selon les connaissances des élèves et leur capacité à s'exprimer. Les groupes les plus « forts » ayant souvent produits plus de questions, en ont donc plus à examiner.

ÉTAPE 3 : MISE EN COMMUN

Chaque groupe affiche une question.

Puis, l'enseignant demande à la classe, pour chacune des questions, si certains élèves ne sont pas d'accord, et pourquoi.

Une fois toutes les questions étudiées, si certains groupes en ont d'autres, ils viennent les afficher.

L'affichage des groupes permet de faire l'inventaire des questions et, si nécessaire, leur tri afin de ne retenir que celles auxquelles on peut répondre par un calcul.

Questions semblables

Elles peuvent être reconnues comme telles, parce qu'elles :

- expriment avec des formulations voisines la même recherche ;
- sont résolues avec le même calcul ;
- aboutissent à la même réponse.

Questions pertinentes

Certaines questions nécessitent effectivement un calcul, mais peuvent paraitre peu pertinentes par rapport au texte : *« Combien a-t-elle de pièces et de billets ? »* ou *« Combien a-t-elle acheté de choses ? »*

Phase 2 : Réponse à une question

Consigne

L'enseignant propose la recherche de la réponse à la question : *« Julie a-t-elle assez d'argent pour acheter les bottes ? ».*

Recherche par groupes

Les élèves sont répartis par petits groupes homogènes.

Que fait l'enseignant ?

L'enseignant observe le fonctionnement des groupes :

- Y a-t-il répartition des tâches ?
- Les questions sont-elles triées selon les critères énoncés précédemment ?
- Y a-t-il recours à la calculette ?

Mise en commun

Elle permet de mettre en évidence qu'on ne peut pas répondre tout de suite à cette question, qu'il faut chercher des informations qui ne sont pas données directement dans l'énoncé : *« Combien d'argent Julie a-t-elle ? », « Combien a-t-elle dépensé ? ».*

Il faut donc d'abord répondre à d'autres questions.

Phase 3 : LE ZOO

Enjeu

Reconnaitre, parmi un ensemble de questions posées en rapport avec un texte, celles :

- dont la réponse est donnée dans le texte ;
- auxquelles on ne peut pas répondre à partir des informations données ;
- auxquelles on peut répondre en faisant un calcul.

Description rapide

Cette situation est proposée peu de temps après JULIE VA AU CENTRE COMMERCIAL. Dans cette activité, les élèves sont amenés à trier des questions en fonction des réponses que l'énoncé permet de donner.

> 25 enfants d'une classe vont au zoo. Ils prennent le car à 8 h 30. Le maitre a apporté le gouter. Il a acheté des sandwichs pour 50 euros et des boissons pour 70 euros.
> Arrivés au zoo, ils lisent l'affiche suivante :
>
> **ENTRÉE**
> Ouvert tous les jours
> ADULTE : 8 €
> ENFANT : 6 €

Le texte est distribué à chaque élève (sur une feuille A4 - cf. CD).

ÉTAPE 1 : APPROPRIATION DE LA SITUATION

Le texte est lu silencieusement, puis à haute voix.
L'enseignant peut ensuite demander aux élèves, texte retourné, de décrire la situation.
Plusieurs questions, en rapport avec le texte, sont proposées. Il s'agit de dire, pour chacune des questions, si :
- la réponse est dans le texte ;
- on trouve la réponse en faisant un calcul ;
- on ne peut pas répondre.

ÉTAPE 2 : TRAVAIL INDIVIDUEL ET MISE EN COMMUN

L'enseignant distribue le tableau suivant (format A5) ainsi qu'une feuille de brouillon à tous les élèves (cf. Annexe 5 p. 82 et CD).

	Je peux répondre : la réponse est dans le texte	Je peux répondre en faisant un calcul	Je ne peux pas répondre
À quelle heure prennent-ils le car ?			
Combien y a-t-il de personnes dans le zoo ?			
Combien le maitre a-t-il dépensé pour le gouter ?			

Le travail après la première question est suivi d'une mise en commun, puis les élèves résolvent les deux suivantes.

ÉTAPE 3 : REPRISE INDIVIDUELLE

Une autre série de questions (cf. Annexe 6 p. 83 et CD), à propos du même texte, est proposée pour une recherche individuelle.

	Je peux répondre : la réponse est dans le texte	Je peux répondre en faisant un calcul	Je ne peux pas répondre
Combien le maitre va-t-il payer les entrées ?			
Combien y a-t-il d'élèves dans le zoo ?			
Quel est le prix des bonbons ?			
Le zoo est-il ouvert le samedi ?			

Justification des réponses

Le choix de la catégorie doit être justifié :
- lorsque la réponse est dans le texte, elle est repérée, voire soulignée ;
- lorsque la réponse nécessite un calcul, celui-ci n'est pas fait à ce moment, mais les données figurant dans le texte et nécessaires pour ce calcul sont identifiées.

Différenciation

Pour les élèves ayant fini rapidement ce travail, on pourra demander :
- soit de produire d'autres questions et de les trier selon les trois catégories ;
- soit de chercher les réponses aux questions nécessitant des calculs.

Annexe 5 QUESTIONS POUR LE ZOO
(MATÉRIEL POUR 4 ÉLÈVES - ÉTAPE 2)

	Je peux répondre : la réponse est dans le texte	Je peux répondre en faisant un calcul	Je ne peux pas répondre
À quelle heure prennent-ils le car ?			
Combien y a-t-il de personnes dans le zoo ?			
Combien le maitre a-t-il dépensé pour le gouter ?			

	Je peux répondre : la réponse est dans le texte	Je peux répondre en faisant un calcul	Je ne peux pas répondre
À quelle heure prennent-ils le car ?			
Combien y a-t-il de personnes dans le zoo ?			
Combien le maitre a-t-il dépensé pour le gouter ?			

	Je peux répondre : la réponse est dans le texte	Je peux répondre en faisant un calcul	Je ne peux pas répondre
À quelle heure prennent-ils le car ?			
Combien y a-t-il de personnes dans le zoo ?			
Combien le maitre a-t-il dépensé pour le gouter ?			

	Je peux répondre : la réponse est dans le texte	Je peux répondre en faisant un calcul	Je ne peux pas répondre
À quelle heure prennent-ils le car ?			
Combien y a-t-il de personnes dans le zoo ?			
Combien le maitre a-t-il dépensé pour le gouter ?			

Annexe 6

QUESTIONS POUR LE ZOO
(MATÉRIEL POUR 4 ÉLÈVES - ÉTAPE 3)

	Je peux répondre : la réponse est dans le texte	Je peux répondre en faisant un calcul	Je ne peux pas répondre
Combien le maitre va-t-il payer les entrées ?			
Combien y a-t-il d'élèves dans le zoo ?			
Quel est le prix des bonbons ?			
Le zoo est-il ouvert le samedi ?			

	Je peux répondre : la réponse est dans le texte	Je peux répondre en faisant un calcul	Je ne peux pas répondre
Combien le maitre va-t-il payer les entrées ?			
Combien y a-t-il d'élèves dans le zoo ?			
Quel est le prix des bonbons ?			
Le zoo est-il ouvert le samedi ?			

	Je peux répondre : la réponse est dans le texte	Je peux répondre en faisant un calcul	Je ne peux pas répondre
Combien le maitre va-t-il payer les entrées ?			
Combien y a-t-il d'élèves dans le zoo ?			
Quel est le prix des bonbons ?			
Le zoo est-il ouvert le samedi ?			

	Je peux répondre : la réponse est dans le texte	Je peux répondre en faisant un calcul	Je ne peux pas répondre
Combien le maitre va-t-il payer les entrées ?			
Combien y a-t-il d'élèves dans le zoo ?			
Quel est le prix des bonbons ?			
Le zoo est-il ouvert le samedi ?			

L'APPROCHE DES ÉNONCÉS DE PROBLÈMES

DES APPROCHES DIVERSES

L'objet « problème à énoncé » est considéré pour l'enseignement des mathématiques comme une de ses difficultés. Nous présentons dans l'éclairage « Apprendre à chercher au CE1 » (p. 95) une analyse des différents types de problème. De nombreuses recherches ont été effectuées sur ce sujet dans plusieurs disciplines. Elles ne fournissent pas de modèle global permettant de justifier une progression sur l'apprentissage à la résolution de problèmes. Toutefois, plusieurs d'entre elles mettent en évidence que « comprendre un problème consiste à **formuler des hypothèses concernant des relations possibles** et à les confirmer ou les infirmer grâce aux informations contenues dans le texte au fur et à mesure de sa lecture »[5], contrairement à l'idée, souvent partagée, que l'élève sélectionnerait d'abord les informations, puis déciderait du choix de la méthode de résolution, et enfin exécuterait les calculs.

DES POTENTIALITÉS EN CONSTRUCTION

Les élèves résolvent des problèmes proposés par des énoncés écrits depuis le CP. Mais ils n'ont pas eu à s'interroger sur les composantes de ces énoncés. L'énoncé de problème n'était pas encore un objet d'étude. En effet, si la situation essentielle LA RENTRÉE (période 1) permet de faire la distinction entre des informations données pour un texte et celles issues du propre vécu de l'élève (le problème porte non sur sa classe, mais sur celle évoquée dans le texte), cette distinction relève davantage du statut de l'écrit et n'est pas spécifique aux mathématiques. De plus, les finalités mathématiques de cette situation (comprendre ce qu'est une distribution, produire des essais sur un brouillon) ne sont pas dues au fait que l'énoncé soit écrit.

Au CP, la progression pour la communication des problèmes que nous proposons est déterminée par les capacités de lecture des élèves : les informations sont d'abord fournies à l'oral, puis présentées sous forme d'images ou de textes courts. Ces différentes activités ont établi un lien entre d'une part la présentation de données et de questions sous une forme écrite, et d'autre part la production d'un calcul pour y répondre. De plus, l'objectif de ces problèmes est l'amélioration des procédures de calcul additif, ou relatives à la numération ; les relations entre données et questions dans un énoncé ne sont pas des objets d'étude.

Mais, tout au long de l'école primaire, de nouvelles exigences vont apparaitre :

- ✔ Les apprentissages numériques vont porter sur de nouveaux savoirs qui nécessitent eux aussi le recours à des énoncés.
- ✔ La réutilisation des connaissances dans des nouveaux contextes, scolaires ou non, suppose d'adapter des procédures connues.
- ✔ En fin d'école primaire, l'élève doit pouvoir expliciter un enchainement d'étapes de résolution sollicitant des connaissances maitrisées.

NOS CHOIX

En premier lieu, nous pensons que la capacité de l'élève à **produire des procédures aboutissant à un résultat**, et surtout à **les interpréter** et à **les contrôler**, est indispensable. Cela est valorisé dans l'ensemble des problèmes rencontrés jusqu'à la situation JULIE VA AU CENTRE COMMERCIAL et constitue une condition nécessaire. Ensuite, nous partons des connaissances mathématiques des élèves pour développer une première approche des énoncés. Dans cette situation, plus que la production de questions, c'est leur analyse, par les élèves, pour déterminer si l'on peut répondre par un calcul, qui constitue pour eux une nouveauté. Ces critiques locales vont permettre d'émettre des critères généraux. Ils portent sur la variété des formes d'énonciation des questions, sur l'adéquation des questions, sur la nature du traitement mathématique. Si cette association entre production de questions et critique de questions n'est pas spécifique aux mathématiques, le critère d'une **réponse nécessitant un calcul** l'est à ce niveau.

Dans cette situation, plutôt que de traiter simplement un énoncé pour résoudre le problème, les élèves vont en être à la fois les producteurs et les critiques. Le calcul devient un critère de jugement de la question produite (*« Si je peux répondre à cette question sans faire de calcul, je ne la retiens pas. »*), alors qu'auparavant le calcul était principalement un moyen de répondre à une question. Pour nous, l'énoncé n'est pas un objet littéraire importé indépendamment des mathématiques qu'il permet de produire.

---

5. Porcheron J.-L. *Production d'inférence dans la résolution de problèmes additifs* (thèse sous la direction de J.-F. Richard), 1998.

AUTONOMIE DES ÉLÈVES ET TECHNOLOGIES

Certaines activités d'accompagnement peuvent comporter une part de répétition. Elles doivent permettre à l'élève de savoir rapidement s'il a réussi ou non. Les outils numériques sont bien adaptés pour ces deux dimensions. Par outils numériques, nous entendons notamment : les tablettes numériques, les tableaux numériques interactifs (TNI), les ordinateurs (que ce soit en salle informatique dédiée, en salle mobile d'ordinateurs portables ou en ilots de quelques ordinateurs).

COMMENT LES OUTILS NUMÉRIQUES PERMETTENT-ILS DE L'AUTONOMIE ?

L'utilisation d'outils numériques permet un niveau important d'autonomie car ils peuvent :

- ✔ organiser le parcours de l'élève entre les différentes activités ;
- ✔ donner la consigne, sous forme orale, si nécessaire ;
- ✔ renvoyer une rétroaction immédiate du type « réussi / non réussi » ;
- ✔ renvoyer des aides en fonction des erreurs des élèves (« feedbacks »).

Cela aide l'enseignant à mettre un groupe d'élèves en travail autonome.

L'exemple d'un usage d'un TNI et de tablettes

Un groupe de 4 élèves va travailler sur le TNI. L'enseignant prépare à l'avance plusieurs pages de TNI (paperboard) avec des problèmes écrits de la situation LES CUBES (cf. p. 92), comme :

47	33
47 + 33 = 80	

Il place un cache déplaçable sur la donnée à trouver comme par exemple :

47	33
[cache]	

47	[cache]
80	

Le groupe de 4 doit se mettre d'accord sur une réponse et l'inscrire au tableau. Ils déplacent ensuite le cache pour vérifier la solution et notent le score après une série d'exercices (correspondant à un « essai » sur la feuille de route – voir plus loin).
Pour des groupes plus faibles, l'enseignant pourra, à la place des nombres, mettre des images de cubes (groupements de 10 et cubes isolés).

Pendant ce temps, un groupe de 12 élèves travaille individuellement sur une classe mobile de tablettes. Ils utilisent l'application **TinyTap** sur le même type d'exercice et note le score donné par la tablette à la fin de chaque jeu.

Enfin, un groupe de 8 élèves travaille avec l'enseignant sur le jeu réel. C'est l'occasion de faire expliciter, reformuler les stratégies en petits groupes.

Quelle préparation de cette autonomie ?

Quelle que soit la configuration de la classe, trois éléments sont à anticiper :

- ✔ préparer le parcours de chaque élève ;
- ✔ définir les critères de réussite des activités ;
- ✔ organiser le recueil des informations sur l'activité de l'élève.

Certains logiciels permettent de créer des « parcours » : c'est par exemple le module « course » de l'application **TinyTap** (cf. CD). De façon indépendante des outils numériques utilisés, l'enseignant peut créer une feuille de route « papier ». L'enseignant écrit la suite des exercices que l'élève doit faire (et des outils) et prévoit une zone pour que l'élève indique son score (voir exemple ci-dessous). Cet enchainement, qu'il soit géré informatiquement ou pas, peut être différent selon les élèves.

Nom :	FEUILLE DE ROUTE	
Logiciel	**Activité**	**Score**
Tablette : TinyTap	CUBES 1 Seuil : 80 %	Essai 1 : ....
		Essai 2 : ....
		Essai 3 : ....
	CUBES 2 Seuil : 70 %	Essai 1 : ....
		Essai 2 : ....
		Essai 3 : ....
	CUBES 3 Seuil : 90 %	Essai 1 : ....
		Essai 2 : ....
		Essai 3 : ....

L'enseignant indique également à l'élève à quel seuil de réussite il peut passer d'une activité à l'autre (nombre d'items réussis sur un contingent donné).
Par exemple, il faut 80 % sur l'application **TinyTap** pour passer de l'activité CUBES 1 à CUBES 2. Si l'élève atteint les 80 % au premier essai, il passe à l'activité suivante (CUBES 2). Sinon, il fait un nouvel essai. Là encore, certains outils numériques

permettent de programmer ce seuil de passage de façon automatique.

Le nombre de cases « essai » de la feuille de route correspond au nombre maximum d'essais qu'un élève peut faire. Ici, après 3 essais, il passe à l'activité suivante, quel que soit son score. Nous considérons en effet que si l'élève ne réussit pas en 3 essais, c'est sans doute qu'il n'est pas prêt pour cette activité ; il est donc inutile de la répéter. L'enseignant devra alors mettre en place un travail spécifique pour l'aider.

Conserver la trace du travail de l'élève peut se faire grâce aux feuilles de route ou au logiciel lui-même. Cette trace est un outil tant pour l'enseignant que pour l'élève.

QUELS OUTILS ?

De nombreux logiciels d'entrainement existent et l'offre est en perpétuelle évolution. Les enseignants peuvent les trouver dans des bases d'exercices en ligne (BEL), sur des sites web, ou bien ils peuvent utiliser des générateurs d'exercices (parfois appelés « exerciciels » ou « exerciseurs ») permettant de créer rapidement leurs propres outils (Wims, par exemple).

Nous avons fait le choix de développer des exercices en utilisant la plateforme **TinyTap** (www.tinytap.it), qui permet de créer ou d'utiliser des exercices d'entrainement pour les élèves.
Cet outil est bien adapté à un usage sur tablette.
Les enseignants trouveront des liens sur le CD joint ou en recherchant ERMEL sur la plateforme **TinyTap**.

Même si l'offre est importante, il est parfois difficile de trouver exactement l'outil adapté à sa classe, au contexte que l'enseignant a choisi, avec les nombres voulus. Il peut donc être utile de produire ses propres exercices et de les partager.

Là encore, **TinyTap** permet de concevoir des exercices très rapidement. Un mode d'emploi pas à pas plus complet est proposé sur le CD.

POUR LA PÉRIODE

Les activités d'accompagnement de la période 2 s'organisent autour des trois activités décrites ci-dessous : LA CIBLE DES DIZAINES, LE JEU DES 4 CHIFFRES et LES CUBES (une par quinzaine). De plus, elles intègrent la reprise, sur des temps courts, d'activités présentées en période 1 pour renforcer la connaissance écrite et orale de la suite des nombres ou le répertoire additif et soustractif.

OBJECTIF

Calculer avec les dizaines (Quinzaine 4)

LA CIBLE DES DIZAINES (cf. ERMEL CE1 p. 200 et 202)

Ce problème vise à rendre disponibles, au début du CE1, des procédures utilisant les dizaines entières dans les calculs additifs. En effet, la connaissance de résultats mémorisés pour l'addition ne garantit pas le recours à des procédures de calcul efficaces. Quatre niveaux de procédures sont, en général, produits par les élèves :

1. *surcomptage sur les unités ; pour calculer une somme comme 40 + 30, certains élèves continuent de surcompter à partir de 40 :* « 41, 42… », *avec ce que cela peut comporter de risques d'erreurs ;*
2. *surcomptage sur les dizaines ; pour 40 + 30 :* « 40, 50, 60, 70 », *exprimé parfois sous la forme* « 40 et 10, 50 ; etc. »*) ;*
3. *calcul avec recours à des résultats mémorisés sur les dizaines ; pour 40 + 30 :* « 30 et 30, 60 ; et 10, 70 » *; l'élève se réfère alors à* « 30 et 30, 60 » *et non à* « 3 et 3, 6 » *;*
4. *utilisation pour les dizaines de résultats mémorisés sur les unités ; pour 40 + 30 :* « 3 et 3, 6 ; et 1, 7 ; ça fait 70 » *ou bien* « 3 et 4, 7… »

Le premier but de l'activité est de faire accéder les élèves au moins aux procédures de niveau 2 ; cela leur sera nécessaire pour résoudre les problèmes posés dans la situation essentielle de la quinzaine suivante (SUR LA PISTE). Le second est d'étendre aux dizaines les résultats mémorisés sur les unités.

Présentation de la situation

Un nombre-cible **multiple de 10** est affiché au tableau.
Des cartes sur lesquelles figurent des nombres multiples de 10 sont placées en dessous. Chaque élève choisit exactement 3 cartes, qu'il faut ajouter pour atteindre exactement le nombre-cible.

Matériel

- Un jeu de cartes format A5 (trois cartes de chaque valeur de 10 à 110 – cf. CD) ; les nombres correspondant peuvent cependant être simplement écrits au tableau.
- Un papier et un stylo par élève pour écrire les essais – sans les effacer.
- Les calculettes ne sont pas autorisées (sauf pour une vérification sous le contrôle de l'enseignant lors des mises en commun).

ÉTAPE 1 : PRÉSENTATION COLLECTIVE

Trois élèves effectuent une partie devant la classe qui aura la charge de valider.

Consigne

L'enseignant écrit au tableau la cible (110) et en dessous affiche les cartes (3 cartes par valeur de 10 à 70).

Puis il précise la règle : « *Parmi ces cartes, vous allez choisir 3 cartes exactement. En les ajoutant, il faut atteindre le nombre-cible. Pour la première partie, trois élèves vont venir jouer au tableau. Les autres, vous suivez bien car vous devrez dire si les trois cartes qu'ils ont choisies permettent bien d'atteindre la cible.* »
On détermine simplement si la cible est atteinte par ces trois élèves, sans autre explication.

ÉTAPE 2 : RECHERCHE PAR GROUPES

Un nouveau nombre est proposé (140), avec 3 cartes par valeur de 10 à 70 et une de chaque de 80 à 110.
Les élèves sont répartis en groupes hétérogènes de 3 ou 4 élèves avec une feuille de travail par groupe (cf. CD).

ÉTAPE 3 : MISE EN COMMUN

Chaque groupe énonce sa solution. Elle est écrite au tableau par l'enseignant. Puis il demande à la classe de regarder, pour chacune des productions, si les contraintes (3 cartes et un total de 140) sont respectées.

Les groupes étant hétérogènes, l'enseignant peut solliciter les élèves qui ont des procédures moins efficaces (ceux qui surcomptent de 1 en 1), pour leur faire prendre conscience de l'efficacité du recours aux résultats mémorisés sur les dizaines ou au surcomptage de 10 en 10.

Cette mise en commun permet de dresser la liste des procédures de résolution. Quelques exemples :

- « *On sait que 70 et 70 ça fait 140. On a pris 70 et on a cherché à faire 70 avec les deux autres cartes.* » (L'enseignant peut alors écrire au tableau : « *70 + 70 = 140 ; 30 + 40 = 70 ; 70 + 30 + 40 = 140* »)
- « *On a pris d'abord 110 car c'est un grand nombre. Puis 10, car on sait que 110 et 10 ça fait 120. Il ne reste plus qu'à prendre 20, parce que 20 et 20 ça fait 40.* »
- « *On a pris d'abord 10. Il nous fallait 130 avec deux cartes. On a essayé 40 et 50, c'était trop petit. Alors on a pris 60 et 70 ; comme 6 et 7 ça fait 13, on avait bien 130.* »

Ces procédures font appel à des résultats mémorisés sur les doubles, sur les dizaines, ou sur les unités, réutilisés pour les dizaines. D'autres surcomptent de 10 en 10.

À la fin de la mise en commun, l'enseignant peut conclure en synthétisant la diversité des procédures s'appuyant sur les dizaines.

ÉTAPE 4 : REPRISE

Cette activité peut être reprise avec le même déroulement, les valeurs des cartes étant écrites au tableau :

- ✔ avec comme cible 70, et les cartes 10, 10, 20, 20, 30, 30, 40, 40, 50, 50, 60 ;
- ✔ avec comme cible 150, et les cartes 10, 20, 20, 30, 30, 40, 40, 50, 50, 50, 60, 60, 70, 70, 80, 90, 110.

La variété des réponses pour une même cible est mise en évidence par l'enseignant mais, au CE1, on ne cherche pas à faire produire toutes les réponses possibles.

ÉTAPE 5 : EXERCICES INDIVIDUELS (cf. CD)

1. Entoure les trois cartes que tu peux choisir pour atteindre la cible.

Cible	Cartes disponibles	Écris tes calculs
120	10 20 30 40 50 70	
60	10 20 20 20 30 50	
100	10 20 30 40 50 70	
150	20 30 40 60 70 80	

2 Choisis la troisième carte parmi les cartes disponibles.

Cible	1re carte	2e carte	Cartes disponibles
50	10	20	10 20 30 30
90	10	40	20 30 30 40
110	10	40	10 40 50 60
180	100	10	40 50 60 70
120	60	40	10 20 40 60
150	100	10	10 30 40 50

Dans ces parties simulées, l'enseignant peut prendre de l'information sur l'évolution des procédures de chacun de ses élèves.

OBJECTIF
Comparer des grands nombres (Quinzaine 5)

Le jeu des 4 chiffres (cf. ERMEL CE1 p. 200 et 202)

Dans cette situation, chaque élève doit trouver plusieurs nombres qu'il est possible d'écrire en utilisant 4 chiffres donnés. Ces nombres sont ensuite comparés entre eux. L'enjeu de la situation est d'amener les élèves à comprendre que, selon son rang, la valeur d'un chiffre dans l'écriture décimale change.

Matériel
- Un lot de 10 cartons avec les chiffres de 0 à 9 (cf. CD).

ÉTAPE 1 : RECHERCHE DE NOMBRES COMPOSÉS AVEC 4 CHIFFRES

L'enseignant tire 4 cartons, les affiche au tableau. Ils ne sont pas disposés de façon à constituer un nombre.
Nous prendrons l'exemple : 7, 8, 1, 5

Consigne

« J'ai tiré quatre chiffres au hasard. Avec, vous pouvez écrire des nombres à quatre chiffres. Essayez d'en trouver le plus possible de différents. Vous pouvez écrire des nombres que vous ne savez pas encore lire. Écrivez-les sur votre cahier (ou sur une feuille). »

Choix des nombres
- Puisqu'il n'y a que 10 cartons, il n'est pas possible de tirer deux fois le même chiffre.
- Le zéro est présent mais **l'enseignant ne le retiendra pas dans les premiers tirages.**
- Écrire des nombres à 4 chiffres à partir d'un tirage permet de réfléchir sur la numération, mais la recherche de tous les nombres à 4 chiffres que l'on peut écrire avec un tirage n'est pas l'objet du travail.

Recherche individuelle

Laisser suffisamment de temps pour que tous les élèves puissent s'approprier le problème et trouver plusieurs solutions. Quand ils ont trouvé une dizaine de solutions, l'enseignant organise la mise en commun.

Aides
Pour que certains élèves s'approprient les contraintes, l'enseignant peut faire une pause pendant la recherche (cf. « Des choix de l'enseignant pour relancer la recherche » p. 16). Un élève vient alors proposer un exemple en utilisant les étiquettes du tableau.
Si un élève ne sait pas dire le nombre, il peut alors dire comment il s'écrit. C'est un moment où l'enseignant prend de l'information sur les capacités des élèves.

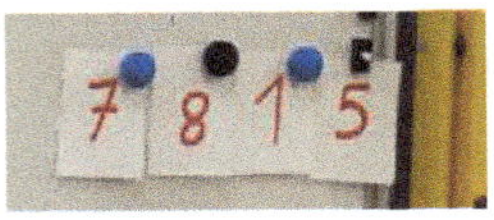

Mise en commun (vérification du respect des contraintes)

L'enseignant sollicite un premier élève, plutôt parmi ceux qui ont eu des difficultés : *« Donne-nous un nombre que tu as trouvé. »*. L'élève vient former le nombre avec les étiquettes : 5 781 dans notre exemple. On vérifie qu'il correspond bien au critère « écrire avec les quatre chiffres tirés ».

ÉTAPE 2 : COMPARAISON DE NOMBRES À 4 CHIFFRES

Avant 999, les élèves peuvent utiliser des outils de comparaison qui s'appuient, implicitement ou explicitement, sur l'ordre des nombres.
Par exemple : *« 534, quand je compte, il vient après 354. »*, ou *« 354, 454, 464, 474… 534, c'est bien après parce que je peux compter. »*
Au-delà de 1 000, les stratégies s'appuyant sur la numération et le retour aux unités, dizaines, centaines, milliers, deviennent plus efficaces.

Consigne

« Est-ce qu'un élève a trouvé un nombre plus grand que 5 781 ? »

Les élèves font des propositions correctes (par exemple : 7 851, 8 751), mais aussi incorrectes (comme 5 187) qui peuvent être refusées par la classe, d'emblée ou non.

L'enseignant choisit un nombre qui fait consensus pour être plus grand que 5 781, par exemple 7 851 : *« Comment savez-vous que 7 851 est plus grand que 5 781 ? Écrivez pourquoi vous savez qu'il est plus grand sur votre feuille. »*

Il est intéressant de ne pas prendre le plus grand de la liste mais un nombre dans le millier juste supérieur au premier nombre (commençant donc par 7 dans notre exemple). En effet, quand nous demanderons d'intercaler un nombre entre 5 781 et 7 851, les élèves ne pourront pas choisir un nombre qui commence par 6.

Recherche individuelle et mise en commun

Quand tous les élèves ont produit individuellement une explication, celles-ci sont examinées collectivement.

Il n'est pas possible d'examiner successivement 25 productions individuelles. L'enseignant circule pendant la phase de recherche de façon à sélectionner 4 ou 5 productions à la fois significatives, c'est-à-dire qui existent en plusieurs exemplaires, mais aussi intéressantes pour la discussion car erronées. Il interroge alors les élèves qu'il a repérés en commençant par les productions erronées.
Exemples de productions choisies dans l'ordre de passage :

- Élève 1 : *« Je regarde les derniers [chiffres], si ça se termine par un 51 c'est plus petit que celui qui se termine par 81. »*
- Élève 2 : *« Celui que j'ai choisi, il est plus grand que cinq-mille-sept-cent-quatre-vingt-un. »*
- Élève 3 : *« 8 788, parce que 5 787 est plus moins que 8 785. »*
- Élève 4 : *« 7 851, parce que le sept est plus grand que le cinq. »*

La production de l'élève 1 montre qu'il ne se focalise que sur les deux derniers chiffres pour déterminer l'ordre, sans s'occuper des centaines et des milliers.
Les productions des élèves 2 et 3 ne donnent pas d'argument et l'élève 3 ne respecte pas la consigne.
Dans sa production, l'élève 4 dit que c'est le chiffre des milliers qui est déterminant.
Les arguments développés dans la mise en commun par les élèves risquent de ne pas convaincre l'élève 1. L'enseignant pourra alors reprendre le matériel FOURMILLIONS pour qu'il prenne conscience de son erreur. Ce type de matériel peut être évoqué par les élèves dans leurs arguments.

Au tableau, on note l'idée qu'il faut regarder le chiffre des milliers pour comparer deux nombres à 4 chiffres (par exemple en soulignant ce chiffre dans les deux nombres ; on évitera d'utiliser le formalisme des signes < et >).

ÉTAPE 3 : INTERCALER UN NOMBRE

Consigne

« Maintenant il faut trouver un nombre entre 5 781 et 7 851, toujours avec ces quatre chiffres, et expliquer pourquoi il est plus petit que 7 851 et plus grand que 5 781. »

Recherche individuelle

Pour les élèves, « entre » signifie souvent « au milieu ». En conséquence, l'absence de 6 dans le tirage peut les gêner et les bloquer. Un temps collectif permet de les relancer.

Éleve A : *« Ça commence par un 6, parce que 6 c'est au milieu de 5 et 7. »*

Éleve B : *« On n'a pas le 6. Il faudrait faire 6… »*

Enseignant : *« Non, on n'a pas le 6, mais on peut quand même trouver un nombre entre. »*

Éleve C : *« S'il commence par un 7, on peut mettre un 5 après. »*

L'enseignant écrit *« 7… »* et les élèves repartent dans la recherche.

Mise en commun et trace écrite

Les élèves trouvent des nombres comme 7 815, mais aussi 5 871 ou 5 817.
L'enseignant note les arguments qui constituent, avec la photo du tableau (voir ci-contre) la trace écrite :

- ✔ *« 7 851 est plus grand que 5 781 parce qu'il commence par un 7. Il a 7 milliers alors que 5 781 n'a que 5 milliers. »*
- ✔ *« 5 871 est plus grand que 5 781. Ils commencent tous les deux par un 5, ils ont 5 milliers, mais 5 871 a 8 centaines et 5 781 n'a que 7 centaines. »*

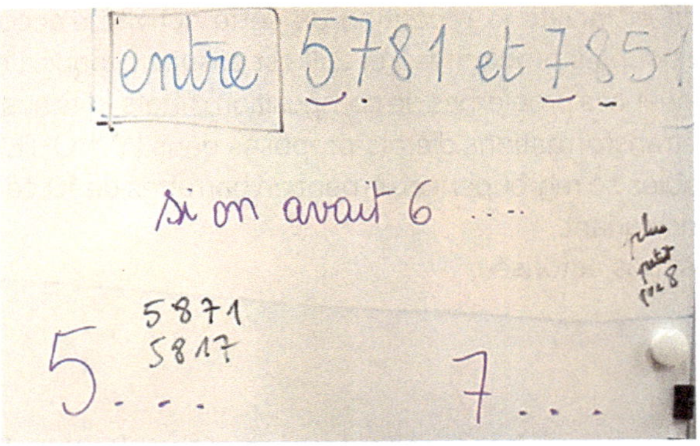

ÉTAPE 4 : REPRISES ET EXERCICES ÉCRITS

L'activité est reprise avec d'autres tirages, incluant cette fois le zéro.

Le tirage du zéro amène les élèves à échanger sur les écritures conventionnelles, notamment le fait que l'on n'écrive pas « 0 158 », mais « 158 », qui n'est pas un nombre à 4 chiffres.

Les exercices écrits peuvent porter sur :
- compléter une liste ;
- corriger une liste (cf. exercice 1) ;
- trouver un nombre plus grand, plus petit ;
- intercaler un nombre (cf. étape 3) ;
- ordonner une liste (cf. exercice 2).

Exercices écrits individuels à partir de tirages donnés

Exemples :

1. *« Avec 1, 9, 8 et 2, Adam a trouvé : 1 298, 2 199, 9 288, 1 111 et 219. Entoure les erreurs. »*
2. *« Avec 5, 6, 9 et 4, Sonia a trouvé les nombres suivants, qu'elle a rangés du plus petit au plus grand : 4 569, 4 596, 5 946, 5 964, 5 694, 9 645, 9 564. Entoure les nombres qui ne sont pas à leur place et indique par une flèche leur place correcte. »*

OBJECTIF

Résoudre des problèmes de composition d'états (Quinzaine 6)

LES CUBES

Cette activité propose des problèmes additifs/soustractifs de composition d'états (deux ou plusieurs parties composent un tout). Elle vise à faire percevoir aux élèves la diversité des procédures dont ils disposent désormais et leur capacité à choisir la plus adaptée au problème en fonction des données et de la question posée.

Dispositif et types de problèmes

L'enseignant dispose de deux boites de couleurs différentes et d'un sac contenant environ 150 cubes emboitables qu'il montre aux élèves en barrettes de 10. Il prend des cubes dans le sac, les répartit dans les deux boites, et pose deux types de problèmes :

- ✔ problème « e e E » (recherche du tout) : le nombre d'éléments de chaque partie est connu ; on cherche le nombre d'éléments du tout → *« J'ai mis N cubes dans la boite bleue et P cubes dans la boite rouge. Combien de cubes ai-je pris dans le sac ? »*
- ✔ problème « e E e » (recherche d'une partie) : le nombre d'éléments d'une partie et celui du tout sont connus ; on cherche le nombre d'éléments de l'autre partie → *« J'ai pris T cubes dans le sac ; j'en ai mis N dans la boite bleue et les autres dans la boite rouge. Combien en ai-je mis dans la boite rouge ? »*

Choix et utilisation du matériel

L'utilisation collective d'un matériel support des problèmes permet une appropriation rapide du dispositif et facilite la répétition de cette activité d'accompagnement. Le matériel est utilisé pour les problèmes 1 et 2. Il est ensuite évoqué. Le travail avec deux boites aide à distinguer ces problèmes de composition d'états (dits aussi « parties/tout ») des problèmes de transformations d'états proposés dans LA BOITE JAUNE.
Les cubes emboitables se regroupent aisément en barrettes de 10, ce qui facilite la mise en œuvre pour l'enseignant.
La calculatrice n'est pas autorisée.

PROBLÈME 1 : *« 47 + 33 = ? »*

Consigne

L'enseignant prend des cubes dans le sac et les répartit dans les deux boites sans que les élèves puissent voir les manipulations. Il précise oralement : *« J'ai mis 47 cubes dans la boite bleue et 33 cubes dans la boite rouge. Combien de cubes ai-je pris dans le sac ? »*
Il écrit les données au tableau ou sur une affiche :

47	33
?	

Recherche individuelle

Les élèves cherchent individuellement au brouillon.
Pendant ce temps, l'enseignant observe les procédures employées par les élèves et repère les erreurs afin d'anticiper la conduite de la mise en commun.

Procédures possibles :
- surcomptage des dizaines puis des unités : *« 47 ; 57 ; 67 ; 77 ; 78 ; 79 ; 80 »* ;
- dessin des deux collections sous forme de barrettes de 10 cubes et de cubes isolés, puis groupements des cubes isolés et comptage de 10 en 10 ;
- calcul mental avec les dizaines : *« 40 + 30 + (7 + 3) » ou « 40 + (7 + 3) + 30 »* (les nombres 47 et 33 ont été choisis de façon à favoriser ces procédures mentales de calcul) ;
- réponse *« 47 + 33 = 80 »* (appui sur des résultats mémorisés ou calcul mental sans explication) ;
- addition posée 47 + 33 ;
- utilisation d'une droite numérique pour illustrer un surcomptage de 33 à partir de 47.

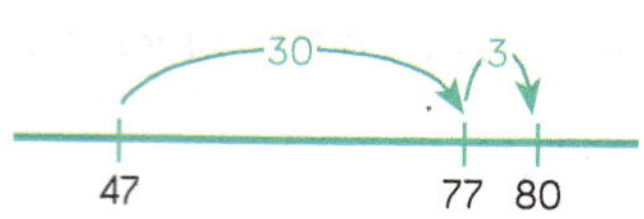

Mise en commun

L'enseignant procède ensuite à un recensement de toutes les réponses puis sollicite des élèves pour venir exposer leur méthode. Les propositions sont analysées collectivement au fur et à mesure.
Il s'assure que les différentes procédures utilisées par les élèves ont pu être explicitées.

Quand la somme des deux nombres donnés est identifiée par tous comme solution au problème, l'enseignant propose de vérifier son résultat à la calculatrice et complète le tableau :

47	33
47 + 33 = 80	

Validation pratique éventuelle
L'utilisation du matériel peut conduire certains élèves à désirer une validation pratique. On la réalisera alors rapidement. Cependant, on peut considérer que, sur ce problème de recherche du tout connaissant les deux parties, elle n'est plus nécessaire à cette époque de l'année.

PROBLÈME 2 : « *42 + ? = 62* »

L'enseignant procède de la même façon avec le problème « *J'ai pris 62 cubes dans le sac ; j'en ai mis 42 dans la boite bleue et les autres dans la boite rouge. Combien en ai-je mis dans la boite rouge ?* »

42	?
62	

La calculatrice n'est pas disponible pendant le temps de recherche de façon à favoriser le recours aux procédures mentales.

Procédures possibles :
- les nombres sont choisis pour favoriser deux procédures mentales :
  - l'utilisation d'un résultat mémorisé sur les dizaines ;
  - le surcomptage rapide de 10 en 10 de 42 à 62 ;
- réponse « *62 – 42 = 20* » avec décomptage sur les dizaines ;
- utilisation d'une droite numérique pour illustrer « *de 42 pour aller à 62* » ;

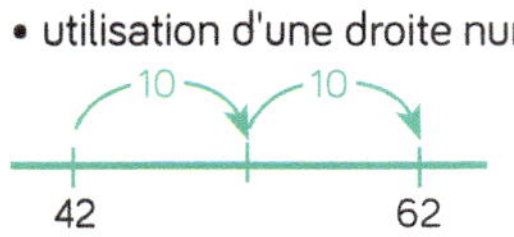

- addition posée 42 + 62 = 104 avec réponse 104.

Dans la mise en commun, l'enseignant veillera à ce que chacun distingue ce problème du précédent.
La formulation « *de 42 pour aller à 62, il y a 20* », déjà utilisée dans de nombreuses activités (cible des dizaines, droite numérique, cartes recto-verso, etc.) sera mise en évidence oralement ou écrite à côté de l'affiche.

42	20
62	

Si des élèves proposent l'écriture soustractive « 62 – 42 = 20 », on pourra la retenir mais ce n'est pas un objectif de l'activité.

Validation pratique éventuelle
Pour ce problème de recherche d'une partie connaissant le tout et l'autre partie, des élèves peuvent rencontrer des difficultés pour comprendre des procédures de type « soustraction ». Une validation pratique peut les y aider. Elle peut ainsi approcher l'équivalence entre « de 42 pour aller à 62 » et « 62 – 42 », si cela apparait.

PÉRIODE 2 - Accompagnement

PROBLÈME 3 : « *? + 29 = 65* »

« J'ai pris 65 cubes dans le sac ; j'en ai mis 29 dans la boite rouge et les autres dans la boite bleue. Combien en ai-je mis dans la boite bleue ? »

Procédures possibles :
- dessin de 29 cubes (2 barrettes de 10 et 9 cubes isolés), puis de barrettes de 10 et de cubes isolés avec surcomptage des dizaines puis des unités jusqu'à 65 ; réponse par comptage du complément ;
- approche de 65 par surcomptage sur les dizaines ou additions successives depuis 29, comme « *29 + 20 = 49 ; 49 + 10 = 59 ; 59 + 6 = 65* », en s'appuyant ou non sur une droite numérique ;
- addition à trous posée avec réponse exacte ou non ;
- soustraction posée 65 – 29 avec réponse exacte ou non, ou soustraction erronée posée 29 – 65.

REPRISES

Le dispositif et les deux types de problèmes pourront être repris les jours suivants. Les nombres seront choisis de façon à favoriser :

- ✔ soit les procédures mentales et l'utilisation de résultats mémorisés (exemples : « *28 + 21 = ?* », « *36 + 40 = ?* », « *22 + ? = 36* », « *? + 12 = 42* ») ;
- ✔ soit l'utilisation d'une addition posée (exemples : « *47 + 26 = ?* », « *42 + 65 = ?* »).

OBJECTIF

Structurer la numération écrite (en continuité de la période 1)

- ✔ Placer des nombres sur la droite numérique (cf. p. 50-52)
- ✔ Reprises présentées dans LES TIMBRES (cf. p. 63)
- ✔ Jeux du type LE JEU DU FURET (cf. p. 48)

OBJECTIF

Mémoriser les résultats positifs (en continuité de la période 1)

- ✔ LA TABLE D'ADDITIONS (cf. p. 54-55 et CD)
- ✔ LES CARTES RECTO-VERSO (cf. p. 53 et CD)

Période 2	S'entrainer à la reconstruction rapide de résultats lorsqu'on ajoute ou retranche un nombre inférieur à 10 à un multiple de 10.	« 50 + 4 », « 60 + 8 », « 90 + 6 », « 10 - 6 », « 40 - 4 », « 90 – 1 ».

APPRENDRE À CHERCHER AU CE1

La résolution de problèmes est une activité essentielle dans tous les domaines des mathématiques. Elle constitue aussi une des principales difficultés de l'enseignement des mathématiques au primaire.

Au CE1, les mathématiques vont apparaitre avec de nouvelles dimensions :

- ✔ **le développement du calcul** : celui des procédures de calcul mental, la maitrise de l'addition, l'approche de nouvelles opérations (soustraction et multiplication) ;
- ✔ **le recours croissant à l'écrit**, tant comme support de ces différents calculs que pour interpréter, produire ou communiquer des données, des méthodes ou des résultats, mais aussi pour quantifier des collections par des écritures numériques graduellement moins liées aux représentations imagées ;
- ✔ **l'autonomie plus grande des élèves** dans leurs recherches par rapport au CP (notamment grâce à la lecture).

Aussi, il est possible de développer l'envie de chercher et la capacité des élèves à résoudre des problèmes, que leur but principal soit la découverte ou l'approfondissement de notions, ou plus spécifiquement d'apprendre à chercher.
Si les problèmes ont plusieurs fonctions dans l'enseignement des mathématiques (introduire de nouveaux apprentissages, étendre des acquisitions, les contrôler, apprendre à chercher), le terme « problème » recouvre des réalités très différentes à l'école primaire, d'une simple application d'une notion à une recherche véritable.

Il nous semble donc utile de distinguer deux types de problèmes :

- ✔ Ceux pour lesquels les élèves ne disposent pas d'une méthode de résolution experte qui aurait été enseignée auparavant. **L'élève doit alors faire des essais, comparer ses résultats au but, améliorer le cas échéant ses procédures.** Ce sont les problèmes introduisant des notions ou des techniques, mais aussi, au CE1, ceux où l'élève pourra développer des essais de calcul écrits, apprendre à les relire et à les améliorer. Dans ce but, nous privilégierons notamment des problèmes de partage (dans la situation PARTAGES en période 3) ou de recherche de plusieurs solutions (LES AIMANTS en période 5).
- ✔ Ceux pour lesquels ils disposent d'une méthode de résolution, mais où la nouveauté pour le CE1 réside dans le contexte de l'énoncé (présentation sous forme écrite sans accompagnement oral de l'enseignant ni support imagé comme souvent au CP) et dans la nécessaire mise en relation de la question posée avec les données.

		Méthode de résolution disponible	**Pas de méthode de résolution disponible**
Apprentissage visé au CE1	**Apprendre à chercher**	Comprendre les énoncés et mettre en relation les questions et les données utiles	Élaborer des procédures, produire des essais, les contrôler
	Acquisition de connaissances	Réinvestir et transférer des connaissances	Découvrir de nouvelles connaissances

NOS CHOIX DE PROGRESSION POUR PERMETTRE AUX ÉLÈVES D'APPRENDRE À CHERCHER

Donner confiance aux élèves dans leur capacité à chercher

À l'issue du CP, selon les classes, les élèves ont des expériences très différentes de la résolution de problèmes, voire de l'activité mathématique.

En particulier, au début de l'année, certains élèves ne peuvent pas produire des solutions, ne sachant qu'appliquer des techniques pour effectuer des exercices déjà travaillés. Ils ne pensent pas à faire des essais s'appuyant sur des méthodes de calcul personnelles, ou n'osent pas le faire.

Cette prise de confiance en leurs capacités et le développement de procédures mentales de calcul sont un des objets des situations essentielles de la première période.

La description de chacune de ces situations précise comment permettre aux élèves d'en comprendre le but et les contraintes. En particulier, il est nécessaire que les élèves puissent élaborer une méthode, contrôler leurs résultats, individuellement ou collectivement, lors d'une mise en commun dès le début de l'année.

Développer des méthodes de recherche

Dans la résolution de ces problèmes en début d'année, les élèves peuvent produire des dessins figuratifs évoluant progressivement vers des dessins schématisés pour représenter les objets ou collections. Il est nécessaire de **faire évoluer ces méthodes de représentations vers des écritures** qui leur permettent de produire des essais de calculs, d'en garder la trace pour pouvoir les relire, les améliorer.
Dans ce but, la situation PARTAGES, à la période 3, permet d'amorcer un tel changement de procédures qui sera poursuivi dans les autres situations essentielles.

« Faire des essais de calcul » pour résoudre des problèmes ne signifie pas pour nous essayer successivement différentes méthodes sans lien entre elles, mais choisir une méthode, l'améliorer (par exemple : modifier les valeurs des parts lors d'un partage en réutilisant les connaissances sur les dizaines, les résultats mémorisés), puis, à partir de premiers résultats, évaluer l'écart avec le but (*« Tout est-il partagé ? », « En manque-t-il beaucoup ? »*...) et modifier ou compléter le calcul antérieur.
Cette action sur les nombres écrits, qui est en général trop précoce pour une classe de CP, sera approfondie au CE1 avec les situations LES AIMANTS, qui nécessite de chercher plusieurs solutions et de s'assurer qu'elles sont différentes, et LE THÉ DES MAITRESSES. Pour ces problèmes, l'énoncé est court.

Comprendre des énoncés de problèmes

À partir du CE1, une nouvelle forme de tâches mathématiques est abordée : la résolution de problèmes à partir d'énoncés écrits. Elle vise à permettre l'utilisation des connaissances dans des situations proches de la vie des élèves, mais aussi la compréhension des relations entre les composantes d'un énoncé (un énoncé comporte une question, des données, mais en général pas la réponse...)

À la fois objets d'enseignement en mathématique mais aussi types d'écrit spécifiques, les énoncés de problèmes ont parfois été étudiés en classe en étant dégagés de leurs enjeux d'apprentissages mathématiques, avec, dans certains cas, l'absence même d'une résolution mathématique.

Dans « Les essentielles CP », nous avons fait le choix d'aborder la compréhension des énoncés dans des situations de calcul où certaines informations sont présentées sous forme d'images à partir de la période 3, puis de textes courts en période 4. Pour nous, faire des énoncés écrits un objet de travail spécifique relève du CE1.

À la période 2 du présent ouvrage, la situation JULIE VA AU CENTRE COMMERCIAL conduit les élèves, à partir d'un énoncé, à formuler puis à trier les questions auxquelles on peut répondre par un calcul.

Nous pensons qu'il serait illusoire d'imposer au CE1 une forme générale de traitement des énoncés, l'essentiel dans ce domaine nous semble être d'**apprendre à poser des questions pertinentes**. Aussi, il nous parait plus judicieux, en cohérence avec notre choix de privilégier des situations essentielles pour chacun des niveaux de l'école primaire, de réserver au CE2 un travail spécifique de production d'énoncés – et donc de jugement de leur cohérence.

De nombreuses situations essentielles de cette publication contribuent à développer les acquisitions méthodologiques citées ici. Par ailleurs, des apprentissages complémentaires, notamment sur l'utilisation de différents supports d'énoncés (calendriers, fiche horaire, carte géographique), qui seront aussi traités les années suivantes, sont présentés dans ERMEL CE1.

PÉRIODE 3

UTILISER LES NOMBRES DANS DE NOUVEAUX DOMAINES DE CONNAISSANCES

De nouveaux champs sont abordés : celui de la mesure et des problèmes multiplicatifs. Le recours à des calculs écrits pour remplacer les représentations figurées y est aussi développé.

Quinzaine	Situation essentielle	Objectif principal
7	PARTAGES	*Produire des essais de calculs*
8	LES BANDES	*Identifier une grandeur et produire sa mesure*
9	LES ENVELOPPES	*Découvrir la multiplication*

Présentation de la période

DE NOUVEAUX APPRENTISSAGES

Les apprentissages de la période 3 concernent deux nouveaux domaines : celui des grandeurs et de la mesure et celui de la multiplication.

LES SITUATIONS ESSENTIELLES

Dans les situations de cette période, la production et l'utilisation des écrits constituent un enjeu. Ils deviennent progressivement des objets d'analyse, notamment les calculs additifs produits lors de la résolution de différents problèmes.

Quinzaine 7 : La situation PARTAGES propose un problème qui ne relève plus du champ additif. Les élèves doivent élaborer des procédures, en garder la trace écrite, contrôler leurs résultats. Cette situation montre l'intérêt de recourir à des essais de calcul.

Quinzaine 8 : La situation LES BANDES permet d'aborder la notion de **grandeur** par la comparaison de longueurs. Compte tenu de la diversité des pratiques et des connaissances des élèves, elle propose dans un premier temps le recours à un outil intermédiaire : bande témoin, doigts, etc. Elle vise dans un second temps à mettre en évidence l'usage de la règle graduée et à explorer des questions liées au mesurage.

Quinzaine 9 : La situation LES ENVELOPPES confronte les élèves à un problème multiplicatif pour lequel la **multiplication** va apparaitre comme un nouvel outil de calcul. Elle aboutit à l'utilisation de l'écriture utilisant le signe « × » et à la constitution progressive d'un répertoire multiplicatif.

DES QUESTIONS SUR LES APPRENTISSAGES

À chaque quinzaine, un approfondissement des apprentissages est proposé :

Quinzaine 7 : Les enjeux des problèmes de partage sont précisés. On aborde la nécessité pour les élèves d'élaborer une solution nouvelle et de contrôler ses effets, question centrale pour l'apprentissage des mathématiques. L'importance et le rôle des essais de calculs et de leur trace écrite sont exposés.

Quinzaine 8 : On explicite les notions de grandeur, de mesure, de mesurage, plus particulièrement dans le domaine des mesures de longueur, ainsi que les choix de notre progression.

Quinzaine 9 : Cette partie présente une analyse des procédures que développent les élèves dans la résolution des problèmes multiplicatifs proposés. Les apprentissages possibles en termes de procédures, d'usage du signe, de constitution du répertoire, du rôle de la calculette sont décrits.

DES QUESTIONS SUR L'ENSEIGNEMENT

Des synthèses sur les gestes professionnels sollicités par ces activités sont proposées :

Quinzaine 7 : « La conduite des problèmes pour apprendre à chercher » développe le rôle des différentes phases de ces activités spécifiques.

Quinzaine 8 : Cette partie « Les situations essentielles » synthétise la structuration de ces situations en explorant la marge de manœuvre des choix pédagogiques de l'enseignant.

Quinzaine 9 : « Entrainement et automatismes » indique la fonction des activités d'entrainement.

À la fin de la période, un éclairage est proposé sur « Connaissances anciennes et nouveaux apprentissages » ; il explore principalement les relations entre les apprentissages multiplicatifs et les connaissances additives.

LES ACTIVITÉS D'ACCOMPAGNEMENT

Les apprentissages de la période sont aussi assurés par des activités d'accompagnement qui permettent la stabilisation des connaissances développées dans les « situations essentielles » de la période ou des précédentes. Elles s'organisent autour de quatre activités (LES JEUX DE MARIAGE, CALCUL D'ÉCARTS, LES MOTS-NOMBRES et LE SERPENT). L'enseignant peut aussi reprendre des activités présentées en période 1 ou en période 2, pour renforcer la connaissance des suites écrite et orale des nombres ainsi que le répertoire additif et soustractif. Des problèmes additifs ou soustractifs reprenant oralement les contextes des situations LA BOITE JAUNE ou LES CUBES permettent de solliciter les connaissances acquises dans ce domaine aux périodes précédentes.

Planning de la période

		...PÉRIODE 2	PÉRIODE 3			PÉRIODE 4...
		Quinzaine 6	**Quinzaine 7**	**Quinzaine 8**	**Quinzaine 9**	**Quinzaine 10**
SITUATIONS ESSENTIELLES		JULIE VA AU CENTRE COMMERCIAL p. 79-83	PARTAGES p. 100-102	LES BANDES p. 105-112	LES ENVELOPPES p. 116-126	MINI-TARTARE p. 142-149
Séance n°	**1**	Phase 1	Phase 1 (étapes 0 et 1)	Phase 1	Phase 1	Phase 1
	2	Phase 2	Phase 1 (étape 2)	Phase 2	Phase 2	Phase 2
	3	Phase 3 : LE ZOO	Phase 2 : LES ŒUFS (étape 1)	Phase 3	Phase 3	Phases 3 et 4 LES LOUCHES TROUÉES
	4		Phase 2 : LES ŒUFS (étape 2)	Phase 4 (courte)	Phase 4	
ACCOMPAGNEMENTS						
Connaissance des nombres			JEU DU FURET			
					JEUX DE PORTRAITS	
				LES MOTS-NOMBRES		
				JEU DES 4 CHIFFRES		
Calculs additifs et soustractifs			LA CIBLE DES DIZAINES			
			JEUX DE MARIAGES 1a à 2c			
				CALCULER DES ÉCARTS		
		CARTES RECTO-VERSO Jeu 6	CARTES RECTO-VERSO Jeu 7			
		TABLE D'ADDITIONS				
		Dix-minos, loto, dominos, puzzles à colorier				
		LES CUBES	BOITE JAUNE et LES CUBES			
Calculs multiplicatifs et de division						CARTES RECTO-VERSO MULTIPLICATIF Jeux 1 à 3
						JEUX DE BATAILLE
Mesure					LE SERPENT	
						LA GRANDE BANDE

☐ Mise en œuvre de l'activité d'accompagnement
☐ Prolongement de l'activité d'accompagnement

EN MAJUSCULES : activité décrite dans « Les Essentielles »
en minuscules : activité décrite dans le référent ERMEL CE1

Situation essentielle

PARTAGES

Cette situation propose de résoudre des problèmes pour lesquels les élèves ne disposent pas de modèles de résolution. Ils doivent donc élaborer des procédures, faire des essais, en garder la trace écrite, contrôler leurs résultats. L'évolution des valeurs des nombres en jeu au cours de la situation vise à mettre en évidence l'intérêt du calcul par rapport au dessin.

Cette situation peut prendre 4 séances.
Séance 1 : phase 1 (étapes 0 et 1) ; Séance 2 : phase 1 (étape 2) ; Séance 3 : phase 2 (étape 1) ; Séance 4 : phase 2 (étape 2).

Les situations PARTAGES et LES ŒUFS (ERMEL CE1, p. 88-92 et 93-94) sont des situations du thème « Des problèmes pour apprendre à chercher ».

Phase 1 : PARTAGES

ÉTAPE 0 : APPROPRIATION DU PROBLÈME « PARTAGER 12 OBJETS EN 3 TAS »

Pour permettre la compréhension d'un partage équitable en 3 parts, le problème est proposé aux élèves avec 12 objets. Le choix de 12 permet aux élèves de produire une solution sans avoir besoin de calculer, et à l'enseignant de savoir si les élèves ont compris les caractéristiques du problème.

Énoncé (cf. CD)

« Je veux partager 12 jetons en trois paquets. Il doit y avoir autant de jetons dans chaque paquet. Combien y aura-t-il de jetons dans chaque paquet ? »

L'énoncé est écrit au tableau. Les élèves disposent d'une feuille sur laquelle l'énoncé est écrit. Cette feuille leur sert de brouillon.

Recherche individuelle par écrit

Aucun autre matériel n'est à la disposition des élèves pour la résolution du problème.

Mise au point collective : distinguer deux problèmes différents

Seuls les résultats, et non les procédures, font l'objet de la mise en commun et sont donc demandés aux élèves.
L'enseignant sollicite des élèves qui ont produit des résultats différents :

- Des productions qui ne respectent pas la contrainte de partage équitable (tous les jetons ne sont pas partagés, ou le partage n'est pas équitable). Pour chacune de ces productions, l'enseignant interroge des élèves qui l'ont proposée, puis si nécessaire d'autres pour expliquer pourquoi elles ne sont pas compatibles avec l'énoncé.
- Des productions qui ne respectent pas la contrainte du nombre de paquets (4 paquets de 3, soit sous forme de dessin, soit sous forme d'écriture du type « *3 + 3 + 3 + 3* »). L'enseignant fait représenter ces solutions au tableau, mais aussi des productions de 3 paquets de 4, soit sous forme de dessin, soit sous forme d'écriture du type « *4 + 4 + 4* ». Il fait expliciter les différences et formuler pourquoi seule la seconde est compatible avec l'énoncé.

Faut-il commencer par l'étape 0 ?
Deux contraintes caractérisent les partages proposés : tout peut être partagé (il n'y a pas de reste) et les parts doivent être égales. Mais certains élèves peuvent confondre « partager en 3 » (faire 3 parts et chercher leur valeur) et « faire des paquets de 3 » (et chercher le nombre de paquets). Aussi, cette étape 0 est proposée pour que tous s'accordent sur ce qu'est un partage. Toutefois, si l'enseignant pense que les élèves le savent déjà, la situation commence à l'étape 1.

Rappel du contrat
L'enseignant peut rappeler aux élèves qu'ils ont le choix de leur méthode, mais qu'ils doivent chercher, écrire leurs essais sur la feuille, les rayer mais ne pas les effacer (crayon et gomme sont interdits afin de pouvoir relire ses essais et les améliorer).

Enjeu de la mise en commun
Les résultats (par dessin ou avec des calculs) sont validés ou invalidés, par vérification des deux contraintes (même nombre d'objets dans chaque tas et tout est distribué) sans expliciter les méthodes. Il ne s'agit pas, ici, de mettre en valeur des procédures pour les induire sur de grands nombres, mais que les élèves comprennent que :
- il y a 3 « tas » à faire ;
- le partage doit être équitable (le terme « autant » devra être explicité si, dans la confrontation des résultats, certains élèves ont effectué des partages non équitables) ;
- tous les objets doivent être distribués.

ÉTAPE 1 : RÉSOLUTION DU PROBLÈME « PARTAGER 36 OBJETS EN 3 TAS »

Consigne

L'énoncé suivant est lu aux élèves :

« Je veux partager 36 jetons en 3 paquets. Il doit y avoir autant de jetons dans chaque paquet. Combien y aura-t-il de jetons dans chaque paquet ?
Écris ta réponse à l'aide d'une phrase. »

L'énoncé est distribué aux élèves sur une feuille qui servira de brouillon.

Recherche individuelle par écrit

Il est nécessaire de laisser un temps de recherche suffisant.

L'enseignant repère les différents types de productions et d'erreurs pour prévoir l'organisation de la mise en commun.

Mise en commun

Le premier but de cette mise en commun est que chaque élève comprenne qu'il est nécessaire et possible de vérifier soi-même ses résultats, en relisant l'énoncé et ses dessins ou calculs.

L'enseignant peut choisir un ordre d'examen des productions :

1. Celles qui confondent « partager en 3 tas » et « faire des tas de 3 » (dans le cas où la phase 0 n'aurait pas été faite).
2. Celles qui ne respectent pas les contraintes (tout n'est pas partagé ou partages inégaux).
3. Celles qui ont presque abouti mais avec une erreur de recomptage de jetons.
4. Celles qui ont presque abouti mais avec une erreur de calcul.
5. Celles qui ont abouti par le dessin.
6. Celles qui ont abouti par le calcul :
   a) par des essais successifs ;
   b) par appui sur les dizaines.

Pour chacune des procédures de ces catégories, un élève présente son résultat, explique sa méthode, et le cas échéant formule les améliorations auxquelles il pense. Puis les autres élèves expriment leurs questions ou critiques.

ÉTAPE 2 : RÉSOLUTION DU PROBLÈME « PARTAGER 63 (OU 78) OBJETS EN 3 TAS »

L'énoncé est aussi proposé sur une feuille qui sert de brouillon.

Recherche individuelle par écrit

Si certains élèves ont réussi pour 63, alors que d'autres mettent en place des méthodes plus lentes, l'enseignant leur propose de partager 78 en 3.

Mise en commun

Elle portera successivement sur les deux valeurs (63 puis 78). La mise en commun des résultats et des procédures aura pour but de montrer qu'avec ces nombres le dessin des objets est moins efficace et présente des risques d'erreurs. Elle devra mettre en évidence l'intérêt des procédures par essais utilisant le calcul. Elle se déroulera comme la précédente.

Enjeu de l'étape 1

Le but de cette étape est que tous les élèves vérifient eux-mêmes si leur solution est correcte.
La taille des nombres permet encore le recours à des dessins.

Procédures :

- dessin de 3 paquets (ou de 3 lignes ou colonnes) et répartition des 36 jetons ;
- dessin de tous les objets en les barrant au fur à mesure qu'ils sont répartis ;
- dessin de 3 paquets (ou lignes ou colonnes) puis écriture des nombres, éventuellement en prenant appui sur les dizaines ; le total étant fait mentalement ou par écrit ;
- partage des dizaines, puis ajustement des unités (l'élève partage 30 en 3, puis 6 en 3) ;
- production d'essais successifs.

Fonctions des mises en commun :

- Faire formuler par un élève son résultat et sa méthode. Souvent, cela lui permet déjà de prendre conscience de ses erreurs éventuelles (oubli d'une contrainte, erreur de calcul...) ou des améliorations possibles.
- Assurer la validation collective des solutions. Cela suppose que les élèves formulent des critiques sur les résultats et des remarques sur les méthodes : en termes de « vrai ou faux » pour les résultats ou d'efficacité pour les méthodes.
- Permettre la compréhension de méthodes produites par d'autres, notamment en sollicitant certains élèves pour qu'ils les reformulent et en repèrent ainsi les principales caractéristiques. En particulier, il est nécessaire que les élèves qui n'ont pas réussi puissent comprendre des méthodes auxquelles ils peuvent accéder, même si celles-ci ne sont pas les plus efficaces.

Valeur des nombres et procédures

63 peut être décomposé en deux sous-problèmes : un pour les dizaines (partager 60 en 3, ou 6 en 3), et un pour les unités (partager 3 en 3). Cette méthode est moins accessible pour 78.

Différenciation

Si peu d'élèves ont cherché pour 78, l'enseignant peut corriger individuellement leurs travaux.

Phase 2 : LES ŒUFS

ÉTAPE 1 : RÉSOLUTION DU PROBLÈME

Il s'agit de trouver une répartition d'un nombre donné d'œufs en boites de 6 ou de 10. Dans cette situation, à l'inverse de la précédente, c'est le nombre de boites qui est cherché et non la valeur du partage.

Énoncé (cf. CD)

« Dans un magasin, on peut acheter des œufs par boites de 6 œufs ou de 10 œufs. Marine veut acheter 66 œufs. Combien de boites doit-elle prendre ? Il y a plusieurs solutions, cherche-les. »

L'énoncé est aussi proposé sur une feuille qui sert de brouillon.

Recherche individuelle par écrit

Chaque élève reçoit un texte et le lit silencieusement.
L'enseignant peut relire ou faire relire une fois le texte.
Il rappelle qu'il est important que les élèves formulent une réponse dans les termes du problème et ne se contentent pas de produire des écritures et des calculs.

Mise en commun

Le but de cette mise en commun, est que les élèves perçoivent l'intérêt du calcul par rapport au dessin.

L'enseignant peut choisir un ordre d'examen des productions :

1. Celles qui ne respectent pas les contraintes : le nombre d'œufs n'est pas totalement utilisé, ou des boites ne sont pas remplies.
2. Celles qui ont abouti par le dessin.
3. Celles qui ont presque abouti mais avec une erreur de calcul.
4. Celles qui ont réussi par le calcul.

ÉTAPE 2 : REPRISE

Au cours de la phase de réinvestissement, en travail individuel, on prendra d'autres valeurs :

- 48 peut être proposé aux élèves qui avaient fait des dessins lors de la recherche précédente, avec cette fois la demande de l'enseignant d'utiliser le calcul ;
- 88 ou 108 peut être proposé aux autres.

Le déroulement est le même qu'aux phases précédentes : la mise en commun est effectuée sur les problèmes cherchés par tous les élèves. Une correction de l'enseignant concerne les problèmes qui n'ont été cherchés que par certains élèves.

Synthèse

L'importance de noter ses essais, de relire l'énoncé et son brouillon est rappelée.

Enjeu de la phase 2
Cette situation, qui valorise l'intérêt du calcul, fait apparaitre qu'un problème peut avoir plusieurs solutions.

Procédures :

- dessin des 66 œufs avec des regroupements par boites de 6 ou de 10 et le recomptage du nombre de boites ;
- dessin des boites de 6 œufs ou de 10 œufs avec la représentation des œufs (points, ronds) et le recomptage du total ;
- dessin des boites de 6 œufs ou de 10 œufs avec le nombre d'œufs de la boite écrit dessus et comptage ou calcul ;
- essais de sommes de 6 et de 10, pour atteindre 66, puis interprétation du nombre de boites de chaque sorte ;
- décompositions de 66.

Les solutions
Ici, en choisissant 66, on permet la production rapide de la solution « 6 boites de 10 et 1 boite de 6 ». Mais il est important que les élèves se rendent compte qu'il y a d'autres solutions (« 11 boites de 6 » ou « 3 boites de 10 et 6 boites de 6 »). Si nécessaire, l'enseignant peut profiter de la mise en commun pour demander aux élèves de les rechercher. Toutefois, la preuve que toutes les solutions ont été trouvées n'est pas un enjeu de cette situation ; elle supposerait l'émergence de critères (identifier ce qui varie et prouver qu'il n'y en a pas d'autres). Cela sera abordé à partir du CE2.

Rôle de l'enseignant
Il est attentif aux différentes productions des élèves. Certains élèves apportent une réponse souvent juste en calculant « dans leur tête ». L'enseignant leur demandera alors d'écrire les calculs faits mentalement.

Solutions

- Pour 48 : « 3 boites de 10 et 3 de 6 » ou « 8 boites de 6 ».
- Pour 88 : « 7 boites de 10 et 3 de 6 » ou « 4 boites de 10 et 8 de 6 » ou « 1 boite de 10 et 13 de 6 ».
- Pour 108 : « 9 boites de 10 et 3 de 6 », « 6 boites de 10 et 8 de 6 », « 3 boites de 10 et 13 de 6 », « 18 boites de 6 ».

Questions sur LES ENJEUX DES PROBLÈMES « PARTAGES » ET « LES ŒUFS »

Pourquoi proposer à ce moment de l'année, deux problèmes, qui pour l'un (PARTAGES) est souvent associé à la division, et pour l'autre (LES ŒUFS), conduit à chercher plusieurs solutions ?

LES PROBLÈMES DE PARTAGE

Certains élèves ont résolu des problèmes de partage dès la maternelle (cf. ERMEL GS). D'autres ne connaissent que des distributions où ce que chacun reçoit est donné d'avance.

L'intérêt de ce problème ne réside pas dans une approche précoce de l'apprentissage de la division, mais dans **l'extension des procédures de calcul additif à des problèmes inédits**. En effet, les élèves disposent des connaissances de calcul suffisantes pour résoudre le problème : ils savent effectuer des sommes de trois nombres, en mimant éventuellement la distribution (par exemple : donner 5 à chacun, puis encore 5...), ou décomposer 36 ou 63 en dizaines et unités. Cette extension suppose que les élèves produisent non seulement des essais de calcul, mais surtout qu'ils les comparent aux deux contraintes du problème (« tout partager » et « en 3 paquets égaux ») et qu'ils identifient l'écart entre leurs résultats provisoires et le but à atteindre.

Cette double nécessité – **élaborer une solution nouvelle et contrôler ses effets** – est centrale pour l'apprentissage des mathématiques. C'est la capacité de l'élève à recourir à des connaissances dans un autre contexte que celui où elles ont été apprises, à prendre des initiatives pour mener à terme sa résolution qui est sollicitée ici.

Certains élèves peuvent être déroutés par la nouveauté du problème et ont besoin de revenir à une simulation de la situation en matérialisant les 3 paquets, où en les symbolisant par des colonnes et en mimant la distribution des jetons. Cette étape est nécessaire pour qu'ils puissent engager le processus de production et de contrôle de leurs solutions. La taille des nombres proposés à l'étape suivante leur permettra d'abandonner ces procédures s'appuyant sur des dessins pour des procédures de calcul. D'ailleurs, dès cette première étape, certains élèves dessinent des paquets, mais font figurer à l'intérieur des nombres et non des dessins d'objets.

LES PROBLÈMES DE RECHERCHE DE PLUSIEURS SOLUTIONS

À première vue, la situation LES ŒUFS ne ressemble pas à un problème de partage : la recherche du nombre de boites de 6 œufs et du nombre de boites de 10 œufs nécessaires pour ranger 66 œufs sous-entend que l'élève doit trouver deux nombres et non un comme dans le cas d'un partage équitable.

Mais elle présente de nombreux points communs avec la situation précédente. D'abord, ce sont les mêmes objectifs – réinvestir ses connaissances numériques dans un problème inédit, organiser ses essais et contrôler ses résultats – qui sont visés. Ensuite, elle facilite un passage à des essais de calcul. De plus, elle permet à l'élève de comprendre qu'un problème peut comporter plusieurs solutions.

L'importance des essais de calculs

La valeur des nombres (66, 10 et 6) peut laisser croire qu'ils ont été choisis pour produire une solution de décomposition de 66 en 60 (6 boites de 10) et 6. Celle-ci n'est pas visée, car il ne s'agit pas d'entrainer les élèves à résoudre ce type particulier de problèmes (de la forme « 10 a + 6 b = c »). La recherche exhaustive de toutes les solutions, qui supposerait de bien identifier ce qui varie de l'une à l'autre, et à plus forte raison de repérer les échanges entre « 3 boites de 10 » et « 5 boites de 6 » pour les obtenir, suppose une aisance dans les calculs plutôt accessible à partir du CE2.

Aussi nous préférons privilégier la prise de confiance chez l'élève dans sa production d'essais de calculs. Par « essais de calculs », nous n'entendons pas le fait d'essayer successivement des méthodes différentes jusqu'à trouver la bonne... ou abandonner. Il s'agit de produire par un calcul un premier résultat, d'identifier l'écart avec le but à atteindre, de modifier si nécessaire sa méthode : par exemple, un élève qui distribue 5 par 5 dans un partage pourra passer à des distributions par 10 et réitérer ce processus. Ces dimensions **d'universalité et d'efficacité du calcul** seront enrichies dans d'autres situations de cet ouvrage, notamment dans les situations LE THÉ DES MAITRESSES et LES AIMANTS à la période 5.

Questions sur LA CONDUITE DES PROBLÈMES POUR APPRENDRE À CHERCHER

La mise en œuvre des problèmes du thème « Pour apprendre à chercher » (cf. ERMEL CE1 p. 38) demande à l'enseignant des prises d'information qui, à première vue, peuvent apparaitre délicates car elles ne concernent pas la maitrise d'un savoir. Aussi, nous allons préciser quelles sont les fonctions de chaque phase de ces situations.

LA PHASE D'APPROPRIATION

Elle a pour fonction de faire **comprendre** aux élèves **le but visé et les contraintes**. Or, pour la situation PARTAGES, certains élèves peuvent, faute d'avoir rencontré de tels contextes, confondre « faire trois paquets » et « faire des paquets de trois ». Cette difficulté ne peut pas être levée par la lecture ou la relecture de l'énoncé : pour certains élèves, ce ne sont pas simplement les termes qui ne sont pas compris, mais une situation de référence qui y fait obstacle. Aussi, nous proposons une étape 0, sauf si l'enseignant est certain que cette confusion ne se produira pas[1].

Le matériel (ici des jetons), qui pouvait être utile en début de CE1, pour que des élèves puissent mimer une distribution, ne l'est plus à ce moment de l'année : la représentation des objets est suffisante.

LA PHASE DE RÉSOLUTION

Au début de cette phase, il peut être utile de faire reformuler par les élèves ce qu'ils ont le droit de faire (choisir leurs méthodes, utiliser un brouillon) et ce qu'ils doivent faire (produire une solution, vérifier leurs résultats).

En particulier, dans ces problèmes, les élèves sont amenés à **faire des essais de calcul,** ils peuvent être tentés de les effacer ; il est au contraire nécessaire qu'ils en conservent la trace, non seulement pour les vérifier, mais aussi pour pouvoir expliciter leur solution dans les termes de l'énoncé lors des mises en commun, et pour comprendre comment ils auraient pu l'améliorer. Au CE2, ils apprendront à annoter leurs essais.

Les types d'écrits

L'écrit qu'ils produisent est donc un brouillon : il n'y a pas d'exigence de présentation, les essais peuvent être raturés, mais non effacés. À part la phrase réponse qui peut y figurer, il n'est pas destiné à être communiqué à d'autres élèves, mais doit pouvoir être relu par l'élève ou l'enseignant. Dans d'autres situations, deux autres types d'écrits sont produits par les élèves : des écrits de communication où figure une information, une question ou un calcul qui sont destinés à être utilisés par d'autres élèves, et des écrits de synthèse (cf. « La production de trace écrite » p. 165-169).

LES MISES EN COMMUN

Pendant la résolution du problème, l'enseignant a repéré les principaux types de procédures produites par les élèves, résumés dans le descriptif de chaque situation. Les mises en commun ont pour fonction de permettre aux élèves de **valider les solutions et les méthodes** – et pour cela, il est nécessaire que celles-ci soient explicitées et analysées par les élèves – mais aussi de **favoriser une évolution des procédures**. La présentation des productions peut prendre différentes formes (feuilles A4, vidéo projection, ...) Il revient donc aux élèves de critiquer les solutions produites, en regardant d'abord la vérification ou non des contraintes, et ensuite la qualité des méthodes : leur efficacité, leur fiabilité... L'enseignant est le garant d'échanges qui permettent cette critique selon des critères mathématiques. Il doit faire en sorte que les élèves ayant moins bien réussi puissent eux aussi formuler leurs remarques ou questions. De plus, ces élèves ont souvent besoin d'être sollicités pour reformuler des méthodes un peu plus performantes que les leurs afin de les comprendre.

À la fin de la situation, la synthèse va porter sur les conditions de réussite (produire et contrôler ses essais), mais aussi sur des propriétés éventuelles (par exemple : s'appuyer sur les multiples de 10) qui ont pu être mises en évidence.

1. Le processus de mise au point lors de l'appropriation de la situation est amplement décrit dans « Des choix de l'enseignant pour relancer la recherche » p. 16.

Situation essentielle

LES BANDES

Dans notre progression, cette situation est la première concernant les grandeurs et les mesures. Elle vise, dans un premier temps, à amener les élèves à prendre conscience que, pour comparer des grandeurs (ici des longueurs), un outil intermédiaire peut suffire. La règle graduée fait partie de ces outils ; les élèves la connaissent et l'utilisent dans et en dehors de l'école mais, pour la plupart, son usage ne concerne pas le mesurage (elle sert à tracer des traits), ou ne permet pas de mesurer rigoureusement une longueur.

Pour cela, dans une première phase, les élèves ont à déterminer quelle bande est la plus longue et quelle est la plus courte dans une collection donnée de bandes, dessinées sur une feuille. Ils peuvent utiliser du matériel : une bande de papier, les doigts, une ficelle, un calque, une règle graduée… Dans la deuxième phase, pour rendre l'usage de la règle nécessaire, les élèves doivent, pour une bande donnée, communiquer des informations écrites à leurs camarades, de façon à ce que ces derniers l'identifient dans la collection. Les deux dernières phases ont pour but de mettre en évidence un usage correct de la règle pour le mesurage : en réalisant une bande d'une longueur donnée, puis en trouvant les caractéristiques des graduations d'une règle.

La situation peut être menée en 4 séances : une phase par séance au moins. Les mises en commun peuvent nécessiter plus de temps en fonction des classes, il faut prendre ce temps pour laisser les élèves échanger.

Cette situation s'appuie sur la situation d'ERMEL, LE PANNEAU p. 401 à 406, du thème « Connaitre les nombres ».

Présentation de la situation

Matériel
- Annexe 1 (cf. p. 110 et CD) : ensemble des bandes (un lot par élève pour les phases 1 et 2).
- Annexe 2 (cf. p. 111 et CD) : message (1/2 de feuille A4 par élève pour la phase 2).
- Annexe 3 (cf. p. 112 et CD) : règles (une par binômes pour la phase 4).
- Une boite à outils (pour deux élèves).

Phase 1 : Élaborer des procédés

Les élèves ont une feuille de papier sur laquelle sont dessinées des bandes (annexe 1).
Ils doivent déterminer laquelle des bandes est la plus courte et laquelle est la plus longue.
Les élèves travaillent individuellement.

ÉTAPE 1 : CONSIGNE

« Sur la feuille, vous avez des bandes. Elles ont toutes la même largeur. Il faut que vous trouviez laquelle est la plus courte et laquelle est la plus longue. »

« Pour répondre, vous pouvez utiliser le matériel de cette boite. Quand vous avez trouvé, vous écrivez sur la feuille "La bande la plus courte est… La bande la plus longue est…" et vous mettez la lettre qui correspond. »

Enjeu
Il s'agit de comparer des longueurs en utilisant une méthode par report (les grandeurs seules) ou par mesurage (les mesures de ces grandeurs).

Matériel (boite à outils)
Il est nécessaire qu'il y figure à minima : fils, calque, règles, bandes de papier, équerre… (ce peut être celui de la boite de géométrie). Sachant que ces divers instruments peuvent intervenir fortement dans les procédures des élèves, chacun pouvant avoir besoin du même, toutes les boites à outils doivent avoir rigoureusement le même contenu.
On peut glisser dans la boite à outils un double décimètre avec le 0 au milieu qui ne s'utilise pas comme un double décimètre avec le 0 à gauche.

Affichage
L'enseignant affiche la feuille A4, mais ne fera pas de projection (vidéo projecteur ou TNI) pour éviter que l'agrandissement n'influe sur la compréhension de l'activité et incite les élèves à ne pas mesurer.

ÉTAPE 2 : RECHERCHE INDIVIDUELLE

Les élèves cherchent, seuls, un moyen de comparer les bandes. (Pour information, la longueur des bandes est : A → 15 cm, B → 17 cm, C → 18,8 cm, D → 18 cm, E → 18,4 cm, F → 9 cm, G → 10 cm, H → 13 cm, K → 5 cm.)

ÉTAPE 3 : MISE EN COMMUN

L'enseignant rassemble les élèves devant le tableau. Il affiche la feuille A4 (annexe 1).

La bande la plus courte

*« Je vais écrire au tableau vos **réponses** à la question "Quelle est la bande la plus courte ?" »*
Il inscrit les différentes réponses des élèves au tableau : F, K, G….

L'enseignant demande alors aux élèves : « *Qu'observez-vous ?* » Les explications sont débattues et peuvent être invalidées par les arguments d'autres élèves.

S'il y a uniformité de réponses, les échanges vont porter davantage sur les procédés. Ici, a priori, la comparaison visuelle suffit. Mais les autres procédés employés peuvent être présentés, discutés et validés.

À ce stade, on n'explicite pas la conclusion : « *C'est la bande… qui est la plus courte.* »

La bande la plus longue

*« Je vais écrire au tableau vos **réponses** à la question "Quelle est la bande la plus longue ?" »*

L'enseignant peut procéder comme pour la première question et noter les différentes réponses des élèves au tableau.

Il peut aussi partir de la réponse d'un élève et la faire examiner collectivement. L'enseignant peut donner la parole à des élèves qui affirment « *Il a répondu juste.* » ou « *Il s'est trompé.* » pour qu'ils justifient leur point de vue ; l'élève auteur réagit. En fonction des explications données par les élèves, la réponse est ou non validée.

L'enseignant exploitera ensuite le fait :

- que d'autres élèves ont pu proposer la même réponse, mais avec des procédés différents ;
- que des élèves auront pu proposer une réponse différente ; celles-ci sont alors examinées.

Synthèse

L'enseignant structure la synthèse autour de deux axes :

1. *« Quelle est la bande la plus courte », « Quelle est la bande la plus longue ? »* Un élève choisi par l'enseignant donne la réponse sous le contrôle des autres.
2. *« Pour répondre à la question…, que pouvez-vous dire des manières de faire de … et de… ? »* De façon à aider les élèves à prendre du recul sur leur travail, à comparer les divers procédés employés : pour leur **validité**, leur **simplicité**, leur **efficacité**, leur **rapidité**.

Les procédures des élèves

Volontairement, la bande la plus courte est facile à trouver par une évaluation visuelle, mais la plus longue nécessite d'utiliser un outil intermédiaire.
Des procédures risquent d'aboutir à une comparaison erronée pour la plus grande bande :

- comparaison visuelle uniquement ;
- utilisation d'un intermédiaire non fixe (écartement des doigts, nombre de doigts…)

D'autres peuvent aboutir à une comparaison correcte :

- utilisation d'une bande de papier avec des repères ;

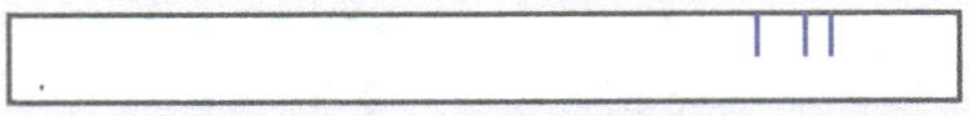

- utilisation du calque et décalque des bandes ;

- utilisation de la règle graduée (sans nécessairement exprimer la mesure), par exemple par lecture d'un repère après un positionnement analogue sur toutes les bandes.

Que faire si la règle n'est pas apparue ?

Si, lors de la première phase, l'idée d'utiliser la règle graduée n'apparait pas, ce qui est peu probable, l'enseignant l'introduira en phase 2 comme un nouvel outil que les élèves peuvent essayer, mais sans présenter son usage :
« Nous avons vu des techniques pour trouver la bande la plus longue. Dans cette phase, vous pouvez utiliser votre technique ou celle d'un autre, mais aussi prendre une règle si vous le souhaitez. ».

Gestion de la mise en commun

4 cas peuvent se présenter :

- procédure correcte et résultat correct ;
- procédure correcte, mais mal mise en œuvre, qui conduit à un résultat incorrect ;
- procédure incorrecte et résultat incorrect ;
- procédure incorrecte qui conduite par hasard ou par chance à un résultat correct.

Ces quatre cas doivent être discutés s'ils apparaissent. Le dernier cas étant celui que les paramètres de la situation visent à éviter. Mais c'est la fonction de la mise en commun de permettre le questionnement sur les méthodes.

Phase 2 : Communiquer une longueur pour identifier une bande

Dans cette phase, les élèves sont regroupés par deux. L'enseignant attribue à la moitié des groupes la bande « B » et à l'autre moitié la bande « D ».

Chaque groupe doit faire un message à l'attention de son groupe de correspondants pour qu'ils puissent trouver à coup sûr quelle est leur bande. Les élèves utilisent l'annexe 1 et les feuilles individuelles de l'annexe 2 (les élèves copieront leur message en double pour que chacun ait la trace de son travail sur son cahier). La taille de la feuille de message (½ de feuille A4) empêche qu'elle serve à reproduire la bande secrète.

L'enseignant établit quels groupes vont communiquer entre eux.

ÉTAPE 1 : CONSIGNE

« Je viens de vous donner un morceau de papier avec une lettre qui correspond à votre bande secrète. Chaque groupe va écrire sur sa feuille un message pour que le groupe qui est son correspondant puisse retrouver quelle est votre bande secrète. Évidemment, on n'a pas le droit de mettre la lettre sur le morceau de papier. Vous travaillez par deux. Vous vous mettez d'accord sur votre message avant de l'écrire ; puis vous le copiez chacun sur votre feuille. »

ÉTAPE 2 : PRODUCTION DE MESSAGE, ÉCHANGE ET RECHERCHE DE LA BANDE SECRÈTE

Les élèves produisent leur message et l'enseignant effectue l'échange entre les groupes. Chaque groupe devient donc récepteur.

« Maintenant vous devez écrire sur la feuille de vos correspondants la lettre (avec une couleur différente de celle du message) qui correspond à la bande que vous pensez être la bonne. Là encore, vous devez être d'accord. Vous écrivez bien la lettre sur chacune de vos deux feuilles. ».

Les messages sont ensuite rendus aux émetteurs qui inscrivent la lettre de la bande secrète.

ÉTAPE 3 : MISE EN COMMUN

Les messages peuvent être répartis en deux catégories : ceux qui donnent la bonne réponse et les autres. Ils sont tous affichés au tableau et discutés, en traitant d'abord ceux qui n'ont pas permis de trouver la bonne bande.
Le but est d'essayer de faire la part entre les erreurs dues au groupe émetteur de celles dues au groupe récepteur.

Cette mise en commun permet de mettre en évidence la nécessité de mesure et l'efficacité d'un message numérique effectué en utilisant la règle :

- *« Les messages qui utilisent les doigts ne fonctionnent pas, car on n'a pas tous les mêmes doigts. » ;*
- *« La largeur de la bande est la même pour tous, alors elle ne permet pas de trouver. » ;*
- *« La place de la bande dans la feuille ne permet pas de trouver ("elle est de travers", "elle est au milieu"...) » ;*
- *« Les messages imprécis comme "elle est longue" ne permettent pas de trouver. »*

Matériel
Chaque groupe dispose toujours de sa boite à outils. Mais il n'y a pas de triple décimètre. Un gros feutre est mis à disposition pour faciliter la lecture de loin du message lors de la mise en commun.

Travail en binômes
Il devrait permettre que les élèves échangent, notamment au moment de la production ou de l'interprétation du message. Par ailleurs, il permet de limiter le nombre de productions à traiter lors de la mise en commun.

Choix des bandes
On choisit B et D car elles sont exactement de 17 cm et 18 cm, et elles ne sont pas faciles à décrire par leur position dans la feuille (avec des indications comme « la plus en haut » ou « à gauche »...). Elles ne sont ni les plus grandes bandes ni les plus petites.

Organisation de la mise en commun
Il est possible de traiter en premier les productions pour la bande B ; puis celles pour la bande D.

Exemples de productions :

- Les messages n'ayant pas permis au groupe de trouver ont été traités en premier : *« je suis à travers »* et *« à côté du A »*. Les récepteurs disent : *« elles sont toutes de travers »* et *« elles sont toutes à côté du a »*.
- Ensuite sont lus les messages erronés, mais ayant permis de trouver une bande (ici la bonne bande) : *« la bande que l'on a est au milieu et elle parait plus grande que les autres »* et *« elle est longue »*.
  Enseignant : *« Quelle bande peut correspondre à ces messages ? »*
  Élèves : *« B », « D », « Si c'était C, ils auraient dit "la plus grande". »*
  Enseignant : *« Est-ce que l'on est sûr ? »*
  Élèves : *« Non. », « On a quand même trouvé. »*
  Cette répartie se justifie ; donc l'enseignant peut clore le débat et passer aux autres messages.
- Les deux messages faisant apparaitre une mesure sont lus.
  Enseignant : *« Est-ce que l'on est sûr de trouver la bande ? »*
  Élèves : *« Oui. »*

Les messages sont lus à la classe par les émetteurs.

Il est intéressant de leur demander, une fois qu'ils ont lu leur message, d'expliquer le procédé par lequel ils l'ont établi, en particulier comment ils ont obtenu leur mesure. L'enseignant peut aider à identifier les procédés par un mot adapté pour qualifier chacun : *« mesure avec le doigt », « mesure à la règle »*...

Envisager aussi les cas où :

- la mesure écrite peut être fausse, et les récepteurs trouvent !
- la mesure écrite peut être juste et les récepteurs n'ont pas mesuré comme il faut.

Il faut donc expliquer les techniques de mesurage (adaptées ou non) et les erreurs possibles dans le maniement : *« on n'a pas mis le zéro au début », « on a mesuré de travers »*...

Reprise

Si la majorité des élèves reste sur des communications n'utilisant pas la règle ou sur des mesurages erronés, une reprise est faite en utilisant deux autres bandes : F et G.

Conclusion

L'enseignant demande aux élèves : *« Que fallait-il faire pour être sûr de communiquer la bonne bande ? »* Réponse : *« Pour trouver la bande à coup sûr, on mesure avec la règle. »* Puis : *« À quoi faut-il faire très attention pour mesurer correctement ? »* Les élèves explicitent oralement les réponses qu'ils peuvent donner à ce moment ; leur validité seule est contrôlée.

Phase 3 : Construire une bande d'une longueur donnée

Les élèves doivent individuellement fabriquer une bande d'une mesure de longueur donnée.

L'enseignant a collé des bandes de même largeur et de longueur 18 cm à quatre endroits de la classe.
Les élèves disposent d'une bande de papier découpée dans la longueur d'une feuille A3 (42 cm de long et 3 cm de large environ).

Les élèves doivent couper leur bande pour obtenir une bande de même longueur que la bande modèle. Ils vérifient en allant poser leur bande sur une des bandes collées.

ÉTAPE 1 : CONSIGNE

« J'ai découpé des bandes de 18 cm ("18 cm" est écrit au tableau). *Vous devez couper la bande qui est sur votre table exactement à 18 cm. Vous pourrez ensuite aller vérifier en posant votre bande sur une des miennes. Si vous vous trompez, vous pourrez recommencer, mais il faut essayer de réussir du premier coup. Vous avez le droit d'écrire sur la bande au besoin. »*

ÉTAPE 2 : TRAVAIL INDIVIDUEL ET VÉRIFICATION

L'enseignant essaie de repérer les erreurs types de positionnement de la règle, mais aussi de report d'instrument.

Introduction de l'unité « centimètre »
L'unité de mesure est par définition conventionnelle. Elle doit donc être introduite par l'enseignant, si les élèves ne la connaissent pas, quand ils ont compris que cette unité permettait de communiquer des longueurs.

Enjeu
Il s'agit de mobiliser à nouveau les divers usages de la règle graduée et les techniques de mesurage afin de :
- valider les usages conformes ;
- disqualifier les usages non conformes :
  - règle non mise sur le zéro au début ;
  - comptage à partie de 1 comme sur une bande numérique ;
  - mesure non droite.
- sensibiliser les élèves aux difficultés de mesurage qui peuvent conduire, malgré un procédé correct, à une imprécision dans la réalisation (cf. p. 113-114).

Matériel
Les élèves ont la boite à outils (une pour deux). Les triples décimètres peuvent être autorisés, mais ils ne sont pas nécessaires. L'enseignant prépare plus de bandes pour permettre aux élèves qui se seraient aperçus d'une erreur, en ayant coupé trop court par exemple, de recommencer. Quand la bande fait la bonne taille, ils inscrivent dessus *« 18 cm »*.

ÉTAPE 3 : MISE EN COMMUN (VALIDATION DES PRODUCTIONS)

L'enseignant fixe au tableau la bande de 18 cm qu'il a fabriquée. En dessous, il fixe les bandes proposées par les élèves et demande : *« Que pensez-vous des bandes que vous avez fabriquées ? »*

Si des bandes sont vraiment différentes de la bande modèle, il est vraisemblable que des élèves vont le constater visuellement, et que leurs remarques vont se porter dessus. La mise en commun peut alors commencer par l'examen de ces bandes.

Si au contraire les bandes sont voisines, des remarques plus fines pourront être faites par les élèves. L'enseignant pourra les relever, les faire expliciter, pour faire apparaitre :

- les procédés d'obtention ;
- les erreurs diverses de manipulation de la règle (zéro mal positionné…) ;
- les problèmes de lecture de mesure.

ÉTAPE 4 : CONCLUSION ET TRACE ÉCRITE

Elle peut porter sur la production de bande.
Exemples de formulations par les élèves :

- *« Il faut mettre le début de la bande sur le zéro. »*
- *« Il faut mettre la règle le long de la bande. »*
- *« On lit le nombre sur la règle et on met un trait à 18. »*

Ces éléments constituent une trace écrite qui peut être complétée par un schéma comme ci-contre, et par l'apport de l'enseignant si la question n'est pas apparue : *« La longueur entre deux graduations de la règle s'appelle un centimètre, noté "cm". »*

Des reprises de la situation en classe complète ou par groupes différenciés sont à mettre en œuvre pour les élèves qui éprouvent des difficultés. On mettra également à profit les activités usuelles d'une classe (préparation de matériel…) pour demander aux élèves de découper des bandes, une ficelle… à une longueur donnée.

Phase 4 (courte) : Trouver les règles farfelues

Les élèves doivent trouver (sur l'annexe 3) quelles sont les règles qui sont bien graduées en cm et celles qui ne le sont pas.
Cette activité permet aux élèves de repérer les contraintes : nombre de graduations, écartement…

Une trace écrite peut accompagner le document avec les critères qui font qu'une graduation est bien une graduation correcte.
Exemples de formulations par les élèves :

- *« Ça doit être toujours le même écart. »*
- *« Il y a des nombres dans l'ordre. »*
- *« Les nombres sont de un en un. »*
- *« C'est indiqué les cm (on pourra dire "l'unité de mesure"). »*

Procédures des élèves

La longueur à reproduire (18 cm) ne devrait pas nécessiter un report d'instrument. L'élève doit donc choisir un double décimètre.
L'enseignant repère les élèves qui ont besoin de plusieurs bandes pour réussir. Il observe pour identifier les problèmes d'utilisation de la règle :

- utilisation du bord de la règle comme début de la graduation ;

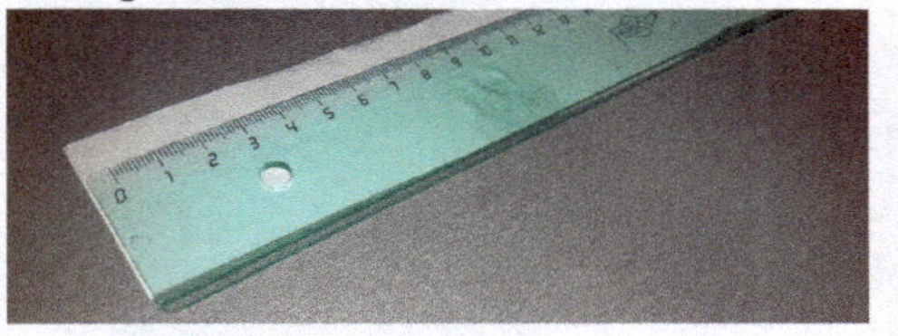

- mesure en diagonale.

Exemple de trace au tableau

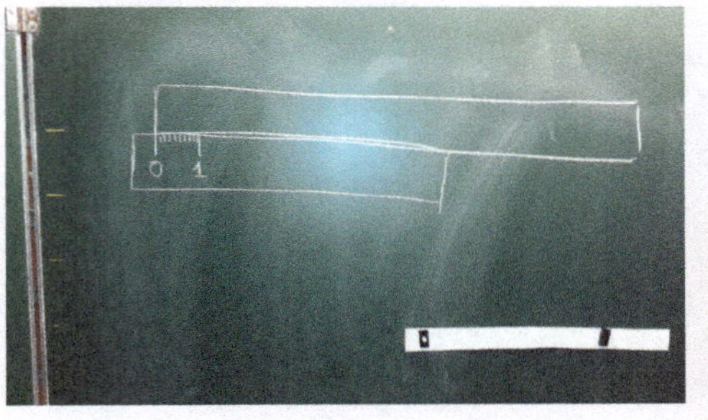

Enjeu

Formuler les critères permettant de construire une graduation en comparant une règle graduée en cm avec des règles qui ne le sont pas.

Annexe 1 LES BANDES

Annexe 2

MESSAGE POUR LA BANDE SECRÈTE
(PHASE 2 – MATÉRIEL POUR 4 ÉLÈVES)

Prénom : ……………………

La bande la plus courte est : ……………

La bande la plus longue est : ……………

Mon message pour trouver ma bande secrète :

……………………………………………

……………………………………………

……………………………………………

……………………………………………

……………………………………………

……………………………………………

……………………………………………

……………………………………………

……………………………………………

……………………………………………

Prénoms : ……………………

Nous pensons que la bande secrète est : ……………

La bande secrète est : ……………

Prénom : ……………………

La bande la plus courte est : ……………

La bande la plus longue est : ……………

Mon message pour trouver ma bande secrète :

……………………………………………

……………………………………………

……………………………………………

……………………………………………

……………………………………………

……………………………………………

……………………………………………

……………………………………………

……………………………………………

……………………………………………

Prénoms : ……………………

Nous pensons que la bande secrète est : ……………

La bande secrète est : ……………

Annexe 3 RÈGLES POUR « LES BANDES »
(PHASE 4 - MATÉRIEL POUR 1 BINÔME)

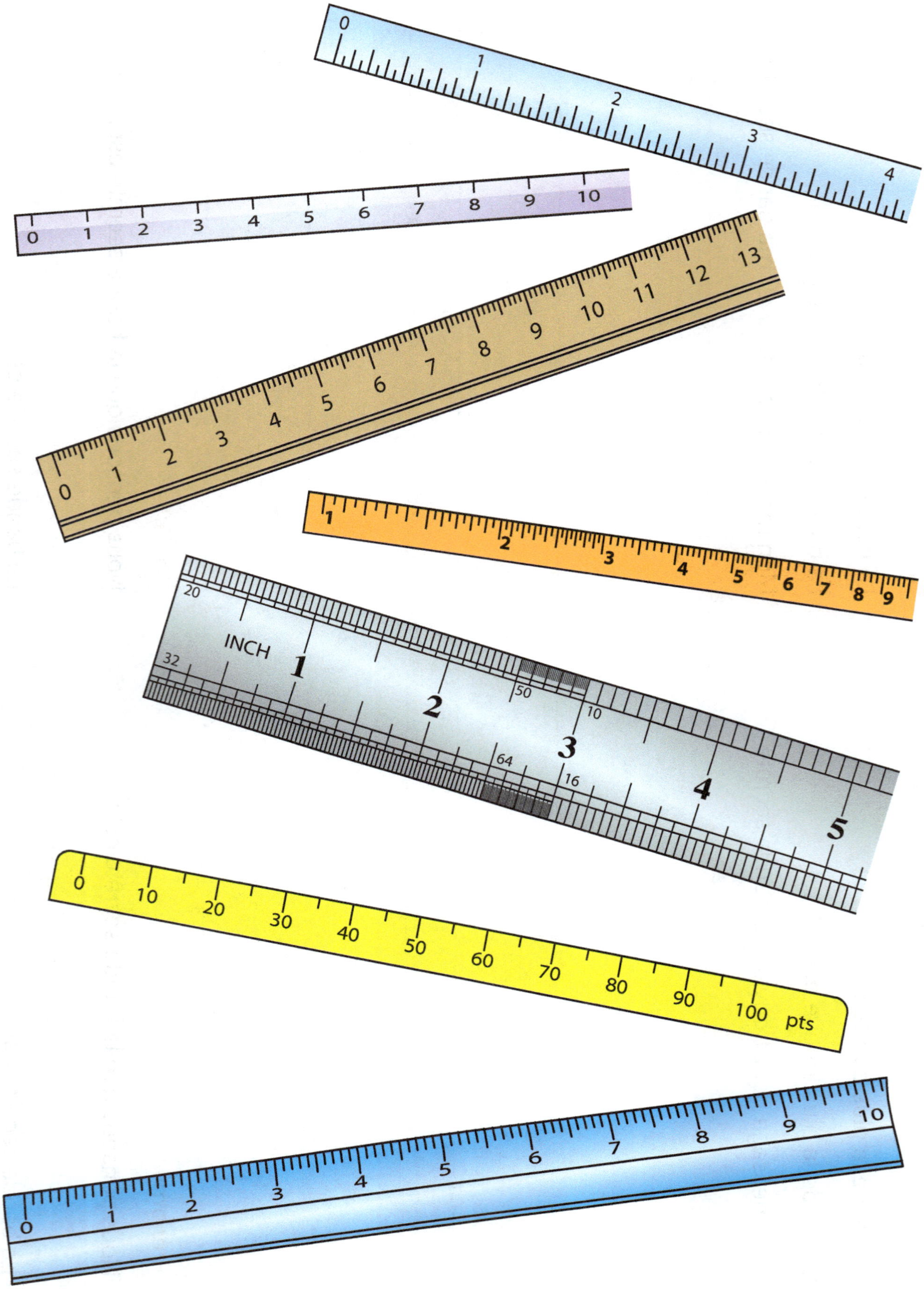

Questions sur LA MESURE

DE QUOI PARLE-T-ON EXACTEMENT ?

Le domaine de la mesure met en lien, étroitement et presque constamment, le concret et le mathématique, ainsi que différentes notions connexes. Nous en retenons quatre[2] :

- les « **objets** », c'est-à-dire les « supports » des caractères à mesurer ; ils peuvent être matériels (une tige, un ballon…) ou déjà plus conceptualisés (un cout, une durée…) ;
- la « **grandeur** » permet d'appréhender ce qui est plus grand ou plus petit relativement aux objets ; par exemple : « *Cette tige est plus longue que l'autre.* », « *Ce ballon est moins lourd que l'autre.* », « *Ce sablier se vide moins vite que l'autre.* » (notons que ces constats peuvent se faire sans recours aux nombres) ;
- le « **mesurage** » qui est « *l'opération matérielle ou la méthode permettant de déterminer effectivement, pour un objet donné, un nombre, ou un nombre et un intervalle* » (par exemple un écart entre deux repères sur un instrument) ;
- la « **mesure** », « *valeur numérique de la grandeur relativement à un "objet"* », qui peut être obtenue par mesurage ou donnée, et dépend de l'unité choisie ; la mesure est donc un nombre qui permet d'exprimer une grandeur, en utilisant une unité de mesure ; il peut donc y avoir plusieurs mesures qui permettent d'exprimer une grandeur donnée.

La mesure, comme cela a été dit, met en jeu des nombres. Nous examinons spécifiquement ici ce qui conduit à l'obtention de ces nombres et non pas à leur traitement par le calcul.

LES CONNAISSANCES DES ÉLÈVES SUR LES GRANDEURS

Dans leur vie quotidienne, les élèves ont pu entendre parler de mesure et d'unités de mesures : « *Je mesure 1 m 12 cm.* » (à la visite médicale)… Ils fréquentent aussi des unités de mesure d'autres grandeurs : la masse (« *Je pèse 39 kg.* »), le temps (« *Vous avez 10 minutes.* »), les volumes ou capacités (« *Prenez une bouteille d'un litre de lait.* »).

Employer des termes familiers ne veut pas dire pour autant leur attribuer la bonne signification. Ces termes peuvent prêter à confusion car ils peuvent se rapporter à des grandeurs ou des concepts différents :

- « long/court » s'emploie pour un trait (la longueur), un rectangle, un cylindre (la plus grande dimension), une durée…
- « grand/petit » s'emploie pour un trait (la longueur), pour un élève (la taille), pour un objet (l'aire, le volume ou l'espace occupé, la capacité, ou même le prix).

De plus, certains termes savants usuellement employés se rapportent à des grandeurs pour lesquelles la perception spatiale peut être trompeuse (le volume par rapport au poids), ou pour lesquelles elle est plus ténue (le poids, la durée)[3], ce qui rend l'appropriation de ces concepts plus difficile.

Par ailleurs, ces concepts peuvent cohabiter étroitement et même se « superposer » dans certaines situations concrètes. Les rapports que les élèves entretiennent avec elles peuvent produire des effets inattendus. Carcel et Serme[4] ont par exemple posé un problème simulant le jeu du béret sur une feuille A4 où des points figurant des joueurs sont placés : « *Où placer le béret pour que le jeu soit équitable ?* » Ils ont alors observé que l'équité du jeu ne se traduisait pas, pour les élèves, en termes d'égalité de distances, mais en termes de rapidité pour y parvenir, du fait de la pratique effective du jeu.

LA QUESTION DU MESURAGE DES LONGUEURS

Différentes procédures mais aussi difficultés matérielles et conceptuelles sont liées à cette pratique. Citons-en quelques-unes :

- la **« taille » de l'objet** à mesurer : mesurer la longueur d'un trait sur une feuille ou la longueur d'un terrain de football n'engage pas les mêmes méthodes ;
- la nécessité du **choix d'un instrument** de mesure **et d'une unité** conventionnelle ou non (le centimètre ou la largeur d'un doigt pour mesurer le trait, le mètre ou la longueur de son pas pour le terrain) ;

2. Ces définitions sont tirées de Brousseau G. et N., *Grand N n° 50*, Irem de Grenoble, p. 80-83.
3. Par exemple : en mettant un objet de 300 g dans une main il faut en mettre un de 15 g de plus pour qu'une différence soit perçue ; et pour 10 kg, il faut que l'autre objet pèse 500 g de plus (selon la loi de Bouguer-Weber).
4. Carcel M., Serme M., « Où placer le trésor ? », *Grand N n°71*, Irem de Grenoble, p. 64.

- ✔ la **réalisation effective** du mesurage : difficultés et erreurs spécifiques de la grandeur et de l'instrument de mesure ; elles ne sont pas les mêmes s'il est nécessaire de reporter l'unité (la longueur du pied) et de les compter ou si l'on dispose d'un instrument pour le faire (décamètre) ;
- ✔ le **positionnement de la règle** sur l'objet à mesurer : souvent le zéro ne correspond pas à l'extrémité de la règle, ce qui fait que la mesure qui s'en suit peut être erronée.

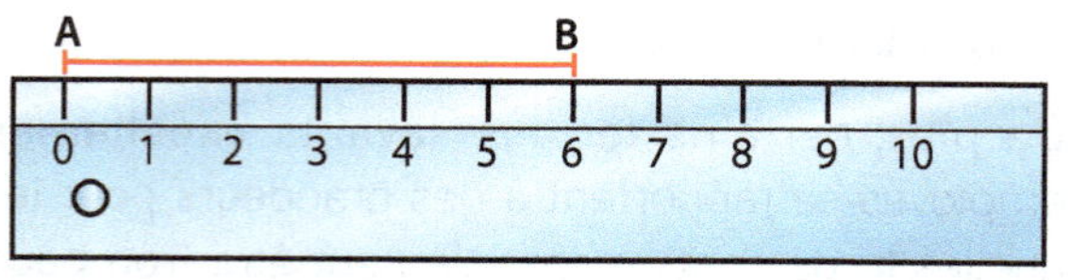

Des connaissances relativement empiriques, pratiques ou de sens commun, peuvent, à l'occasion, faire l'objet d'observations et de débats utiles dans la classe, sans faire l'objet d'un enseignement spécifique au niveau de l'école primaire :

- ✔ l'estimation de la mesure et donc de la vraisemblance du résultat obtenu ;
- ✔ la détermination d'une mesure dans un intervalle possible de valeurs ;
- ✔ l'interprétation du résultat d'un mesurage, la conviction qu'une valeur observée (obtenue dans le mesurage) est entachée d'une part d'erreur ;
- ✔ l'estimation de cette erreur ;
- ✔ la recherche des causes de cette erreur ;
- ✔ la prise en compte de cette erreur dans le résultat de la mesure et les calculs ultérieurs.

QUELLES SIGNIFICATIONS LES ÉLÈVES PEUVENT-ILS DONNER À UNE « MESURE » ?

Lors d'un problème de mesurage, le plus souvent, les élèves placent le 0 de la règle à une extrémité du trait, et lisent le nombre se trouvant vis-à-vis de l'autre extrémité. Ils déclarent que la longueur est ce nombre repère, mais il n'est pas certain qu'ils interprètent le nombre lu comme étant un nombre de « cm », un nombre d'unités de longueur.

Le CE1 marque le début des activités de mesurage de longueur ; et les activités proposées dans l'ouvrage s'appuient sur les procédures « spontanées » des élèves. Elles ignorent donc la question de cette mesure de longueur comme étant une quantité d'unités. Cette lacune pourra être réduite au CE2.

LES CHOIX DANS LA SITUATION « LES BANDES »

Dans la situation LES BANDES, les élèves doivent d'abord trouver dans un lot la plus grande bande et la plus petite. Si la plus petite bande est identifiable visuellement, trouver la plus grande nécessite d'utiliser un outil intermédiaire comme une bande de papier, un fil, une règle graduée… Ensuite, les élèves doivent « faire un message pour qu'un autre groupe puisse retrouver quelle est leur bande ». De sorte qu'il leur est nécessaire de communiquer par écrit une longueur donnée. Pour faire leur message, ils ont à disposition une boite à outils où figurent bandes de bristol, fils, ciseaux, scotch, règles graduées… et divers objets intrus. Ce choix d'instruments ouvre l'éventail des procédures possibles utilisant :

- ✔ soit seulement la grandeur [bandes, fils] ;
- ✔ soit la mesure (unités liées au corps ou règles graduées).

La mesure est donc outil de résolution du problème. On attend au CE1 que les élèves l'utilisent très majoritairement. Les unités liées au corps ne sont ni précises ni communes. L'utilisation de la règle est un moyen efficace. Encore faut-il l'utiliser correctement. Une deuxième partie de la situation permet de centrer les élèves sur la technique de mesurage et les erreurs possibles (positionnement de la règle, identification de la mesure) en simplifiant l'obtention d'une mesure (uniquement des centimètres). La suite des situations permet alors de mettre à l'épreuve cette technique et de mettre en évidence l'utilisation des millimètres pour atteindre d'autres longueurs, mais aussi d'aborder la question de la vérité relative d'une mesure.

Le travail sur les grandeurs et les mesures sera complété à travers une autre situation : LE SERPENT. Il s'agit de mesurer un serpent (succession de traits) puis de produire une succession de traits ayant une longueur donnée, par exemple : *« Tracer sur la feuille une ligne de 2 m de long. »*
Ce tracé étant fait sur une feuille A4, il permet aussi de faire prendre conscience aux élèves de la différence entre l'espace de la feuille relativement limité et la dimension du trait.

LES SITUATIONS ESSENTIELLES

Nos propositions s'appuient sur une conception de l'enseignement privilégiant l'activité mathématique effective de l'élève pour l'acquisition de connaissances. Les notions mathématiques ne se réduisent pas à des écritures et à des propriétés. Leur apprentissage associe des problèmes où elles apparaissent nécessaires, des modes de représentation langagiers ou iconiques mais aussi l'ensemble des connaissances mises en œuvre par l'élève pour résoudre ces problèmes.

Les situations proposées ne sont pas des prétextes pour motiver l'intérêt de l'élève en préalable à une présentation du savoir par l'enseignant. Elles sont conçues pour susciter chez lui une réelle réflexion sur ce qu'il produit, sur l'évolution de ses méthodes et favoriser une relation à l'activité mathématique riche en initiatives.

LA MISE EN ŒUVRE DES SITUATIONS ESSENTIELLES

Dans la mise en œuvre des situations essentielles, les décisions de l'enseignant sont fondées sur une analyse des apprentissages en jeu et sur des choix d'enseignement communs à nos dispositifs. Leur déroulement (1re colonne) propose une structuration de l'activité mathématique de l'élève :

1. **Prendre en compte l'état des connaissances des élèves** avec l'identification des procédures dont ils disposent pour résoudre le problème et la mise en évidence des contraintes de la situation qui vont permettre leur évolution. Cela est particulièrement important à la période 1, qui a pour principale fonction d'assurer pour tous des connaissances de base effectives dans le domaine de la numération ou du calcul additif. Des propositions permettent d'adapter les activités aux valeurs numériques accessibles à chaque élève.
2. **S'assurer de la compréhension du but et des contraintes de la situation par tous les élèves.** Une phase d'appropriation garantit la compréhension du problème et laisse libre la procédure de résolution mais vise à ce que les élèves aient bien intégré la tâche à réaliser.
3. **Proposer une élaboration mathématique par les élèves de solutions à des problèmes** : le travail est individuel ; après la phase d'appropriation, de nouvelles contraintes conduisent au changement de procédures avec des choix de différenciation que l'on retrouve dans la plupart des situations.
4. **Faire évoluer les productions par des échanges** sur ce qui est trouvé, sur l'écart avec ce qui était cherché et sur les nouvelles connaissances mises en place lors de mises en commun, où la validité des solutions est débattue en termes de « vrai ou faux » et de qualité des procédures examinées.
5. **Garder la mémoire de ces connaissances**, notamment sous forme écrite à partir de ce que les élèves ont produit pour le réinvestir dans de nouveaux problèmes ou activités.

LES CHOIX PÉDAGOGIQUES

En fonction des caractéristiques de sa classe, l'enseignant peut faire des choix complémentaires, présentés dans les commentaires (2e colonne). Ces commentaires proposent aussi des repères pour identifier l'évolution des élèves et pour adapter les situations. Par exemple, les phases de recherche sont en général individuelles, mais quelquefois prévues pour deux élèves ou en groupes ; ces groupes peuvent associer des élèves aux connaissances voisines, ou être hétérogènes.

Ces choix sont à chaque fois justifiés, mais cela ne signifie pas qu'ils sont inamovibles. Au contraire, les caractéristiques de chaque classe, soit structurelles (cf. « Les classes à plusieurs niveaux » p. 151-152), soit liées aux élèves qui la composent, impliquent des choix pédagogiques qui ne sont pas toujours spécifiques aux mathématiques.

L'expérience de l'enseignant et les formes de travail qu'il souhaite privilégier orientent ces choix pédagogiques. Le seul critère pour ces adaptations réside dans le **maintien d'une activité mathématique effective** pour chaque élève. Par exemple, ne recourir qu'à des groupes hétérogènes lors de phases de résolution ou proposer d'examiner systématiquement en premier, lors des mises en commun, les productions des élèves ayant réussi, constitueraient des modifications profondes des situations en réduisant fortement l'activité de recherche ou de critique, ce qui dénaturerait leurs buts. Ces marges de manœuvre, induites par l'expérience de l'enseignant, constituent une composante d'une culture professionnelle.

Situation essentielle

LES ENVELOPPES

Cette situation confronte les élèves à un problème multiplicatif :** « Dans une enveloppe, il y a p jetons. Combien y a-t-il de jetons dans n enveloppes ? » **Les élèves produisent en général une somme itérée de n termes égaux à p : p + p +… + p (n fois). Ils formulent la somme itérée associée oralement ou par écrit. Le signe « × » pourra être introduit pour réduire les écritures.

Elle pourra se dérouler sur 4 séances (une séance par phase).

La situation LES ENVELOPPES s'appuie sur les situations d'ERMEL, LE JEU DES ENVELOPPES p. 266 à 270 et CONSTRUCTION DE RÉPERTOIRES MULTIPLICATIFS p. 270 à 275, du thème « Calculs multiplicatifs et de division».

Présentation de la situation

Un élève va tirer au hasard une carte qui indique la catégorie d'enveloppes qu'il va recevoir (à 3, 4 ou 5 jetons), et lancer un dé qui donne le nombre d'enveloppes gagnées de la catégorie en question. Il devra déterminer le nombre de jetons qu'il reçoit.

Matériel collectif

Pour un tirage au sort :

- trois cartes marquées respectivement 3, 4 et 5, placées dans un sac ;
- un dé avec deux faces marquées 3, deux faces marquées 4 et deux faces marquées 5.
- 25 enveloppes marquées 3 contenant chacune 3 jetons.
- 25 enveloppes marquées 4 contenant chacune 4 jetons.
- 25 enveloppes marquées 5 contenant chacune 5 jetons.

La calculette n'est disponible qu'à partir de la phase 2.

Phase 1 : Appropriation et premiers calculs

ÉTAPE 1 : UN SEUL TIRAGE, RÉSOLUTION INDIVIDUELLE

Communication du problème et recherche individuelle rapide

L'enseignant présente le matériel collectif : le dé, les enveloppes des différentes catégories, les cartes avec les nombres (3, 4, 5). Il demande à un élève de venir lancer le dé. Si l'élève obtient par exemple 4, il écrit au tableau *« Dé : 4, Nombre d'enveloppes : 4 »*, puis déclare *« On va prendre 4 enveloppes. »*. Il demande à un autre élève de venir tirer une carte du sac, par exemple 5 ; et fixe la carte 5 au tableau, à côté de la valeur du dé.

« On va donc prendre des enveloppes qui ont chacune 5 jetons. »

L'enseignant affiche 4 enveloppes marquées 5 puis énonce :

« Il y a 4 enveloppes de 5 jetons chacune. Combien y a-t-il de jetons en tout dans les enveloppes ? »

Mise en commun

Après une courte recherche individuelle sur brouillon, l'enseignant demande à un élève : *« Combien trouves-tu ? »*. Puis : *« Qui a trouvé une autre réponse ? »*. Les différentes réponses sont inventoriées et écrites au tableau ; puis chacune est justifiée par ses auteurs, et leur validité est déterminée. Si nécessaire, les enveloppes sont ouvertes de façon à réaliser une validation pratique, notamment pour invalider la réponse *« 4 + 5 »*.

Enjeux

Cette situation vise à faire :

- utiliser l'addition réitérée pour calculer le nombre total d'éléments ;
- contrôler le nombre d'itérations dans l'addition réitérée d'un même nombre ;
- expliciter, et mettre en relation des expressions langagières d'élèves et des additions réitérées : *« trois fois cinq »* ;
- calculer des sommes itérées de 3, 4 ou 5 termes égaux à 3, 4 ou 5, dans le but de constituer un noyau de résultats mémorisés et débuter l'apprentissage de la table de multiplication.

Matériel

- Le contexte et les données matérielles ont pour but de donner aux élèves une bonne représentation de la situation ainsi que de permettre si nécessaire une validation pratique par dénombrement.
- Les élèves peuvent réaliser le matériel en mettant les jetons dans les enveloppes et en écrivant les nombres correspondants. On peut aussi se contenter d'enveloppes représentées :

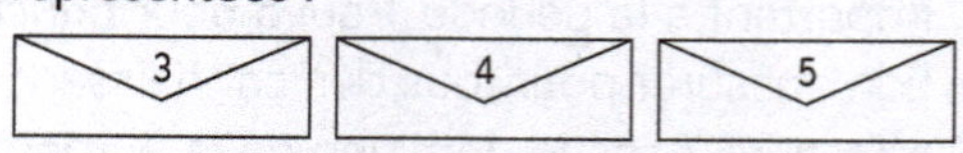

Dans la consigne, on dira alors : *« On a tiré 4 enveloppes. Dans chacune, il y aurait 5 jetons. Combien y aurait-il de jetons en tout ? »*

Enjeux de la phase 1

Permettre, par la présence effective des enveloppes, d'éliminer l'addition des deux données (répondre *« 4 + 5 »* dans l'exemple).

Mise en commun

Dans ces moments collectifs, l'enseignant se tient en retrait, en posant des questions aux élèves et en les sollicitant pour qu'ils développent, rectifient, étayent leurs explications ou leurs différentes formulations.

Matériel collectif

Le même que pour l'étape 1 (cartes, dés, enveloppes…)

Matériel individuel

- Chaque élève dispose d'une feuille avec un tableau et de la place pour la recherche (cf. Annexe 4 p. 122 et CD).

	Nombre d'enveloppes	Nombre de jetons dans une enveloppe	Nombre de jetons en tout
Mia			
Sabri			
Noa			

La calculette n'est pas disponible.

Communication du problème

L'enseignant affiche l'annexe 4 au tableau.

Il fait faire (par trois élèves successivement) un tirage pour attribuer à chacun des enfants (Mia, Sabri, Noa) les données numériques : le lancer du dé et le tirage d'une carte. Il prend alors les enveloppes correspondantes et les fixe au tableau en face des trois prénoms. Il fait inscrire les données des tirages dans les cases du tableau.

Il indique ensuite que chaque élève va recevoir une telle feuille, et devoir écrire le nombre d'enveloppes et le nombre de jetons par enveloppe pour chacun des trois enfants, puis répondre à la question : « *Combien chacun des enfants a-t-il de jetons en tout ?* »

Recherche individuelle

Chaque élève effectue sa recherche dans la partie sous le tableau et écrit la réponse pour chaque enfant dans la case de droite.

Mise en commun

Elle est organisée ligne par ligne autour des réponses données pour chacun des enfants, comme dans l'étape précédente.

Trace écrite

À ce stade, le but n'est pas de faire la liste exhaustive de toutes les écritures correspondant à un même tirage.

Collectivement, l'enseignant demande : « *Nous avons fait beaucoup de calculs ; vous allez m'aider à en faire la liste. Qui m'en propose un* » ? Il récolte les propositions et les note au tableau ou sur une affiche, sans les ranger dans un ordre quelconque.

Phase 2 : Avec de plus grands nombres

Il s'agit cette fois, dans le contexte du jeu précédent, de présenter des tirages fictifs, permettant d'augmenter le nombre d'enveloppes et le nombre de jetons par enveloppe. Les élèves sont constitués en groupes de deux ou trois. La recherche des problèmes est d'abord individuelle, puis elle est concertée au sein de chaque groupe.

Différenciation dans le temps de recherche

La recherche individuelle peut conduire à des différences importantes de temps de réalisation entre les élèves.
Comme les trois problèmes ne diffèrent que par les valeurs numériques, l'enseignant peut interrompre celle-ci quand tous les élèves ont rempli les deux premières lignes.
Lors de la mise en commun, les élèves qui n'auraient pas eu le temps de chercher pour la 3e ligne pourront néanmoins s'impliquer puisque les procédures employées sont les mêmes que dans les cas qu'ils ont traités.

Procédures observées

Par exemple, pour 4 enveloppes de 5 jetons :

- erronée, en particulier somme du nombre d'enveloppes et du nombre de jetons par enveloppe ;
- schématisation des données (enveloppes) et traces de calcul ;
- addition itérée de 4 termes égaux à 5 : en ligne avec ou sans arbre de calcul, ou en colonne, avec éventuellement l'utilisation du terme « fois » ;
- suite de « multiples » : « *5, 10, 15, 20* ».

Trace écrite

Il est utile de récapituler les résultats avec les diverses formes par lesquelles ils ont été exprimés, dans le but de commencer une liste de résultats à mémoriser. Par exemple : « *3 fois 5 c'est 15* » ; « *5 + 5 + 5 = 15* » ; « *3 + 3 + 3 + 3 + 3 = 15* » ; « *5 fois 3 c'est 15* »… ou même des dessins.

Phase 2 : choix des valeurs et présence de la calculette

Les valeurs sont données et ne dépendent plus du hasard. Ce choix a pour buts de :

- rendre couteuses les procédures utilisant des dessins ou les calculs d'additions réitérées ;
- permettre le constat de propriétés ;
- favoriser l'apparition de l'écriture multiplicative, en lien avec l'utilisation de la calculette, comme écriture simplifiée traduisant une addition réitérée.

Dans ce domaine numérique, les résultats obtenus à la calculette peuvent être mis en regard avec ceux obtenus d'une autre façon.
Le calcul d'additions réitérées à la calculette va conduire à des difficultés de gestion du nombre d'itérations. Cela peut inciter certains élèves à explorer la machine pour trouver un autre procédé, et donc à traduire un tirage de 8 enveloppes de 4 par des formulations du type « *8 enveloppes de 4, c'est 8 fois 4.* ».

Matériel collectif

- Le même tableau que celui des élèves (cf. Annexe 5 p. 123 et CD), agrandi.

Matériel individuel

- Chaque élève dispose d'une feuille avec un nouveau tableau et de la place pour la recherche.

	Nombre d'enveloppes	Nombre de jetons dans une enveloppe	Nombre de jetons en tout
Tirage 1			
Tirage 2			
Tirage 3			
Tirage 4			
Tirage 5			

La calculette est disponible.

Communication du problème

L'enseignant affiche l'annexe 5 au tableau, inscrit les données du premier tirage (4 enveloppes, 8 jetons par enveloppe) et le fait lire. Cette fois, le lancer de dé et le tirage de cartes sont simplement évoqués.

La question posée aux élèves est de nouveau : *« Combien y a-t-il de jetons dans les enveloppes ? »*

Recherche individuelle puis par groupes de 2 ou 3

Chaque élève reçoit une feuille avec le tableau ci-dessus. Il y inscrit les données du premier tirage. Chacun résout séparément.

À l'issue de la recherche individuelle, les élèves du groupe échangent sur les résultats et les procédés obtenus et se concertent pour lever les désaccords éventuels.

Lorsque la recherche par groupe est terminée, l'enseignant inscrit au tableau le deuxième tirage (8 enveloppes de 4), que les élèves inscrivent sur leur feuille. Ils effectuent leur recherche comme la première.

Les 3e, 4e et 5e tirages sont traités de la même manière (9 enveloppes de 4, 6 enveloppes de 5, 10 enveloppes de 5).

Mise en commun

Il est plus efficace de la conduire tirage par tirage.

L'écriture multiplicative peut apparaitre parce qu'un élève la connait. L'enseignant saisira l'occasion de la faire justifier (parallèlement avec l'emploi de « fois »), surtout si elle se produit après plusieurs problèmes. Sinon, il pourra mettre en parallèle les deux écritures : *« 5 + 5 + 5 + 5 + 5 + 5 = 30 » et « 6 fois 5 égale 30 »*. Et demander aux élèves : *« Savez-vous comment on écrit encore "6 fois 5" ? »*

Selon les réponses des élèves, le signe « × » pourra être introduit dès cette phase. Sinon, son introduction aura lieu à la phase suivante. Son utilisation sera mise en rapport avec le raccourci de l'écriture et la rapidité du calcul, notamment avec la calculette et la touche ×.

Trace écrite

Les nouveaux résultats (sous des formes analogues aux précédents) sont ajoutés à la liste.

Mise en commun

L'enseignant peut conduire ce temps collectif comme les précédents de la situation. Après obtention de la validation, il pourra demander *« Qui a procédé autrement ? », « Qui a trouvé un autre résultat ? »*, de façon à ce que des productions significativement différentes, par le résultat ou le procédé, puissent être présentées, contrôlées et validées.
L'enseignant veillera à ce que des constats d'élèves soient reformulés par d'autres, sur :

- la commutativité (sans introduire le terme) :
  - *« 4 enveloppes de 8, c'est comme 8 enveloppes de 4 »* ou *« 6 enveloppes de 5, ce serait comme 5 enveloppes de 6 »* ;
  - en transformant le calcul *« n fois p »* en *« p fois n »*, en particulier si n est grand par rapport à p (par exemple *« 9 fois 4 »* remplacé par *« 4 fois 9 »*) ;
  - et en particulier « 10 fois p » en « p fois 10 » pour utiliser des résultats mis en œuvre en numération.
- le fait que certains résultats peuvent être trouvés à partir d'autres : *« 9 enveloppes de 4, c'est comme 8 enveloppes de 4 avec encore une enveloppe »* ;
- le fait que la calculette permet d'avoir tout de suite le résultat, ce qui conduit à une écriture comme *« 8 × 4 = 32 »*.

Phase 3 : Création de répertoires

ÉTAPE 1 : RASSEMBLER CALCULS ET RÉSULTATS

Matériel

- Un tableau de calculs et de résultats (cf. Annexe 6 p. 124 et CD), reprenant ceux qui ont été réalisés au cours des phases précédentes (établis en collectif) et complétés par d'autres. Ces calculs et résultats sont classés en regroupant ceux qui sont du même type.

	Quel tirage ?
	.... enveloppes de .... jetons
••• + ••• + ••• + ••• + ••• + ••• = 18	.... enveloppes de .... jetons
•••• + •••• + •••• + •••• + •••• + •••• = 24	.... enveloppes de .... jetons
••• + ••• + ••• + ••• + ••• + ••• + ••• = 21	.... enveloppes de .... jetons
3 6 9 12 15 18	.... enveloppes de .... jetons
4 8 12 16 20 24 28 32	.... enveloppes de .... jetons
3 6 9 12 15 18 21	.... enveloppes de .... jetons
5 + 5 + 5 + 5 + 5 + 5 + 5 + 5 + 5 + 5 = 50	.... enveloppes de .... jetons
4 + 4 + 4 + 4 + 4 + 4 + 4 + 4 = 32	.... enveloppes de .... jetons
5 + 5 + 5 + 5 + 5 + 5 = 30	.... enveloppes de .... jetons
3 + 3 + 3 + 3 + 3 + 3 = 18	.... enveloppes de .... jetons
3 + 3 + 3 + 3 + 3 + 3 + 3 = 21	.... enveloppes de .... jetons
8 x 4 = 32	.... enveloppes de .... jetons
7 x 3 = 21	.... enveloppes de .... jetons
6 x 5 = 30	.... enveloppes de .... jetons
10 x 5 = 50	.... enveloppes de .... jetons
8 x 3 = 24	.... enveloppes de .... jetons

La liste est affichée en grand au tableau (format A3) et disponible en un exemplaire par binôme, en A4.

La calculette est disponible.

Communication du problème

« Dans les séances précédentes, nous avons trouvé les résultats des tirages de différentes manières ; par exemple... »

L'enseignant reprend un des tirages de la phase 2 et présente diverses écritures qui ont été produites : *« Ce sont des écritures qui traduisent le même tirage. »*

Il poursuit, en affichant le tableau de calculs et de résultats : *« J'ai regroupé dans la première colonne de ce tableau des écritures que j'ai classées ; vous en avez trouvées certaines ; sur cette ligne, des dessins ; sur cette ligne, des listes de nombres ; sur celle-là, des additions... À votre avis, que vous faudra-t-il faire ? »*

Il conclut en résumant la tâche des élèves : *« Pour chaque écriture, vous chercherez de quels tirages elle peut venir. Vous l'indiquerez dans la seconde colonne en répondant aux deux questions : Combien d'enveloppes ? Combien de jetons par enveloppe ? »*
L'enseignant distribue la fiche aux binômes.

Enjeu de la phrase 3
Établir l'équivalence entre les écritures permettant de trouver le résultat d'un même tirage et comprendre l'intérêt des écritures multiplicatives.

Tableau des calculs et des résultats classés
L'enseignant pourra construire son propre tableau, s'il le souhaite.
Il peut être constitué, par exemple :
- ⓐ de dessins ;
- ⓑ d'écritures mixtes liant représentations symboliques et écriture mathématique ;
- ⓒ d'écritures correspondant à des calculs progressifs de p en p ;
- ⓓ d'écritures additives ;
- ⓔ d'écritures multiplicatives.

En faisant chercher des écritures correspondant à un même tirage (et un même résultat), l'objectif est de permettre aux élèves de passer d'une écriture à une autre.
Pour les écritures ⓐ, ⓑ, ⓒ et ⓓ, on peut trouver le résultat mentalement, ou par écrit. Les écritures multiplicatives nécessitent la calculette ; les écritures de type *« 8 × 4 »* traduisent plus facilement le tirage de 8 enveloppes de 4 que l'écriture *« 4 + 4 + 4 + 4 + 4 + 4 + 4 + 4 »* qui nécessite de recompter les 4.

Recherche par groupes de 2

Les élèves cherchent à répondre à ces questions. L'enseignant contrôle les réponses : il recherche les erreurs, leurs causes. Si cela s'avère nécessaire, en raison de nombreuses erreurs, il conduira un rapide temps collectif pour les faire examiner et les rectifier.

Consigne

« Maintenant, vous allez répondre à une autre consigne. Dans la première colonne, il y a des écritures. Coloriez de la même couleur celles qui correspondent au même tirage. »

Recherche par groupes de 2

Si nécessaire, l'enseignant peut aider à voix basse certains binômes, en prenant un exemple de tirage et en leur demandant s'ils peuvent en trouver d'autres identiques.

Mise en commun

Pour la première écriture, les différentes réponses (tirage et écritures) proposées par les groupes sont écrites au tableau, discutées, validées (leur correspondance à un même tirage est vérifiée). Elles sont inscrites sur la grande liste collective établie dans les phases précédentes.
On procède de même pour les autres écritures.

Temps collectif : prise de distance

La liste complétée est toujours affichée. L'enseignant montre une écriture, et demande : « Comment peut-on trouver le résultat ? » Par exemple : *« Pour "5 + 5 + 5 + 5 + 5", comment trouver 25 ? »*
On attend que les élèves répondent : *« Je calcule dans ma tête. »* ou *« J'écris "5 + 5 = 10, 5 + 5 = 10, 10 + 10 + 5 = 25"… »*, ou si le signe « × » est apparu précédemment, *« Je tape "5 × 5". »*

ÉTAPE 2 : REPRISES DANS LES TEMPS DE CALCUL MENTAL

On refait plusieurs parties dans les temps de calcul mental ; on complète, lors d'une mise en commun rapide, la liste de résultats. Ensuite, une discussion est conduite de façon à ce que les élèves expriment leur avis (et le justifient) à propos de l'emploi des modes d'écritures considérés.

Phase 4 : Vers les tables de multiplication

ÉTAPE 1 : COMPLÉTER LES RÉPERTOIRES

Matériel collectif

- Un document constitué de trois répertoires (cf. Annexe 7 p. 125 et CD), qui ont été établis à partir de liste complétée au fur et à mesure des phases précédentes.

8 × 4 = 32	3 6 9 12 15 18	5 + 5 + 5 + 5 + 5 + 5 = 30
7 × 3 = 21	4 8 12 16 20 24 28 32	4 + 4 + 4 + 4 + 4 + 4 + 4 + 4 = 32
6 × 5 = 30	3 6 9 12 15 18 21	5 + 5 + 5 + 5 + 5 + 5 + 5 = 35
10 × 5 = 50	5 10 15 20 25 30 35 40 45 50	3 + 3 + 3 + 3 + 3 + 3 + 3 = 21
8 × 3 = 24	3 6 9 12 15 18 21 24	5 + 5 + 5 + 5 + 5 + 5 + 5 + 5 = 40
6 × 3 = 18	5 10 15 20 25 30 35	5 + 5 + 5 + 5 + 5 + 5 + 5 + 5 + 5 + 5 = 50
7 × 4 = 28	4 8 12 16 20 24 28 32 36 40	3 + 3 + 3 + 3 + 3 + 3 = 18
7 × 5 = 35	5 10 15 20 25 30 35 40	4 + 4 + 4 + 4 + 4 + 4 + 4 + 4 + 4 + 4 = 40
10 × 4 = 40	3 6 9 12 15 18 21 24 27 30	3 + 3 + 3 + 3 + 3 + 3 + 3 + 3 + 3 + 3 = 30
10 × 3 = 30	5 10 15 20 25 30	4 + 4 + 4 + 4 + 4 + 4 + 4 = 28
8 × 5 = 40	4 8 12 16 20 24	4 + 4 + 4 + 4 + 4 + 4 = 24

Enjeux de la mise en commun :

- valider les propositions des élèves ;
- faire apparaitre clairement les écritures équivalentes et institutionnaliser l'écriture multiplicative ;
- associer les résultats (en vue de renforcer la mémorisation).

Les écritures par dessins sont abandonnées, si cela n'a pas déjà été fait, car elles sont trop longues.
L'écriture avec le signe « × », si elle ne l'a pas été auparavant, est institutionnalisée à ce moment, parce qu'elle fait écho à la formulation verbale (avec le mot « fois »), parce qu'elle simplifie les sommes réitérées, et parce qu'elle est plus adaptée à la calculette.

Prise de distance

Cette prise de distance a pour but de faire ressortir d'autres caractéristiques des écritures, relativement à leur calcul.

Enjeu de l'étape 1

On attend que l'intérêt des écritures multiplicatives soit perçu par un nombre croissant d'élèves : « n × p » s'interprète aisément en termes de « n enveloppes de p jetons ». On attend aussi qu'ils s'aperçoivent qu'il faut mettre de l'ordre dans les répertoires, notamment ceux qui sont les plus utilisés, c'est-à-dire les répertoires multiplicatifs.

Matériel

Ces répertoires présentent des lacunes que le travail permettra de réduire.

Matériel pour un groupe de 2

- Un tableau de résultats sur le modèle suivant (cf. CD) :

	Tirage	Résultat
n°1	… enveloppes de … jetons	
n°2	… enveloppes de … jetons	
…		

- Deux feuilles A3.

La calculette n'est pas disponible.

Communication du problème

L'enseignant signale que la calculette n'est pas disponible et qu'il faudra se servir le plus possible des résultats déjà établis.

Les trois répertoires sont affichés au tableau. L'enseignant les présente. Il fournit aussi à chaque groupe un tableau de résultats.

Il indique ensuite : *« On va faire comme si c'était de vrais tirages, de manière rapide : tirage d'une carte, et tirage d'une catégorie d'enveloppes. Il vous faudra noter, dans les cases du tableau, les tirages et le résultat correspondant. Vous pouvez utiliser les résultats des répertoires affichés. »*

Recherche rapide par groupe de 2 et mise en commun

Les résultats sont validés par échanges entre les groupes et avec la calculette. Seuls les cas de désaccord font l'objet d'une mise en commun. Les élèves explicitent comment ils ont procédé, en particulier s'ils ont utilisé un des répertoires. Les nouveaux résultats sont adjoints aux précédents dans les répertoires.

ÉTAPE 2 : ORGANISER LES RÉPERTOIRES

Les élèves, toujours par groupes, reçoivent une feuille A3 vierge et un feutre. L'enseignant leur demande : *« Tous ces résultats sont bien mélangés… Sur la feuille, réécrivez-les en les remettant en ordre. »* Les élèves devraient privilégier les écritures multiplicatives. La mise en commun porte sur les différentes organisations (en voir un exemple ci-contre).

ÉTAPE 3 : DES RÉPERTOIRES AUX TABLES

Consigne

« On voudrait savoir très rapidement combien il y aurait de jetons si on tirait 5, 6… jusqu'à 20 enveloppes de 3 jetons ! Que nous faudrait-il faire ? » Puis : *« Écrivez sur la feuille la liste des résultats : "2 × 3 =", "3 × 3 ="… jusqu'à "20 × 3 =". Jusqu'à "10 x 3", cela s'appelle la table de 3. »* (cf. Annexe 8 p. 126)

Recherche par groupes de 2

Les élèves effectuent leur recherche sur une nouvelle feuille A3.

Mise en commun

Les tables sont présentées ; les résultats sont contrôlés ; les procédés (dont les nouveaux) sont explicités et comparés.

Reprise pour la table de 4 et la table de 5

À ce stade, les élèves devraient s'apercevoir de la lourdeur des calculs successifs et de l'avantage apporté par un répertoire mémorisé bien organisé. Ils peuvent aussi remarquer que différents tirages peuvent conduire au même nombre de jetons : 24, 36, 48, 60…

Choix des tirages

L'enseignant peut s'organiser pour choisir quelques tirages figurant dans le répertoire, puis des tirages n'y figurant pas.

Enjeu de l'étape 2

Organiser et étendre des répertoires.
Cette phase donne aux élèves un moyen économique pour trouver les résultats sans être obligés, à chaque fois, de tout recalculer ou d'utiliser la calculette.

Exemples attendus d'organisation des répertoires

A	B			C
6 x 3 = 18	6 x 3 = 18	6 x 4 = 24	6 x 5 = 30	6 x 3 = 18
7 x 3 = 21	7 x 3 = 21	7 x 4 = 28	7 x 5 = 35	6 x 4 = 24
8 x 3 = 24	8 x 3 = 24	8 x 4 = 32	8 x 5 = 40	6 x 5 = 30
10 x 3 = 30	10 x 3 = 30	10 x 4 = 40	10 x 5 = 50	7 x 3 = 21
6 x 4 = 24				7 x 4 = 28
7 x 4 = 28				7 x 5 = 35
8 x 4 = 32				8 x 3 = 24
10 x 4 = 40				8 x 4 = 32
6 x 5 = 30				8 x 5 = 40
7 x 5 = 35				10 x 3 = 30
8 x 5 = 40				10 x 4 = 40
10 x 5 = 50				10 x 5 = 50

Enjeu de l'étape 3

Établir des tables de multiplication.
Mémoriser certains résultats multiplicatifs.

Procédures

Les élèves peuvent s'appuyer sur des résultats déjà établis (par exemple, « 9 × 3 » peut être obtenu à partir de « 8 × 3 » en ajoutant 3, comme « 11 × 3 » à partir de « 10 × 3 »). Certains reviendront à l'addition réitérée pour calculer de tels produits.

Annexe 4 TABLEAU POUR « LES ENVELOPPES »
(PHASE 1, ÉTAPE 2 - MATÉRIEL POUR 2 ÉLÈVES)

Prénom : ………………………………

	Nombre d'enveloppes	Nombre de jetons dans une enveloppe	Nombre de jetons en tout
Mia			
Sabri			
Noa			

Prénom : ………………………………

	Nombre d'enveloppes	Nombre de jetons dans une enveloppe	Nombre de jetons en tout
Mia			
Sabri			
Noa			

Annexe 5 TABLEAU POUR « LES ENVELOPPES » (PHASE 2 – MATÉRIEL POUR 2 ÉLÈVES)

Prénom : ....

	Nombre d'enveloppes	Nombre de jetons dans une enveloppe	Nombre de jetons en tout
Tirage 1			
Tirage 2			
Tirage 3			
Tirage 4			
Tirage 5			

Prénom : ....

	Nombre d'enveloppes	Nombre de jetons dans une enveloppe	Nombre de jetons en tout
Tirage 1			
Tirage 2			
Tirage 3			
Tirage 4			
Tirage 5			

Annexe 6 TABLEAU POUR « LES ENVELOPPES » (PHASE 3 – MATÉRIEL POUR 1 GROUPE)

Prénoms : ....

	Quel tirage ?
	.... enveloppes de .... jetons
••• + ••• + ••• + ••• + ••• + ••• = 18	.... enveloppes de .... jetons
•••• + •••• + •••• + •••• + •••• + •••• = 24	.... enveloppes de .... jetons
••• + ••• + ••• + ••• + ••• + ••• + ••• = 21	.... enveloppes de .... jetons
3 6 9 12 15 18	.... enveloppes de .... jetons
4 8 12 16 20 24 28 32	.... enveloppes de .... jetons
3 6 9 12 15 18 21	.... enveloppes de .... jetons
5 + 5 + 5 + 5 + 5 + 5 + 5 + 5 + 5 + 5 = 50	.... enveloppes de .... jetons
4 + 4 + 4 + 4 + 4 + 4 + 4 + 4 = 32	.... enveloppes de .... jetons
5 + 5 + 5 + 5 + 5 + 5 = 30	.... enveloppes de .... jetons
3 + 3 + 3 + 3 + 3 + 3 = 18	.... enveloppes de .... jetons
3 + 3 + 3 + 3 + 3 + 3 + 3 = 21	.... enveloppes de .... jetons
8 x 4 = 32	.... enveloppes de .... jetons
7 x 3 = 21	.... enveloppes de .... jetons
6 x 5 = 30	.... enveloppes de .... jetons
10 x 5 = 50	.... enveloppes de .... jetons
8 x 3 = 24	.... enveloppes de .... jetons

Annexe 7 RÉPERTOIRES POUR « LES ENVELOPPES » (PHASE 4 - MATÉRIEL POUR LE TABLEAU)

$8 \times 4 = 32$	3 6 9 12 15 18	$5 + 5 + 5 + 5 + 5 + 5 = 30$
$7 \times 3 = 21$	4 8 12 16 20 24 28 32	$4 + 4 + 4 + 4 + 4 + 4 + 4 + 4 = 32$
$6 \times 5 = 30$	3 6 9 12 15 18 21	$5 + 5 + 5 + 5 + 5 + 5 + 5 = 35$
$10 \times 5 = 50$	5 10 15 20 25 30 35 40 45 50	$3 + 3 + 3 + 3 + 3 + 3 + 3 = 21$
$8 \times 3 = 24$	3 6 9 12 15 18 21 24	$5 + 5 + 5 + 5 + 5 + 5 + 5 + 5 = 40$
$6 \times 3 = 18$	5 10 15 20 25 30 35	$5 + 5 + 5 + 5 + 5 + 5 + 5 + 5 + 5 + 5 = 50$
$7 \times 4 = 28$	4 8 12 16 20 24 28 32 36 40	$3 + 3 + 3 + 3 + 3 + 3 = 18$
$7 \times 5 = 35$	5 10 15 20 25 30 35 40	$4 + 4 + 4 + 4 + 4 + 4 + 4 + 4 + 4 + 4 = 40$
$10 \times 4 = 40$	3 6 9 12 15 18 21 24 27 30	$3 + 3 + 3 + 3 + 3 + 3 + 3 + 3 + 3 + 3 = 30$
$10 \times 3 = 30$	5 10 15 20 25 30	$4 + 4 + 4 + 4 + 4 + 4 + 4 = 28$
$8 \times 5 = 40$	4 8 12 16 20 24	$4 + 4 + 4 + 4 + 4 + 4 = 24$

Annexe 8 TABLES DE MULTIPLICATION

(PHASE 4 - MATÉRIEL POUR 2 ÉLÈVES)

TABLES DE MULTIPLICATION

Table de 2	Table de 3	Table de 4
1 × 2 = 2	1 × 3 = 3	1 × 4 = 4
2 × 2 = 4	2 × 3 = 6	2 × 4 = 8
3 × 2 = 6	3 × 3 = 9	3 × 4 = 12
4 × 2 = 8	4 × 3 = 12	4 × 4 = 16
5 × 2 = 10	5 × 3 = 15	5 × 4 = 20
6 × 2 = 12	6 × 3 = 18	6 × 4 = 24
7 × 2 = 14	7 × 3 = 21	7 × 4 = 28
8 × 2 = 16	8 × 3 = 24	8 × 4 = 32
9 × 2 = 18	9 × 3 = 27	9 × 4 = 36
10 × 2 = 20	10 × 3 = 30	10 × 4 = 40

Table de 5	Table de 6	Table de 7
1 × 5 = 5	1 × 6 = 6	1 × 7 = 7
2 × 5 = 10	2 × 6 = 12	2 × 7 = 14
3 × 5 = 15	3 × 6 = 18	3 × 7 = 21
4 × 5 = 20	4 × 6 = 24	4 × 7 = 28
5 × 5 = 25	5 × 6 = 30	5 × 7 = 35
6 × 5 = 30	6 × 6 = 36	6 × 7 = 42
7 × 5 = 35	7 × 6 = 42	7 × 7 = 49
8 × 5 = 40	8 × 6 = 48	8 × 7 = 56
9 × 5 = 45	9 × 6 = 54	9 × 7 = 63
10 × 5 = 50	10 × 6 = 60	10 × 7 = 70

Table de 8	Table de 9	Table de 10
1 × 8 = 8	1 × 9 = 9	1 × 10 = 10
2 × 8 = 16	2 × 9 = 18	2 × 10 = 20
3 × 8 = 24	3 × 9 = 27	3 × 10 = 30
4 × 8 = 32	4 × 9 = 36	4 × 10 = 40
5 × 8 = 40	5 × 9 = 45	5 × 10 = 50
6 × 8 = 48	6 × 9 = 54	6 × 10 = 60
7 × 8 = 56	7 × 9 = 63	7 × 10 = 70
8 × 8 = 64	8 × 9 = 72	8 × 10 = 80
9 × 8 = 72	9 × 9 = 81	9 × 10 = 90
10 × 8 = 80	10 × 9 = 90	10 × 10 = 100

TABLES DE MULTIPLICATION

Table de 2	Table de 3	Table de 4
1 × 2 = 2	1 × 3 = 3	1 × 4 = 4
2 × 2 = 4	2 × 3 = 6	2 × 4 = 8
3 × 2 = 6	3 × 3 = 9	3 × 4 = 12
4 × 2 = 8	4 × 3 = 12	4 × 4 = 16
5 × 2 = 10	5 × 3 = 15	5 × 4 = 20
6 × 2 = 12	6 × 3 = 18	6 × 4 = 24
7 × 2 = 14	7 × 3 = 21	7 × 4 = 28
8 × 2 = 16	8 × 3 = 24	8 × 4 = 32
9 × 2 = 18	9 × 3 = 27	9 × 4 = 36
10 × 2 = 20	10 × 3 = 30	10 × 4 = 40

Table de 5	Table de 6	Table de 7
1 × 5 = 5	1 × 6 = 6	1 × 7 = 7
2 × 5 = 10	2 × 6 = 12	2 × 7 = 14
3 × 5 = 15	3 × 6 = 18	3 × 7 = 21
4 × 5 = 20	4 × 6 = 24	4 × 7 = 28
5 × 5 = 25	5 × 6 = 30	5 × 7 = 35
6 × 5 = 30	6 × 6 = 36	6 × 7 = 42
7 × 5 = 35	7 × 6 = 42	7 × 7 = 49
8 × 5 = 40	8 × 6 = 48	8 × 7 = 56
9 × 5 = 45	9 × 6 = 54	9 × 7 = 63
10 × 5 = 50	10 × 6 = 60	10 × 7 = 70

Table de 8	Table de 9	Table de 10
1 × 8 = 8	1 × 9 = 9	1 × 10 = 10
2 × 8 = 16	2 × 9 = 18	2 × 10 = 20
3 × 8 = 24	3 × 9 = 27	3 × 10 = 30
4 × 8 = 32	4 × 9 = 36	4 × 10 = 40
5 × 8 = 40	5 × 9 = 45	5 × 10 = 50
6 × 8 = 48	6 × 9 = 54	6 × 10 = 60
7 × 8 = 56	7 × 9 = 63	7 × 10 = 70
8 × 8 = 64	8 × 9 = 72	8 × 10 = 80
9 × 8 = 72	9 × 9 = 81	9 × 10 = 90
10 × 8 = 80	10 × 9 = 90	10 × 10 = 100

LA MUTIPLICATION AU CE1

QUELLES CONNAISSANCES INITIALES ?

En arrivant au CE1, les élèves ont déjà rencontré des « **problèmes multiplicatifs** ». Dès la GS, ils ont pu résoudre des **problèmes de distribution ou de partage**[5]. Au CP, pour répondre à des questions posées lors de l'apprentissage de la numération comme *« Combien de bâtons dans ces 5 enveloppes de 10 ? »* ou *« Combien de dizaines dans 63 ? »*, ils ont développé des procédures de groupements pour résoudre implicitement des problèmes de multiplication ou de division par 10. Dès la GS, beaucoup d'entre eux connaissent déjà des expressions en relation avec la multiplication comme « deux fois six ». Et au CP, en jouant au MINI-YAM[6], pour formuler leur score avec 3 dés de 6, ils ont pu calculer « 6 + 6 + 6 » et très vite affirmer *« 3 fois 6, ça fait 18. »*.
De plus, à la période 3 du CE1, nous considérons que les élèves disposent d'une aisance suffisante dans les procédures de calculs additifs pour les utiliser dans de nouveaux problèmes.

QUELS PROBLÈMES PROPOSER ?

Nous proposons, pour introduire la multiplication, des problèmes liés à des dénombrements d'ensembles qui regroupent le même nombre d'éléments. Dans ces problèmes, les élèves vont pouvoir s'appuyer sur l'addition réitérée, et la multiplication va apparaitre progressivement comme un nouvel outil de calcul.

Dans la situation LES ENVELOPPES, les problèmes posés à l'élève sont du type : *« J'ai gagné 5 enveloppes contenant chacune 4 jetons. Combien ai-je gagné de jetons ? »* (problème 1).

Mais à partir du même contexte, l'élève peut aussi être amené à résoudre des problèmes comme :

- ✔ *« Avec des enveloppes contenant toutes 4 jetons, j'ai gagné 20 jetons. Combien y avait-il d'enveloppes ? »* (problème 2)
- ✔ *« Avec 5 enveloppes pareilles, j'ai gagné 20 jetons. Combien y avait-il de jetons dans chaque enveloppe ? »* (problème 3).

Ainsi, dans ce type de situation, l'élève peut :

- ✔ analyser la collection en jeu comme constituée de sous-collections identiques et en tirer des informations pour chercher le nombre d'éléments de la collection toute entière (problème 1), ou bien le nombre d'itérations (problème 2), ou encore le nombre d'éléments de chaque sous-collection (problème 3) ;
- ✔ envisager des procédures de résolution s'appuyant sur une répétition d'actions, associées à des ajouts ou retraits successifs d'une même quantité.

Dans ce sens, les problèmes relevant de la multiplication, de la division ou de la proportionnalité appartiennent au même champ conceptuel : celui des structures multiplicatives décrit par G. Vergnaud.

QUELLES PROCÉDURES DE CALCUL POUR ABORDER CES PROBLÈMES AU CE1 ?

De quelle manière un élève de CE1 peut-il élaborer des procédures pour calculer un produit en dehors du comptage d'objets réels ou représentés ? Dans quelle mesure est-il capable de décomposer un produit pour le calculer plus facilement ?
Pour répondre à ces questions, nous pouvons nous appuyer sur les procédures des élèves dans la situation LES ENVELOPPES.

Dans une classe de 26 élèves, après une phase d'appropriation de la situation, l'enseignant affiche au tableau l'énoncé suivant

> Au jeu des enveloppes,
> Sophie a reçu 5 enveloppes de 4 jetons,
> Édouard a reçu 3 enveloppes de 5 jetons,
> Pauline a reçu 3 enveloppes de 4 jetons.
> Combien de jetons a gagné chaque enfant ?

Sur 26 élèves, 19 utilisent des procédures relevant de l'addition réitérée, avec une diversité importante :

- ✔ additions réitérées du nombre de jetons par enveloppes en lignes (5 élèves) ou en colonnes (3) ou autres (2) ;

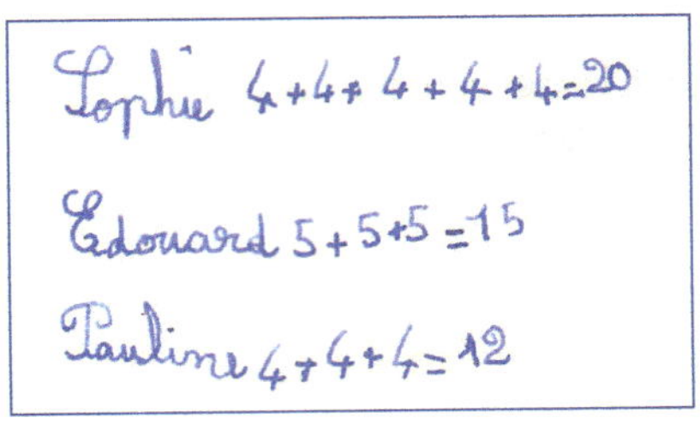

5. Cf. ERMEL GS, « Des nombres pour partager », p. 112 à 131.
6. Cf. Les essentielles CP p. 124.

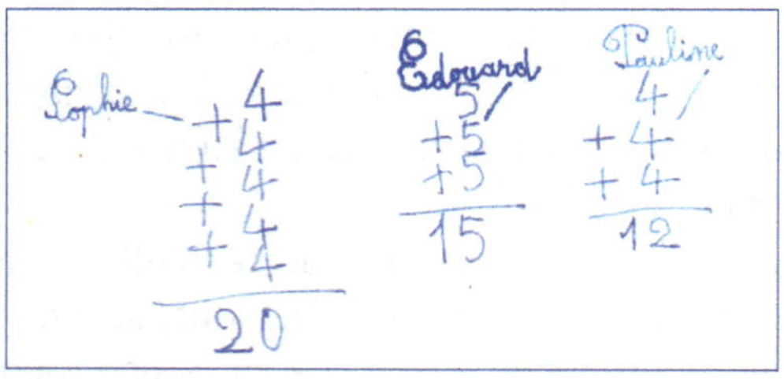

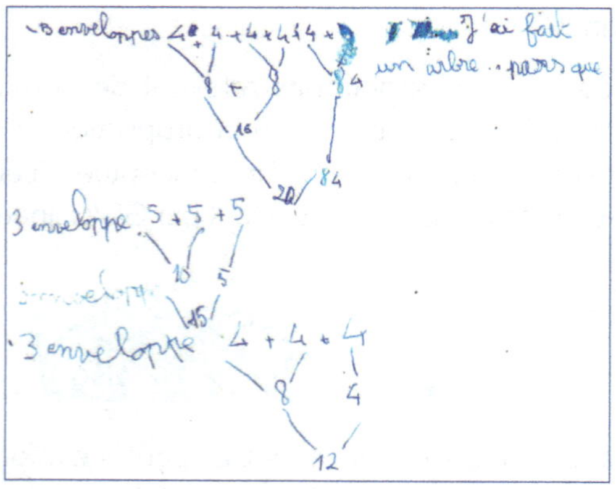

✔ approche du nombre par des itérations dont l'organisation reste implicite (ou opportuniste) (6) ;

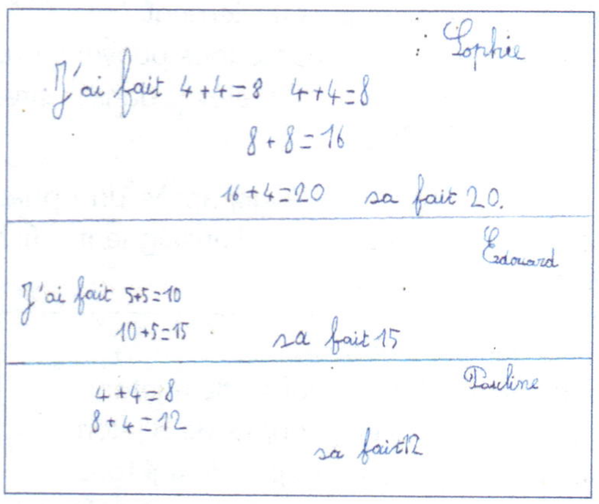

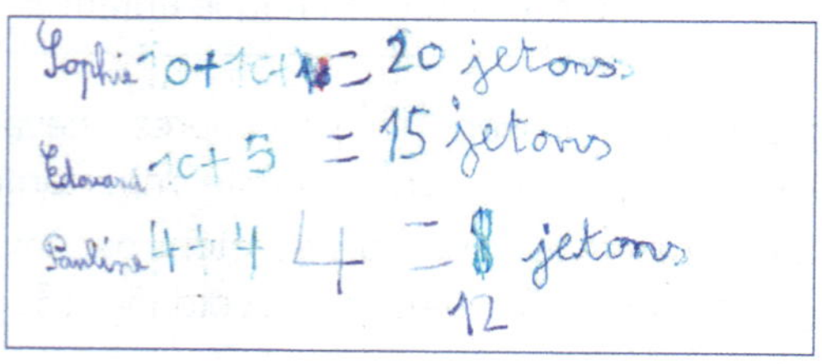

✔ additions réitérées et utilisation du mot « fois » (3)[7] ;

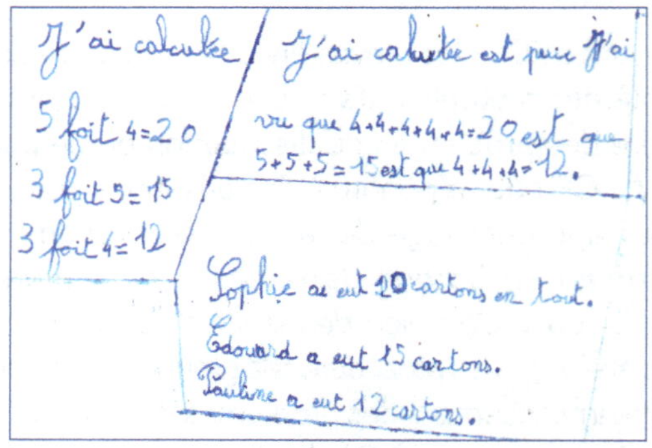

Dans ce contexte familier s'appuyant sur le jeu, la plupart des élèves n'ont pas été surpris par ce problème, et ils ont pu s'appuyer sur leur maitrise des procédures de résolution des problèmes additifs. Les nombres correspondant aux deux grandeurs en jeu d'une part (nombre d'enveloppes et nombres de jetons par enveloppes), et leurs statuts différents dans l'itération d'autre part sont bien identifiés. Les élèves ont ainsi pu faire évoluer leurs procédures et dépasser le stade des problèmes additifs « classiques » à deux termes.
On peut souligner que, sur cet exemple simple, le contrôle des sommes partielles dans les regroupements de termes est bien maitrisé.

Les autres élèves utilisent :

✔ une procédure s'appuyant sur des dessins figuratifs et un comptage ou un calcul mental (1) ;

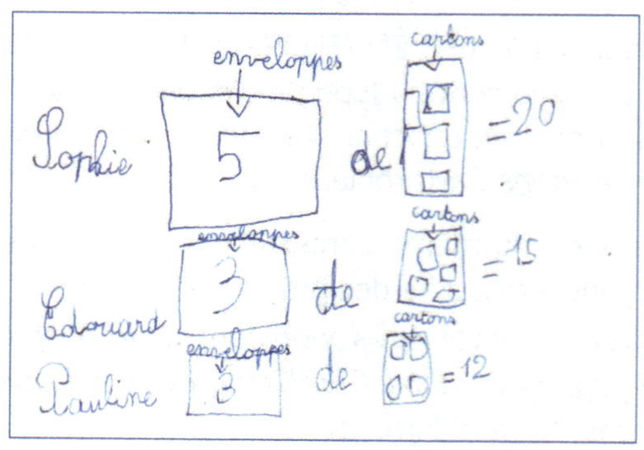

7. Dans cette séance, l'enseignant a utilisé des « cartons » et non des « jetons ». Certains élèves ont transformé d'eux-mêmes l'énoncé en employant le terme « cartons » à la place du terme « jetons ». C'est pourquoi les deux termes apparaissent dans les productions des élèves.

- ✔ une procédure non adaptée indiquant une mauvaise compréhension du problème (6).

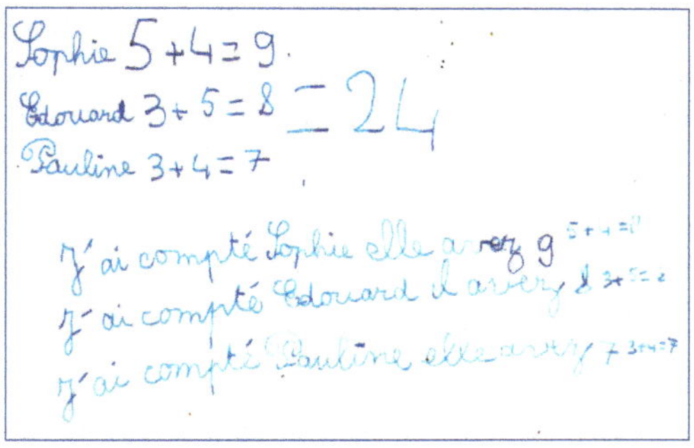

On peut faire l'hypothèse que les 6 élèves qui n'ont pas pu mettre en place une procédure adaptée se sont retrouvés confrontés à deux grandes catégories de difficultés identifiées pour ces problèmes :

- ✔ l'analyse de la collection à dénombrer comme réunion de sous-collections ayant le même nombre d'éléments ;
- ✔ la prise en compte ou la gestion du nombre d'itérations dans les calculs.

La reprise de ce problème avec d'autres valeurs, l'explicitation et l'analyse des productions lors des mises en commun, la formulation des propriétés déjà identifiées par certains élèves permettent l'identification de l'itération, la mise en relation de procédures additives et des écritures multiplicatives.

QUELLES ÉVOLUTIONS DES PROCÉDURES ET DES OUTILS DE CALCUL À L'ISSUE DE CETTE SITUATION ?

Les formulations

La résolution de ce type de problèmes conduit tout naturellement l'élève à des verbalisations du type « a fois b » en relation avec la répétition d'une même action ou la présence permanente d'un même groupement.
D'autres expressions plus contextualisées comme « 5 enveloppes de 4 » ou « 5 rangées de 4 » sont fréquentes.
Dans tous les cas, elles font apparaitre les deux termes pertinents : **le nombre d'itérations** et **la valeur à itérer**.

Le répertoire multiplicatif

La situation LES ENVELOPPES va ainsi permettre d'initier un répertoire multiplicatif avec des résultats que les élèves vont progressivement mémoriser (du type « 5 fois 4 égale 20 ») à partir des différents problèmes rencontrés. Cette démarche sera motivée par le caractère répétitif de certains calculs, leur difficulté croissante en augmentant les nombres dans des situations évoquées, et la possibilité accrue d'avoir déjà rencontré le produit recherché.

Ces premiers résultats mémorisés peuvent servir à en calculer de nouveaux. Ainsi, pour trouver le nombre de jetons obtenus avec 6 enveloppes de 4 jetons, on peut calculer « 4 + 4 + 4 + 4 + 4 + 4 » soit « 20 + 4 » si l'on sait que « 5 fois 4 = 20 ».

Le signe « x »

Par ailleurs, dans la construction de cette nouvelle opération, il est important qu'elle soit rapidement identifiée par un signe et donc des écritures multiplicatives. La calculatrice va être un outil essentiel pour cela. Les élèves vont pouvoir constater que la séquence de touches [5] [x] [4] [=] donne le même résultat que [4] [+] [4] [+] [4] [+] [4] [+] [4] [=] ou que le calcul sans machine de « 5 fois 4 ». On pourra ainsi remplacer progressivement l'écriture « a fois b » par « a x b » tout en continuant à la lire « a fois b » dans un premier temps.

La multiplication, une opération commutative

De la même façon, la répétition des tirages dans le jeu va permettre d'identifier la commutativité de l'opération en construction par identités de résultats. En effet, la multiplication est commutative, ce qui signifie que 4 x 5 = 5 x 4. Ce point est délicat dans la mesure où l'opération s'appuie sur une action qui elle n'est pas commutative. Ainsi, 5 enveloppes de 4 jetons, c'est « 4 + 4 + 4 + 4 + 4 » soit « 5 fois 4 » tandis que 4 enveloppes de 5 jetons, c'est « 5 + 5 + 5 + 5 » soit « 4 fois 5 ». Mais, dans les deux cas, on obtient 20 jetons soit « 5 × 4 = 20 » ou « 4 × 5 = 20 ».

ENTRAINEMENT ET AUTOMATISMES

QUEL ENJEU DES ACTIVITÉS D'ENTRAINEMENT ?

Apprendre c'est aussi s'entrainer à utiliser ses acquis. Les activités d'accompagnement que nous proposons peuvent comporter une dimension « entrainement ». Elles permettent de mettre à l'épreuve les apprentissages réalisés dans les problèmes, de les réinvestir dans un autre contexte que celui dans lequel ils sont apparus, mais aussi de tester leur efficacité. De plus, elles jouent un rôle important dans l'automatisation progressive des techniques construites dans les problèmes.

Un exemple de jeu qui favorise l'extension de procédures et l'automatisation

En période 3, les JEUX DE MARIAGES (p. 132) visent la mémorisation ou la reconstruction très rapide de résultats additifs utilisant les dizaines. Cet objectif n'est pas nouveau. Depuis le début du CE1, il a été au cœur des apprentissages dans plusieurs situations avec des contextes variés (LA BOITE JAUNE, SUR LA PISTE) ou dans des activités d'accompagnement (LES CARTES RECTO-VERSO, LA CIBLE DES DIZAINES…) Ces jeux vont permettre l'utilisation de résultats mémorisés et la réactivation de procédures mentales déjà en place. En prenant appui sur les décompositions additives de 10 très utilisées dans les calculs depuis plusieurs semaines, ils vont systématiser celles de 20 afin qu'elles passent du statut de calculs reconstruits à celui de résultats mémorisés immédiatement disponibles.

De la même façon, le passage par la dizaine supérieure ou la dizaine inférieure est essentiel dans la plupart des procédures mentales de calculs de sommes ou de compléments. La situation SUR LA PISTE a permis de travailler cette technique avec l'appui de la représentation sur la droite numérique. Ainsi, pour déterminer le complément de 142 à 155 (142 + ? = 155), une stratégie pertinente consiste à commencer par : *« De 142 à 150, il y a 8. »*. Le second JEU DE MARIAGES vise la systématisation de cette étape, sans contexte ni support écrit, pour qu'elle devienne un automatisme disponible dans des procédures mentales de calcul ultérieures.

Donner du sens à la répétition et favoriser la mémorisation

D'une part, la répétition inhérente aux jeux permet de justifier et donc de donner du sens à la mémorisation de certains résultats ; elle représente une économie de charge de travail, un gain d'efficacité et de temps. *« Je mémorise parce que j'ai pu constater que cela me sert régulièrement. »* Sans ces activités régulières, la mémorisation est une contrainte essentiellement scolaire.

D'autre part, la répétition, l'utilisation régulière des résultats facilitent la mémorisation. *« C'est parce que j'ai souvent besoin d'un résultat que je le mémorise, et c'est en l'utilisant souvent que je le mémorise. »*

Par ailleurs, il ne faut pas négliger la dimension « plaisir » de la répétition. Une fois que les élèves ont mémorisé ou acquis des automatismes, les exercer peut être une source de motivation et de « confort », surtout quand elle est couronnée de réussite et permet de gagner dans des jeux.

QUELLES CONDITIONS POUR QUE LES ACTIVITÉS D'ENTRAINEMENT PERMETTENT DES APPRENTISSAGES ?

Donner du sens aux automatismes

Les techniques automatisées sont nécessaires pour diminuer la charge de travail de l'élève qui ne réfléchit alors plus au sens qui fonde la technique. Quand la technique opératoire de l'addition est automatisée, la retenue devient un report *« 8 + 9 = 17, je pose 7, je retiens 1 »* ; l'élève ne réactive plus le fait qu'il échange 10 unités parmi 17 pour constituer une dizaine supplémentaire. Cependant, il est indispensable que l'élève ait compris le sens auparavant. Dans le cas contraire, il lui sera difficile de revenir au sens quand il en aura besoin, notamment pour comprendre d'éventuelles erreurs ou quand il posera l'addition « 18 + 26 + 17 ». En effet, si la retenue n'est vue que comme un geste mécanique, le risque est fort que l'élève s'en tienne à *« 8 + 6 + 7 = 21, je pose 1 et je retiens 1. »*, lorsque la somme des unités dépasse 10.

La nécessité d'un « feed-back »

Pour tirer profit des activités d'entrainement, l'élève doit également pouvoir **mesurer l'efficacité de ses stratégies ou de sa mémorisation**. Cette prise de conscience de l'écart entre ce qui est attendu et ce qu'il a fait nécessite que l'élève sache s'il a réussi ou non. Cela peut se faire :

- ✔ de façon individuelle ou au sein du binôme de jeu comme dans LES CARTES RECTO-VERSO ou LES JEUX DE MARIAGES ;
- ✔ de façon collective dans les temps de calcul mental comme dans CALCULER DES ÉCARTS AVEC LA CALCULATRICE ;
- ✔ grâce à un logiciel qui indique une erreur et/ou rectifie la réponse, ou alors par l'enseignant qui corrige un travail écrit.

Dans LES CARTES RECTO-VERSO, c'est le retournement des cartes qui joue ce rôle en permettant d'obtenir le résultat attendu. Dans LES JEUX DE MARIAGES, c'est l'accord sur le résultat entre les deux adversaires de jeu qui permet la validation, et la calculatrice peut être un recours en cas de désaccord persistant. Pour les activités de restitution de résultats mémorisés, comme le questionnement sur les tables par exemple, l'élève peut noter son score (le nombre de réussites sur le nombre d'essais) à chaque exercice et ainsi mesurer son évolution. L'enseignant est alors en mesure d'aider l'élève à **prendre conscience de ses progrès** en l'amenant à les expliciter ou à les visualiser en coloriant les réussites sur une feuille de score.

Le rôle de l'enseignant

Les attentes de l'enseignant durant les séances dédiées aux mathématiques peuvent donc varier. Pendant les temps de résolution de problèmes, il n'intervient pas (pour dire le vrai ou le faux) et affiche tous les types de productions, erronées ou non. Dans les temps d'automatisation, il rectifie rapidement et n'écrit pas de résultats faux au tableau. Il est donc important que l'élève comprenne ces différentes postures. Pour cela, l'enseignant peut l'aider à identifier ces différents temps, expliciter et faire expliciter leurs objectifs.

POUR LA PÉRIODE

Les activités d'accompagnement de la période 3 s'organisent autour des quatre activités : LES JEUX DE MARIAGES, CALCUL D'ÉCARTS, MOTS-NOMBRES et LE SERPENT.
L'enseignant peut aussi reprendre, sur des temps courts, des activités présentées en période 1 ou en période 2 pour renforcer la connaissance écrite et orale de la suite des nombres (JEU DU FURET, JEUX DE PORTRAITS, NOMBRE PENSÉ, JEU DES 4 CHIFFRES), ainsi que le répertoire additif et soustractif (CARTES RECTO-VERSO, TABLE D'ADDITIONS, CIBLE DES DIZAINES). Des problèmes additifs ou soustractifs reprenant oralement les contextes des situations LA BOITE JAUNE ou LES CUBES permettent de solliciter les connaissances acquises dans ce domaine.

OBJECTIF
Calculer avec les dizaines

LES JEUX DE MARIAGES (cf. ERMEL CE1 p. 197 à 199)

Ces deux jeux ont pour objectif la reconstruction rapide de résultats additifs utilisant les dizaines pour :
• décomposer 20 (jeu 1) ;
• atteindre la dizaine supérieure ou la dizaine inférieure avec des nombres à deux ou trois chiffres (jeu 2).
Pour chacun, une première phase collective rapide (deux élèves jouent l'un contre l'autre devant la classe) permet une appropriation de la règle du jeu. Les élèves jouent ensuite par deux. L'enseignant peut organiser des tournois de classe.

JEU 1

Matériel
- 18 cartes « nombres » par paire d'élèves (de 1 à 9 et de 11 à 19 – cf. valisette « Numéricartes » ou CD).
- 18 cartes (de 1 à 9 et de 11 à 19) grand format pour affichage au tableau.

Appropriation de la règle

L'enseignant affiche deux cartes au tableau dont la somme des valeurs est différente de 20. Les autres cartes sont empilées, face « nombre » cachée.
Deux élèves ayant des compétences numériques voisines s'affrontent au tableau. À tour de rôle, chacun tire une carte du tas, l'affiche à côté des autres et cherche à constituer une paire dont la somme des valeurs est égale à 20. S'il y parvient, il réalise le mariage. Sinon, il passe son tour. La partie s'arrête à épuisement des cartes. A gagné celui qui a réalisé le plus de paires.

Jeu par deux

Les 18 cartes sont réparties entre les deux joueurs. Chacun réalise les mariages possibles et pose les plis correspondants. Le jeu se poursuit en piochant à tour de rôle une carte dans le jeu de l'adversaire. Le jeu s'arrête à épuisement des cartes. En cas de contestation, la somme est vérifiée à la calculatrice.

Prolongements possibles

✔ On peut additionner deux cartes pour obtenir 20 ou faire leur différence pour obtenir 10.
✔ La somme à réaliser est un autre multiple de 10 (cartes de 1 à 9 et de 61 à 69 par exemple ; les nombres peuvent être écrits par les élèves sur des papiers au format « A4 partagé en 8 »).

JEU 2

Le déroulement est analogue à celui du jeu 1. Le but est d'obtenir un multiple de 10 en ajoutant ou en retranchant un nombre inférieur à 10. Les cartes de 1 à 9 sont systématiquement présentes.

Exemples de distributions :

✔ 1 ; 2 ; 3 ; 4 ; 5 ; 6 ; 7 ; 8 ; 9 ; 22 ; 24 ; 26 ; 28 ; 29 ; 33 ; 35 ; 37 ; 39
✔ 1 ; 2 ; 3 ; 4 ; 5 ; 6 ; 7 ; 8 ; 9 ; 38 ; 39 ; 55 ; 56 ; 63 ; 66 ; 77 ; 88 ; 89
✔ 1 ; 2 ; 3 ; 4 ; 5 ; 6 ; 7 ; 8 ; 9 ; 142 ; 144 ; 145 ; 147 ; 148 ; 151 ; 154 ; 157 ; 159
✔ 1 ; 2 ; 3 ; 4 ; 5 ; 6 ; 7 ; 8 ; 9 ; 123 ; 128 ; 309 ; 419 ; 426 ; 502 ; 505 ; 606 ; 703

CALCULER DES ÉCARTS AVEC LA CALCULATRICE PUIS MENTALEMENT

(cf. ERMEL CE1 p. 210 à 215)

Ces petits problèmes de recherche de complément participent à la construction progressive de l'équivalence entre « de a pour aller à b » et « b – a », élément essentiel dans la construction de l'opération « soustraction ».
Ils ne sont pas communiqués sous forme d'addition à trou mais en « pour aller de a à b ? ».
Ils permettent de lier calculs de compléments, écritures additives et représentations sur la droite numérique.
L'enseignant propose un calcul à toute la classe. Les élèves cherchent individuellement ; toutes les touches de la calculatrice sont autorisées. Ils doivent écrire en ligne toutes les opérations faites avec leur machine ou les représenter sur la droite numérique. Chaque calcul est suivi d'une mise en commun.

Problème 1 : pour aller de 23 à 35 ?

On peut observer différentes procédures :
- recherche par surcomptage, par essais ou par un calcul mental ;
- utilisation de plusieurs additions ; si le nombre à atteindre est dépassé, on recommence ou on revient en arrière par soustraction ;
- utilisation de deux additions : une première pour aller à 30 et une autre pour aller de 30 à 35 ;
- utilisation de deux additions : une première pour ajouter 10 et une autre pour aller de 33 à 35.

Ce sont ces deux dernières procédures qui sont visées. Des contraintes portant sur la nature des opérations, leur nombre et sur les positions de passage autorisées sont introduites pour les mettre en évidence.

Pour ce problème, on pourra retenir des écritures additives comme « *23 + 10 = 33 et 33 + 2 = 35* », ou « *23 + 7 = 30 et 30 + 5 = 35* », ou « *23 + 12 = 35* », accompagnées de représentations (voir ci-contre).

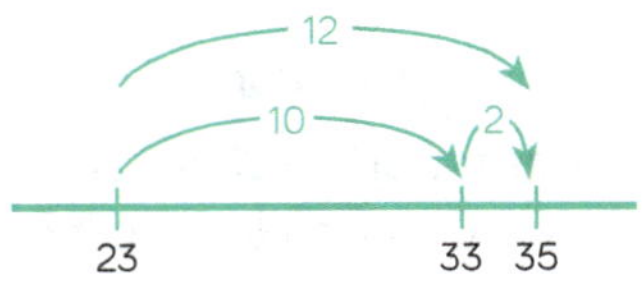

Problème 2 : pour aller de 25 à 33 ?

Exemples : « *25 + 5 = 30 et 30 + 3 = 33* » ou bien « *25 – 2 = 23 et 23 + 10 = 33* ».

Problème 3 : pour aller de 35 à 44, en passant par un nombre se terminant par 0 ?

Exemples : « *35 + 5 = 40 et 40 + 4 = 44* » ou bien « *35 – 5 = 30 et 30 + 14 = 44* ».

Problème 4 : pour aller de 62 à 78, en modifiant un seul chiffre à la fois ?

Exemples : « *62 + 10 = 72 et 72 + 6 = 78* » ou bien « *62 + 6 = 68 et 68 + 10 = 78* ».

Problème 5 : pour aller de 46 à 53, en modifiant un seul chiffre à la fois ?

Exemples : « *46 + 10 = 56 et 56 – 3 = 53* » ou bien « *46 – 3 = 43 et 43 + 10 = 53* » ou bien « *46 - 6 = 40, 40 + 10 = 50 et 50 + 3 = 53* ».

Ces problèmes sont repris plusieurs fois avec d'autres nombres dans les mêmes conditions, puis sans calculatrice.

OBJECTIF
Écrire des nombres en lettres

LES MOTS-NOMBRES (cf. ERMEL CE1 p. 336 à 343)

TROUVER TOUS LES MOTS-NOMBRES

Matériel collectif
- Des étiquettes pour affichage au tableau, avec tous les mots-nombres nécessaires à l'écriture des nombres (cf. CD).

Par groupes de 2, les élèves écrivent sur leur feuille tous les mots auxquels ils pensent pour écrire des nombres. Une synthèse collective permet d'afficher tous les mots trouvés avec des étiquettes préparées à l'avance par l'enseignant :
- ✔ zéro ; les neuf noms d'unités : *un, deux… neuf ; et les six « exceptions » : onze, douze… seize* ;
- ✔ les six noms de dizaines : *dix, vingt … soixante ; et le pluriel vingts* ;
- ✔ les mots pour écrire les nombres au-delà de 100 : *cent, mille, million, milliard ; et les pluriels cents, millions, milliards* ;
- ✔ le mot *et* pour écrire *« vingt-et-un », « trente-et-un »…*

À cette occasion, l'enseignant insiste sur l'orthographe de chacun des mots. Il peut rappeler la règle indiquant la présence de traits d'union entre les mots d'un nombre composé en précisant que les étiquettes correspondantes ne seront pas utilisées dans cette activité.

Il peut aussi choisir de ne pas appliquer la règle des pluriels des mots *vingt, cent, (et plus tard : million et milliard).*

On pourra remarquer que le zéro, si utile dans les écritures chiffrées, ne sert pas dans les écritures en lettres sauf à écrire zéro lui-même ! On ne le prononce jamais dans la lecture d'un nombre (entier).

AVEC 5 ÉTIQUETTES (SANS LES ÉTIQUETTES *CENT, MILLE, MILLION, MILLIARD*)

L'enseignant tire au sort cinq étiquettes de son stock et les affiche. Chaque binôme doit écrire en chiffres sur sa feuille le plus possible de nombres en combinant ces mots (on peut utiliser plusieurs fois la même étiquette) puis les ranger dans l'ordre croissant. Il peut utiliser le mot « et » autant que de besoin. Une mise en commun permet de corriger les erreurs, réparer les oublis, discuter des tirages favorables ou non (le tirage *« un, trois, sept, treize, zéro »* ne permet d'écrire que 5 nombres alors que le tirage *« soixante, quatre, vingt, huit, dix »* permet d'en écrire 16).

ENTRE DEUX NOMBRES (SANS LES ÉTIQUETTES *MILLION, MILLIARD*)

Les élèves travaillent seuls. L'enseignant tire au sort six étiquettes de son stock et les affiche au tableau. Chaque élève écrit en chiffres sur sa feuille ou son ardoise un nombre que l'on peut écrire avec toutes ces étiquettes ou une partie d'entre elles seulement. On écrit ensuite tous les nombres proposés en chiffres au tableau. Les élèves qui ont écrit le plus grand et ceux qui ont écrit le plus petit sont éliminés pour le tour suivant. L'enseignant tire à nouveau six cartes pour un nouveau tour et ainsi de suite jusqu'à ce qu'il ne reste plus que l'élève gagnant.

JEUX ARRÊTÉS

Tu as tiré les étiquettes : vingt | douze | cinquante

Tu peux encore choisir deux étiquettes parmi : soixante | cinquante | deux | treize | quatre | zéro

Entoure celles que tu choisis et complète ta liste d'étiquettes :

vingt | douze | cinquante | ______ | ______

Écris en chiffres tous les nombres que ces étiquettes te permettent d'écrire : ....
....

Ordonne-les du plus petit au plus grand : ....

PÉRIODE 3 – Accompagnement

OBJECTIF
Mesurer ou tracer des traits de longueur donnée

LE SERPENT (cf. ERMEL CE1 p. 407 à 410)

Après l'activité LES BANDES, les élèves devraient savoir glisser leur règle le long d'un trait, placer le 0 au début du trait et lire la mesure sur la règle à l'extrémité du trait. Ici, les mesures sont simples (un nombre entier de centimètres) mais les traits sont dans toutes les directions sur la page. Les élèves vont ainsi acquérir de l'habileté dans l'utilisation de la règle graduée, devoir ajouter des longueurs et comprendre l'égalité « 1 m = 100 cm ». L'enseignant sera attentif aux élèves maladroits pour placer le 0 au début du trait ou contrôler le parallélisme entre la règle et le trait.

MESURER UN SERPENT DE 1 MÈTRE

Matériel
- L'enseignant a reproduit le dessin ci-dessous sur une feuille A4 en enlevant les différentes mesures (cf. Annexe 9 p. 137 et CD).
- Chaque élève dispose d'un exemplaire de ce dessin.

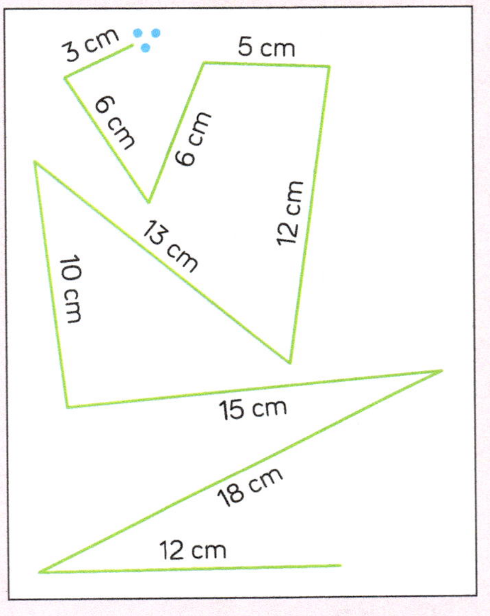

Consigne

« Sur votre feuille, j'ai dessiné un serpent un peu bizarre. Vous devez mesurer ce serpent. Vous pouvez écrire sur la feuille, sur le dessin ou à côté du dessin. »

Travail individuel et mise en commun

L'enseignant recense les différentes longueurs trouvées, puis on affiche toutes les productions au tableau. Dans un premier temps, on peut comparer les différentes méthodes utilisées pour noter les mesures.
Puis, on envisage les causes des désaccords sur la longueur du serpent (erreurs de mesurage, erreurs dans le calcul du total...) Étant donné les mesures choisies, la classe devrait se mettre d'accord sur le résultat : 100 cm ou 1 m.
L'enseignant pourra montrer des objets dépliées de 1 m (la règle du tableau, un mètre de menuisier, un mètre-ruban, une ficelle...)

Les traits ont des longueurs en centimètres exprimées en nombres entiers. Cela devrait faciliter la convergence pour la mesure de chacun des traits. En CE2, avec des mesures utilisant les millimètres, les élèves devront comprendre et admettre qu'il n'y a pas une mesure exacte, que la mesure de l'enseignant n'est pas forcément plus juste que la leur, et donc que toute activité de mesurage repose sur une incertitude dont on doit fixer la tolérance en fonction du contexte et des nombres en jeu.

TRACER UN SERPENT DE 2 MÈTRES OU PLUS DANS UNE FEUILLE A4

Chaque élève dispose d'une feuille A4 et d'un papier pour les opérations. Les élèves qui ont rencontré des difficultés dans l'utilisation de leur règle et dans le mesurage de l'activité précédente peuvent disposer d'une feuille A3 pour leur tracé. L'enseignant distribue des longueurs de serpent (de 2 m, 3 m ou 4 m) sur des petits papiers en adaptant celles-ci suivant l'habileté repérée dans l'activité précédente.

Consigne

« Hier, on a mesuré un serpent de 1 m. Aujourd'hui, vous allez tracer le serpent. Je vous ai donné sa longueur. Certains seront très grands. Vont-ils tenir dans cette feuille ? À vous d'essayer ! »

Travail individuel et validation

Les productions sont validées par échange entre élèves. En cas de désaccord, un autre élève effectue un nouveau mesurage.

Exemples de réalisations sur feuille A4

Serpent de 2 m

Serpent 3 m

Serpent 4 m

OBJECTIF

Ajouter ou retrancher 10

LES CARTES RECTO-VERSO (cf. ERMEL CE1 p. 170 à 174 et CD)

Période 3	S'entrainer à la reconstruction rapide de résultats lorsqu'on ajoute ou retranche 10 à un nombre de deux ou trois chiffres.	« 25 + 10 », « 104 + 10 », « 287 + 10 », « 693 + 10 », « 48 – 10 », « 127 – 10 », « 813 – 10 », « 605 – 10 ».

Annexe 9 SERPENT À MESURER

CONNAISSANCES ANCIENNES ET NOUVEAUX APPRENTISSAGES

Les deux premières périodes ont été centrées sur la stabilisation des connaissances concernant la numération et le calcul. À la période 3, de nouveaux champs apparaissent, qui seront développés tout au long du primaire : l'introduction de la mesure des grandeurs (longueurs) et de la multiplication.

PRENDRE EN COMPTE LES CONNAISSANCES INITIALES

La nouveauté que constitue la découverte de la multiplication, quant au type de problème proposé et aux représentations et symboles associés, ne doit pas masquer **la continuité des procédures de calcul**. Si les élèves n'ont pas « posé » de multiplication avant le CE1, ils ont rencontré depuis la maternelle de nombreuses activités qui relèvent de ce champ[8] :

- ✔ D'une part, dans des jeux, ils ont cherché des doubles, formulé des résultats en termes de « fois », et repéré des répétitions du même terme dans des sommes. Ils ont aussi mémorisé certains doubles, et au CP des multiples de 10.
- ✔ D'autre part, des activités de partage ou de distribution leur ont été proposées depuis la GS. Pour beaucoup d'entre elles, l'élève n'avait pas à prévoir le résultat, mais d'autres pouvaient être des problèmes où ils avaient donc une procédure à élaborer et des résultats à contrôler[9].

De même, les élèves ont une pratique sociale et aussi scolaire des longueurs et de leur mesure depuis la maternelle. Ils ont développé des méthodes pour comparer deux objets ou plus. Ces activités s'accompagnent d'**un vocabulaire commun** souvent réutilisé dans les situations de comparaison (« plus grand », « le plus grand », « plus petit » « le plus petit »).

LES PROBLÈMES

Dans le champ des problèmes multiplicatifs, ils ont, paradoxalement, une expérience plus grande de problèmes de partage ou de distribution qui seront ensuite résolus par la division (où les nombres cherchés sont inférieurs à ce qui est à partager), que de situations où il faut chercher un produit de deux nombres. Aussi, il nous semble indispensable de proposer un ensemble de problèmes dans lesquels les qualités du calcul multiplicatif (économie des calculs, propriétés...) apparaissent de façon nécessaire.
Dans le domaine des grandeurs et de la mesure, les problèmes proposés permettent successivement de mettre en évidence la notion de longueur, indépendamment de sa mesure, puis de préciser les conditions d'utilisation des instruments.

ÉVOLUTION DES PROCÉDURES

Pour pouvoir calculer les produits de deux nombres, même à un chiffre, les élèves vont combiner des résultats mémorisés et des procédures de calculs additifs (par exemple : *« 5 fois 4 → 20 ; et 4 → 24 »*), ainsi que des propriétés en constitution. Ces procédures sont connues par certains élèves, mais doivent être mutualisées pour tous. Elles sont mises en évidence dans la situation LES ENVELOPPES.

Les calculs et formulations portant d'abord sur un nombre d'objets vont rapidement être décontextualisés. Cette décontextualisation nécessaire des connaissances suppose que l'élève puisse repérer que certains nombres apparaissent plusieurs fois dans un de ses calculs, et qu'il dispose de résultats mémorisés ou reconstruits. La construction du répertoire multiplicatif (LES ENVELOPPES, phase 4) va permettre **une nouvelle structuration des relations entre les nombres**, à commencer par les relations entre dizaines et centaines, par les effets de la multiplication par 10, par 100.

Cette association entre ancien (procédures de calcul) et nouveau (écriture, propriétés) est nécessaire pour que des techniques écrites nouvelles ne soient pas détachées de leurs conditions d'utilisation. De nombreuses évaluations ont montré que lorsque le contexte d'un exercice diffère de celui fréquenté dans l'enseignement, de très nombreux élèves n'ont plus recours au produit de deux nombres.

Aussi, l'apport de la multiplication ne se résume pas à de nouveaux contextes (rangées d'objets, calcul d'un prix...) : l'évolution du calcul, les nouveaux réseaux structurant les nombres en sont aussi le fruit.

8. Vergnaud G., *La théorie des champs conceptuels*, RDM 10 (2/3) p. 133-170, 1990.
9. Cf. p. 103 du présent ouvrage.

PÉRIODE 4

PRODUIRE ET UTILISER L'ÉCRIT DANS UN PROBLÈME

Les situations essentielles visent la découverte des propriétés de la multiplication et le développement de procédures pour approcher la soustraction.

Quinzaine	Situation essentielle	Objectif principal
10	MINI-TARTARE	*Extraire le nombre de dizaines d'un nombre à 3 chiffres*
11	LES COMMANDES	*Approcher le calcul multiplicatif*
12	LES ÉCARTS	*Mettre en évidence le recours à la soustraction*

Présentation de la période

DE NOUVEAUX APPRENTISSAGES

Les apprentissages de la période 4 présentent de nouveaux problèmes pour approfondir les connaissances sur la numération, ainsi que celles sur la multiplication introduite en période 3. Ils concernent aussi le développement des procédures de calcul soustractif avant d'aborder une technique.

LES SITUATIONS ESSENTIELLES

Dans les situations de cette période, la production et l'utilisation de l'écrit est un enjeu.

Quinzaine 10 : La situation MINI-TARTARE permet aux élèves d'extraire le nombre de dizaines d'un nombre à 3 chiffres. Elle contribue donc à la distinction entre le nombre de dizaines d'un tel nombre et son chiffre des dizaines, ce qui constitue une difficulté persistante à l'école élémentaire.

Quinzaine 11 : La situation LES COMMANDES confronte les élèves à de nouveaux problèmes multiplicatifs et organise la construction du répertoire multiplicatif. Elle aborde aussi des problèmes de recherche d'un des facteurs d'un produit, connaissant le résultat et l'autre facteur.

Quinzaine 12 : La situation LES ÉCARTS propose de déterminer parmi plusieurs nombres celui qui est le plus proche d'un nombre donné. Il s'agit de mettre en évidence l'identité des résultats obtenus par différents types de calcul, indépendamment de tout appui sur un énoncé se référant à une situation concrète.

DES QUESTIONS SUR LES APPRENTISSAGES

Un approfondissement des apprentissages est proposé :

Quinzaine 10 : La continuité des apprentissages sur la numération et le rôle des activités d'accompagnement sont développés.

Quinzaine 11 : Les procédures et outils du calcul multiplicatif construits au CE1, associés à la découverte de la multiplication, sont analysés : premières propriétés, signe, répertoire…

DES QUESTIONS SUR L'ENSEIGNEMENT

Des synthèses sur les gestes professionnels sollicités par ces activités sont proposées :

Quinzaine 10 : Différentes organisations de travail pour les classes à plusieurs niveaux sont décrites, en s'appuyant sur des activités présentées dans nos dispositifs, avec par exemple association de situations essentielles et d'entrainement.

Quinzaine 11 : Les questions liées au développement de la trace écrite au CE1 sont étudiées : son rôle, les conditions de son élaboration, l'analyse des productions, ce qu'il faut conserver.

Quinzaine 12 : Cette partie synthétise des possibilités de différenciation que nous avons expérimentées.

À la fin de la période, un éclairage est proposé sur « Vers une technique opératoire de la soustraction ».

LES ACTIVITÉS D'ACCOMPAGNEMENT

L'accompagnement est organisé autour d'activités de mémorisation, de comparaison des nombres et de structuration des multiples, ainsi que d'un approfondissement des mesures de longueur.

Planning de la période

		...PÉRIODE 3	PÉRIODE 4			PÉRIODE 5...
		Quinzaine 9	**Quinzaine 10**	**Quinzaine 11**	**Quinzaine 12**	**Quinzaine 13**
SITUATIONS ESSENTIELLES		LES ENVELOPPES p. 116-126	MINI-TARTARE p. 142-149	LES COMMANDES p. 153-162	LES ÉCARTS p. 170-172	LE COULOIR p. 186-190
Séance n°	**1**	Phase 1	Phase 1	Phases 1 et 2 (séance longue)	Phase 1 (étape 1)	Phase 1
	2	Phase 2	Phase 2	Phase 3 (étape 1)	Phase 1 (étapes 2 et 3)	Phase 2
	3	Phase 3	Phases 3 et 4 LES LOUCHES TROUÉES	Phase 3 (étape 2)	Phase 2	Phase 3
	4	Phase 4		Phase 4 (étape 1)		Phase 4 (séances courtes)
	5			Phase 4 (étape 2)		
ACCOMPAGNEMENTS						
Connaissance des nombres		JEUX DE PORTRAITS				
					25, 50 ET 75	
					LE PLUS PRÈS	
Calculs additifs et soustractifs						JEU DE MARIAGES 2d
		CARTES RECTO-VERSO Jeu 7		CARTES RECTO-VERSO Jeu 8	CARTES RECTO-VERSO Jeu 8	
		TABLE D'ADDITIONS				
		Dix-minos, loto, dominos, puzzles à colorier				
		BOITE JAUNE et LES CUBES				
Calculs multiplicatifs et de division			CARTES RECTO-VERSO MULTIPLICATIF Jeux 1 à 3	CARTES RECTO-VERSO MULTIPLICATIF Jeux 1 à 3	CARTES RECTO-VERSO MULTIPLICATIF Jeux 1 à 3	
			JEUX DE BATAILLE	JEUX DE BATAILLE	JEUX DE BATAILLE	
Mesure		LE SERPENT				
			LA GRANDE BANDE			
						ORDRES DE GRANDEURS

☐ Mise en œuvre de l'activité d'accompagnement
☐ Prolongement de l'activité d'accompagnement

EN MAJUSCULES : activité décrite dans « Les Essentielles »
en minuscules : activité décrite dans le référent ERMEL CE1

Situation essentielle MINI-TARTARE

Cette situation permet d'approfondir la connaissance du système de numération, en particulier la signification des chiffres selon leurs positions dans l'écriture décimale du nombre. Elle comporte deux parties : la première (phases 1 et 2) se déroule dans un contexte concret de commande (la boite de fromage) ; la seconde (phases 3 et 4), sans appui sur un contexte, permet de travailler sur les nombres obtenus en cachant des chiffres dans une écriture chiffrée.
Dans la première partie, il s'agit de trouver combien il faut commander de boites de 10 portions de fromage pour la cantine, connaissant le nombre d'enfants d'une école, puis celui de toutes les écoles de la commune. Chaque séance commence par une phase de recherche en groupes, suivie de la mise en commun qui permet de faire émerger les procédures et d'en comparer la pertinence et l'efficacité.
La seconde partie prolonge le travail ; elle est menée collectivement par l'enseignant, les élèves travaillant individuellement. L'enseignant pose un cache (une « louche trouée ») sur un nombre à trois chiffres affiché au tableau. Certains chiffres sont alors cachés, l'élève doit les remplacer par un zéro, écrire le nombre ainsi obtenu et l'ajouter au nombre initial.

La situation se déroule en 3 séances :
Séance 1 : phase 1 ; Séance 2 : phase 2 ; Séance 3 : phases 3 et 4.
Elle est complétée par des séances de calcul mental et des exercices sur les chiffres des nombres.

La situation MINI-TARTARE s'appuie sur les situations d'ERMEL, MINI-TARTARE p. 347-348, et LOUCHES TROUÉES p. 357 à 361, du thème « Connaitre les nombres ».

Présentation de la situation

Les élèves disposent du matériel usuel : papier, stylos, calculette.

Matériel pour les phases 1 et 2

- Les données du problème pour affichage au tableau (recopiées au tableau, sur affiche, rétro ou vidéo projeté).
- Les données du problème sous forme d'un tableau photocopié par binôme (cf. Annexe 1 p. 147 et CD pour la phase 1, et Annexe 2 p. 148 et CD pour la phase 2).
- Des feuilles A4 et un feutre pour écrire la commande par binôme pour chaque phase.

Matériel pour les phases 3 et 4

- Un jeu complet de louches trouées au format « tableau » (cf. CD) :

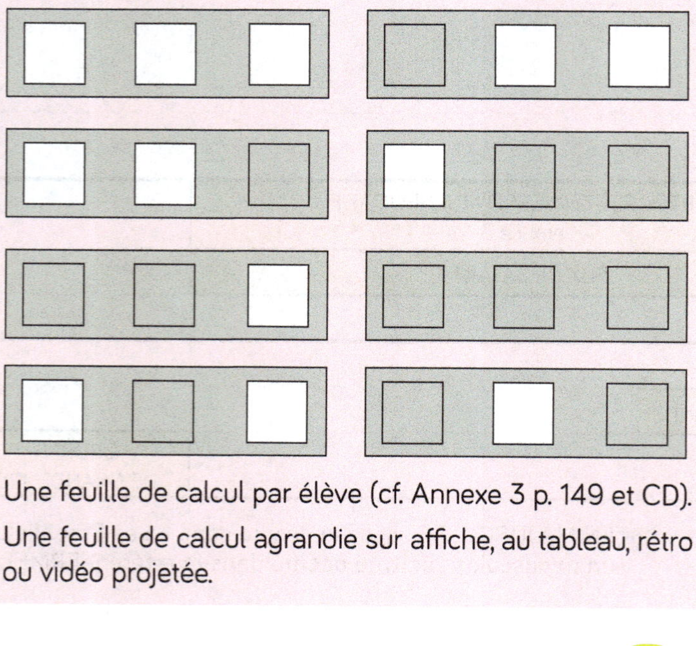

- Une feuille de calcul par élève (cf. Annexe 3 p. 149 et CD).
- Une feuille de calcul agrandie sur affiche, au tableau, rétro ou vidéo projetée.

Matériel
Les louches trouées sont des caches qui masquent un, deux ou trois chiffres d'un nombre.

Phase 1 : Une commande par école

Les élèves travaillent par groupes de 2. Les binômes sont homogènes pour éviter qu'un élève plus avancé n'impose rapidement sa procédure.

Consigne

« Le responsable des cantines de la ville de X (ville fictive) *doit acheter des portions de fromage pour chaque école de la ville. Dans une boite, il y a 10 portions de fromage* ("une boite contient 10 fromages" est écrit au tableau).
Vous allez chercher combien il faut commander de boites pour chaque école. Vous avez le nombre d'enfants inscrits à la cantine pour chaque école dans ce tableau :

Nom de l'école	Jean Jaurès	Louis Pasteur	Sophie Germain	Jean Macé	Marie Curie	Louise Michel
Nombre d'enfants	346	425	396	512	455	430

Il faut une portion de fromage (un fromage) pour chaque élève inscrit ; chaque groupe est responsable du bon de commande d'une école. »

L'enseignant attribue une école à chaque binôme de façon à ce que toutes les écoles soient traitées par au moins deux binômes, et leur donne le tableau d'effectifs (annexe 1). Plusieurs binômes auront donc la même école à traiter.

« Vous écrirez votre commande sur une grande feuille avec un feutre pour que l'on puisse en discuter ensemble. »

Recherche par binômes

La première idée des élèves est souvent de faire des sommes de 10 : *« 10 + 10 + 10 + 10 + 10… »*, mais la gestion de cette somme est très complexe même avec la calculatrice, ce qui amène les élèves à faire des groupements ou à organiser leurs calculs en utilisant des groupements de 100.

Le travail de gestion de la somme risque de leur faire oublier la question posée qui est de savoir combien il faut de boites de 10 fromages. L'enseignant peut, pendant le temps de recherche, lire ou faire relire la question posée : *« Que devez-vous chercher ? Quelle question est posée ? Untel, relis la question à laquelle tu dois répondre. »*

Mise en commun

Les élèves sont réunis autour du tableau, les bons de commande sont affichés et regroupés par école (par exemple, les deux ou trois bons de commande concernant l'école Jean Jaurès sont affichés ensemble).

Pour chaque école, les productions sont expliquées et éventuellement rectifiées (par exemple, en cas d'erreur de comptage). Pour cela, l'enseignant s'appuie sur les différentes productions pour une même école. Si aucune production n'est correcte, l'enseignant peut l'indiquer et demander à la classe de recalculer. *In fine,* si les élèves tombent d'accord sur un résultat erroné, l'enseignant est obligé d'intervenir, mais c'est excessivement rare.

Enjeu des phases 1 et 2

Les élèves doivent se rendre compte que le nombre de boites de 10 (ou de dizaines) peut être lu directement dans l'écriture du nombre : *« Dans 512, il y a 51 boites de 10 et 2 portions isolées. »*

Faut-il adapter le contexte ?

Notre choix pédagogique est de ne pas faire intervenir le contexte réel dans ce problème en choisissant une ville fictive (et pas celle des élèves), pour deux raisons :

- un contexte réel peut induire des confusions inattendues et focaliser l'élève sur autre chose que les mathématiques ;
- l'enjeu de cette situation est le travail sur la numération et non l'interprétation des énoncés (cf. LA RENTREE p. 14).

Les procédures des élèves pour une école

Par exemple pour 346 :

- *« 10 + 10 + 10 + 10 + 10… »* avec éventuellement des sommes partielles et recomptage du nombre de paquets de 10 ;
- même procédé avec la calculette : un élève fait *« 10 + 10 + 10… »* et un autre tient le compte du nombre d'opérations ;
- organisation par 100 : *« 10 + 10 + 10 + 10 + 10 + 10 + 10 + 10 + 10 + 10 = 100 ; 10 + 10… + 10 = 100… »* ou comptage des paquets de 10 *« 1, 2, 3, 4, 5, 6, 7, 8, 9, 10 ; 10 paquets de 10 pour faire 100… »* ;
- calcul avec des paquets de 100 : *« 100 + 100 + 100 + 40 + 6 »* ou *« 10 boites + 10 boites + 10 boites + 4 boites, et il faut encore 6 portions »* ;
- décomposition du nombre, éventuellement avec l'évocation d'un matériel type « fourmillions » : *« 346, c'est 3 paquets de 100, 4 paquets de 10 et 6 unités » ; « dans 3 paquets de 100, il y a 30 paquets de 10 (10 + 10 + 10) »* ;
- lecture dans le nombre : *« dans 346, il y a 34 dizaines, donc 34 paquets de 10, et il faut encore 6 portions »* ;
- les procédures cherchant à utiliser la multiplication pourraient apparaitre, mais leur étude est prématurée et comporte un risque de confusion à cette époque (entre addition et multiplication, par exemple : *« 340 = 300 × 40 »*).

Une question peut poser problème aux élèves : pour 346 élèves, faut-il commander 34 boites, 34 boites et 6 portions ou 35 boites ? La difficulté peut provenir :

- de l'interprétation des contraintes de l'énoncé : la réponse « *34 boites et 6 portions* » n'est pas erronée en elle-même, mais ne respecte pas l'obligation de ne commander que des boites complètes ;
- du fait qu'avec 35 boites il restera 4 portions non utilisées, ce que certains élèves considèrent comme une réponse inexacte.

Lors de cette mise en commun, toutes les procédures correctes sont explicitées et notées au tableau. Cela peut constituer la trace écrite de l'activité (photographiée et imprimée ou recopiée par les élèves). Le fait que certaines procédures sont longues et qu'elles entrainent un risque fort d'erreur est mis en évidence sans pour autant que la lecture directe dans le nombre ne soit érigée en méthode à suivre.

Synthèse

À la fin de la séance, l'enseignant note sous le tableau d'énoncé les commandes à réaliser :

Nom de l'école	Jean Jaurès	Louis Pasteur	Sophie Germain	Jean Macé	Marie Curie	Louise Michel
Nombre d'enfants	346	425	396	512	455	430
Nombre de boites comman-dées	35	43	40	52	46	43

Puis, il annonce : « *Vous avez trouvé les commandes pour chaque école, La prochaine fois, vous allez devoir trouver la commande qu'il faut faire pour toute la ville en une seule fois. Je vous redonnerai ce tableau.* »

Phase 2 : Une commande pour la ville

Énoncé à lire aux élèves

« *La mairie réalise une seule commande pour toutes les écoles auprès d'un magasin qui vend les fromages par cartons de 10 boites (on appelle cela un grossiste). Combien de cartons de 10 boites doit-elle commander pour toutes les écoles ?* »

Consigne

« *Je vous donne le tableau complété de la dernière fois* (annexe 2) *et vous écrivez la recherche sur une grande feuille au feutre pour pouvoir en discuter.* »

Recherche par binômes

Les élèves cherchent par binômes homogènes. Comme dans la phase 1, ces binômes sont homogènes pour que les procédures les moins avancées puissent aussi être exposées lors de la mise en commun.

Mise en commun

Les procédures sont explicitées et regroupées. Quand une procédure a été explicitée, l'enseignant demande aux élèves quels sont ceux qui ont utilisé la même.

Procédures de résolution pour la ville

Le travail sur ces grandes quantités et les nombres de boites déjà donnés incitent les élèves à prendre en compte d'autres quantités que le nombre de portions :

- recherche du nombre de cartons par école et somme des commandes par école : « *4 + 5 + 4 + 6 + 5 + 5 = 29 cartons* » ;
- recherche du nombre de boites à commander : « *35 + 43 + 40 + 52 + 46 + 43 = 259* » et commande de 26 cartons ;
- calcul du nombre d'élèves (à la calculette) « *346 + 425 + 396 + 512 + 455 + 430 = 2 564. Il faut 257 boites donc 26 cartons.* »

Débat lors de la mise en commun

La discussion peut porter sur le fait que les procédures sont plus ou moins économiques et pratiques :

- la première procédure est peu économique, mais elle permet de livrer des cartons complets à chaque école ;
- la deuxième est plus économique, mais il faut que la mairie ouvre les paquets et distribue des boites ;
- la troisième n'est pas plus économique que la deuxième, et laisse supposer que la mairie ouvre les boites pour distribuer des portions.

Entrainements individuels

L'enseignant donne ensuite les problèmes suivants :

- *« Combien commande-t-on de portions en trop lorsqu'on commande 29 cartons ? Et lorsqu'on commande 26 cartons ? »*
- *« Avec 7 boites de 10 portions de fromage, combien peut-on servir d'enfants ? »*
- *« Pour toute notre classe, combien faut-il de boites ? Et si chaque élève mange 2 portions ? »*
- *« Avec 57 boites de 10 portions de fromage, combien peut-on servir d'enfants ? »*
- *« Il y a 548 élèves. Combien faut-il commander de boites de 10 ? »*
- *« Il y a 954 élèves. Combien faut-il commander de boites de 10 ? »*
- *« Il y a 1 832 élèves. Combien faut-il commander de boites de 10 ? »*
- *« Combien y a-t-il de portions de fromage dans 2 cartons (de 10 boites de 10 portions) ? »*

À l'issue de ces exercices individuels rapides, la trace écrite peut faire apparaitre le fait que l'on peut directement lire le nombre de dizaines dans le nombre : *« Dans 548, il y a 54 dizaines (boites de 10) et il reste 8 unités (portions). »*

Trace écrite

Elle intervient une fois que les élèves ont fait suffisamment d'exercices pour que la procédure de lecture directe dans le nombre soit apparue comme la plus efficace.
Pour faire émerger cette idée, il est possible de donner d'autres problèmes et mettre en évidence que certains élèves vont très vite. Comment font-ils pour aller si vite ?
La réponse renvoie à la lecture directe du nombre de centaines et du nombre de dizaines dans le nombre.

Phase 3 : LOUCHES TROUÉES

L'activité est menée collectivement par l'enseignant.
Chaque élève a une feuille de calcul (annexe 3).
L'enseignant peut également avoir une feuille de calcul agrandie pour le tableau.

Travail guidé pour la première louche trouée

« J'écris un nombre au tableau : 372. C'est notre nombre de départ. Écrivez-le. Maintenant je tire une louche trouée et je la mets sur le nombre. Vous remplacez par des zéros les chiffres qui sont cachés. »

Exemple :

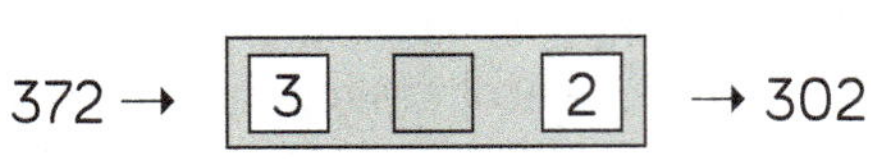

« Vous écrivez le nombre obtenu dans la case + *de votre feuille de calcul. »*

Chaque élève doit alors additionner le nombre d'origine (372) et le nombre filtré (302). Sur sa feuille de calcul, il inscrit le résultat dans la case suivante (674).
L'enseignant écrit 302 au tableau, mais pas le calcul.

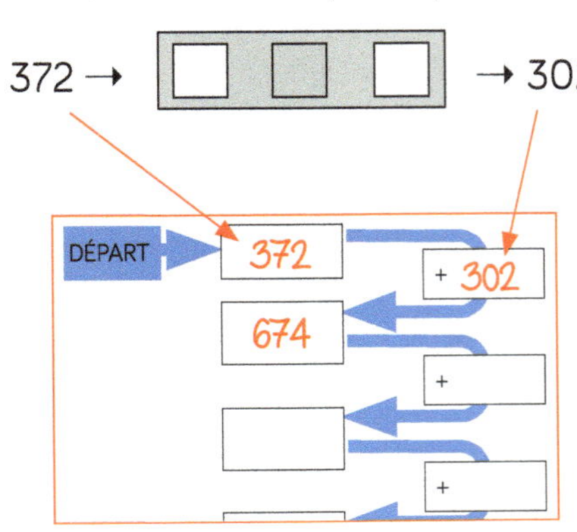

Enjeu des phases 3 et 4

Ces phases permettent de différencier les chiffres dans l'écriture d'un nombre, en fonction de leur position, ainsi que de calculer à partir de nombres qui ont des zéros dans l'écriture, c'est-à-dire calculer sur les unités, les dizaines ou les centaines.

Remarque

L'enseignant prendra soin de ne pas tirer la louche « sans trous » en premier.
Une seule louche ne sera pas tirée (7 tirages pour 8 louches possibles).

Que faire si beaucoup d'élèves font des erreurs dès le début ?

Les erreurs sont cumulatives. Une erreur à la première somme entraine, même avec des calculs corrects ensuite, des sommes suivantes erronées.
Si l'enseignant le constate en circulant dans la classe au début de l'activité, il peut intercaler un temps de synthèse collective (cf. p. 16) sur les premiers calculs. puis, une fois que les élèves ont rectifié, reprendre le déroulement.
S'il repère des erreurs nombreuses une fois le nombre d'arrivée atteint, l'enseignant peut laisser un temps de réflexion pour que les élèves puissent recalculer eux-mêmes leur somme avant qu'elle ne soit rectifiée collectivement au tableau.

La louche utilisée est conservée par l'enseignant au tableau à côté du nombre « filtré » (302 dans notre exemple) pour faciliter la synthèse.

Travail individuel pour les autres louches trouées

L'enseignant continue à tirer des louches trouées qu'il applique toujours au nombre de départ (372) et dont le résultat « filtré » est ajouté au dernier nombre obtenu (ici 674). Les sommes obtenues peuvent dépasser 1 000 mais ce ne sont pas ces nombres qui sont « filtrés ».
Les élèves notent les nombres et font les calculs. Les louches sont placées au tableau en face de chaque calcul.
Après 7 calculs, les élèves obtiennent le nombre d'arrivée.

Synthèse collective

L'enseignant reprend à partir du premier calcul. Il interroge un élève sur le résultat de la première somme. Quand le résultat est correct (674), il reprend la louche suivante, la pose sur le nombre, interroge un autre élève : *« Quel est le nombre obtenu ? »*
Le nombre est noté au tableau et ainsi de suite. Jusqu'au nombre d'arrivée.
À chaque étape, les élèves rectifient leurs erreurs en vert.
L'enseignant interroge également les élèves sur leur procédure : *« Comment as-tu fait ? »* Les élèves peuvent alors dire que *« faire + 300 c'est ajouter 3 centaines »*, par exemple.

Phase 4 : Entrainements rapides

Le contexte LOUCHES TROUÉES est ensuite utilisé :

- soit avec les louches : *« J'écris 372. J'utilise la louche* (sans la poser) :

  372 → ☐ ▣ ☐

  Écrivez le nombre obtenu (sur une feuille, une feuille de score ou une ardoise). »
- soit avec des louches virtuelles, c'est-à-dire des cartons indiquant les chiffres qui sont remplacés par des zéros (cf. CD).

unités	dizaines	centaines	dizaines et unités	centaines et unités	centaines et dizaines

Exemple :
la louche ☐ ▣ ☐ est remplacée par le carton [dizaines et unités].

Calcul mental

Les entrainements de la phase 4 sont repris en calcul mental sur des temps d'une dizaine de minutes, soit avec une ardoise, soit en utilisant des feuilles de route qui permettent de garder une trace des réussites et des difficultés des élèves (cf. CD) :

	Date	Résultat	Résultat	Résultat	Résultat	Résultat	Résultat	Résultat	Résultat	Résultat	Score
1											
	Réponse										
2											
	Réponse										
3											
	Réponse										
4											
	Réponse										
5											
	Réponse										
6											
	Réponse										
7											
	Réponse										
8											
	Réponse										
9											
	Réponse										

Chaque double ligne correspond à une séance (on note la date dans la première colonne). L'élève écrit ses réponses dans la ligne blanche et les réponses correctes dans la bleue. Il compte ensuite en bout de ligne ses réussites.

Annexe 1 DONNÉES DU PROBLÈME « MINI-TARTARE » (PHASE 1 - MATÉRIEL POUR 6 BINÔMES)

Nom de l'école	Jean Jaurès	Louis Pasteur	Sophie Germain	Jean Macé	Marie Curie	Louise Michel
Nombre d'enfants	346	425	396	512	455	430

Nom de l'école	Jean Jaurès	Louis Pasteur	Sophie Germain	Jean Macé	Marie Curie	Louise Michel
Nombre d'enfants	346	425	396	512	455	430

Nom de l'école	Jean Jaurès	Louis Pasteur	Sophie Germain	Jean Macé	Marie Curie	Louise Michel
Nombre d'enfants	346	425	396	512	455	430

Nom de l'école	Jean Jaurès	Louis Pasteur	Sophie Germain	Jean Macé	Marie Curie	Louise Michel
Nombre d'enfants	346	425	396	512	455	430

Nom de l'école	Jean Jaurès	Louis Pasteur	Sophie Germain	Jean Macé	Marie Curie	Louise Michel
Nombre d'enfants	346	425	396	512	455	430

Nom de l'école	Jean Jaurès	Louis Pasteur	Sophie Germain	Jean Macé	Marie Curie	Louise Michel
Nombre d'enfants	346	425	396	512	455	430

Annexe 2 DONNÉES DU PROBLÈME « MINI-TARTARE » (PHASE 2 – MATÉRIEL POUR 4 BINÔMES)

Nom de l'école	Jean Jaurès	Louis Pasteur	Sophie Germain	Jean Macé	Marie Curie	Louise Michel
Nombre d'enfants	346	425	396	512	455	430
Nombre de boites commandées	35	43	40	52	46	43

Combien de cartons de 10 boites la ville doit-elle commander ?

Nom de l'école	Jean Jaurès	Louis Pasteur	Sophie Germain	Jean Macé	Marie Curie	Louise Michel
Nombre d'enfants	346	425	396	512	455	430
Nombre de boites commandées	35	43	40	52	46	43

Combien de cartons de 10 boites la ville doit-elle commander ?

Nom de l'école	Jean Jaurès	Louis Pasteur	Sophie Germain	Jean Macé	Marie Curie	Louise Michel
Nombre d'enfants	346	425	396	512	455	430
Nombre de boites commandées	35	43	40	52	46	43

Combien de cartons de 10 boites la ville doit-elle commander ?

Nom de l'école	Jean Jaurès	Louis Pasteur	Sophie Germain	Jean Macé	Marie Curie	Louise Michel
Nombre d'enfants	346	425	396	512	455	430
Nombre de boites commandées	35	43	40	52	46	43

Combien de cartons de 10 boites la ville doit-elle commander ?

FEUILLE DE CALCUL « LOUCHES TROUÉES »
(PHASE 3 - MATÉRIEL POUR 2 ÉLÈVES)

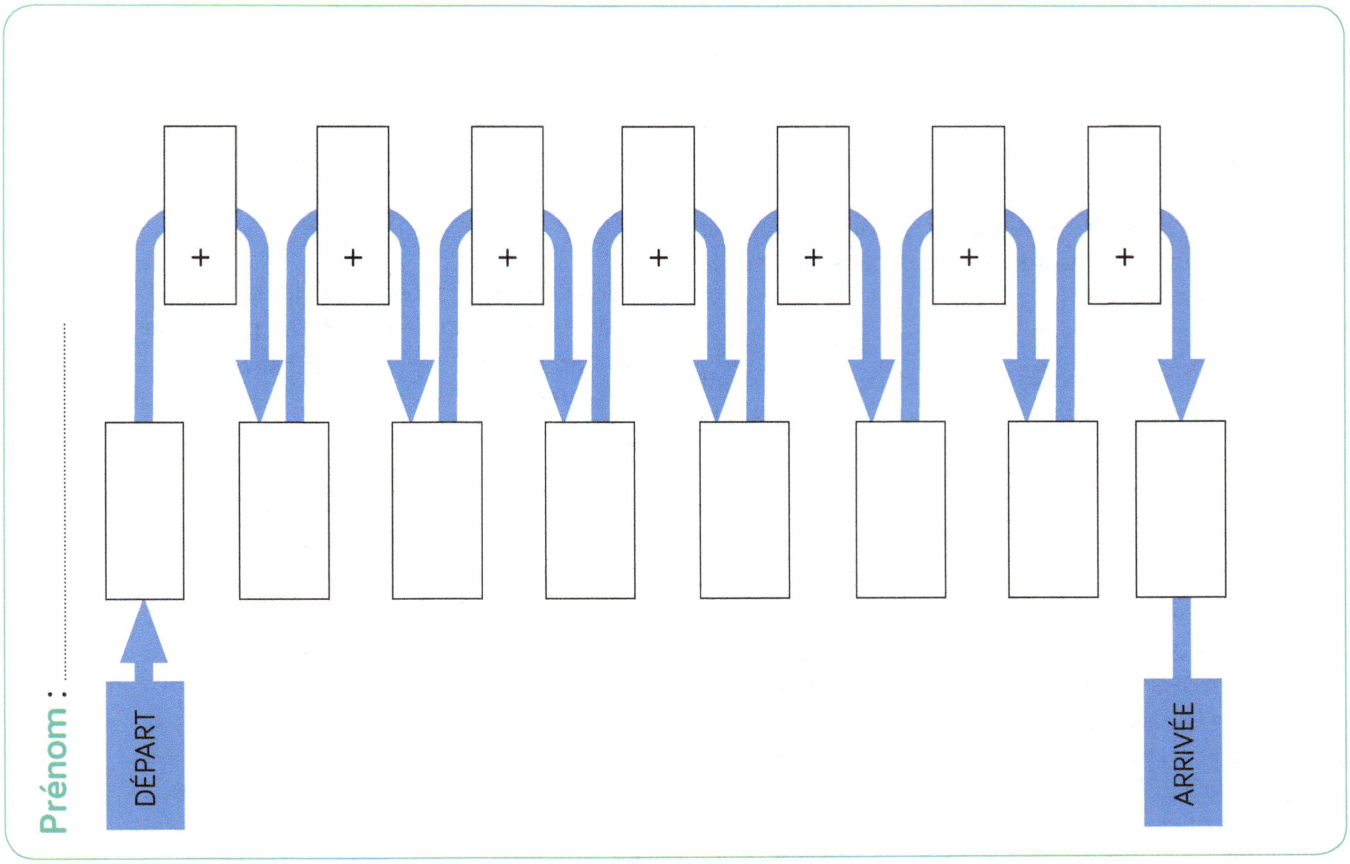

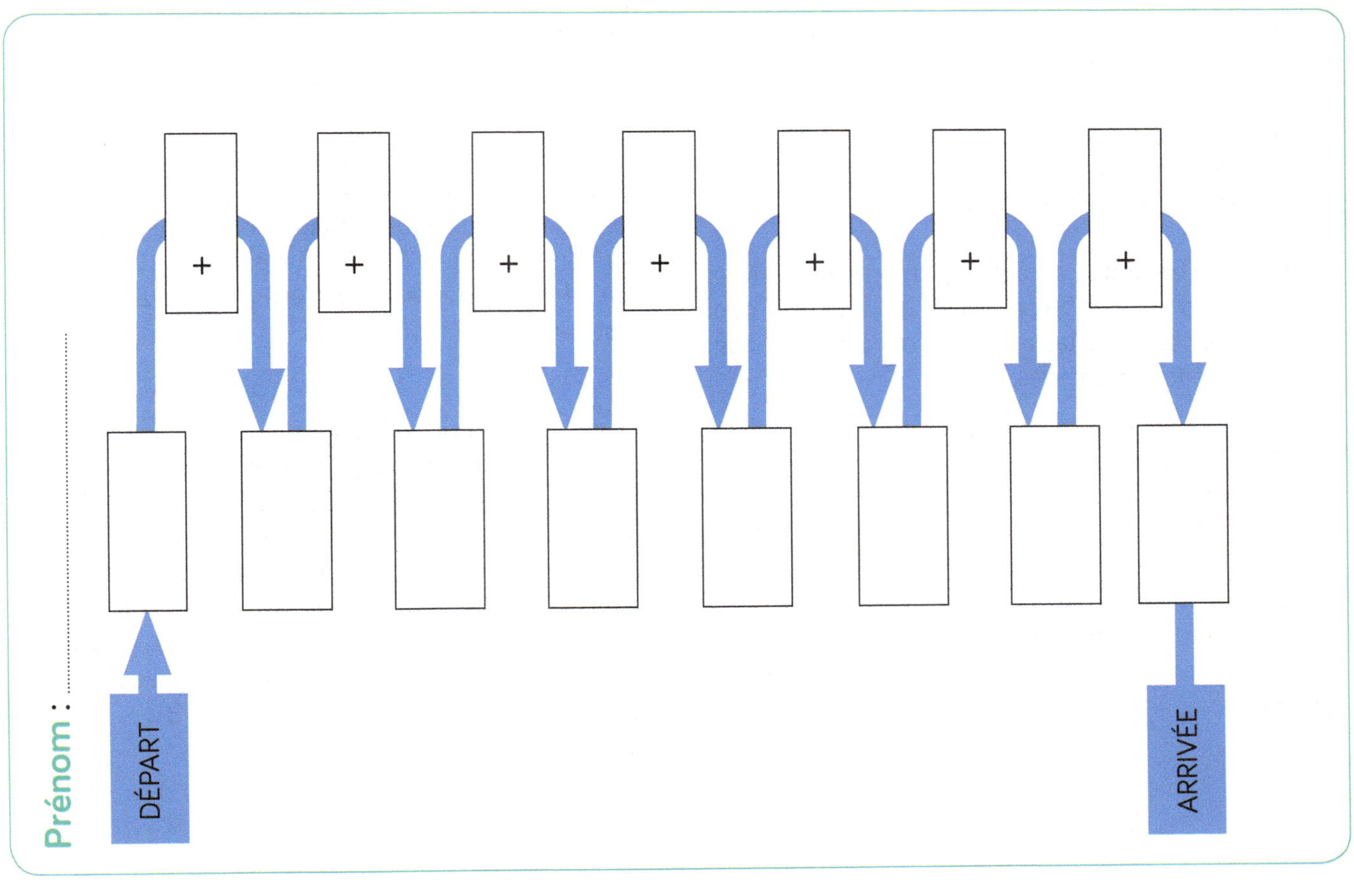

ENTRETENIR LES APPRENTISSAGES SUR LES NOMBRES

En CE1, les situations essentielles liées à l'apprentissage de la numération ont été regroupées en période 1 (LE CAISSIER), période 2 (LES TIMBRES) et période 4 (MINI-TARTARE). Pour autant, le travail sur la numération ne se limite pas à ces trois moments. À chaque période, des situations d'accompagnement permettent de renforcer ou de ré-exploiter dans d'autres contextes les apprentissages sur la numération.

Une autre spécificité apparait en CE1 : les procédures de calcul et les techniques de calcul s'enrichissent en s'appuyant sur les connaissances relatives à la numération.

LES ACTIVITÉS D'ACCOMPAGNEMENT

En période 1, ces activités visent à renforcer la connaissance de la suite orale et de la suite écrite. En période 2, LE JEU DES 4 CHIFFRES relie la valeur des chiffres du nombre avec leur position dans l'écriture décimale et aborde la comparaison de grands nombres. En période 3, LES MOTS-NOMBRES conduit à un travail sur l'écriture en lettres des nombres, en lien avec leur comparaison. En période 4, LE PLUS PRÈS et « 25, 50 ET 75 » permettent, pour la première de revenir sur la comparaison des nombres en lien avec l'estimation d'écarts, et pour la seconde de mémoriser les décompositions de 100, 200 et 300 en sommes de termes 25, 50 et 75. En période 5, LES CAHIERS reprend dans un autre contexte le travail effectué dans MINI-TARTARE. Il s'agit d'extraire le nombre de centaines ou de dizaines dans un nombre à quatre chiffres.
Comme les autres accompagnements, les activités des périodes 4 et 5 reprennent à distance et dans d'autres contextes les apprentissages réalisés dans les périodes antérieures.

Par ailleurs, les activités d'accompagnement d'ERMEL (loto, memory, dominos, cartes recto-verso, labynombre, hexanombre...) peuvent être poursuivies soit de manière organisée, soit en laissant les jeux déjà utilisés à disposition des élèves en classe ou à la maison. Ainsi, plusieurs labynombres de 10 en 10 peuvent être réalisés par l'enseignant (cf. CD pour une matrice vide) et laissés à disposition des élèves.

LIEN AVEC LE TRAVAIL SUR LE CALCUL

En travaillant sur le calcul, les élèves utilisent leurs connaissances sur la numération ; nous illustrons ici les procédures de calcul appuyées sur ces connaissances.

Dans le calcul additif et soustractif

Dans LES CUBES, pour calculer la réunion de deux collections comme 28 et 23, on peut observer :

- ✔ Procédure 1 : *« 20 + 20 + 8 + 3 = 40 + 11 = 40 + 10 + 1 = 51 »*
- ✔ Procédure 2 : 28 + 23
  4 11 → 40 + 11 = 51
- ✔ Procédure 3 : *« 2 + 2 = 4 donc 4 dizaines ; 8 + 3 = 11 donc 1 dizaine et 1 unités »*

Pour la recherche d'une partie d'une collection, les élèves ont à trouver « ? + 29 = 65 » :

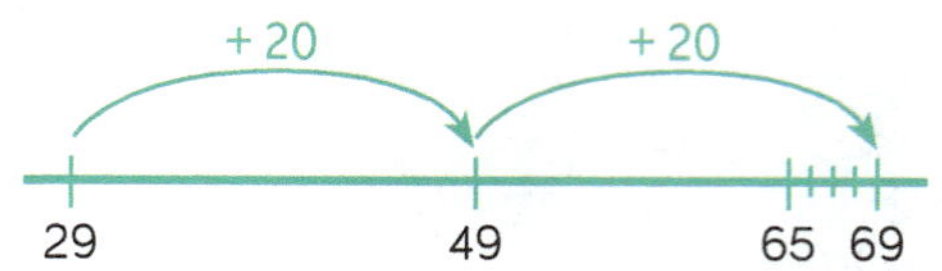

Dans le calcul représenté par ce schéma, le travail sur la droite numérique mobilise également la numération lorsque l'élève écrit *« 29 + 20 = 49, 49 + 20 = 69 »* puis décompte de 4 pour atteindre 65.

Utiliser la technique opératoire de l'addition pour faire « 36 + 47 » ou « ? + 47 = 83 » c'est réaliser des groupements et des échanges. Pour beaucoup d'élèves, cette technique est automatisée et ces échanges ne sont plus exprimés, mais pour ceux qui sont en difficulté, *« 6 + 7 = 13, c'est-à-dire 3 unités et une dizaine qui est ajoutée à 3 et 4 dizaines »* reste un point d'appui.

Dans le travail sur la multiplication

La multiplication introduit une nouvelle structuration de la suite des nombres, par familles de multiples. Par exemple, dans la situation LES COMMANDES, le travail sur les bandes de 10 carreaux amène les élèves à utiliser des multiples de 10 : dans « 60 = ... × 10 », 60 n'est plus uniquement 6 dizaines mais 6 × 10. Elle enrichit progressivement la connaissance des nombres : par exemple, 24 est dans la suite des multiples de 2, 3, 4, 6, 8...

LES CLASSES À PLUSIEURS NIVEAUX

Les classes à plusieurs niveaux représentent une proportion importante en France[1]. L'enseignant doit alors partager son temps entre les différents cours. Les élèves doivent avoir des temps d'autonomie, mais l'enseignant perd une partie des informations sur ce que les élèves font pendant qu'il gère le (ou les) autre(s) cours. Les classes à double niveau les plus répandues après les CM1-CM2 sont les CE1-CE2[2] ; c'est donc l'exemple que prenons pour illustrer cette question, mais beaucoup de choix sont généralisables dans d'autres configurations.

Nous considérons le cas où l'enseignant choisit de proposer la même discipline simultanément dans les deux cours. Ce choix peut être facilité par le fait que le déroulement des situations mathématiques, notamment celles que nous proposons, est assez similaire quel que soit le niveau.

GÉNÉRER DES TEMPS D'AUTONOMIE POUR UN NIVEAU

Alternance entre travail avec l'enseignant et travail en autonomie

Pendant que l'enseignant travaille avec les CE1 pour mener une situation essentielle, les CE2 sont en autonomie avec une activité d'accompagnement. Lors d'une séance suivante, ce sera l'inverse.

Pour obtenir cette autonomie, les situations d'accompagnement et d'entrainement sont particulièrement propices. En effet, les connaissances nécessaires ont déjà été travaillées. L'enseignant peut construire un parcours de plusieurs exercices ou activités que l'élève pourra réaliser à son rythme. Cela signifie que l'enseignant doit programmer cette alternance.

Un exemple de gestion en parallèle (CE1-CE2)

Prenons l'exemple de la situation MINI-TARTARE en CE1 ; elle peut être mise en parallèle avec le jeu du MEMORY des 100 et des 1 000 en CE2. Ce n'est pas la première fois que les CE2 jouent au memory : seules les cartes sont nouvelles. L'enseignant peut mettre au tableau une affiche rappelant les règles choisies.

Pour anticiper la gestion du temps, il peut être aidant de construire l'emploi du temps de la journée en identifiant clairement la modalité de travail (Mod.) : avec l'enseignant (Ens.), en autonomie (Aut.) ou mixte.

Exemple simplifié d'organisation : MINI TARTARE Phase 2

tps	CE1 MINI-TARTARE (Phase 2)	Mod.	CE2 MEMORY	Mod.
20'	Consigne	Ens.	Un élève distribue les cartes du jeu.	Rappel des règles au tableau
	Recherche en binômes (L'enseignant circule)	Ens./ Aut.	Jeu de memory des 100	Aut./Ens. Passe vérifier dans les groupes
15'	Mise en commun	Ens.	Reprise du jeu avec le memory des 1 000	Aut.
10'	Entrainements individuels	Aut.	Synthèse	Ens.

- ✔ Durant la recherche de la commande pour une ville, une fois que la consigne est donnée, l'enseignant peut circuler entre les différents cours pour vérifier que toutes les consignes sont bien comprises.
- ✔ Durant la mise en commun, en revanche, il est uniquement avec les CE1 ; cela signifie que les CE2 jouent en autonomie, et qu'en conséquence cette phase ne peut pas excéder une quinzaine de minutes.
- ✔ Pendant les entrainements individuels des CE1, l'enseignant peut alors faire une synthèse rapide avec les CE2. Là encore, le temps d'autonomie doit être relativement court ou entrecoupé de retours de l'enseignant pour des mises en commun ponctuelles (des temps d'environ 10 minutes d'autonomie suivis de mises en commun courtes).

1. En 2015, « Près de la moitié des élèves du secteur public sont scolarisés dans une classe multiniveaux. » et 85 % de ces élèves dans une classe à double niveau (Note de la DEPP n° 44 de novembre 2015).
2. Ibid.

Il est important d'**assurer l'équité entre les niveaux**, ce qui ne veut pas dire qu'il faut respecter une stricte égalité de temps de présence entre les cours, mais que cette répartition doit permettre à tous de progresser. Quand les CE2 feront une situation essentielle, les CE1 pourront faire les entrainements, par exemple de calcul mental avec LES LOUCHES TROUÉES (phase 4), en désignant un élève meneur de jeu ou sur tablette avec les exercices automatisés. En ritualisant ce mode de fonctionnement, on accroit l'autonomie des élèves. Le fait de savoir que l'enseignant est en train de communiquer la consigne aux CE2, que cela ne dure pas très longtemps et qu'après il vient les voir, rassure les élèves.

CONDUIRE LA MÊME SITUATION SUR LES DEUX NIVEAUX

Avec des variables différentes

Mener la même situation avec les deux cours, mais en ayant des contraintes ou des attentes différentes en fonction du niveau de classe, est plus complexe à mettre en place en mathématiques dans un CE1-CE2. Le moment qui nous apparait le plus favorable est celui de l'entrainement, notamment au calcul et à l'usage de la numération, pour lequel il est possible de donner des activités proches à des CE1 et des CE2. La situation LES TRAITS p 34 et la situation LES BANDES DE 10 FLEURS (cf. ERMEL CE2 p. 300) sont très proches et le fait que l'on compte des traits ou des fleurs n'a pas d'importance. Elles sont prévues toutes les deux en période 1, l'enseignant peut donc mener une seule séance en différenciant entre les CE1 et les CE2 sur le nombre d'objets et sur l'expertise attendue. Les CE2 iront plus rapidement au-delà de 1 000 et jusqu'à 2 000, alors que les CE1 ne dépasseront 1 000 qu'en fin de travail. Par ailleurs, l'enseignant n'interrogera pas en premier les CE2 sur leurs procédures de façon à laisser les élèves de CE1 développer les leurs.

En jouant sur les rôles

Il est également possible de donner des rôles spécifiques aux élèves de CE2. Par exemple, dans la situation LE CAISSIER, un élève de CE2 peut jouer le rôle du caissier, mais les enjeux et la réflexion liés à cette tâche sont faibles. Cette stratégie n'est donc pertinente que pour des CE2 en difficulté sur le système de numération. Utiliser ces rôles dans le cadre de la différenciation permet aux élèves de CE2 de ne pas se sentir dévalorisés : ils ne sont pas « mis » avec les CE1, ils organisent le jeu.

CONDUIRE DEUX SITUATIONS ESSENTIELLES SIMULTANÉMENT

Mener de front plusieurs situations d'apprentissage du type des situations essentielles est possible à condition d'organiser le temps de présence de l'enseignant en exploitant les temps de recherche. Le tableau ci-dessous présente une organisation générale permettant de mener deux situations essentielles (Sit. Ess.) en quinconce.

Exemple d'organisation en quinconce

tps	CE1	Mod.	Autre niveau	Mod.
10'	Consigne Sit. Ess.	Ens.	Exercices autres situations	Aut.
10'	Phase de recherche	Aut.	Consigne Sit. Ess.	Ens.
10'	Mise en commun / Synthèse	Ens.	Phase de recherche	Aut.
10'	Entrainements même situation ou autre	Aut.	Mise en commun / Synthèse	Ens.

Cette organisation présente deux risques :

- ✔ Le premier est que, si l'une des phases nécessite plus de temps, notamment la phase de mise en commun des CE1, les élèves de l'autre niveau risquent d'avoir terminé leur recherche et d'attendre. Pour pallier cette difficulté, les enseignants peuvent utiliser les méthodes usuelles qui leur permettent de gérer les différents temps de travail en prévoyant des activités supplémentaires autonomes.
- ✔ Le second est que, comme dans le cas de situations différentes menées en parallèle, l'enseignant ne peut pas observer les stratégies des élèves durant la phase de recherche et doit donc gérer les mises en commun en conséquence. Il lui faudra donc mettre en place des outils qui lui permettent d'accéder à la recherche des élèves : écrit de recherche, feuille de score, trace des réalisations.

Situation essentielle

LES COMMANDES

Après LES ENVELOPPES (Quinzaine 9), cette situation confronte les élèves à d'autres problèmes multiplicatifs, dans un contexte d'achats (phases 1 à 3), puis dans un contexte de configuration rectangulaire d'objets (phase 4). Ils ont ainsi à chercher soit un produit (des sommes d'argent à payer pour l'achat de n articles identiques, le nombre de petits carrés constituant un rectangle de dimensions données), soit un des facteurs d'un produit (commander le plus possible d'articles identiques avec une somme d'argent donnée, trouver les dimensions d'un rectangle constitué avec un nombre de carrés donné).

En reprenant la démarche retenue pour les problèmes additifs et soustractifs, nous proposons ces deux types de problèmes dès le début de l'apprentissage pour éviter que les élèves n'associent l'usage de la multiplication qu'au seul calcul du produit de deux nombres connus.

Cette situation pourra se dérouler sur 5 séances (la première pouvant être plus longue) : SÉANCE 1 (longue) : phases 1 et 2 ; SÉANCE 2 : phase 3 (étape 1) ; SÉANCE 3 : phase 3 (étape 2) ; SÉANCE 4 : phase 4 (étape 1) ; SÉANCE 5 : phase 4 (étape 2)

La situation LES COMMANDES s'appuie sur les situations d'ERMEL, LES FACTURES p. 275 à 283, et LES NOMBRES RECTANGULAIRES p. 283 à 286, du thème « Calculs multiplicatifs et de division ».

Présentation de la situation

Les problèmes sont construits autour de deux variables didactiques :
- le nombre d'articles achetés ;
- le prix de chaque article.

Les problèmes sont communiqués par un énoncé écrit.
La calculette est toujours disponible.

Matériel collectif
- Une affiche « énoncé » au format A3 pour chaque phase (cf. CD).

Matériel individuel
- Une calculette et une feuille de recherche.

Enjeu de la situation

Cette situation vise à :
- renforcer le lien entre addition réitérée et multiplication en utilisant un contexte d'achat d'articles identiques ;
- mettre en évidence l'intérêt de la multiplication quand le nombre d'itérations augmente ;
- susciter l'usage de la calculette pour certains produits ou pour gérer des essais de produits dans le but d'obtenir un quotient (phase 3) ;
- faire acquérir une certaine confiance dans l'emploi de la multiplication et de l'écriture associée.

Phase 1 : Appropriation et premiers calculs

Appropriation du problème

Afin que les élèves repèrent l'absence de certaines données pour répondre à la question, seule la première partie de l'énoncé est affichée dans un premier temps (la seconde, qui indique les prix, est sous un cache) :

> Voici les achats faits par trois personnes :
> - Armèle : 8 livres ;
> - Bertrand : 7 jouets ;
> - Corinne : 10 sacs à dos.
>
> Qui a dépensé le plus ? Qui a dépensé le moins ?

L'enseignant fait lire cette partie de texte à haute voix ; il demande par exemple *« Que pouvez-vous dire ? »*, dans le but de faire réagir les élèves et de les amener à dire : *« On ne connait pas les prix ! »* Il ôte ensuite le cache et fait lire la suite du texte :

> Les prix sont les suivants :
> - un livre : 27 € ;
> - un jouet : 32 € ;
> - un sac à dos : 22 €.

Choix des valeurs :
- pour le nombre d'articles : entre 6 et 10, afin de rendre possible le calcul par addition réitérée « à la main » et de comparer le résultat obtenu ainsi à celui obtenu grâce à la calculette ;
- pour la valeur des articles : entre 20 € et 35 €.

Recherche individuelle

Dans le but d'organiser la mise en commun à venir, l'enseignant repère les élèves en fonction de leurs procédures (voir ci-contre). Il leur demande de bien écrire la réponse aux questions.

Mise en commun

L'enseignant s'appuie sur les procédures qu'il a observées pendant la résolution.
Il choisit un type de procédure et peut commencer par une production présentant une erreur. Ainsi, pour une procédure adéquate mais lourde comme l'addition réitérée, les erreurs peuvent provenir du nombre prévu d'itérations ou du contrôle des sommes déjà effectuées.
Les élèves suivent la description des calculs pour détecter les erreurs éventuelles.
À la fin des échanges concernant une présentation, l'enseignant demande quels élèves ont procédé de la même façon.
Les productions utilisant la multiplication à l'aide de la calculette sont présentées en dernier pour éviter que leur pertinence prive les autres présentations de leur intérêt.
Ainsi, aucun procédé valide n'est valorisé par rapport aux autres.

Phase 2 : Calculs de produits (avec échange de messages)

Matériel collectif

- Une affiche « énoncé ».

A	B
11 jouets à 32 € 14 livres à 27 € 12 sacs à dos à 22 €	13 jouets à 32 € 15 livres à 27 € 15 sacs à dos à 22 €

Matériel par binôme

- Une feuille de commande comportant une partie pour l'énoncé et une partie pour le message (cf. Annexe 4 p. 160 et CD).

Exemple de fiche :

Nom des émetteurs : .... et	
Commande	Prix d'un livre : 27 € Quel est le prix de 14 livres ? ....
Nom des émetteurs : .... et	
Message Indiquez ici le calcul qu'il faudrait faire, mais sans l'effectuer.	
Nom des récepteurs : .... et	
Calcul des récepteurs	

Il y aura donc 6 fiches différentes à prévoir par l'enseignant.

Procédures de calcul observées dans une classe de 25 élèves :

- procédure inadaptée (1) : somme du nombre d'articles et de leur prix ;
- addition itérée de termes égaux au prix (20 élèves dont 2 par groupements successifs de termes deux à deux) ;
- multiplication avec calculette (4).

La comparaison des dépenses des trois personnes ne présente pas de difficultés.

Mise en commun

Il est possible de commencer par le travail d'un élève qui a utilisé l'addition réitérée. C'est en général la procédure majoritaire, mais les techniques de calcul varient. Dans ce cas, pourront être sollicités des élèves qui ont calculé cette somme avec des techniques différentes (exemples : calcul de la somme pas à pas, *« 27 + 27 = 54 ; 54 + 27 = 81... »* ; ou calcul de la somme par regroupements des termes deux à deux, *« 27 + 27 = 54 ; 54 + 54 = 108... »*).
La présentation d'une production d'élève utilisant la multiplication à la calculette est l'occasion de fournir un moyen de validation et de mettre en évidence le lien entre l'addition réitérée et le produit, en donnant la signification des facteurs.

Choix des valeurs pour la phase 2

Pour les problèmes de cette phase, le nombre d'articles se situe entre 11 et 15. Le calcul utilisant l'addition réitérée est ainsi rendu plus couteux et les élèves sont incités à trouver des procédés permettant une économie de calcul (multiplication avec calculette).
La valeur des articles, en revanche, ne change pas.

Pourquoi un message portant seulement l'instruction d'un calcul qui sera effectué par un autre binôme ?

Un calcul proposé, lourd à effectuer, peut être remplacé par un autre qui sera plus simple et qui fournira un résultat plus sûr (notamment avec la calculette). Par exemple, une addition réitérée, *« 27 + 27 + ... + 27 (14 fois) »*, pourra être effectuée telle quelle par les récepteurs, ou par groupement de termes comme *« 54 + 54 + ... + 54 (7 fois) »*, ou transformée en écriture multiplicative pour un résultat jugé plus fiable, obtenu à la calculatrice.

Présentation

Les élèves travaillent en binômes. La calculette est disponible. L'enseignant affiche au tableau les énoncés, les fait lire, et demande : « *Vous avez des remarques ?* » Celles-ci peuvent porter sur la nature, le nombre et le prix des articles.

L'enseignant poursuit : « *La moitié des équipes va recevoir une commande de la colonne A, l'autre moitié, une commande de la colonne B.* » Il présente alors une feuille message : « *Chaque équipe va recevoir une feuille comme celle-ci...* », en mettant en évidence la partie « commande », puis la partie « message ». La consigne, ***« Indiquez ici le calcul qu'il faudrait faire, mais sans l'effectuer. »***, est lue.

Il précise que :

- chaque équipe va préparer un message pour dire quel calcul il faudrait faire pour connaitre le montant de la commande, mais qu'elle ne doit pas l'effectuer ;
- les messages seront ensuite échangés entre deux équipes qui ont eu des commandes différentes, et que chaque équipe effectuera le calcul qu'elle a reçu, sans savoir quelle est la commande correspondante (la partie « commande » aura été découpée par l'enseignant et conservée par les émetteurs).

Recherche par deux

Élaboration des messages : les équipes reçoivent la feuille A4 avec commande et zone de réponse ; elles établissent leur message pour la commande qui y figure. L'enseignant relève les feuilles, découpe les messages.

Calcul du montant de la commande : l'enseignant distribue les messages à d'autres équipes et ajoute « *Trouvez le montant de la commande ; vous écrivez ce que vous faites sur le message.* » Les équipes font leur recherche. Quand celle-ci est terminée, avant la mise en commun, l'enseignant précise : « *Les équipes qui ont utilisé la calculette marquent un "C" sur leur feuille.* »

Mise en commun

Elle est conduite une commande après l'autre. L'enseignant affiche une commande au tableau, puis les différents messages qui s'y rapportent, sans ordre particulier. Il sollicite les remarques sur :

- les résultats (leur vraisemblance, leur comparaison) ;
- les calculs proposés par les émetteurs (leur comparaison pour une même commande) ;
- les modes de calculs employés par les récepteurs pour trouver le montant de la commande (calcul conforme, transformation éventuelle...)

Reprise avec d'autres exemples de commandes (cf. CD)

Conduite sur le même mode.

A	B
12 rollers à 35 € 14 raquettes à 26 € 15 paires de tennis à 34 €	14 rollers à 35 € 13 raquettes à 26 € 13 paires de tennis à 34 €

Trace écrite

Un exemple de feuille de commande établi par des élèves, et relevant de chaque procédure employée, pourra être mis au propre avec l'aide de l'enseignant.

Précision sur la présentation

L'enseignant doit s'assurer que les contraintes sont bien comprises.

Il peut tout faire ré-expliciter en ciblant les tâches successives :

- pour l'émission du message : « *Qu'est-ce que chaque équipe va devoir faire en recevant sa commande ?* » ; « *Qu'est-ce qu'elle ne devra pas faire ?* » → « *Il faut écrire le calcul qu'il faut faire, mais sans le faire.* » ; « *...juste une écriture de calcul sans le résultat* » ;
- à la réception du message :
  - « *Quand vous aurez fait votre message, qu'est-ce que je ferai avec cette feuille ?* » → « *Tu la découperas suivant le trait.* » ; « *Tu donneras le message à une autre équipe* » ;
  - « *Que devra faire chaque équipe ?* » → « *Faire le calcul.* ».

À propos des calculs

Si des élèves posent la question « *Est-ce qu'on peut utiliser la calculette ?* », l'enseignant répondra alors seulement : « *C'est comme d'habitude !* ».

De même, si des élèves demandent s'il est possible de « *changer les calculs* », il dira simplement : « *Vous devez trouver le résultat du calcul indiqué !* »

Nous avons observé que, lors de cette première commande, le recours à la calculette et/ou à l'écriture multiplicative est peu fréquent, tant dans le message que dans le calcul. Dans la mise en commun, l'emploi de la machine par quelques binômes est mis en relation étroite avec l'écriture multiplicative. Il est en général reconnu efficace et simple.

Mise en commun

Elle sera l'occasion de mettre en rapport les différents types de calculs (addition réitérée ou multiplication) à travers les éléments caractéristiques discernables sur les deux types d'écritures :

- la valeur itérée ;
- le nombre d'itérations.

À propos des calculs

Dans la seconde commande, on s'attend à un réinvestissement de modes de calcul perçus par les élèves comme économiques et fiables.

Phase 3 : Recherche d'un des facteurs d'un produit (bon de commande)

ÉTAPE 1 : APPROPRIATION DU NOUVEAU PROBLÈME

Chaque équipe de deux élèves va devoir remplir un bon de commande.

Matériel collectif

- Une liste de jouets (format A3) et leur prix (cf. CD) :

Avion : 28 €	Ours en peluche : 29 €	Voiture : 25 €
Maquette : 27 €	Poupée : 33 €	

- Un bon de commande (annexe 5) agrandi.

Matériel par équipe de deux

- Un bon de commande sur le modèle suivant (cf. Annexe 5 p. 161 et CD) :

Bon de commande fait par .... et		
Somme d'argent disponible : .... Jouet choisi : .... Prix d'un jouet :		
Nombre de jouets commandés	Argent dépensé	Argent restant
Les calculs ou ce qui a été tapé sur la calculette :		
Noms des vérificateurs : .... et		

Présentation

L'enseignant indique : « *Un marchand de jouets veut faire sa commande de jouets pour les fêtes. Il consulte un site de vente où il pourra en acheter. Voilà ce qu'il trouve.* » L'enseignant affiche la liste : « *C'est la **liste de jouets** qu'il peut commander.* » Il la fait lire à haute voix, puis il précise : « *Chaque équipe dispose de **200 €** et va commander une catégorie de jouets à la place du marchand. Voici le bon pour faire la commande.* »

Un bon est affiché et lu ligne après ligne :

- « *Là, vous marquerez la somme d'argent que le marchand peut dépenser : 200 €.* »
- « *Là, vous indiquerez le jouet que vous choisissez de commander et ici son prix... Attention ! Vous ne pouvez choisir qu'**une seule catégorie de jouets**.* »
- « *Vous indiquerez ensuite ici :*
  - *combien de jouets vous commandez ;*
  - *quelle somme d'argent vous dépensez ;*
  - *quelle somme d'argent il vous restera après la commande.* »

Enjeu de la phase 3

Le but est de favoriser l'appropriation de ce nouveau type de problème et de laisser possible une recherche « à la main » à l'aide de moyens divers (additions réitérées, soustractions réitérées, par exemple), à la calculette par addition réitérée... tout en visant des procédures multiplicatives avec essais de produits.

Les élèves vérificateurs vont avoir à contrôler une commande qu'ils n'ont pas faite, mais portant sur un même contexte (des jouets). Cela contribue, par la comparasion de la procédure qu'ils doivent contrôler avec la leur, à formuler des critiques et à améliorer les procédures.

Procédures possibles

Deux grandes catégories de procédures peuvent apparaitre :

- Procédures progressives :
  - vers le but : additions réitérées du prix d'un jouet avec contrôle au but (200 €) ;
  - en partant du but : soustractions réitérées du prix d'un jouet à partir de 200 €.

  Dans chaque cas, il y a dénombrement du nombre d'itérations (nombre de jouets commandés). Des variantes de ces procédures peuvent être produites, comme des regroupements de termes. Dans ces procédures progressives, une difficulté réside notamment dans le recomptage des itérations.
- Procédures par essais (essais multiplicatifs). Ce type de procédure fait apparaitre un format de calcul fixe : un des facteurs du produit est constant, l'autre varie et le produit obtenu est comparé à 200. Ces procédures seront développées au CE2 et ne sont pas à institutionnaliser au CE1.

Recherche par deux

L'enseignant s'assure que les élèves indiquent correctement les données du problème. La calculette est autorisée.

Échange et vérification

L'enseignant relève les bons établis par les équipes et les redistribue à d'autres : *« Je donne maintenant à chaque équipe le bon de commande d'une autre équipe, de façon à ce que ce bon de commande soit vérifié : vous devez dire si vous êtes d'accord avec la commande qui a été faite. »*

Mise en commun

Il est plus efficace de la conduire problème par problème, c'est-à-dire jouet par jouet. L'enseignant peut alors :

- afficher tous les bons de commande établis pour le jouet et en faire lire les réponses données (par exemple : nombre d'avions commandés, argent dépensé, argent restant) ;
- attendre des remarques d'ordre général (par exemple : *« ils n'en ont pas commandé le même nombre », « ils n'ont pas dépensé assez d'argent », « ils n'ont pas calculé ce qui leur restait », « avec l'argent qu'il reste, on ne peut pas acheter un autre avion »*) ;
- faire procéder à l'examen de chaque production, examen étayé par le travail de vérification fait par les élèves concernés.

Il est important que les différents procédés soient explicités, notamment ceux par essais qui ont, en principe, été effectués à la calculette.
Les modalités de la conduite de la mise en commun peuvent évoluer lors de l'examen des productions pour les autres jouets, de manière à renouveler l'intérêt des élèves.

ÉTAPE 2 : EXTENSION DU PROBLÈME À UNE SOMME D'ARGENT PLUS GRANDE

Matériel collectif

- Une liste d'articles scolaires (format A3 - cf. CD) :

Projecteur : 60 €	Chaise : 35 €
Table : 45 €	Écran : 57 €

- Un bon de commande (annexe 6) agrandi.

Matériel par binôme

- Un bon de commande construit sur le même principe que celui de l'étape 1 (cf. Annexe 6 p. 162 et CD).

Le déroulement est le même qu'à l'étape précédente

La somme disponible pourra être comprise entre 300 € et 500 €.

Cette fois, les élèves ont à réaliser le bon de commande pour une école qui désire se procurer du matériel pour ses classes. Il faut à nouveau, pour chaque équipe, choisir un seul type de matériel scolaire.

La recherche et la vérification aboutissent à une phase collective d'exposé des travaux effectués en vue de valider les résultats et de partager les procédés.

Mise en commun

Le but de la mise en commun est d'une part de faire valider les bons de commande, d'en identifier des failles (erreurs de calculs, mauvaise interprétation de nombres dans le procédé, non optimisation du nombre de jouets), et d'autre part de permettre une explicitation et une diffusion des procédés valides employés.
Les élèves vérificateurs ont évidemment à intervenir fortement pour développer leurs arguments de contrôle.
L'enseignant s'abstient d'intervenir pour valoriser une procédure. Cependant, il peut estimer que certains élèves qui s'expriment peu ont besoin d'une reformulation des procédures expliquées pour les comprendre (timidité ou effacement devant un leader dans une équipe, manque de confiance, dévalorisation de leur propre apport au collectif, perception de leurs propres erreurs, etc.)
Ce type d'intervention de l'enseignant ne constitue ni une « valorisation » d'une procédure, ni une ébauche d'institutionnalisation.

Enjeu de l'étape 2

La somme à dépenser est plus grande.
Les élèves peuvent être incités de ce fait à faire, pour les procédures progressives, des regroupements ou à développer les procédures par essais.

Procédures

La diversité partagée des procédures jointe à l'emploi de la calculette participe au renforcement de la multiplication en tant qu'opération appropriée à la résolution de certains problèmes.

Trace écrite

Il ne semble pas nécessaire d'en établir une pour les activités des phases 3 et 4 car elles sont des phases d'exploration de problèmes nouveaux.

Phase 4 : LES NOMBRES RECTANGULAIRES

Il s'agit de déterminer des dispositions rectangulaires de n carrés (ou n cubes, si ce matériel est disponible). Plusieurs valeurs de n étant données, il faut trouver un moyen de mémoriser et d'écrire les configurations obtenues.

La calculette est disponible.

ÉTAPE 1 : DÉCOMPOSITIONS « MULTIPLICATIVES » DE NOMBRES PAR RÉALISATION DE RECTANGLES

Matériel collectif

- Une affiche énoncé (cf. CD) :

> Trouvez le plus possible de rectangles
> avec ……… carrés

- Des étiquettes-nombres : 4, 6, 7, 9, 10, 12, 14, 16, 20 et 24 (cf. CD).

Matériel pour deux élèves

- 24 carrés, un gros feutre et des feuilles de papier uni (non quadrillé) pour noter les solutions.

Communication du problème

Les élèves sont répartis en groupes de deux. L'enseignant montre une collection de carrés et précise : « *Je vais donner 24 carrés à chaque équipe et vous allez en prendre 12. Vous chercherez à faire le plus possible de rectangles avec ces 12 carrés. Vous noterez les rectangles obtenus sur votre feuille mais* ***sans les dessiner.*** »

Recherche par deux

L'enseignant sera probablement amené à préciser que les rectangles doivent être « pleins » : certains élèves disposent en effet les carrés de manière à faire « le tour » d'un rectangle. Lorsqu'il s'aperçoit que des élèves ont terminé la recherche pour 12 carrés, l'enseignant annonce, en fixant au tableau les nouvelles étiquettes-nombres : « *Quand vous aurez trouvé des rectangles avec 12 carrés, et que vous les aurez notés sans les dessiner, vous chercherez à en faire avec d'autres nombres ; les voici. Vous prenez une feuille nouvelle pour chaque nombre de carrés.* »

Mise en commun

Il s'agit de contrôler les réponses proposées pour chaque nombre de carrés. Pour chacun, les feuilles réponses des équipes sont affichées et examinées.
Les élèves n'ayant pu dessiner les configurations retenues, ils ont utilisé divers codages qu'il est nécessaire d'harmoniser. Pour cela, l'enseignant prend l'exemple des réponses proposées pour un nombre : « *Pour ce nombre, vous avez trouvé plusieurs façons d'écrire vos réponses… Laquelle pourrait-on garder ?* »
Puis éventuellement : « *Laquelle vous parait la plus commode, la plus rapide, la plus précise ?* »
L'enseignant demande alors aux élèves de recoder toutes les configurations obtenues de cette manière.

Enjeu de la phase 4
Cette phase vise à faire :
- mémoriser et étendre des tables ;
- utiliser la commutativité de la multiplication.

La recherche des décompositions de nombres s'appuie notamment sur les résultats du répertoire multiplicatif (en cours de construction et d'extension).

Procédures observées
Deux procédures principales :
- disposition des carrés en rectangle et production de codage ;
- production directe d'écritures pertinentes en faisant l'économie de la manipulation.

Des procédures inadaptées :
- constitution du contour d'un rectangle ;
- constitution de rectangles avec moins de carrés.

Pour tout nombre n, les configurations « 1 × n » ou « n × 1 » sont valides. Les élèves sont invités à en trouver d'autres, si elles existent.

Codages possibles
Les différents codages proposés sont discutés, comparés :
- langage courant : « *longueur 6, largeur 2* » ;
- liste de nombres : « *6 / 2* » ou « *2 / 6* » ;
- utilisation du mot « fois » ;
- écriture multiplicative.

Les configurations « *a × b* » et « *b × a* » sont identiques : elles décrivent le « même » rectangle. On utilisera indifféremment les écritures : « *n = a × b* », « *n = b × a* », « *a × b = n* », « *b × a = n* ».

Mise en commun
L'écriture multiplicative doit apparaitre comme synthétique et caractéristique : elle décrit un rectangle et indique le nombre de carrés du rectangle en permettant d'éviter leur manipulation. Elle peut ainsi être privilégiée et retenue.

Réponses possibles
Il est possible que les élèves constatent au gré des échanges que :
- pour un même nombre de carrés, des équipes trouvent plus de solutions que d'autres ;
- pour d'autres (comme 7 par exemple), on ne peut trouver que des « lignes ».

ÉTAPE 2 : DÉCOMPOSITIONS MULTIPLICATIVES DIRECTES DE NOMBRES

Matériel collectif

- La même affiche-énoncé qu'à l'étape 1 (cf. CD) :

Trouvez le plus possible de rectangles avec .... carrés

- De nouvelles étiquettes-nombres : 15, 18, 25, 100, 48 (cf. CD).

Matériel pour deux élèves

- Un gros feutre et une feuille de papier pour noter les solutions.

Communication du problème

Les élèves sont toujours par deux.
L'enseignant annonce en affichant l'énoncé : « *Nous reprenons aujourd'hui le travail de la dernière fois : "Trouvez le plus possible de rectangles avec ... carrés."* » Il ajoute : « *Attention ! Cette fois, il vous faudra trouver sans les carrés, vous n'en n'aurez pas !* ». Et enfin, en plaçant l'étiquette 15 à la place des pointillés : « *Vous allez d'abord chercher pour 15 carrés.* »

Recherche par deux

Si l'enseignant constate que des élèves éprouvent des difficultés, il peut suggérer : « *Pensez que vous pouvez utiliser votre calculette.* »

Mise en commun

Elle est menée comme celle de l'étape 1. Chaque procédé employé pour trouver une solution est explicité, de façon à faire apparaitre les connaissances utiles, notamment celles du répertoire multiplicatif. Elle utilise les écritures multiplicatives pour rendre compte des réponses.

Reprise

On prendra par exemple 18 ou 25, voire de plus grands nombres tels que 100 ou 48 (pour lesquels la calculette pourra être utile).

Enjeu de l'étape 2

Les carrés ne sont plus disponibles ; cela contraint les élèves à s'appuyer sur des raisonnements sur les nombres. Ils vont devoir trouver des dispositions en rectangle rapidement et sans manipulation.

Procédures observées

- essais de décompositions additives itérées, par exemple : « *3 + 3 + 3 + 3 + 3 = 15* » ;
- appui sur une configuration rectangulaire évoquée : « *Je sais que 4 × 3 c'est 12 ; 15 c'est une rangée de plus, c'est 5 × 3.* » ;
- essais de décompositions en produit associées à des résultats figurant dans le répertoire multiplicatif en construction : « *Pour 15, j'essaie dans la table de 2, dans la table de 3...* »

Écriture multiplicative et configuration rectangulaire

Une égalité du type « n = a × b » permet de caractériser a posteriori une configuration obtenue. Un élève ayant obtenu un rectangle de 3 par 4 peut écrire : « *12 = 3 × 4* ». Mais à l'inverse, la connaissance de « 12 = 4 × 3 » ou de « 12 = 6 × 2 » permet aussi d'anticiper la disposition en 4 rangs de 3 ou 2 rangs de 6. Utiliser une écriture multiplicative pour traduire une configuration rectangulaire apparait ainsi possible.

Annexe 4 FEUILLE DE COMMANDE (PHASE 2 – MATÉRIEL POUR 2 BINÔMES)

Nom des émetteurs : .... **et** ....

Commande	Prix d'un .... : .... € Quel est le prix de .... ? .... €

Nom des émetteurs : .... **et** ....

Message Indiquez ici le calcul qu'il faudrait faire, mais sans l'effectuer.	

Nom des récepteurs : .... **et** ....

Calcul des récepteurs	

Nom des émetteurs : .... **et** ....

Commande	Prix d'un .... : .... € Quel est le prix de .... ? .... €

Nom des émetteurs : .... **et** ....

Message Indiquez ici le calcul qu'il faudrait faire, mais sans l'effectuer.	

Nom des récepteurs : .... **et** ....

Calcul des récepteurs	

Annexe 5 BON DE COMMANDE

(PHASE 3, ÉTAPE 1 – MATÉRIEL POUR 2 BINÔMES)

Bon de commande fait par

.... **et** ....

Somme d'argent disponible : ....

Jouet choisi : ....

Prix d'un jouet : ....

Nombre de jouets commandés	Argent dépensé	Argent restant

Les calculs ou ce qui a été tapé sur la calculette :

Nom des vérificateurs : .... **et** ....

Bon de commande fait par

.... **et** ....

Somme d'argent disponible : ....

Jouet choisi : ....

Prix d'un jouet : ....

Nombre de jouets commandés	Argent dépensé	Argent restant

Les calculs ou ce qui a été tapé sur la calculette :

Nom des vérificateurs : .... **et** ....

Annexe 6 BON DE COMMANDE
(PHASE 3, ÉTAPE 2 - MATÉRIEL POUR 2 BINÔMES)

Bon de commande fait par
.... **et** ....

Somme d'argent disponible : ....
Article choisi : ....
Prix de l'article : ....

Nombre d'articles commandés	Argent dépensé	Argent restant

Les calculs ou ce qui a été tapé sur la calculette :

Nom des vérificateurs : .... **et** ....

✂ ....

Bon de commande fait par
.... **et** ....

Somme d'argent disponible : ....
Article choisi : ....
Prix de l'article : ....

Nombre d'articles commandés	Argent dépensé	Argent restant

Les calculs ou ce qui a été tapé sur la calculette :

Nom des vérificateurs : .... **et** ....

Questions sur LES PROCÉDURES ET LES OUTILS DU CALCUL MULTIPLICATIF

La découverte de la multiplication s'appuie sur la résolution de problèmes multiplicatifs dans les situations essentielles LES ENVELOPPES (période 3) et LES COMMANDES (période 4). Ces situations, fondées sur la reconnaissance par l'élève du nombre d'itérations et de la valeur à itérer, contribuent au passage de procédures de calcul de type additif à l'usage de la multiplication et à la constitution d'un répertoire multiplicatif. Cette évolution s'appuie sur des verbalisations du type « a fois b » et sur des écritures utilisant le signe « × ». Des expressions, plus contextualisées, comme « 5 enveloppes de 4 » ou « 5 rangées de 4 » restent fréquentes. Dans tous les cas, elles font apparaitre les deux termes pertinents : le nombre d'itérations et la valeur à itérer.

LE RÉPERTOIRE MULTIPLICATIF

La situation LES ENVELOPPES permet d'initier un répertoire multiplicatif avec des résultats mémorisés du type « 5 fois 4 égale 20 ». À partir de ces résultats, les élèves vont en construire d'autres. Ainsi, pour trouver le nombre de jetons obtenus avec 6 enveloppes de 4 jetons, on peut calculer « 4 + 4 + 4 + 4 + 4 + 4 » sous la forme « 20 + 4 » si l'on sait que « 5 fois 4 égale 20 ».

Cette démarche sera motivée, dans les situations évoquées, par le caractère répétitif de certains calculs et la possibilité fréquente d'avoir déjà rencontré le produit recherché. Les élèves vont ainsi apprendre à retrouver des résultats plus difficiles à mémoriser à partir de ceux qu'ils connaissent bien, et tous n'utiliseront pas les mêmes procédés pour cela. Ces résultats mémorisés devenant nombreux, ils vont être organisés en répertoires (LES ENVELOPPES, phase 3) afin de faciliter leur usage.

L'affichage dans la classe, les répétitions à haute voix, les activités d'accompagnement constituent une aide importante de l'apprentissage des tables. Cependant, celui-ci devra être conduit avec précaution, pour tenir compte des difficultés de mémorisation que rencontrent certains élèves.

LE SIGNE « × »

Dans la construction de cette nouvelle opération, il est important qu'elle soit rapidement identifiée par un signe et donc des écritures multiplicatives.
La calculatrice va être un outil essentiel pour cela. Les élèves vont pouvoir constater que la séquence de touches [5] [×] [4] [=] donne le même résultat que [4] [+] [4] [+] [4] [+] [4] [+] [4] [=] ou que le calcul déjà effectué sans machine de « 5 fois 4 ». On pourra ainsi remplacer progressivement l'écriture « a fois b » par « a × b » tout en continuant à la lire « a fois b ».

LA MULTIPLICATION, UNE OPÉRATION COMMUTATIVE

La répétition des tirages dans la situation LES ENVELOPPES va permettre d'identifier la commutativité de l'opération par identité de résultats. Ce point est délicat dans la mesure où l'opération s'appuie sur une action. Ainsi, 5 enveloppes de 4 jetons, c'est « 4 + 4 + 4 + 4 + 4 » soit « 5 fois 4 », tandis que 4 enveloppes de 5 jetons, c'est « 5 + 5 + 5 + 5 » soit « 4 fois 5 ». Mais comme dans les deux cas, on obtient 20 jetons, l'élève peut utiliser pour le calcul « 5 × 4 = 20 » ou « 4 × 5 = 20 », selon le résultat mémorisé qu'il connait le mieux.

L'EXTENSION DU SENS DE LA MULTIPLICATION AUX CONFIGURATIONS RECTANGULAIRES

En période 4, l'activité LES NOMBRES RECTANGULAIRES (LES COMMANDES, phase 4) propose des problèmes de dénombrements d'objets disposés selon des configurations rectangulaires.
L'écriture multiplicative permet de traduire et mémoriser une configuration rectangulaire s'appuyant sur une représentation. Par exemple, 24 carrés peuvent se ranger selon des dispositions rectangulaires « 12 sur 2 » ou « 6 sur 4 » ou « 8 sur 3 », ce qui peut se traduire par « 24 = 12 × 2 » ou « 24 = 2 × 12 », « 24 = 6 × 4 » ou « 24 = 4 × 6 », « 24 = 8 × 3 » ou « 24 = 3 × 8 ».
À l'inverse, la connaissance du résultat multiplicatif « 9 × 5 = 45 », mémorisé ou disponible dans un répertoire fourni, permet d'anticiper le rangement de 45 carrés en 9 rangées de 5 carrés ou en 5 rangées de 9 carrés.

MULTIPLIER PAR 10

L'activité LES NOMBRES RECTANGULAIRES donne aussi l'occasion d'enrichir le répertoire multiplicatif et de l'étendre aux produits du type « 10 × b » ou « b × 10 » et à la décomposition des multiples de 10 sous cette forme comme dans « 60 = … × 10 ».

Ce travail sur les multiples de 10 conduit parfois à des remarques de la part des élèves : « *Pour multiplier par 10, il faut ajouter un 0 au nombre.* » Au CE1, ces remarques doivent rester au niveau de constats.

LA TECHNIQUE OPÉRATOIRE

Au CE1, nous proposons de construire la technique opératoire de la multiplication par un nombre à un chiffre.
Ainsi, l'élève qui doit calculer « 4 fois 476 » sans calculatrice, va revenir à l'opération posée « 476 + 476 + 476 + 476 ».

```
    ③ ②
    4  7  6
 +  4  7  6
 +  4  7  6
 +  4  7  6
 ----------
 1  9  0  4
```

Pour effectuer cette addition posée, s'il maitrise bien le répertoire multiplicatif ou si l'enseignant lui en fournit un, il va recourir mentalement à « *4 fois 6 égal 24, 4 fois 7 égal 28, et 4 fois 4 égal 16* » pour éviter les calculs additifs pas à pas sur chaque ordre de numération.
Ce calcul est guidé par la disposition spatiale de l'addition posée ; il conduit ainsi à une nouvelle disposition de l'opération utilisant le signe « × ».

```
    ③ ②
    4  7  6
 ×        4
 ----------
 1  9  0  4
```

La décomposition du produit « 4 × 476 » en « (4 × 6) + (4 × 70) + (4 × 400) » reste évidemment très implicite.

Questions sur LA PRODUCTION DE TRACE ÉCRITE

Nous avons exposé en période 1 (p. 16) l'intérêt de mettre en place un temps collectif de bilan intermédiaire pour que les élèves s'approprient le but à atteindre sans pour autant faire le travail à leur place. Les fonctions des mises en commun sont aussi de permettre aux élèves de communiquer et de valider collectivement leurs productions (résultats et méthodes). Pour cela, ils vont formuler des questions, des explications, des critiques. Mais que faire de ces formulations plus ou moins explicites ? C'est la question à laquelle nous proposons des réponses dans cette partie.

POURQUOI UNE PRODUCTION DE TRACE ÉCRITE ?

Durant les phases de mise en commun, l'enseignant veille en général à ne pas donner d'information tendant à apporter des éléments pour la validation, de façon à laisser la place à la prise d'initiative de chacun puis au débat entre élèves. Les élèves donc, exposent leurs procédés, les justifient, formulent avec leurs mots des arguments, des exemples, des contre-exemples, des assertions, des « propriétés mathématiques », dans le but de valider ce qui est soumis au débat. Or, le problème posé dans la situation est choisi pour que certains de ces éléments mathématiques constituent des connaissances nouvelles pour les élèves, et fassent l'objet des apprentissages visés. Lors de la phase de mise en commun, des formulations traduisent ces connaissances nouvelles. Mais, en fonction des élèves, selon qu'ils aient réussi ou non, elles sont différentes et les élèves ne leur donnent pas le même statut quant à leur validité, leur utilité et leur niveau de généralité.

Le temps de production des traces écrites permet d'obtenir un écrit soit sur des procédures, soit sur des connaissances ou savoirs qui sont apparus dans la situation. Il présente un double enjeu : une identification nette par l'élève de ce qu'il a appris, et une garantie que si cette trace est établie en accord avec l'enseignant, c'est qu'elle correspond bien à ce qui est à apprendre… et à savoir.

QUAND MENER UNE PRODUCTION DE TRACE ÉCRITE ?

Les élèves ont résolu un problème et l'on repère :

- ✔ qu'ils développent des procédés adaptés ;
- ✔ que ces procédés deviennent plus stables ;
- ✔ qu'ils arrivent plus facilement à expliciter des connaissances utiles, importantes pour les décrire ;
- ✔ qu'une difficulté sensible est apparue, et qu'elle a pu être dépassée…

Une conséquence est que, bien que l'enseignant sache quels sont les apprentissages visés, il ne peut pas pré-écrire la trace écrite. D'une part, elle devra être établie **en fonction de ce qui sera apparu important** – l'enseignant peut juger alors utile d'élaborer une trace écrite (texte, représentation, calcul…) dans le but de pérenniser ce qui a été rencontré ou dépassé et de constituer un point de repère pour les élèves dans leur apprentissage. Et d'autre part, elle devra **venir des élèves**. C'est pourquoi nous donnons dans les situations essentielles des exemples de trace obtenue dans des classes ; mais cela ne constitue pas un modèle de ce qui doit être obtenu.

COMMENT ÉLABORER UNE TRACE ÉCRITE ?

Pour mieux comprendre le travail de l'enseignant dans ces phases, nous décrivons dans les pages suivantes comment a été établie une trace écrite au cours de la situation LES COMMANDES.

Lors des phases de validation, l'enseignant ne cherche pas à intervenir pour valider ou corriger les connaissances qui s'expriment ou qui pourraient être utiles (il ne les valorise pas, il ne les reformule qu'en reprenant les expressions des élèves…) Certains enseignants, par exemple, mènent les débats d'une telle phase du fond de la classe pour favoriser la circulation de la parole entre les élèves. Mais par la suite, lors de la constitution d'une trace écrite, il peut très bien changer de posture, en passant devant les élèves, pour officialiser certains savoirs et connaissances qui sont apparus, et peut-être en apporter un certain nombre (réduit toutefois). De plus, c'est lui qui va écrire sous la « dictée » des élèves ; la trace est ainsi construite en collaboration entre les élèves et l'enseignant.

La trace peut porter sur des connaissances, des méthodes ou des résultats, l'enseignant pose donc des questions qui se ferment « au fur et à mesure » en fonction de cet objectif. Voici des exemples d'interventions que l'on peut trouver spécifiquement dans cette phase :

- ✔ *« Qu'avez-vous à dire sur la résolution de ce problème ? »*

- ✔ *« Que pensez-vous du travail de Ryan et Allana ? »*
- ✔ *« Pourquoi ne se sont-ils pas trompés ? »*
- ✔ *« Tommy et Tony ont fait très vite… Pourquoi ? »*
- ✔ *« Eva a écrit : "27 + 27 + 27 + 27 + 27 + 27 + 27 + 27 + 27 + 27 + 27 + 27" et Walid a écrit "12 × 27" : ils vont trouver le même résultat ? »*

Vient ensuite le moment où l'enseignant aide les élèves à formuler ce qui est à noter. Il peut par exemple dire *« Qu'est-ce que nous allons retenir ? »* ou commencer une phrase et dire aux élèves *« Continuez la phrase ! »* Il aide alors les élèves à identifier ce qui va être important, à en améliorer la formulation ; mais il s'attache à ne pas apporter d'éléments susceptibles de constituer un écrit trop savant et trop loin des expressions des élèves. En effet, un des objectifs des mises en commun est de valider mais aussi de permettre aux élèves ayant le moins bien réussi d'accéder à une procédure plus efficace, il faut donc que la trace leur soit compréhensible et ainsi utile.

Dans la suite du texte, nous décrivons le déroulement de la situation et nous analysons des échanges.

QUE S'EST-IL PASSÉ AVANT ?

Lors de la phase 1 des COMMANDES

Dans la classe, la première phase a été consacrée à l'appropriation du problème :

> Voici les achats faits par trois personnes :
> - Armèle : 8 livres ;
> - Bertrand : 7 jouets ;
> - Corinne : 10 sacs à dos.
>
> Qui a dépensé le plus ? Qui a dépensé le moins ?
>
> Les prix sont les suivants :
> - un livre : 27 € ;
> - un jouet : 32 €.
> - un sac à dos : 22 €.

Le premier travail a conduit certains élèves à faire :

- ✔ la somme des trois prix ;
- ✔ la somme de prix et de nombre d'articles ;
- ✔ la recherche de décomposition additive de prix au moyen de termes égaux à 1 ou 2, ou de termes égaux à des coupures (5 €, 10 €, 20 €).

Devant ces difficultés, l'enseignant aide les élèves à reformuler le problème : *« 27 €, c'est le prix de combien de livres ? »*, *« Il faut chercher combien Armèle paie toute seule ou combien ils ont payé ensemble ? »*

Et les élèves reprennent la résolution du problème. Dans cette seconde résolution, si des erreurs demeurent, elles parviennent toutefois à être identifiées et traitées par des élèves qui ont employé des procédures adaptées (additions réitérées, multiplication). Une mise au point (comme dans le cas de la situation LA RENTRÉE, p. 15) a donc été nécessaire.

Lors de la phase 2 des COMMANDES

Dans la deuxième phase, les binômes ont dû, pour la facture qu'ils ont reçue (l'une des 6 ci-dessous), **indiquer le calcul qu'il fallait faire mais sans effectuer ce calcul**.

Prix d'un jouet : 32 €	Prix de 11 jouets ? ....
Prix d'un livre : 27 €	Prix de 14 livres ? ....
Prix d'un sac à dos : 22 €	Prix de 12 sacs à dos ? ....
Prix d'un jouet : 32 €	Prix de 13 jouets ? ....
Prix d'un livre : 27 €	Prix de 15 livres ? ....
Prix d'un sac à dos : 22 €	Prix de 15 sacs à dos ? ....

Les messages ont été ensuite échangés entre binômes ; les montants des factures ont été calculés par les binômes récepteurs. L'enseignant affiche au tableau les énoncés des problèmes :

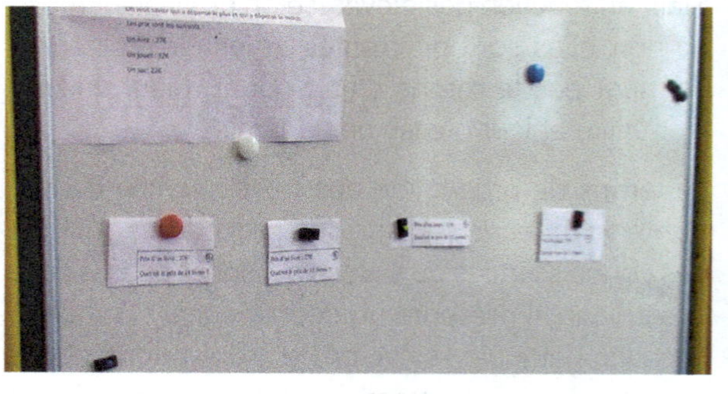

Puis, il demande à chaque groupe : *« Vous avez un **calcul** dans les mains ; vous essayez de trouver avec quel problème va ce calcul, et vous le mettez en dessous. »*

En s'adressant à un élève : *« Va le mettre en dessous quand tu penses que c'est ça. »*

Et au reste de la classe : *« Les autres, vous allez faire pareil. »*

Le but est d'abord d'associer aux énoncés les bons messages. Les élèves ont des difficultés importantes à faire cette association. En raison d'erreurs d'interprétation de données (en appliquant par exemple le nombre de jouets au prix d'un livre) ou sur le nombre d'itérations (14 au lieu de 15 par exemple), de sorte que les différents nombres donnés ne sont plus vraiment identifiables. En raison aussi des écritures proprement dites : dans les additions réitérées, si le prix s'identifie assez facilement, le nombre d'articles n'apparait pas explicitement et il faut recompter les itérations ! Un certain nombre de rectifications sont faites, mais il reste un énoncé sans calcul (*« Prix d'un livre : 27 €. Quel est le prix de 14 livres ? »*)…

Le lendemain, l'enseignant reprend avec les élèves en s'appuyant sur le problème resté sans calcul.

ENSEIGNANT : *« Il y a un calcul qui va avec ce problème-là* (celui qu'aucune élève n'avait associé à son calcul). *Je ne vous demande pas lequel, je vous demande comment on va faire pour le savoir. Il faut que tout le monde puisse avoir un avis* (laisse un temps). *Igor… »*

IGOR : *« Le 27, il y sera 14 fois. »*

ENS. : *« On va regarder si dans le calcul on a bien le "27" 14 fois. »*

PIERRE : *« Ou alors, si on le fait avec les "fois", on va bien regarder que c'est écrit "14 × 27". »*

ENS. (montrant un autre énoncé) : *« Donc celui-là du coup. Parce qu'il est écrit "prix d'un livre : 27 euros", quel est le prix de 15 livres ? Dans celui-là, on devra avoir quoi ? »*

HENRI : *« Donc, il faudra avoir 15 × 27. »*

ENS. (montrant un nouvel énoncé) : *"Prix d'un jouet : 32 euros. Quel est le prix de 13 jouets ?" Qu'est-ce qu'on devra avoir ? Yana… »*

YANA : *« 13 × 32 »*

ENS. : *« Et avec celui-ci : "Prix d'un jouet : 32 euros quel est le prix de 11 jouets?" »*

ÉLÈVES : *« 32 × 11 »*

ENS. : *« Alors, ce que je vais vous proposer c'est de reprendre votre calcul, c'est-à-dire la feuille que vous aviez reçue. »*

L'ÉLABORATION DE LA TRACE ÉCRITE

La formulation d'un premier constat

Après que les élèves ont refait les calculs, ceux-ci sont de nouveau affichés en correspondance avec les énoncés.

ENS. : *« Qui s'était trompé de place ? (c'est-à-dire "Qui n'a pas associé son calcul au bon problème ?") Qui est-ce qui a changé d'avis ? »*

DENIS : *« Océane. »*

ENS. : *« Pourquoi ? »*

DENIS : *« Par ce qu'elle avait mal compté. »*

ENS. : *« Elle s'était mise avec "15 × 27" [le problème] et en fait?… Océane et Timothée… »*

OCÉANE : *« En fait, on en avait 14. »*

ENS. : *« Ha, sur celui-là, il y en avait 14. Pourquoi tu t'étais mise sur 15 ? »*

OCÉANE : *« On avait mal compté. »*

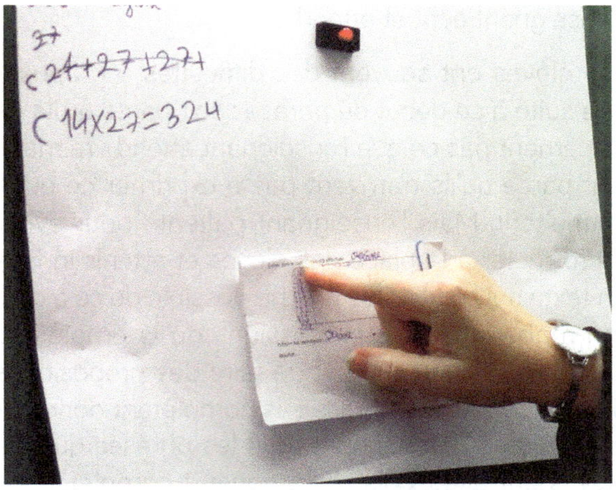

ENS. : *« On avait mal compté ici, d'accord, et on peut se tromper parce que cela fait… »*

OCÉANE : *« …fait beaucoup. »*

ENS. : *« Ça fait beaucoup de nombres, vous êtes d'accord ? Ça fait de très grandes opérations. Donc, pour se tromper moins, qu'est-ce que l'on peut trouver comme solutions ? »*

ROBERT : *« Écrire plus gros. »*

ENS. : *« Là, sur notre message, ça pourrait être écrit plus gros ; mais là du coup, elles ont écrit plus gros là-bas* (il montre l'affiche de Sophie où une somme est écrite en gros). *»*

ROBERT : *« Oui, c'est vrai, c'est dur un peu. »*

ENS. : *« Comment vous êtes surs, par exemple, que quand c'est écrit comme ça* (montre une multiplication)*… parce qu'Océane et Timothée, ils l'ont écrit comme ça leur message… Ce n'est pas le message du copain, là, et quand on voit "14 × 27", tout le monde est d'accord que ça va avec celui-là ? »*

ÉLÈVES : *« Oui. »*

ENS. : *« Et quand on regarde ça, on ne sait pas trop, alors qu'est-ce qui nous permet plus facilement… ? »*

DENIS : *« Le "fois". »*

ENS. : ***« Quand on a le message plus court avec le "fois", qu'est-ce qu'on peut dire ? »***

WANDA : ***« On comprend plus vite. »***

PÉRIODE 4 – Quinzaine 11

Vers une première écriture

L'enseignant estime à ce moment qu'il est dans les conditions (voir plus haut) pour établir une trace écrite.

ENS. : *« On comprend plus vite avec quel problème ça va. Qui est-ce qui me redit ça ? »*

WANDA : *« Quand on fait les "fois", on peut comprendre plus vite. »*

DENIS : *« Parce qu'on voit qu'il y a des problèmes. »*

ENS. (il écrit) : ***« Quand on fait... »*** [il attend]

ÉLÈVES : ***« ...le "fois" »***

L'enseignant écrit et attend...

Les élèves ont souvent des difficultés à proposer une suite à ce début de phrase : soit parce qu'ils ne discernent pas ce que l'enseignant attend vraiment, soit parce qu'ils n'arrivent pas à exprimer ce qu'ils souhaitent. Mais l'enseignant patiente pour éviter de formuler à la place des élèves et retenir, in fine, un texte qui soit le plus proche possible de ce à quoi l'on a abouti, et des expressions qu'ils emploient. Les élèves essaient donc de faire des propositions pour la suite de la phrase : ils complètent donc par eux-mêmes. L'enseignant redit les phrases que les élèves ont dites, pour les amener à compléter par eux-mêmes, sans nécessairement reformuler ou introduire de nouveaux mots.

WANDA. : ***« ...on peut voir plus vite »***

ENS. : *« on peut voir plus vite »*

IGOR : *« Comme ça, il n'y aura pas beaucoup de trucs à compter, parce que sinon ça fait trop. »*

DENIS : ***« ...avec quel problème ça va »***

ENS. : *« avec quel problème ça va, d'accord »*

WANDA : *« ...parce qu'en fait, avec le "plus", c'est plus long »*

Comme ce que les élèves disent résulte directement de ce qui vient d'être fait, que c'est vrai et utile, l'enseignant les suit. Et cela est donc retenu comme élément de trace : l'enseignant ne cherche pas à orienter directement vers ce qu'il aurait peut-être au préalable souhaité.

Ainsi, cette première phrase, résultant de la difficulté des élèves à associer un calcul à un énoncé, a pour but d'établir que les additions itérées et les écritures multiplicatives sont équivalentes, mais que les écritures multiplicatives sont plus compactes, qu'elles renseignent mieux, et qu'elles permettent de moins se tromper. L'enseignant n'a peut-être pas anticipé le type de difficulté qu'ont rencontré les élèves, et a donc fait établir cette trace en fonction des circonstances proposées par la classe.

Elle est donc très circonstancielle (associer calcul écrit et problème) et n'a pas de valeur de généralité.

Vers un questionnement plus général

L'enseignant revient sur les différences entre addition itérée et multiplication au niveau du calcul :

ENS. : *« Question : est-ce que quand on fait le "fois" on peut compter plus vite ? »*

ÉLÈVES : *« Non. »*

ENS. : *« Pourquoi ? »*

ROBERT : *« Parce qu'on a que dix doigts et avec les doigts on ne pourra pas. »*

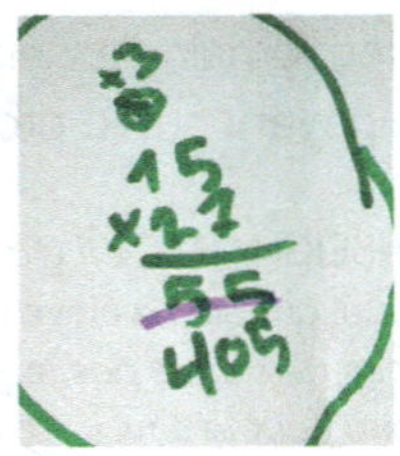

ENS. : « Ceux qui ont essayé *de faire le "fois" comme ça (montre une tentative de multiplication posée), est-ce qu'ils ont réussi ? »*

ÉLÈVES : *« Non. »*

ENS. : *« Ils ont trouvé comment ? »*

ÉLÈVES : *« Avec la calculette. »*

ENS. : *« Ils ont mis un "C" ; le C, ça veut dire "calculette", on devait mettre un C si on avait utilisé la calculette. Ils ont essayé d'utiliser ce qu'ils savent déjà un peu, mais c'est compliqué de faire ces opérations-là, donc ils ont utilisé la calculette. Qu'est-ce que vous pouvez me dire de plus pour mieux savoir avec quel problème ça va, entre ce calcul-là (32 + 32 + ... + 32) et celui-là (32 × 11) ? »*

SOPHIE : *« C'est le "fois" le plus. »*

ENS. : *« C'est celui avec le "fois" le plus ... »*

SOPHIE : *« ...petit, le moins long »*

ENS. : *« Celui avec le "fois" est moins long. »*

Comme précédemment l'enseignant s'interdit de compléter. Il laisse un temps suffisant pour que les élèves trouvent les mots qui correspondent à ce qu'ils ont appris.

ENS. : *« Cette feuille-là, ils avaient tout ça (32 + 32 + 32...) et il n'y a pas de réponse. Pourquoi ? »*

WANDA : *« C'était trop long. »*

ENS. : *« C'était dur de compter ; ces calculs-là, ils sont très longs, alors que celui-ci (32 × 11)... »*

WANDA : *« ...il est très court »*

ENS. : *« Il est très court, mais pour l'instant on ne sait pas encore le faire sans la calculette. D'accord, je vous écoute. Quel est le message qui est long ? »*

ÉLÈVES : ***« Le message avec les "plus". »***.

L'enseignant écrit.

IGOR : *« **Il est plus long que le message avec les "fois".** »*

ENS. : *« On a juste un problème avec les "fois" c'est que… »*

WANDA : *« C'est dur. On ne sait pas les faire. »*

ENS. : *« On ne sait pas encore les faire ; les CE2, ils savent les faire avec un chiffre, mais ils ne savent pas faire ceux-là ; mais on a une calculette qui nous répond. Donc, quelle feuille a-t-on qui nous montre que le message avec les "plus" il est trop long parce que l'on n'a pas pu le faire ? »*

ÉLÈVES ***(montrent le message).***

ENS. : *« Donc, **je garde ce message-là qui montre que celui-là c'est long et que celui-là c'est plus court**, c'est bien ça ? On va s'arrêter là, et tout à l'heure vous allez pouvoir aller regarder si vous avez eu bon en mettant le message au bon endroit. »*

ÉLÈVES : *« Oui. »*

CONCLUSION SUR LA TRACE ÉCRITE OBTENUE

Au final, la trace écrite comprend trois parties :

- ✔ une partie contextualisée sur le travail de mise en correspondance « problème-message » ;
- ✔ une partie plus généralisable sur la comparaison entre les additions itérées et les écritures multiplicatives ;
- ✔ un exemple de production de message « long » (addition réitérée) et de message « court » (multiplication).

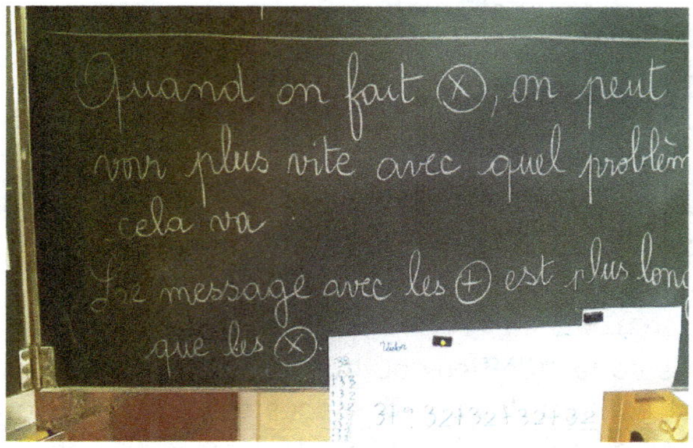

Cette trace sera photographiée et collée ou recopiée par les élèves.

Les questions de l'enseignant ont eu pour but de faire identifier par les élèves ce qui ressort de cette situation sans les guider vers une formulation prescrite.

Pour cela :

- ✔ il faut accepter de **conserver ce que les élèves ont choisi de faire émerger**, même si cela n'a qu'une valeur locale ;
- ✔ les formulations retenues sont très proches de celles des élèves : la part de l'enseignant est de laisser des temps d'attente pour **solliciter les expressions des élèves** ou de redire (mot pour mot) ce qu'ils ont exprimé.

Situation essentielle

LES ÉCARTS

Cette situation est destinée à introduire la notion d'écart entre deux nombres. Il s'agit de mettre en évidence l'identité des résultats obtenus par différents types de calcul sans contexte.

La situation peut se dérouler en 3 séances : SÉANCES 1 et 2 ; phase 1 ; SÉANCE 3 : phase 2.

Présentation de la situation

Les élèves travaillent en binômes durant les temps de recherche. Ils n'ont pas besoin de matériel spécifique si ce n'est d'un brouillon.

Matériel pour l'étape 1 de la phase 1

- Des cartes (en deux ou trois exemplaires) ; sur chacune est écrit un des six messages suivants : [89 ou 204], [212 ou 86], [301 ou 99], [53 ou 273], [75 ou 222], [270 ou 59] (cf. CD).
- Des feuilles pour la recherche.

Enjeu

Deux nombres a et b (a < b) étant donnés, l'écart entre a et b est le même que l'écart entre b et a, alors que les formulations du calcul, « de a pour aller à b » et « b moins a », ne placent pas le même nombre en premier. La formulation en termes de calcul d'écart va permettre à l'élève de se centrer sur les outils dont il dispose pour effectuer ce calcul et de choisir celui qu'il estime le plus adapté en fonction des nombres proposés et de ses propres aptitudes.

Phase 1 : Calculs d'écarts

ÉTAPE 1 : CHOISIR ENTRE DEUX NOMBRES DONNÉS LE PLUS PRÈS DE 151

Six cartes différentes sont prévues. Il est important qu'au moins deux binômes disposent de la même carte. Dans une classe dont l'effectif est inférieur à 24, on n'utilisera donc pas toutes les cartes.

Afin de favoriser la diversité des procédures, la calculatrice n'est pas disponible dans la phase 1. L'enseignant distribue une carte à chaque binôme. Puis il écrit 151 au tableau.

Consigne

« Sur les cartes que je vous ai distribuées, vous avez chacun deux nombres. Vous devez déterminer celui des deux qui est le plus près de 151. Vous utilisez votre feuille pour chercher. »

Recherche en binômes

L'enseignant repère comment échangent les binômes : type d'écrit utilisé, représentations, rôle de l'oral.

Affichage des réponses

L'enseignant sollicite un premier binôme et lui demande de dire le plus petit de ses deux nombres, puis le plus grand. Il les écrit au tableau dans cet ordre puis demande : *« Pour vous, lequel est le plus près de 151 ? »* Il entoure le nombre choisi par le binôme. Il demande ensuite au(x) binôme(s) qui a (ont) la même carte de communiquer leur choix et entoure le(s) nombre(s) retenu(s). On a alors soit un nombre entouré deux fois (ou plus), soit deux nombres entourés. On peut constater les désaccords, mais le cas échéant, on ne cherche pas à savoir qui a raison.

L'enseignant procède de la même façon avec les autres binômes et écrit les paires de nombres les unes en dessous des autres. L'affichage présente ainsi deux colonnes : une de nombres plus petits que 151, l'autre de nombres plus grands que 151 ; certains étant entourés une ou plusieurs fois, d'autres non.
Cet affichage devra rester accessible jusqu'à la fin de l'étape 2 pour revenir sur les éventuelles erreurs.

Rôle de l'étape 1

L'étape 1 est un temps d'appropriation de la notion d'écart. La plupart des paires de nombres retenues ne permettent pas une détermination immédiate sans calcul du plus proche de 151. Par leurs échanges dans les binômes lors de cette étape et de la suivante, les élèves prennent ainsi conscience de la nécessité d'un calcul pour répondre au problème posé.
La validation des choix des binômes s'effectuera au cours de l'étape 2.

Formulation des binômes

L'enseignant relève les expressions langagières employées (« pour aller à », « moins », « écart », « près/loin », « plus/moins que », etc.) en vue de leur réutilisation dans les moments d'échange.

ÉTAPE 2 : CHOISIR LE NOMBRE LE PLUS PROCHE DE 151 PARMI DEUX LISTES DE NOMBRES

Consigne

« Maintenant, parmi tous les nombres entourés, vous devez trouver le plus proche de 151. »

Recherche en binômes

Avec davantage de nombres en jeu, les déterminations par simples échanges oraux devraient disparaitre.
Des binômes vont se rendre compte, immédiatement ou en cours de résolution, qu'il n'est pas nécessaire de calculer tous les écarts et qu'il suffit de considérer le plus grand des nombres plus petits que 151 et le plus petit des nombres plus grands que 151 ! Cela conduit à des différences de temps de résolution. Il est cependant important de laisser chaque binôme aller au bout de sa propre procédure.

Mise en commun

L'enseignant sollicite tour à tour chacun des binômes et écrit les réponses les unes en dessous des autres sans souci de classement ou de positionnement par rapport à 151.
Il sollicite ensuite les observations de la classe.

On peut s'attendre à un premier débat conduisant à un ordre sur les propositions, les situant entre elles et par rapport à 151. Le placement sur la droite numérique de 151 et des différentes propositions pourra s'effectuer au tableau à ce moment-là.
Ce premier débat doit permettre de ramener le problème au choix entre deux nombres, le plus grand des nombres plus petits que 151 et le plus petit des nombres plus grands que 151.
Si les élèves ne formulent pas leurs propositions en utilisant le terme « écart », l'enseignant l'introduira progressivement dans ses reformulations.

Un second temps de débat doit permettre de déterminer le nombre solution (99). En cas de désaccords, des procédures de calcul pourront être exposées comme argument par des élèves, mais le but de cette mise en commun reste l'accord sur la bonne solution sans souci de lister toutes les modalités de calcul possibles.

À la fin de cette mise en commun, on peut revenir sur les éventuels désaccords de l'étape 1 ; dans le cas de deux binômes s'étant accordés sur une réponse fausse, le calcul des écarts correspondants peut être proposé à toute la classe.

ÉTAPE 3 : COMMENT A-T-ON RÉSOLU LE PROBLÈME ?

Il s'agit d'un temps collectif. Chaque binôme est appelé à indiquer comment il a procédé pour déterminer l'écart entre 99 et 151 d'une part, et entre 204 et 151 d'autre part. Quand les élèves explicitent leurs propositions uniquement en termes de proximité de nombres, l'enseignant les reformule en utilisant le mot « écart ».

L'enseignant écrit les propositions au tableau, en regroupant les procédures identiques, même si des productions se distinguant par des détails sont considérées comme différentes par leurs auteurs. On retrouve ainsi les trois catégories de procédures données en exemples ci-contre.

L'enseignant fait ensuite formuler que, pour savoir lequel de deux nombres est le plus proche d'un nombre intermédiaire, il faut calculer l'écart entre chacun de ces deux nombres et le nombre intermédiaire.

Rôle de l'étape 2

Les élèves vont pouvoir formuler ce problème de recherche de « plus grande proximité » d'un nombre en un problème de recherche du plus petit écart, et aussi faire le lien entre cette recherche d'écarts et des formulations connues comme « pour aller à » ou « moins ».

Procédures possibles :

- détermination systématique de l'écart à 151 pour tous les nombres ;
- réduction du problème au choix entre deux des nombres à considérer, au vu de la trace écrite de l'étape 1 ou d'un placement de tous les nombres sur une droite numérique.

Dans chacun de ces deux cas, la détermination de l'écart peut s'effectuer par :

- graduation de la droite numérique de 10 en 10, à partir du plus petit nombre ou du plus grand ou de 151 ;
- détermination de l'écart entre un nombre donné et 151 par bonds successifs ;
- utilisation d'écritures additives ou soustractives traduisant une approche progressive de 151, sans représentation sur une droite numérique ;
- additions à trous posées ;
- soustractions posées, avec technique exacte ou non selon les nombres.

Exemples de propositions dans l'étape 3 :

- représentations de bonds sur la droite numérique et cumuls :

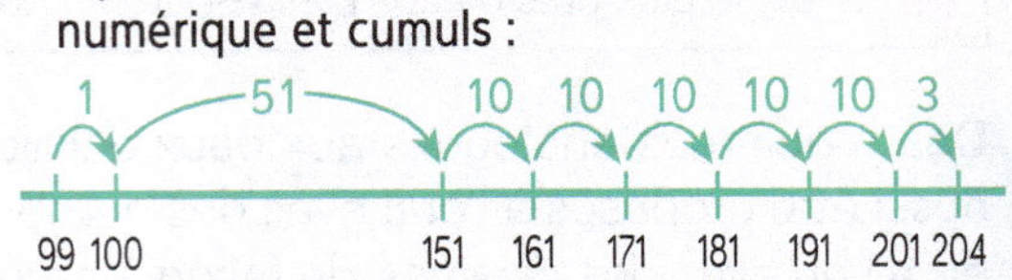

« 1 + 51 = 52 ; 10 + 10 + 10 + 10 + 10 + 3 = 53 »

- écritures additives ou soustractives et cumul :
  - *« 99 + 1 = 100 ; 100 + 51 = 151 ; 1 + 51 = 52 » ;*
  - *« 151 + 40 = 191 ; 191 + 10 = 201 ; 201 + 3 = 204 ; 40 + 10 + 3 = 53 » ;*
  - *« 151 – 51 = 100 ; 100 – 1 = 99 ; 51 + 1 = 52 » ;*
  - *« 204 – 4 = 200 ; 200 – 40 = 160 ; 160 – 9 = 151 ; 4 + 40 + 9 = 53 ».*
- opérations posées, avec résultat exact ou non ;

```
  9 9        1 5 1       2 0 4
+ . .      + . . .     - 1 5 1
-----      -------     -------
1 5 1        2 0 4       . . .
```

La soustraction posée peut apparaitre sur les brouillons. Cependant, il est peu probable qu'elle soit proposée dans la mise en commun, dans la mesure où l'élève qui l'écrit n'est pas encore en mesure de l'effectuer sans calculatrice.

Phase 2 : Reprises

Proposées par écrit pour un travail individuel, ces reprises permettent à chacun de choisir, parmi les procédés de calcul explicités dans l'étape 3 de la phase 1, celui qui lui semble le plus adapté au problème posé. Elles peuvent aussi rappeler la pertinence du calcul mental ou de l'usage de résultats mémorisés selon les nombres proposés.

La formulation des problèmes est variée : « plus petit écart », « moins éloigné de », « plus proche de », etc. Dans les temps de mise en commun, l'enseignant veille à des reformulations des conclusions utilisant cette diversité.

Exemples de formulations :

	Lequel des nombres de la liste...	Nombre cible	Liste de nombres
1	... a le plus petit écart avec...	249	349 ; 152 ; 176 ; 376 ; 321 ; 123 ; 333 ou 138 ?
2	... est le plus éloigné de...	377	225 ; 298 ; 389 ; 442 ; 312 ou 488 ?
3	... a le plus grand écart avec...	249	349 ; 152 ; 176 ; 376 ; 321 ; 123 ; 333 ou 138 ?
4	... est le plus éloigné de...	370	220 ; 300 ; 290 ; 440 ; 470 ou 400 ?
5	... a le plus petit écart avec...	208	124 ; 137 ; 131 ; 128 ; 140 ; 117 ou 135 ?
6	... est le plus proche de...	33	24 ; 37 ; 31 ; 28 ; 40 ; 17 ou 35 ?
7	... est le moins éloigné de...	133	124 ; 137 ; 131 ; 128 ; 140 ; 117 ou 135 ?
8	... a le plus grand écart avec...	876	797 ou 958 ?
9	... est le plus près de...	500	627 ou 389 ?

Des problèmes analogues aux deux derniers (8 et 9) peuvent aussi être proposés à l'oral avec des nombres compris entre 10 et 30 ou avec des dizaines, de façon à permettre l'utilisation de résultats mémorisés ou à simplifier le calcul mental.
Ils peuvent aussi être proposés sous forme de « jeux à deux » : chacun à son tour, un élève invente une question de ce type et son partenaire doit répondre. Ils peuvent ainsi percevoir quelles relations entre les nombres conduisent à un calcul plus difficile et leur permettent de gagner.

Pour les élèves à l'aise avec les problèmes précédents, on peut proposer des recherches d'écart plus complexes :

10 *« Je suis plus près de 26 que de 53, mais si on me rajoute 1, alors je suis plus près de 53 que de 26. Qui suis-je ? »*

11 *« Mon écart à 66 est plus grand que mon écart à 99, mais si on m'enlève 1, mon écart à 66 est plus petit que mon écart à 99. Qui suis-je ? »*

Les exercices de la phase 2

La liste présentée n'est pas exhaustive.
La diversité de ces exercices peut permettre à l'enseignant de choisir une organisation différenciée de cette phase 2.
Les items 1, 2 et 3 reprennent le travail des phases précédentes avec des formulations ou contraintes différentes (« le plus petit/grand écart », « le plus éloigné de »...)
L'item 4 ne porte que sur des dizaines.
Dans l'item 5, tous les nombres sont plus petits que le nombre de référence. Il suffit donc de repérer le plus grand sans déterminer d'écart.
Les items 6 et 7 favorisent le calcul mental (nombres inférieurs à 50 et/ou dans la même centaine) ; ils sont à proposer sans écrit.
Les items 8 et 9 proposent un problème déjà réduit au choix entre deux nombres.

Deux problèmes complémentaires

Les items 10 et 11 sont des problèmes ouverts. Les élèves disposent des connaissances pour les résoudre mais ils doivent construire leur propre stratégie.
La formulation de l'énoncé de l'item 10 laisse penser que la distance du nombre cherché à 26 est très proche de sa distance à 53.
Les élèves peuvent donc chercher à placer un nombre sur la droite numérique « au milieu » de 26 et 53, puis à faire des essais avec 38, 39 ou 40 par exemple.

Questions sur LA DIFFÉRENCIATION

Les situations essentielles permettent à l'élève de développer une activité mathématique dans la résolution de problèmes, tant pour produire que pour contrôler ou formuler ses solutions.

Ces problèmes nous permettent aussi de mieux identifier les connaissances des élèves, les procédures qu'ils peuvent utiliser, leurs évolutions et les difficultés qu'ils rencontrent. Le risque de croire acquis un savoir qui ne l'est pas encore est moindre dans ce cadre. Résoudre un problème suppose que l'élève puisse choisir sa méthode ; dans un sens, il s'agit de la première possibilité de différenciation offerte par nos dispositifs.

Mais compte tenu de ce choix, deux questions se posent dans la mise en oeuvre des situations :

- ✔ Quelle est la contribution de la situation à un apprentissage de la notion ou de la méthode visée ?
- ✔ Quelles sont les adaptations nécessaires pour prendre en compte ces possibilités de différenciation ?

QUELLE CONTRIBUTION À L'APPRENTISSAGE ?

Et en particulier, comment poursuivre cet apprentissage avec certains élèves qui n'ont pas réussi la tâche proposée ? Un prolongement éventuel de la situation est-il envisagé pour ces élèves ? Ou bien une autre situation est-elle prévue ultérieurement pour approfondir ce contenu ?

Nous précisons, à l'issue des descriptifs des situations essentielles, quels sont les prolongements possibles.

De fait, pour chacun des savoirs, c'est aussi la question du long terme dans l'apprentissage qui est ainsi posée. Par exemple, la résolution des problèmes additifs porte sur une longue période de temps, qui dépasse le seul CE1 ; au cours de cet apprentissage du calcul additif et soustractif, des nouvelles procédures, écritures, représentations, propriétés vont être acquises (cf. « La résolution des problèmes additifs » p. 45-47 et « Évolution de la résolution des problèmes additifs » p. 68-69).

Quelles sont, parmi ces composantes d'un concept, celles qui sont encore fragiles ? Une analyse nécessaire est proposée chaque fois que la question se pose. Mais, compte tenu des itinéraires et des capacités de chacun, les méthodes plus performantes ne seront produites (ou accessibles) à un moment de l'année que par certains élèves.

QUELLES ADAPTATIONS SONT NÉCESSAIRES ?

Elles sont indiquées précisément dans la deuxième colonne du descriptif de chaque situation. Nous proposons ici de rappeler celles qui sont développées dans telle ou telle situation essentielle, mais qui peuvent être utilisées dans d'autres occasions.

Choisir des valeurs adaptées pour certains élèves

Lors de la reprise de la situation LA RENTREE (cf. LE GOUTER, page 15), pour les élèves qui ont résolu aisément le premier problème, l'enseignant peut augmenter les quantités à distribuer à une classe (« 3 gâteaux et 4 bonbons » au lieu de « 1 gâteau et 4 bonbons »). Aux élèves ayant eu des difficultés, on proposera de chercher pour un nombre d'élèves plus réduit.

Dans la situation SUR LA PISTE (cf. p. 70-73), les nombres de départ et d'arrivée des déplacements, qui comportent tous des « bonds » par 10 ou multiples de 10, peuvent être plus ou moins difficiles selon la valeur des unités.

Dans la situation PARTAGES (cf. p. 100-102), certains élèves utilisent des dessins et comptent les objets répartis, d'autres en sont au calcul. Proposer des nombres permettant aux premiers de se rendre compte, lors de la résolution, des limites du dessin, sans qu'ils aient à « copier » des procédures trop complexes pour eux, est utile. D'une façon générale, lorsque les valeurs ont une incidence sur les procédures, elles seront ainsi adaptées.

Constituer des groupes homogènes

Cela peut être non seulement nécessaire pour que chacun puisse chercher (comme par exemple dans la situation JULIE VA AU CENTRE COMMERCIAL p. 79-81), mais aussi pour que des productions moins performantes puissent passer le cap du travail en groupe et être analysées lors des mises en commun. Indépendamment du fait que ces élèves verront leur travail pris en compte, cela permet de les solliciter pour l'expliquer, voire l'améliorer.

Constituer des groupes hétérogènes avec une répartition éventuelle des rôles

Dans la variante CAISSIER 2 (cf. p. 33), destinée aux élèves qui n'échangent pas facilement 10 pièces de 1 € contre un billet de 10 €, des binômes hétérogènes sont constitués. L'élève utilise pièces et billets, et il est associé à un élève qui avait réussi, qui lui calcule avec la calculatrice la valeur totale au fur et à mesure. La comparaison des résultats permet au premier d'identifier les billets de 10 €.

Comme dans le cas de groupes homogènes, l'interaction entre les élèves aide à l'émergence des productions et des questions.

Proposer une activité spécifique pour certains élèves

Par exemple, les deux premières phases de la situation LES FOURMILLIONS (cf. p. 28-31) ne sont proposées qu'aux élèves qui ne l'auraient pas travaillée en CP.

Présenter préalablement aux élèves les plus fragiles une nouvelle situation

Le but est alors qu'ils en comprennent les contraintes et puissent bénéficier des échanges en classe ensuite. Par exemple, préalablement à la situation LE CAISSIER (cf. p. 22), si certains élèves risquent d'être déroutés par l'utilisation de billets de 100 €, l'enseignant peut proposer une activité d'échange avec le recours à ces billets pour ces élèves, que nous appelons « phase 0 ». Il s'agit alors de réaliser quelques valeurs à partir de pièces de 1 €, de billets de 10 € et de billets de 100 €, puis de réaliser la même somme d'argent de différentes façons, et enfin de produire des sommes avec contraintes sur le nombre des pièces ou billets.

EN CONCLUSION

L'enseignant peut donc adapter les situations pour favoriser l'apprentissage, sans que les dispositifs en soient déroutants.

Activités d'accompagnement POUR LA PÉRIODE

Les activités d'accompagnement de la période 4 s'organisent autour d'entrainements (tables de multiplication, mesurage) et d'activités nouvelles visant la comparaison des nombres (LE PLUS PRÈS), la structuration de la suite numérique par les multiples de 25 (25, 50 ET 75) et le mesurage par report d'instrument (LA GRANDE BANDE). L'enseignant peut aussi reprendre, sur des temps courts, des activités présentées en période 1 à 3, pour renforcer la connaissance écrite et orale de la suite des nombres ou le répertoire additif et soustractif.

OBJECTIF
Établir, mémoriser et étendre les tables de multiplication de 2, 3, 4 et 5

Dans ces deux jeux :
- la composition de l'ensemble des cartes peut évoluer avec la répétition du jeu. De nouvelles cartes peuvent être introduites ; d'autres trop faciles, peuvent être supprimées ;
- les cartes peuvent être fabriquées par les élèves avec des calculs indiqués par l'enseignant dans un premier temps, puis avec leurs propres propositions quand la collection de cartes évolue ;
- le jeu en binômes homogènes permet de confier un ensemble de cartes adapté à chacun.

JEU 1 : RECTO-VERSO MULTIPLICATIF (cf. ERMEL CE1 p. 290 et 291)

Matériel pour deux

- Un nombre pair de cartes (au moins une vingtaine) (cf. CD).
  Une question est écrite en bleu au recto, la (ou les) réponse(s) possible(s) en rouge au verso.
  Différents types de questions peuvent être posés :

1. Trouver un produit.

   3 x 5 = ? | 3 x 5 = 15

2. Trouver un facteur d'un produit.

   5 x ? = 15 | 5 x 3 = 15

3. Trouver une décomposition d'un nombre en un produit de deux facteurs.

   18 = ? x ? | 18 = 18 x 1 = 1 x 18
18 = 9 x 2 = 2 x 9
18 = 6 x 3 = 3 x 6

Déroulement

Chaque binôme dispose de son jeu de cartes. Elles sont posées en pile, face recto (bleue) visible. Le joueur dont c'est le tour doit répondre à la question posée par la carte qui est sur la pile, sans la toucher. Quand il a répondu, la carte est retournée. Si sa réponse est exacte (dans le cas de plusieurs réponses possibles, une seule réponse exacte suffit), il prend la carte ; sinon, il la replace au-dessous de la pile. S'il dit *« Je ne sais pas. »*, son adversaire peut répondre à sa place et gagner la carte.
En cas de contestation, la réponse est vérifiée à la calculatrice.
Le joueur qui possède le plus de cartes a gagné.

Jeu 2 : Bataille (cf. ERMEL CE1 p. 289)

La règle du jeu est celle du jeu de bataille usuel. Les élèves peuvent jouer en groupes de 2, 3 ou 4 joueurs. Chaque groupe dispose de 54 cartes. Trois types de cartes sont utilisées (cf. CD) :

5 + 5 + 5	3 x 5	15

OBJECTIF
Ordonner et comparer des nombres

Le plus près (cf. ERMEL CE1 p. 381 à 383, LES ÉCARTS p. 170 et CD)

Il s'agit de déterminer parmi deux ou plusieurs nombres donnés lequel est le plus proche d'un troisième.

1 SITUER UN NOMBRE PAR RAPPORT À DEUX NOMBRES DONNÉS

Chaque élève reçoit une feuille sur laquelle sont écrit deux nombres : 168 315.
Consigne : « *Vous devez entourer le nombre qui est le plus près de celui que je vais écrire au tableau.* »
L'enseignant écrit 300 au tableau.
Les élèves cherchent et répondent individuellement.
Puis l'enseignant organise une rapide mise en commun (comptage des réponses 168 ou 315 ; échange sur les procédures).
Celle-ci peut se conclure par la trace écrite suivante : 168 < 300 < (315)

Les nombres choisis doivent permettre des stratégies de comparaison variées et la reprise de l'exercice sur d'autres items va pouvoir mettre en échec certaines :
- évaluation d'un ordre de grandeur relatif entre les trois nombres, avec éventuellement visualisation – écrite ou mentale évoquée – sur la droite numérique :
« 168 est en dessous de 200 ; il est donc plus près de 100 que de 300 ; c'est 315 le plus près. » ;
- appui sur la numération orale ou écrite : *« 315 a le même chiffre des centaines que 300 ; c'est le plus près de 300. »* ;
- calcul rapide d'écarts ou d'ordres de grandeurs des écarts avec éventuellement représentation sur une droite numérique :
  – *« De 300 à 315, il y a 15 mais de 168 à 300, il y a plus que 100 ; c'est 315 le plus près. »* ;
  – *« De 300 à 315, il y a 15 ; de 168 à 300, il y a 2 + 30 + 100 ; c'est plus donc c'est 315 le plus près. »*

L'enseignant propose ensuite un travail individuel écrit en utilisant les items ci-dessous. Cependant, si le premier item a donné lieu à beaucoup de difficultés, il peut en proposer un nouveau selon la même modalité, à tous ou à une partie de la classe seulement.
Les productions écrites des élèves sont corrigées par l'enseignant, mais en fin de séance.
Un des items donnera lieu à une mise en commun. Celui-ci est choisi par l'enseignant en fonction des difficultés repérées durant le temps de travail des élèves.

✔ Le nombre écrit au tableau est 300 :

287	415	250	346	28	350	150	200
287	387	260	356	290	500	210	290

✔ Le nombre écrit au tableau est 250 :

215	265	230	280	205	298	260	300
189	211	48	452	168	368	0	650

PÉRIODE 4 – Accompagnement

2 REPRISE AVEC DES NOMBRES PLUS GRANDS

Cette reprise est conduite en collectif. Chaque élève dispose d'une feuille contenant plusieurs paires de nombres, sur laquelle il entoure pour chaque item le nombre le plus près du nombre écrit au tableau. Ce dernier change à chaque item.
À la fin de l'exercice, l'enseignant met au débat les réponses et stratégies pour un ou plusieurs items. Il corrige ensuite individuellement la feuille de chaque élève.

Deux exemples d'exercices :

Nombres écrits au tableau
300
500
200
400
600
1 000
250
2 500

Feuille élève 1	
28	350
1 025	300
178	205
350	446
354	636
1 050	880
215	265
2 450	3 500

Feuille élève 2	
420	215
850	600
500	15
615	589
575	623
950	1 060
300	400
1 000	3 000

3 REPRISE ULTÉRIEURE, LES ÉLÈVES AYANT À CHOISIR ENTRE QUATRE NOMBRES

La même activité est reprise ultérieurement, mais cette fois la feuille des élèves comporte 4 nombres pour chaque item.

Exemple d'exercice :

Nombres écrits au tableau
300
500
200
400
600

Feuille élève			
28	350	420	215
1 025	300	850	600
178	205	500	15
350	446	615	589
354	636	575	623

OBJECTIF

Structurer la suite des nombres : les multiples de 25

« 25, 50 ET 75 » (cf. ERMEL CE1 p. 394)

Cette activité vise à obtenir 100, 200 ou 300 par des sommes contenant 25, 50 ou 75.

Matériel par groupe

- 4 jeux de 6 cartes (4 couleurs différentes – cf. CD).

25	25	25	50	50	75	25	25	25	50	50	75
25	25	25	50	50	75	25	25	25	50	50	75

Les cartes peuvent être remplacées par 4 dés de couleurs différentes sur lesquels on colle des gommettes avec les nombres indiqués.

Matériel individuel

- Une feuille de jeu (cf. exemple page suivante et CD).

Déroulement

Les élèves sont répartis en groupes de 2, 3 ou 4.

Une partie comprend 5 tours. Chaque élève est responsable d'un (ou deux) jeu(x) de 6 cartes qu'il brasse entre chaque tirage sans regarder les cartes.

Le joueur dont c'est le tour tire une carte de chaque couleur, celles-ci lui étant présentées face cachée, et remplit sa feuille de jeu. Il doit chercher à obtenir 100, 200 ou 300 en additionnant certains nombres obtenus (éventuellement tous). Il entoure alors les nombres utilisés.

Le nombre de points qu'il marque à chaque tour correspond au nombre de centaines de son total.

Le gagnant est celui qui a le plus de points au bout des 5 tours de la partie.

Exemple de feuille de jeu :

Estelle	carte bleue	carte rouge	carte verte	carte noire	Résultat	Points
1er tour	75	25	50	25	100	1
2e tour	50	75	75	50	200	2
3e tour	25	25	50	75	100	1
4e tour	75	75	75	75	300	3
5e tour	25	25	75	75	200	2
					Total	9 points

OBJECTIF
Tracer et mesurer

S'ENTRAINER

En poursuite du travail effectué en période 3 (LES BANDES, LE SERPENT), l'enseignant cherchera toutes les occasions de faire tracer un trait de longueur donnée ou d'effectuer des mesures de longueur avec le double décimètre.
Ainsi, l'enseignant peut dicter une mesure en centimètres ; chaque élève trace sur une feuille blanche un trait de la longueur correspondante et échange avec son voisin, qui doit vérifier la longueur du trait qui vient d'être tracé.

En référence à l'activité Le SERPENT, il peut demander de tracer une ligne dont la longueur ne lui permet pas de tenir dans la page en ligne droite. Ce sera l'occasion de partager cette ligne en segments dont la longueur totale est celle demandée.

MESURER UNE LONGUEUR PAR REPORT D'INSTRUMENT : LA GRANDE BANDE

Dans cette activité, comme dans la phase 3 de la situation LES BANDES (cf. p. 108-109), chaque élève doit fabriquer une bande d'une mesure de longueur donnée, mais cette fois celle-ci est plus grande que la longueur de l'instrument.

Les élèves disposent d'une bande de papier découpée dans la longueur d'une feuille A3 (42 cm de long et 3 cm de large environ) et d'un double décimètre (ou d'un triple décimètre).

Consigne

« J'ai collé des bandes de 38 cm (« 38 cm » est écrit au tableau) *en 4 endroits de la classe. Vous devez couper la bande qui est sur votre table exactement à 38 cm. Vous pourrez ensuite aller vérifier en posant votre bande sur une des miennes. Si vous vous trompez, vous pourrez recommencer. Vous avez le droit d'écrire sur la bande au besoin.*

Procédures des élèves
La longueur à reproduire (38 cm) nécessite un report d'instrument. L'enseignant repère les élèves qui ont besoin de plusieurs bandes pour réussir et identifie les problèmes d'utilisation de la règle :
• Ceux-ci peuvent être indépendants du report d'instrument, par exemple l'utilisation du bord de la règle comme début de la graduation :

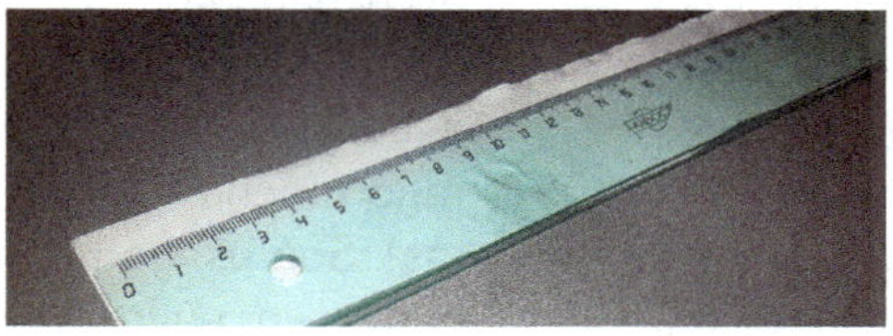

• Ils peuvent être spécifiques à la mesure d'une grande longueur par report d'instrument :
– difficulté de juxtaposition de deux règles mises bout à bout :

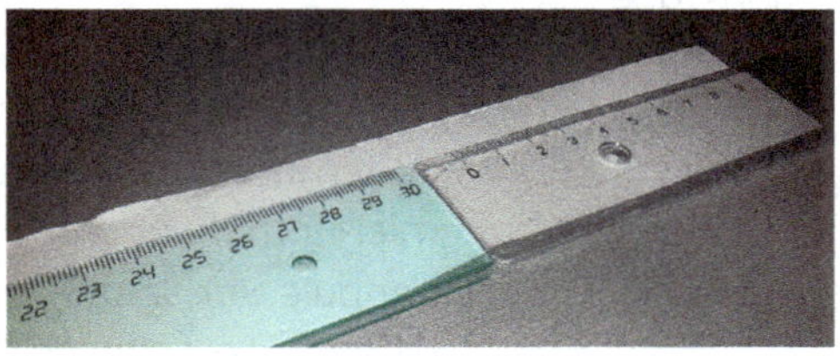

– difficulté de juxtaposition de deux règles mises l'une sur l'autre :

– difficulté de repérage d'une longueur.

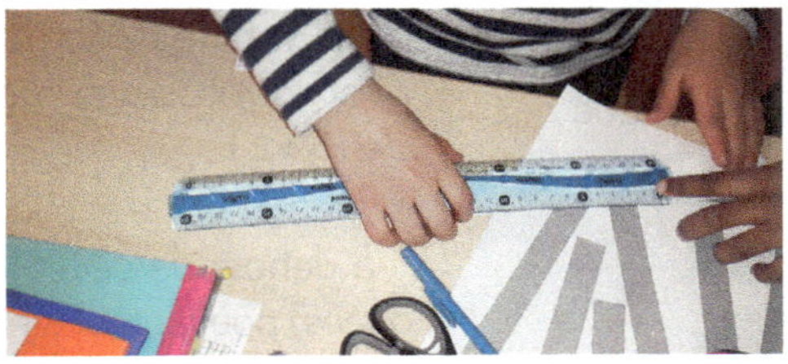

Mise en commun : validation des productions

L'enseignant fixe au tableau la bande de 38 cm qu'il a fabriquée, et en dessous celles proposées par les élèves.
Si des bandes sont vraiment différentes de la bande origine, il est vraisemblable que des élèves vont le remarquer et le commenter. La mise en commun peut alors commencer par l'examen de celles-ci.
Pour les bandes de longueurs voisines, des remarques plus fines pourront être faites par les élèves ; l'enseignant pourra les relever, les faire expliciter, pour faire apparaitre :
✔ les erreurs diverses de manipulation de la règle ;
✔ les procédés utilisés et les problèmes spécifiques de reports.

OBJECTIF
Ajouter ou retrancher 100

Les cartes recto-verso (cf. ERMEL CE1 p. 170 à 174 et CD)

Nous indiquons ici les entrainements au calcul et à la reconstruction de résultats additifs pour les périodes 4 et 5.

Périodes 4 et 5	S'entrainer à la reconstruction rapide de résultats lorsqu'on ajoute 100 à un nombre de deux ou trois chiffres ou lorsqu'on retranche 100 à un nombre de trois chiffres.	« 18 + 100 », « 313 + 100 », « 913 + 100 », « 549 – 100 », « 726 – 100 », « 117 – 100 ».

Éclairages sur

VERS UNE TECHNIQUE OPÉRATOIRE DE LA SOUSTRACTION

L'enseignement d'une opération, donc de la soustraction, pose plusieurs questions :

- ✔ Quelles relations entre le calcul mental, les techniques posées, le calcul instrumenté ?
- ✔ Quelle construction des procédures mentales permet aux élèves de produire et contrôler leurs calculs ? Et quelle prise en compte de ces connaissances au moment de l'introduction d'une technique ?
- ✔ Quels rôles pour les différents types d'activités (résolution de problèmes qui déterminent l'usage d'une opération donnée, entrainement...) ?
- ✔ Quel futur usage social des techniques ?
- ✔ Quelle contribution à une culture mathématique[3] ?

Mais cet enseignement est souvent perçu comme porteur de davantage de difficultés que celui de l'addition ou de la multiplication. Par ailleurs, les erreurs liées à une mauvaise compréhension de la technique peuvent subsister plusieurs années après le cours élémentaire. En effet, différents choix concernent la technique posée introduite au CE1[4]. De plus, selon le choix fait au CE1, celle-ci sera-t-elle conservée au CE2, ou sera-t-elle remplacée par une technique définitive ?

RAPPEL SUR LES TECHNIQUES

Rappelons que trois techniques sont actuellement enseignées à l'école élémentaire[5] :

- ✔ Celle **par « compléments »** (une addition à trou posée). Les calculs additifs nécessaires, pour trouver ce qu'il faut ajouter à chacun des chiffres du premier nombre pour obtenir le résultat, sont souvent formulés en termes de « pour aller à ». Elle est donc proche des procédures maitrisées par les élèves au CE1, mais son usage social n'est pas reconnu, et elle ne peut donc avoir qu'un rôle transitoire.
- ✔ Celle **par « cassage »** (technique parfois nommée « anglaise ») : lorsque, pour un rang donné, il faut soustraire une valeur plus grande que celle du premier nombre, une unité du rang supérieur est échangée contre dix unités du rang inférieur. Son enseignement fait souvent appel aux actions menées avec les matériels de numération (échange d'une dizaine contre dix unités). Son usage ultérieur est plus complexe à mettre en œuvre dans des divisions posées, où elle nécessite de remplacer parfois plusieurs chiffres.
- ✔ Celle **par « compensation »** (la technique dite « française ») où, dans le même cas que précédemment, dix unités sont ajoutées au premier nombre et une dizaine au second. Cet ajout s'appuie sur la propriété mathématique « une différence est conservée lorsqu'un même nombre est ajouté à chacun de ses termes ».

Si ces techniques présentent des points communs dans la disposition et le traitement à partir du chiffre des unités, leurs différences, en particulier pour les deux dernières, concernent l'usage de la retenue et ce qu'elle représente, ainsi que les écritures successives nécessaires. Cette diversité s'accompagne :

- ✔ d'une variété de formulations (*« 5 moins 7... ce n'est pas possible », « de 7 pour aller à 15 », « 7 ôté de 15 »...*)
- ✔ d'une variété d'explications ou de justifications (en dehors de celles, mathématiques, déjà évoquées) pouvant relever d'analogies plus ou moins imagées (prêter, rendre...), qui sont censées servir d'appui à l'élève quand il effectue des calculs.

DES CONSTATS

Au cours de l'école primaire, certains élèves abordent successivement plusieurs techniques : par exemple, l'introduction d'une technique transitoire (« par compléments » ou « par cassage »), puis le passage à la technique usuelle plus tard.

Les élèves d'une même classe, peuvent avoir vu des techniques différentes, accompagnées de justifications diverses, sans qu'il soit toujours aisé pour l'enseignant d'identifier les étapes de leur parcours dans cet apprentissage.

---

3. Cf. Artigue M., *l'Intelligence du calcul, 1994.*
4. Cf. Programmes de 2015, p. 79 : « Au CE1, ils apprennent une technique de calcul posé pour la soustraction. »
5. Cf. Argaud H.-C. et Colenson A., *Grand N n° 61,* p. 32-52.

Les avantages et les difficultés de chacun de ces choix font appel à des critères formulés par les enseignants, et analysés, notamment dans des travaux récents[6] comme :

- ✔ l'accès plus précoce à une technique dont les justifications paraissent à certains enseignants plus compréhensibles par les élèves ; c'est souvent le cas des techniques par « compléments » (l'addition à trous), ou par « cassage » ;
- ✔ ou à l'opposé, l'enseignement en premier lieu de la technique en usage en France ; l'argument souvent évoqué concerne alors les élèves aux connaissances plus fragiles en mathématiques : sachant leurs réticences à abandonner une technique transitoire qu'ils connaissent bien et à laquelle ils sont difficilement parvenus, ils pourraient ne jamais accéder à la technique usuelle, ce qui pourrait s'avérer gênant plus tard pour effectuer des divisions posées.

Les enseignants, face à ces difficultés, justifient leurs choix par leur expérience, et parfois par des critères assez globaux comme l'opposition entre sens et technique ou la maitrise insuffisante de la numération.

La demande institutionnelle en vigueur, et plus largement l'évolution depuis les programmes de 2008 avec l'introduction d'une technique écrite de la soustraction au CE1, doit donc être éclairée par des éléments d'analyse de ces difficultés et des choix possibles.

UN APPRENTISSAGE SUR LE LONG TERME

Comme pour les autres opérations, nous pensons que l'apprentissage de la soustraction s'appuie sur :

- ✔ **la résolution de problèmes** relevant du champ des structures additives[7], bien avant l'introduction de la technique écrite ; différents types de problèmes additifs dont la solution experte est la soustraction sont proposés depuis la GS, au CP et au CE1, notamment :
  - recherche d'état final avec une transformation négative (e t– E) ;
  - recherche de transformation positive (e T+ e) ou négative (e T– e) ;
  - recherche d'état initial avec une transformation positive (E t+ e) ;
  - recherche du complément connaissant une partie et le tout (E e e) ;
- ✔ **le développement de procédures** pour résoudre ces problèmes : comptage, décomptage d'abord, surcomptage sur les unités puis sur les dizaines, calculs s'appuyant sur des résultats mémorisés, sans oublier le recours à la calculatrice ;
- ✔ **l'évolution des moyens de représentation** des actions : représentations plus ou moins schématisées, recours à la droite numérique, écriture soustractive…

Au cours du CE1, le développement de cet ensemble de composantes permet aux élèves d'effectuer des calculs soustractifs, en cherchant par exemple des écarts avec appui sur la droite numérique.

Les procédures de résolution développées par les élèves depuis le CP semblent, selon les problèmes, plus proches de telle ou telle technique (par exemple l'addition à trou, avec une formulation comme « pour aller à » serait plus proche des problèmes de recherche de la transformation). Mais aucune des techniques citées ne peut être considérée au CE1 comme s'appliquant naturellement à l'ensemble des problèmes additifs.
La reconnaissance de la soustraction comme opération experte se poursuit au long de la scolarité : par exemple, c'est au CE2 que les élèves pourront comprendre l'équivalence entre « de a pour aller à b » et « b – a ». Ce processus, nécessaire pour la mise en œuvre d'une technique adéquate. s'appuie aussi sur des résultats mémorisés qui permettent des calculs plus fluides et contribuent ainsi à cette équivalence.

Comme pour les autres opérations, une question centrale est celle d'une **évolution des procédures mentales** qui assure la transition vers la technique, tout en permettant aux élèves de contrôler leurs calculs.
Aussi, il nous semble plus prudent au CE1, notamment pour les élèves les plus fragiles, de **proposer la technique « par compléments »**, qui ne fait pas appel à d'autres justifications que celles déjà connues et couramment utilisées par les élèves dans les calculs tant additifs posés que soustractifs en ligne. Les justifications sur la conservation des écarts pourront être développées au CE2 pour assoir la technique.

6. Cf. Reydy C., RDM vol. 33, p. 183-218 (2013), Rinaldi A.-M., Thèse (2016).
7. Cf. « La résolution des problèmes additifs » p. 45.

PÉRIODE 5

APPRÉHENDER DE NOUVELLES TECHNIQUES

Réinvestir les procédures développées précédemment pour résoudre des problèmes de mesure, développer des méthodes de recherche et poser des soustractions.

Quinzaine	Situation essentielle	Objectif principal
13	LE COULOIR	*Mesurer pour résoudre des problèmes*
14	LE THÉ DES MAITRESSES	*Produire et organiser des essais*
15	SOUSTRAIRE	*Construire une technique opératoire de la soustraction*

Présentation de la période

DE NOUVEAUX APPRENTISSAGES

La période 5 permet aux élèves d'utiliser le calcul pour résoudre de nouveaux problèmes de mesure, développer des méthodes de recherche de problèmes multiplicatifs et apprendre une technique opératoire de la soustraction.

LES SITUATIONS ESSENTIELLES

Les situations de cette période permettent d'accroitre l'enjeu correspondant à la production et à l'utilisation de l'écrit.

Quinzaine 13 : Dans la situation LE COULOIR, les élèves doivent mesurer une grande longueur comme celle d'un couloir de l'école avec une unité arbitraire, puis ils doivent trouver la longueur du couloir en centimètres.

Quinzaine 14 : La situation LE THÉ DES MAITRESSES comporte la résolution de deux problèmes : la détermination du nombre de sucres d'une boite, puis sa durée d'utilisation. Cette situation se situe donc dans un double cadre multiplicatif : le premier problème revient à trouver le produit de trois nombres pour trouver le nombre total de sucres, et le second problème se situe dans un contexte de distribution. Le problème LES AIMANTS développe la capacité à effectuer des essais de calculs (additifs, voire multiplicatifs) pour atteindre un nombre.

Quinzaine 15 : La situation SOUSTRAIRE vise à introduire une technique opératoire de la soustraction : la technique par complément plus communément appelée « addition à trou ». Ce choix est en cohérence avec le travail effectué au cours des périodes précédentes : la maitrise de procédures mentales nécessaires pour la résolution de problèmes additifs et soustractifs variés, l'appui sur la droite numérique et le calcul d'écarts.

DES QUESTIONS SUR LES APPRENTISSAGES

Un approfondissement des apprentissages est proposé :

Quinzaine 13 : L'apport des mesures pour le renforcement des connaissances de la numération est précisé. Leur contribution au développement du calcul est aussi abordée.

Quinzaine 14 : Cette partie analyse les apports à la connaissance du calcul des situations PARTAGES (quinzaine 7) et LES AIMANTS (quinzaine 14), centrées sur l'apprentissage de la résolution de problèmes.

Quinzaine 15 : L'apprentissage d'une technique de la soustraction, proposé dans la situation essentielle de la quinzaine, est mis en relation avec les procédures dont disposent les élèves pour résoudre des problèmes additifs et soustractifs.

DES QUESTIONS SUR L'ENSEIGNEMENT

Des synthèses sur les gestes professionnels sollicités par ces activités sont proposées :

Quinzaine 13 : Il s'agit ici de montrer que la calculatrice n'est pas un obstacle à l'apprentissage et à la maitrise du calcul, mais qu'elle peut y contribuer significativement. Son rôle et son utilisation raisonnée y sont explicités, en lien avec l'évolution des autres connaissances dans le domaine du calcul.

Quinzaine 14 : Cette partie aborde la gestion des mises en commun, à partir d'une chronique de la situation essentielle LE THÉ DES MAITRESSES. Les interventions de l'enseignant permettant de favoriser les échanges et la formulation de leurs propositions par les élèves sont analysées.

Quinzaine 15 : Des éléments complémentaires sur les évolutions du calcul et de l'oral au cours du CE1 sont proposés.

À la fin de la période, un éclairage est proposé sur la continuité entre le CE1 et le CE2.

LES ACTIVITÉS D'ACCOMPAGNEMENT

L'accompagnement de la période est organisé autour d'activités concernant les différents thèmes qui y sont abordés :

- ✔ numération : lire le nombre de dizaines ou de centaines dans une écriture décimale ;
- ✔ calcul additif : ajouter ou retrancher 100 ;
- ✔ calcul multiplicatif : structurer une table de multiplication et poser une multiplication à un chiffre ;
- ✔ mesure : estimer des ordres de grandeur.

Planning de la période

		...PÉRIODE 4	PÉRIODE 5		
		Quinzaine 12	Quinzaine 13	Quinzaine 14	Quinzaine 15
SITUATIONS ESSENTIELLES		LES ÉCARTS p. 170-172	LE COULOIR p. 186-190	LE THÉ DES MAITRESSES p. 195-199	SOUSTRAIRE p. 207-210
Séance n°	1	Phase 1 (étape 1)	Phase 1	Phase 1	Phase 1 (étape 1)
	2	Phase 1 (étapes 2 et 3)	Phase 2	Phase 2	Phase 1 (étape 2)
	3	Phase 2	Phase 3	Phase 3 LES AIMANTS	Phase 2
	4		Phase 4 (séances courtes)		Phase 3
ACCOMPAGNEMENTS					
Connaissance des nombres		25, 50 ET 75			
				LES CAHIERS	
		LE PLUS PRÈS			
Calculs additifs et soustractifs			JEU DE MARIAGES 2d		
		CARTES RECTO-VERSO Jeu 8		CARTES RECTO-VERSO Jeu 8	
				OPÉRATION PUZZLE	
Calculs multiplicatifs et de division		CARTES RECTO-VERSO MULTIPLICATIF Jeux 1 à 3			
		JEUX DE BATAILLE			
					LES NOMBRES RECTANGULAIRES
Mesure			ORDRES DE GRANDEURS		

- Mise en œuvre de l'activité d'accompagnement
- Prolongement de l'activité d'accompagnement

EN MAJUSCULES : activité décrite dans « Les Essentielles »
en minuscules : activité décrite dans le référent ERMEL CE1

Situation essentielle

LE COULOIR

Dans cette situation, les élèves doivent mesurer une grande longueur comme celle d'un couloir de l'école ou d'un côté de la salle de classe.
Dans une première phase, ils mesurent leur chaussure et se rendent compte de la nécessité d'utiliser une mesure composée (cm et mm). Dans une deuxième phase, quelques élèves vont mesurer le couloir avec une chaussure qui a pour mesure un nombre entier de centimètres.
Dans une troisième phase, en utilisant les données recueillies, ils doivent trouver la longueur du couloir en centimètres. La quatrième phase est constituée de petits problèmes rapides de mesure qui sont à répartir entre les temps de calcul mental et des activités d'entrainement.

La situation se déroule en 3 séances :
Séance 1 : phase 1 ; Séance 2 : phase 2 ; Séance 3 : phase 3.
Elle est complétée par des séances de calcul mental et des exercices complémentaires pour la phase 4.

Cette situation s'appuie sur la situation LE COULOIR (ERMEL CE1, p. 411 à 413) et les activités d'accompagnement (ERMEL CE1, p. 420 à 424).

Présentation de la situation

Les élèves travaillent alternativement de manière individuelle et collective. L'enseignant choisit une longueur à mesurer le long de murs rectilignes : un couloir, la longueur ou la largeur de la classe, le préau, la longueur de la salle des maitres.

Le premier enjeu est de mesurer la longueur de sa propre chaussure, ce sera le moment de se rendre compte que les mesures entières en centimètres ne sont pas suffisantes.

Ensuite sont sélectionnés des élèves qui ont des chaussures de longueur entière ou des élèves qui utiliseront un modèle donné par l'enseignant pour aller mesurer en chaussures la longueur du couloir, de la classe... Les données ainsi récupérées sont photocopiées pour toute la classe qui doit ensuite déterminer combien mesurent les longueurs en centimètres.

Matériel pour les phases 1 et 2
- Phase 1 : Feuilles A4, crayons et règles.
- Phase 2 : Feuilles de compte, calculette.

Enjeu
Les élèves, jusqu'à présent, ont mesuré avec des unités entières. Dans la situation LE SERPENT, ils ont été amenés à se rendre compte que, pour faire un serpent de 2 mètres de long, il faut faire des morceaux en centimètres dont la somme des longueurs fait 200 cm. Cette fois, il s'agit de prendre conscience que l'on peut avoir à **utiliser des sous-unités inférieures au centimètre** pour mesurer. Les élèves écrivent alors la longueur comme un nombre composé de deux parties, (20 cm et 5 mm, par exemple) et non comme un nombre décimal.
Le travail sur les approximations de longueurs sera réservé au CE2.

Phase 1 : Mesurer la longueur de sa chaussure

Consigne

« Vous devez me dire quelle est la longueur d'une de vos chaussures. Vous pouvez faire comme vous voulez. Écrivez votre prénom et la mesure en gros sur la feuille que je vous ai donnée. »

Recherche par binômes

Les élèves mesurent leur chaussure. Ils peuvent mesurer directement une chaussure ou faire une trace de chaussure sur la feuille A4 et la mesurer. La mesure peut être entière (ou très proche d'une mesure entière) ou non.

Mise en commun

Les élèves sont regroupés autour du tableau.
L'enseignant prend un premier résultat, l'affiche au tableau.

Choix d'organisation
Faire travailler les élèves sur la longueur de leur propre chaussure permet de les impliquer, et surtout de sélectionner les chaussures qui ont des longueurs entières en centimètres pour la phase 2. Pour simplifier la mise en commun, l'enseignant peut faire travailler les élèves par deux. Il prévoira alors des modèles de chaussures photocopiés (cf. Annexe 1, p. 190) ou réels pour la phase 2.

Confusion pointure/mesure
Les élèves risquent de confondre leur pointure avec la mesure en centimètres. La comparaison des chaussures lors de la mise en commun doit permettre de lever cette ambiguïté (pointures beaucoup plus grandes que les mesures, mesures différentes pour une même pointure).

Il demande aux élèves si certains ont la même mesure exactement. Il fait alors comparer les longueurs des chaussures et vérifier quelles sont les mêmes.

Il prend ensuite une autre production et demande si la chaussure est plus petite ou plus grande que la précédente. Il la place dans l'ordre des tailles au tableau et demande aux autres élèves quels sont ceux qui ont la même longueur de chaussure. Pour vérifier, les élèves mettent leur pied côte à côte. Quand une production s'avère non utilisable (par exemple sans unité) ou qu'elle est disqualifiée par la comparaison (mesure différente de celle affichée), il est demandé aux élèves de reprendre la mesure et ainsi de rectifier la feuille.

Les productions sont traitées à la suite jusqu'à obtenir au tableau une suite croissante de tailles de pieds (horizontalement), avec les productions identiques superposées (verticalement).

Synthèse et trace écrite

L'enseignant demande alors aux élèves : « *Que faut-il faire pour mesurer ?* »
Exemples de réponses d'élèves :

- « *Il faut mettre une unité.* »
- « *Il faut être précis : un peu, ça ne va pas.* »
- « *On peut utiliser les demis si c'est juste au milieu de deux centimètres.* »
- « *On peut utiliser les centimètres et les millimètres.* »

Pour trace écrite, on peut noter plusieurs exemples, et chacun y inscrit sa propre mesure.

Exemple :

Sofiane : 20 cm et 3 mm Océane : 19 cm Samuel : 18 cm et demi La taille de ma chaussure : ......

Phase 2 : Mesurer une longueur en chaussures

Des élèves qui ont des tailles de chaussures dont la mesure est entière (c'est-à-dire « qui a été déclarée entière ») ou les élèves désignés ayant les modèles de chaussures choisis par l'enseignant (tongs de 18 cm et 20 cm de l'annexe 1 ou chaussures réelles fournies) doivent maintenant aller mesurer « en chaussures » la longueur du couloir (ou de la classe).

Consigne

« *Les élèves que je viens de nommer vont mesurer la longueur du couloir (ou de la classe) en "chaussures" ; les autres élèves prennent une feuille et notent la mesure que ces élèves trouvent.* »

Mesure du couloir

Les élèves choisis vont mesurer la longueur successivement, pendant que les autres élèves prennent en note sur une fiche du type :

Chaussures des enfants :	En chaussures, le couloir mesure :
• Paul : 20 cm	• Paul : ....
• Océane : 19 cm	• Océane : ....
• Ilan : 18 cm	• Ilan : ....

Gestion de la mise en commun

- La première production choisie est, si possible, une mesure entière dans la partie médiane des tailles de chaussures (19 ou 20 cm).
- L'enseignant peut demander comment faire pour savoir si une chaussure est effectivement plus grande ou plus petite. Les élèves proposent de mettre les pieds côte à côte, talon contre un mur, ou de prendre les chaussures pour les comparer semelle à semelle.
- Lorsque les productions ne comportent pas d'unités, l'enseignant « joue au naïf » et refuse de classer la production tant que les élèves n'ajoutent pas une unité.
- Les confusions pointures/longueurs sont vite disqualifiées par la comparaison. En effet, les pointures sont très supérieures à la longueur. (les élèves de CE1 ont pour la plupart des pointures entre 29 et 33, pour des longueurs entre 18 et 22 cm).
- Les productions du type *« 19 cm et un peu »* ou *« un peu plus de 19 cm »* ne permettent pas de classer précisément. La classe demande donc aux élèves de préciser le « petit peu ».
- Les mesures du type *« 19 cm et demi »* sont acceptées quand elles sont correctes, ou précisées quand elles ne traduisent pas réellement 19,5 cm mais le fait que c'est plus de 19 cm.

Organisation du temps

- Si la phase 2 peut être menée dans la même séance que la phase 1, la trace écrite de la phase 1 sera recopiée ultérieurement par les élèves après la phase 2 ou photocopiée par l'enseignant.
- Si la phase 2 ne peut pas être menée à la suite la phase 1, l'enseignant devra s'assurer que les élèves choisis ont bien les mêmes chaussures qu'à la séance précédente.
- Si aucune mesure de chaussure n'est entière en centimètres (au millimètre près), ou une seule, l'enseignant donne une (ou deux) photocopie(s) de chaussure(s) (annexe 1) ou amène une (ou deux) chaussure(s) qui a (ont) une mesure entière (une tong par exemple, qui peut être facilement recoupée à la bonne dimension). Il fait préalablement mesurer les photos de chaussures par quelques élèves.

Mise en commun

Lors de cette mise en commun, les élèves se mettent d'accord sur les mesures qui ont été trouvées.

Par exemple :

Le couloir mesure : • Paul : *49 chaussures* • Océane : *51 chaussures et demie* • Ilan : *54 chaussures et une demi-chaussure*

Phase 3 : Passer d'une mesure en « chaussures » à une mesure en centimètres

Les élèves, par binômes, doivent calculer la longueur du couloir en centimètres en utilisant pour cela la trace écrite de la phase 2. (mesure des chaussures en centimètres et mesure du couloir avec ces différentes chaussures). Ces informations sont affichées au tableau ou données sur la feuille de travail.

Consigne

« Vous avez mesuré la longueur du couloir avec différentes chaussures. Vous avez également mesuré les chaussures en centimètres. Vous devez maintenant, par deux, calculer la longueur du couloir en centimètres. »

Recherche par binômes

Les élèves réalisent les calculs par deux sur leur feuille. Ils n'ont plus le droit d'aller mesurer quoi que ce soit (ni les chaussures ni le couloir).

Mise en commun

Les élèves sont regroupés au tableau. Les productions sont affichées.
L'enseignant demande aux élèves ce qu'ils constatent : des élèves ont trouvé la même mesure en centimètres et d'autres non.

L'enseignant commence par faire traiter les mesures qui sont manifestement erronées, car trop petites (quelques centimètres) ou au contraire trop grandes (plusieurs centaines de mètres). L'enjeu est alors que les élèves les éliminent par comparaison avec des mesures connues (exemples : une mesure de 15 cm pour le couloir alors que la règle mesure 20 cm ; une mesure de 10 000 cm alors que la règle du tableau mesure 100 cm).

Quand plusieurs mesures « réalistes » sont trouvées, les élèves cherchent laquelle peut être la bonne. Pour identifier les éventuelles sources d'erreurs, les élèves viennent au tableau expliquer leur méthode. Il sera intéressant de noter que, même avec une méthode correcte, on ne trouve pas exactement la même longueur en fonction de la chaussure choisie : dans notre exemple, le couloir mesure 980 cm ; c'est bien ce que l'on trouve en utilisant la chaussure de Paul, mais avec celle d'Océane on trouve 978 centimètres et demi, et avec celle d'Ilan, 981 cm.

Conclusion et trace écrite

La conclusion reprend ce qui a été trouvé (dans notre exemple : *« Le couloir mesure 981 cm en utilisant les chaussures d'Ilan, 980 cm avec celles de Paul, et 978 cm et demi avec celles d'Océane. »*).

Procédures pour la prise d'information
L'enseignant peut rappeler que les élèves doivent marcher le long du mur en mettant le talon de la chaussure contre la pointe de la précédente.

Structuration en phases
Si l'enseignant a interrompu la séance entre la phase 2 et la phase 3, il rappelle le travail réalisé et peut donner une feuille à chaque élève sur laquelle les informations sont inscrites.
Si la phase 3 suit directement la phase 2 au sein de la même séance, les données sont écrites au tableau.

Binômes homogènes
Sont regroupés par deux les élèves ayant des procédures de calcul proches (par exemple celles observées dans LES ENVELOPPES), de façon à favoriser la pluralité des procédures.

Procédures
Pour le calcul, les élèves peuvent faire :
- des additions itérées avec plus ou moins de groupements, de termes pour faciliter le calcul ;
- une (ou des) multiplication(s).

Erreurs des élèves
Les erreurs dans les procédés utilisant l'addition peuvent venir d'un mauvais comptage des itérations, d'erreurs dans les calculs ou d'une mauvaise gestion du « demi ».
La multiplication ne peut être réalisée qu'avec la calculatrice. Ceci va poser un problème dans la gestion des mesures avec un demi. L'enseignant pourra dire aux élèves qui le demandent que ce demi s'écrit « .5 » sur la calculette ou que l'on peut compter « 1 » pour deux demis.

L'enseignant demande alors d'où viennent ses imprécisions puisque les calculs sont justes :

- *« La mesure de la chaussure est imprécise. »*
- *« En faisant talon/pointe, on n'est pas sûr que ça touche bien. »*
- *« Quand on note une "demi-chaussure", on n'est pas sûr que c'est exactement la moitié. »*

Phase 4 : Problèmes de mesure

Type 1 : problèmes utilisant les mesures

L'enseignant peut poser des problèmes additifs et soustractifs prenant pour appui des problèmes de mesures :

« Pour faire une bande de tissu :
– Pierre a cousu 20 cm de bande bleue, 40 cm de bande rouge, 15 cm de bande verte et 18 cm de bande orange ;
– Paul a cousu 22 cm de bande bleue, 38 cm de bande rouge, 18 cm de bande verte, 17 cm de bande orange.
Qui a la plus grande bande ? »

Type 2 : problèmes sur les mesures

L'enseignant pose des problèmes comme :

- placer par exemple 17 cm sur une règle graduée dessinée ;
- comparer deux mesures ;
- intercaler une mesure entre deux mesures ;
- encadrer une mesure donnée ;
- ranger des mesures.

Type 3 : mesurer avec le corps

Nous considérons que mesurer avec le corps (largeur du pouce, empan de la main…) permet aux élèves de s'approprier les échelles de grandeur.
On peut demander aux élèves d'effectuer des mesures en utilisant la largeur de leur pouce, celle de leur main (la paume) ou l'empan de cette main :

- *« Quelles sont les dimensions d'une feuille A4 ? »*
- *« Quelles sont les dimensions de la table ? »*
- *« Combien mesure le tour d'un arbre ? »*

Pour chaque question, on laissera l'élève utiliser ses propres procédures de mesurage, puis on demandera un calcul dans les unités usuelles, qui permettent de s'entendre sur une réponse commune comme dans la phase 3.

Organisation
Ces problèmes ne sont pas numérotés, car ils ne sont pas nécessairement à faire dans l'ordre.

Choix des nombres
Les nombres seront exprimés en centimètres (12 cm), en millimètres (120 mm) ou avec une mesure composée (12 cm et 5 mm)
Le fait de mélanger dans les exercices les trois types de mesures complexifie la tâche de l'élève. Les conversions d'unités ne seront pas vues avant le CE2 ; on peut donc demander aux élèves de comparer 1 m 80 cm et 90 cm, mais pas 1 m 80 et 190 cm.

Unités corporelles

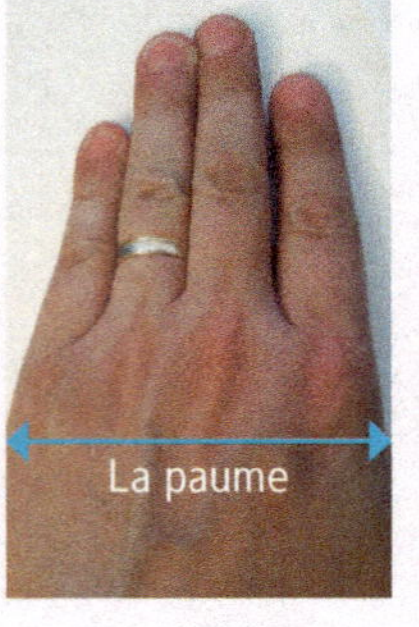

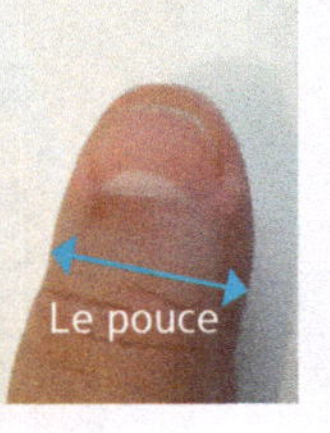

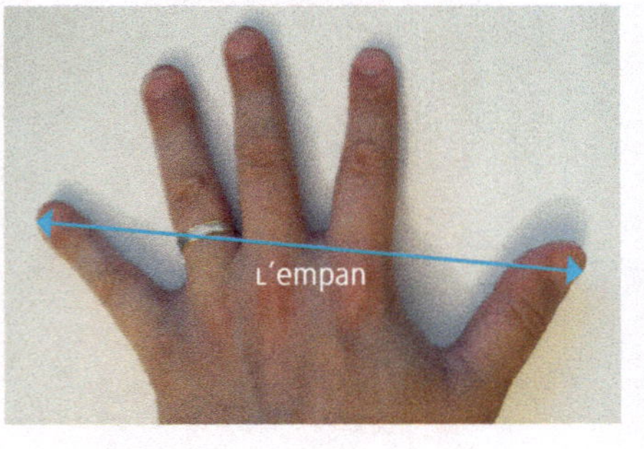

Annexe 1

CHAUSSURES POUR « LE COULOIR »
(PHASE 2 - MATÉRIEL POUR 2 ÉLÈVES)

Questions sur LES APPORTS DE LA MESURE À LA NUMÉRATION ET AU CALCUL

Les activités sur les grandeurs et leur mesure permettent aussi des apports sur la numération, le calcul et l'utilisation par l'élève de ces outils mathématiques dans ses études et sa vie futures.

LES CONNAISSANCES EN NUMÉRATION

Dans la résolution de problèmes sollicitant la numération, plusieurs insuffisances sont souvent relevées sur ce que les élèves du cycle 2 sont réellement capables d'utiliser d'eux-mêmes :

- ✔ difficulté à recourir à des groupements dans des tâches de quantification de collections ;
- ✔ difficulté à identifier le nombre de dizaines dans un nombre à 3 chiffres ou plus, avec la confusion entre le chiffre des dizaines (ou des centaines) et le nombre de dizaines (ou de centaines).

L'enseignement privilégie souvent la forme canonique de l'écriture décimale des nombres : la décomposition d'un nombre suivant les puissances successives de 10, par exemple 4 107 comme « 4 × 1 000 + 1 × 100 + 0 × 10 + 7 » ; si cet usage est exclusif, cela se fait au détriment du recours plus systématique à des formulations en nombre de centaines (ici 41), de dizaines (ici 410).

L'APPORT DES MESURES À LA NUMÉRATION

Si, dans notre approche de la numération écrite, nous proposons dès le CP et au début du CE1 des activités spécifiques (LES TIMBRES, LES FOURMILLIONS,…) pour cet apprentissage, son réinvestissement lors des mesurages est indispensable. L'usage de plusieurs unités rend nécessaire la « segmentation » d'une mesure pour son expression en mètres et centimètres, et favorise aussi la **variété des formulations orales**. En effet, les apports des mesures à la connaissance de la numération décimale sont multiples au niveau du CE1 :

- ✔ utiliser des unités différentes indispensables pour effectuer les mesures ;
- ✔ faire établir des relations arithmétiques entre groupements traduisant les unités de mesure les plus usuellement utilisées ; par exemple : « 1 m c'est 100 cm » (il y aura ensuite : *« 1 km c'est 1 000 m », « 1 kg c'est 1 000 g »*) ; au CE2, on pourra convertir 4 107 m en 41 m et 7 cm.
- ✔ effectuer des comparaisons entre des mesures exprimées de façons différentes, pour savoir si deux longueurs sont identiques ou pour déterminer quelle est la plus grande (cf. LE COULOIR) ; ces comparaisons peuvent conduire à des conversions simples comme entre 100 cm et 1 mètre ;
- ✔ donner une matérialité à des groupements de certains rangs et à l'ordre de grandeur.

La mesure de longueur permet d'exprimer une grandeur, en général continue ; elle nécessite donc de produire un processus de mesurage avec recours à une unité, ce qui n'est pas toujours nécessaire dans la quantification des objets discrets. De fait, les apprentissages sur la numération ont utilisé des grandeurs discrètes comme la monnaie, et nous trouvons donc avec la mesure un support différent qui permet d'utiliser la numération sur une grandeur continue, avec la question de l'arrondi et une première perception de la densité (entre les centimètres il y a des millimètres).

En résumé, l'utilisation de différentes unités conduit donc à l'extension des formulations orales, des décompositions et recompositions, à des expressions suivant des unités intermédiaires, à des « conversions » entre unités, à des passages aux groupements par 10, 100, 1 000.

L'APPORT DES MESURES AU CALCUL

Dans les activités de mesurage proposées pour le CE1, l'élève est conduit à déterminer une longueur comme somme de plusieurs longueurs. Dans l'activité LE SERPENT, ce sont des mesures en dizaines de centimètres qui sont souvent ajoutées, les élèves se servant, en général, des doubles décimètres pour tracer.

Différents moyens de calcul peuvent alors être utilisés, (mental, somme de « 10 » ou de multiples de « 10 »). En particulier, cela peut développer des formes de **regroupements pour faciliter le calcul**, voire de repérage d'itérations pour effectuer des produits grâce à la calculette.

Les activités de mesurage proposées permettent donc un réinvestissement des calculs additifs sur des sommes de plusieurs nombres et enrichissent les contextes multiplicatifs.

Questions sur LES CALCULATRICES

LA CALCULATRICE ET L'APPRENTISSAGE DU CALCUL

Nous avons choisi de mettre cet outil à la disposition des élèves dès les premières rencontres avec le calcul. Il s'agit d'une décision importante qui s'inscrit dans la volonté d'accompagner l'élève, tout au long de la scolarité obligatoire, et donc dès le CP, dans une utilisation raisonnée de la calculatrice, en lien avec l'évolution de ses connaissances dans le domaine du calcul.

Pour un calcul quotidien spontané, un adulte utilise essentiellement le calcul mental ou une calculatrice. Aussi, il nous apparait important que, dans le temps scolaire, comme dans la vie de tous les jours, l'élève ait **recours à la calculatrice de façon naturelle**. Mais pour qu'une utilisation spontanée de la machine devienne pertinente, elle doit relever d'un apprentissage organisé et encadré par l'enseignant, en articulation avec celui des autres formes de calcul.

L'élève de cycle 2 face à la calculatrice

Au CP, l'élève a découvert d'une part ce nouvel outil (touches, affichage…), et d'autre part ses fonctions en lien avec la numération et le calcul additif. Très vite, il a été conduit à comprendre que la machine n'exécute que ce qui lui est demandé et que, s'il y a des erreurs, cela vient d'une mauvaise commande.

Ainsi, l'élève confronté au problème « *Affiche 68. Affiche les nombres qui suivent de 5 en 5, sans utiliser la touche "efface".* » peut lire sur l'écran d'affichage « [6] [8] [5] [=] 685 » s'il oublie de taper le signe [+], ou bien « [6] [8] [8] [+] [5] [=] 693 » ou « [6] [8] [+] [5] [5] [=] 123 », s'il tape deux fois sur une touche chiffre.

Ces exercices simples lui permettent d'apprendre à **garder le contrôle sur sa machine**, initiant ainsi une vigilance permanente sur la vraisemblance du résultat affiché. Ils doivent être proposés à nouveau au CE1, notamment pour les élèves qui n'ont pas utilisé régulièrement la calculatrice en CP (cf. Les essentielles CP p. 71 à 74).

En CE1, l'élève va initier une nouvelle démarche pour assurer ce type de contrôle en estimant mentalement l'ordre de grandeur du résultat à trouver, notamment grâce au calcul mental et au travail effectué sur l'usage de la droite numérique. Il devra garder cette habitude tout au long de sa scolarité mais aussi dans tout usage de la calculatrice dans sa vie d'adulte.
De plus, au CE1, que ce soit lors d'exercices de calcul ou lors de résolutions de problèmes, l'utilisation de la calculette, comme instrument permettant à l'élève de **vérifier un calcul** qui vient d'être réalisé mentalement ou par écrit, devient fréquente. Elle s'appuie sur l'autonomie qu'a acquise l'élève dans la résolution de problème, et notamment dans le contrôle de ses procédures.

La calculatrice, un outil de calcul parmi d'autres

La question de la calculatrice ne peut pas être traitée indépendamment de celles des autres outils de calcul mis à disposition des élèves.
Notre objectif principal, dans ce domaine, est que l'élève dispose de plusieurs moyens (calcul mental, calculatrice, techniques usuelles) et sache les mobiliser à bon escient.

Ainsi, si l'élève est capable d'utiliser des procédures mentales de calcul dans des cas où cela est approprié, et si pour des cas plus complexes il peut avoir recours à la calculette, l'apprentissage des techniques opératoires usuelles peut être décalé dans le temps et abordé au moment où l'élève a les connaissances nécessaires à leur bonne compréhension. L'élève peut, par exemple, être confronté à des problèmes soustractifs bien avant de maitriser une technique opératoire de la soustraction, même avec de grands nombres, s'il dispose d'une calculette pour effectuer les opérations qu'il identifie. De même, la découverte de la multiplication s'appuie sur l'addition réitérée mais le contrôle des itérations est source d'erreurs et devient rapidement fastidieux. L'usage de la calculatrice en lien avec le langage « *25 fois 8* » va donc constituer un accompagnement de cet apprentissage et va contribuer à identifier la nouvelle opération en jeu.

De plus, au travers de problèmes devenus familiers comme LA BOITE JAUNE, ou de nouveaux comme SUR LA PISTE ou LES ÉCARTS, l'identité de résultats obtenus par des moyens de calculs différents va renforcer le sens de l'opération (trouver une somme, une différence, un écart) et diminuer la place prise par la technique.
Par ailleurs, dans des problèmes dont la finalité essentielle est d'apprendre à chercher comme JULIE VA AU CENTRE COMMERCIAL ou LE THÉ DES MAITRESSES, l'usage de la calculatrice va libérer l'élève de la charge du calcul et lui permettre ainsi de se concentrer sur sa stratégie de résolution, sur la gestion d'essais alors plus faciles à mettre en œuvre, sur le contrôle de ses résultats.

Un outil qui donne du sens aux écritures symboliques

Tout au long du cycle 2, la calculatrice accompagne l'apprentissage de la représentation des calculs. Les écritures du type « a + b = c » et « a - b = c » vont permettre un codage écrit de certaines actions anticipées ou réalisées, mais elles sont aussi pour l'élève un moyen de décrire des tâches en lien avec le problème (ce qu'il faut indiquer à la calculette pour obtenir le résultat), de communiquer à un partenaire qui dispose seul de la calculette quel calcul il doit faire. On peut faire l'hypothèse qu'en prenant ainsi de l'intérêt pour l'élève, les signes « + » et « – » gagnent en signification. Il faut cependant être conscient que l'usage de la calculette risque de renforcer la signification du signe « = » comme « annonce d'un résultat » au détriment de sa signification comme « équivalence entre deux écritures d'un même nombre ».

Par ailleurs, la construction de la multiplication s'effectue au CE1 à partir des connaissances de l'élève sur le calcul additif. Cependant, il est important que cette nouvelle opération soit rapidement identifiée et distinguée de l'addition. Ainsi, sa caractérisation par le nouveau signe « x » et des écritures multiplicatives est donc fondamentale et la calculatrice s'avère un outil essentiel pour cela. Dans la situation LES ENVELOPPES, les élèves vont pouvoir constater que la séquence de touche 5 x 4 = donne le même résultat que 4 + 4 + 4 + 4 + 4 = ou que le calcul additif sans machine de « 5 fois 4 ».

On pourra ainsi remplacer progressivement l'écriture « a fois b » par « a × b » tout en continuant à la lire « a fois b » dans un premier temps !

EST-CE QUE LA CALCULATRICE EMPÊCHE LES ÉLÈVES D'APPRENDRE À CALCULER ?

Cette question est souvent évoquée par les parents ou relayée par les médias.

Comme nous venons de l'exposer, l'usage de la calculatrice permet de donner du sens aux écritures symboliques, aux problèmes et donne accès à des calculs que l'élève ne peut pas encore faire. Pour certains, cet usage ne remplacerait l'humain que sur les tâches automatiques qui seraient donc l'apprentissage des tables (c'est souvent là que se nichent les craintes liées aux calculettes) ou des techniques opératoires. Cela nous renvoie donc à la façon dont l'enseignement peut donner du sens à l'apprentissage des résultats mémorisés et des techniques.

Toutes les activités utilisant les calculs amènent les élèves à retrouver les résultats des mêmes opérations : « 3 + 2 », « 7 + 3 », « 5 × 4 »… C'est donc par la répétition que les élèves mémorisent ces résultats sans les chercher vraiment, et que l'on met en évidence l'intérêt de la mémorisation. C'est parce que l'on a souvent besoin de « 7 + 3 » que l'on retient que cela fait 10 et que l'on se rend compte que c'est plus efficace de le savoir. En ce sens, la calculatrice n'est pas en concurrence avec les tables, car cela demande beaucoup de temps de prendre la calculette, de l'allumer et de taper 7 + 3 =.

QUELLE CALCULATRICE ?

Si l'élève peut être amené à utiliser tout type de calculatrice en dehors de l'école, nous retenons des caractéristiques particulières pour celle qui est utilisée dans le temps de l'apprentissage, à plus forte raison au cycle 2 :

❶ L'affichage sur un écran de deux lignes

Il permet à l'élève de voir simultanément le calcul qu'il a ordonné et le résultat donné par la machine. Cela lui donne d'une part la possibilité d'un contrôle sur ce qu'il a tapé sur sa machine, limitant ainsi le caractère « magique » de l'instrument, et d'autre part permet d'éventuelles corrections.
De plus, cette fonctionnalité s'avère essentielle au cours des mises en commun pour que chaque élève puisse communiquer à tous sa procédure de calcul. Sans ce double affichage, l'élève va devoir écrire sa séquence de touches sur un papier, ce qui enlèvera beaucoup de la spontanéité dans le calcul permise par la machine.

❷ Un affichage des grands nombres sans notation exponentielle

Le plus grand nombre affichable est déterminé par le nombre de chiffres acceptés par l'écran. Ainsi, sur un écran affichant 8 chiffres, il ne sera pas possible d'écrire un nombre supérieur à 99 999 999. Notre choix est de ne pas proposer de calculatrice qui pallie cette limitation en transformant l'écriture d'un grand nombre comme 1 250 000 000 en « 1,25 E9 » (écriture exponentielle), ce qui présenterait un risque important de méprises.

3 Effectuer les calculs en respectant les priorités opératoires usuelles

Sans cette disposition, la séquence de touches « 3 + 5 × 4 = » donne comme résultat 32 au lieu de 23, car la machine effectue le calcul au fur et à mesure. La touche + commande alors à la machine d'effectuer « 3 + 5 » dans un premier temps et de considérer le résultat 8 comme le premier facteur de la multiplication.
Plus tard (fin de cycle 2), il sera pertinent d'utiliser les parenthèses – présentes sur toutes les calculatrices – pour distinguer les différentes opérations et leurs opérateurs dans les calculs enchainés.

Retenir ces caractéristiques a des conséquences !
En 2017, au vu du marché, deux calculatrices peuvent être retenues : la TI 106 II et la Citizen FC junior correspondent à ces critères.

Situation essentielle

LE THÉ DES MAITRESSES

Ce problème propose de chercher la durée d'utilisation d'une boite de sucres, sachant que chaque jour les maitresses en consomment la même quantité. Les élèves ont donc à élaborer une méthode pour trouver le nombre total de sucres de la boite (à partir de l'observation d'une boite de sucres et de ses représentations) et la durée de son utilisation. Cette situation conduit les élèves à gérer des essais de calcul.

Le problème se situe donc dans un double cadre multiplicatif : d'une part la recherche du produit de trois nombres pour trouver le nombre total de sucres (phase 1), et d'autre part le contexte de distribution (phase 2) ; mais pour chacune de ces recherches, aucune des méthodes possibles (par exemple pour la phase 2, chercher d'abord le nombre total de sucres, puis le nombre de jours possibles, ou « vider » progressivement la boite) n'est privilégiée.

Le problème LES AIMANTS (phase 3) complète cette production et ce contrôle d'essais de calcul.

La situation pourra se dérouler sur 3 séances (une par phase).

Cette situation s'appuie sur les situations d'ERMEL, LE THÉ DES MAITRESSES p. 98 à 100, et LES AIMANTS p. 96-97, du thème « Des problèmes pour apprendre à chercher ».

Présentation de la situation

Les élèves doivent trouver la durée d'utilisation d'une boite de sucres à partir d'une consommation donnée.

Matériel collectif

- Un paquet d'un kilogramme de sucre en morceaux (taille n°4). Le couvercle et deux faces latérales sont enlevés et remplacés par du papier transparent.

Matériel pour un groupe de 4 élèves

- Une feuille sur laquelle figurent trois schémas (pour la phase 1) : un paquet de sucres n°3, un de n°4 et un de sucres cubiques (cf. Annexe 2 page 199 et CD).
- Une grande feuille de papier (A3).
- Une feuille A4 avec l'énoncé du problème (phase 2 – cf. CD).
- La calculette est disponible pendant tout le déroulement de l'activité.

Phase 1 : Combien de sucres dans la boite ?

Les élèves travaillent par groupe de 4.
Le paquet de sucres est placé sur le bureau, visible seulement par deux élèves choisis dans deux groupes différents.

Consigne

« Il faut savoir combien il y a de sucres dans la boite qui est cachée sur le bureau. Pour vous aider à poser des questions, je vous ai donné une feuille sur laquelle il y a des photographies de trois boites différentes. L'une d'entre elle est celle qui est cachée et dont on veut connaitre le nombre de sucres. »

Recherche collective pour identifier la boite de sucres

Les deux élèves qui voient la boite de sucre sur le bureau doivent répondre aux questions de leurs camarades.

Enjeux de la situation

Plus que la décomposition du problème en sous-problèmes, c'est surtout l'interprétation par l'élève à chaque étape de la résolution de ce qu'il a obtenu et de ce qu'il reste à faire pour terminer le problème, qui est visée.

Enjeux de la phase 1

- Certains élèves vont confondre le nombre de sucres de la boite et le nombre de sucres qu'ils voient. Il s'agit de leur permettre de percevoir l'organisation du paquet (en trois couches de plusieurs rangées de sucres).
- Il faut donc identifier qu'il y a le même nombre de sucres par type de rangées ou de niveaux. Sans le formaliser en écriture multiplicative, mais plutôt de nombre de sucres par lignes, de nombre de rangs par couches…

Type des groupes et choix des élèves

Il est préférable que les élèves qui sont moins surs d'eux ou qui ont des compétences plus faibles puissent travailler ensemble, afin d'éviter qu'ils ne produisent rien dans les phases de recherche. Ce sont deux de ces élèves qui peuvent venir au tableau pour répondre aux questions de leurs camarades.

Rôle des représentations distribuées

Elles servent à favoriser les questions sur le nombre de rangées et le nombre de sucres par rangées.

À l'issue de ces questions, les élèves doivent repérer :

- l'organisation en rangées et niveaux ;
- le nombre de rangs de sucres dans chaque dimension (longueur, largeur, hauteur).

Consigne

« Maintenant que vous savez comment les sucres sont rangés, vous allez chercher dans chaque groupe combien il y a de sucres au total dans la boite. »

Recherche par groupe du nombre total de sucres

Les élèves cherchent un moyen de calculer le nombre de sucres et l'inscrivent sur une grande feuille.
Certains élèves ont besoin de dessiner la boite pour réaliser des pointages.

Exemples de productions de groupes

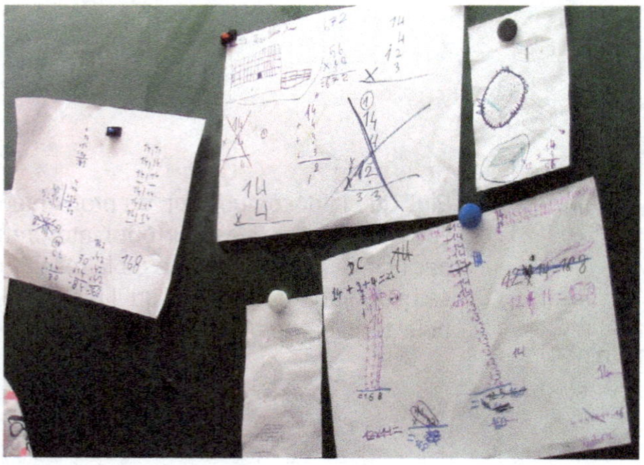

Plusieurs stratégies sont mêlées : additions, multiplication, essais successifs…

Mise en commun

Cette première mise en commun permet aux élèves de se mettre d'accord sur le nombre de sucres présents dans la boite et de comparer leurs méthodes.

Procédures observées
Pour chercher le nombre total de sucres en s'appuyant sur des dénombrements :

- des sucres visibles : un à un, ou *« 14 + 14 + 14 + 14* (sucres du dessus) *+ 3 + 3 + 3 + 3* (sucres du petit côté) *+ 14 + 14 + 14* (sucres du grand côté) *» ;*
- par rangée : *« 4 + 4 + 4 + 4 + 4 … + 4 »* ou *« 14 + 14 + 14 + 14 » ;*
- des sucres d'une couche : *« 4 × 14 » ou « 4 × 3 »*, puis en ajoutant les couches.

Phase 2 : Combien de jours avec une boite de sucres ?

Énoncé

Chaque jour, les maitresses d'une école utilisent 14 sucres pour le thé qu'elles boivent pendant la récréation. Combien de jours va durer la boite de sucres ?

Recherche individuelle, puis par groupe

L'énoncé est remis aux élèves qui commencent la recherche individuellement (environ 10-15 min), puis en groupe (même temps).
Chaque élève dispose d'une (ou plusieurs) feuille(s) de brouillon et d'une calculatrice.

Si, dans un groupe, aucune procédure n'a été dégagée, l'enseignant intervient : *« Est-ce que vous vous souvenez bien du nombre de sucres qu'il y a dans la boite ? »*

Groupes homogènes
Ce choix vise à permettre que chacun produise une solution, et aussi que les solutions retenues par les groupes et donc présentées lors de la mise en commun soient analysées. L'enseignant peut s'appuyer sur les travaux individuels pour constituer des groupes d'élèves qui ont la même aisance dans les calculs (sans le leur dire). Il peut aussi proposer à certains élèves de travailler en binôme, si cela lui semble aider la recherche de chacun de ces deux élèves.

Calculatrice
Si nécessaire, au début de la recherche, l'enseignant peut rappeler, que dans le cas où les élèves utilisent une calculatrice, il est important de noter sur le brouillon le calcul avant de l'effectuer.

Si, au sein d'un groupe, plusieurs réponses différentes sont maintenues, celles-ci seront analysées lors de la mise en commun.

Mise en commun

L'enseignant affiche le travail de chaque équipe.
Il propose de regarder en premier si les résultats sont différents.
Puis, pour chacun de ceux-ci :

- il fait expliquer la méthode par ses auteurs ;
- il demande si les autres élèves ont des questions à leur poser ou des remarques à formuler ;
- il fait valider par la classe si le résultat est juste ou faux, à partir de la cohérence de la méthode et de l'absence d'erreurs de calcul.

Synthèse et trace écrite

L'enseignant fait expliciter l'usage de la multiplication dans les méthodes qui y ont eu recours.
Quatre points peuvent être éventuellement abordés :

- les avantages du recours à la multiplication ;
- la diversité des expressions (« fois », signe « × »...) ;
- l'évolution des méthodes de calcul (passage de cumul à des produits) ;
- les propriétés mises en évidence pour faciliter les calculs (commutativité, appui sur 10...)

Cette discussion entraine la production d'une trace écrite qui est la mémoire de l'activité et qui est centrée sur ce que les élèves retiennent de l'activité. Ils peuvent par exemple remarquer que :

- plusieurs méthodes aboutissement au même résultat ;
- certaines méthodes sont plus ou moins rapides ou plus ou moins sures ;
- si l'on n'a pas le nombre de sucres, on ne peut pas répondre au problème.

Deux types de procédures :

- Le nombre de sucres utilisés chaque jour (14) est le même que celui des sucres dans une rangée de la boite. Certains élèves prennent appui sur ce nombre pour trouver le nombre de jours (1 rangée → 1 jour ; 1 couche → 4 jours...), le nombre de « 14 » correspondant au nombre de jours nécessaires pour vider la boite.
- D'autres élèves utilisent des procédures liées à la distribution :
  - cumul additif de 14 (nombre de sucres par jour) ou de multiples de 14 jusqu'à atteindre le nombre de sucres de la boite ;
  - soustraction de 14 (ou de multiples de 14) jusqu'à atteindre 0.

Types d'erreurs :

- erreur de calcul ;
- interprétation erronée d'un résultat provisoire (confusion par exemple entre nombre de sucres et nombre de jours) ;
- oubli d'une itération dans un cumul (additif ou soustractif), soit dans la production du calcul, soit dans le recomptage du nombre de jours.

Phase 3 : LES AIMANTS

Il s'agit de chercher combien d'images vont pouvoir être affichées en utilisant des aimants : le nombre total des aimants à utiliser est fixé et le nombre d'aimants par image varie selon la grandeur des images.

Matériel collectif

- 10 aimants.
- Une « grande image » (format A3 ou supérieur).
- Une « petite image » (format A4).
- La calculette est disponible pendant tout le déroulement de l'activité.

Enjeux

Ce problème approfondit un des objectifs du THÉ DES MAITRESSES : produire et contrôler des essais de calcul, en proposant un problème qui comporte plusieurs solutions (ce qui avait été déjà abordé avec LES ŒUFS en quinzaine 7).
La recherche du nombre total de solutions n'est pas visée dans cette activité. Pour nous, cela relève du CE2.

ÉTAPE 1 : APPROPRIATION DE LA SITUATION

Énoncé

Le texte de l'énoncé est écrit ou affiché au tableau (cf. CD).

> Je veux afficher des images dans la classe.
> Pour les petites images, j'ai besoin de 4 aimants ; pour les grandes, j'en ai besoin de 6.
> Je dispose de 36 aimants.

Fonction de l'étape 1

Faire prendre conscience aux élèves qu'il faut :

- tenir compte de toutes les données de l'énoncé, en particulier le nombre d'aimants ;
- produire des essais pour progresser dans la recherche.

La lecture est suivie d'une explication des données qui peut amener les enfants à poser des questions telles que :

- *« Est-ce qu'on ne met que des petites images ? Que des grandes ? »*
- *« Est-ce qu'on met des grandes et des petites ? »*

L'enseignant précise que tous les aimants doivent être utilisés.

ÉTAPE 2 : RECHERCHE INDIVIDUELLE

Il est nécessaire que les élèves disposent de suffisamment de temps.

Les diverses procédures (dessins des aimants ou des images, ou appui sur le calcul) sont observées par l'enseignant ; s'il repère que certains élèves n'ont produit qu'une solution n'utilisant pas tous les aimants, l'enseignant peut rappeler cette contrainte.

ÉTAPE 3 : MISE EN COMMUN

Dans un premier temps, les différentes solutions sont validées : les élèves vérifient que tous les aimants ont été distribués et que les contraintes sont respectées.
Après chaque solution énoncée, l'enseignant peut demander si d'autres élèves ont trouvé le même résultat avec une autre méthode.

C'est au cours de cette phase collective que les difficultés rencontrées par certains élèves, en particulier dans le recomptage pour ceux qui ont utilisé des dessins, sont discutées et levées.
Les procédures utilisant des dessins sont « traduites » par le calcul.

ÉTAPE 4 : REPRISE

L'activité est reprise avec d'autres nombres (on pourra choisir 64 ou 48).
L'enseignant demande aux élèves de produire plusieurs solutions.

Procédures observées :

- Représentation des 36 aimants (par des croix, traits, ronds, etc.), puis entourage des groupes de 4 ou de 6.
- Dessin de grandes ou de petites images, dans un premier temps, puis comptage ou calcul du nombre d'aimants ainsi distribués (les aimants étant soit dessinés, soit indiqués par un nombre).
- Prise en compte simultanée de la contrainte (utiliser des 4 ou des 6) et du but (atteindre 36), en plaçant les aimants et en contrôlant au fur et à mesure : *« Il me reste des aimants, je peux encore placer une image. »*
- Dessin d'emblée de plusieurs images, puis placement des aimants sur les images représentées.
- Production d'écritures :
  - additives, contrôlées au fur et à mesure (du type *« 4 + 4 = 8 ; 8 + 4 = 12... »*), ou réitérées sans contrôle du nombre d'itérations, calculées ensuite et comparées à 36 ;
  - décompositions additives de 36, par exemple (les décompositions de 10 ne sont pas les plus fréquentes) : *« 10 + 10 + 10 + 6 »* *ou « 6 + 4 + 6 + 4 + 6 + 4 + 6 »* *ou « 4 + 2 + 4 + 4 + 2 + 4 + 4 + 2 + 4 + 6 »* ;
  - avec appui sur la multiplication : *« 6 × 4 + 4 × 3 » ou « 4 × 6 + 6 × 2 »*.

Annexe 2 BOITES DE SUCRES « LE THÉ DES MAITRESSES » (PHASE 1 - MATÉRIEL POUR UN GROUPE DE 4 ÉLÈVES)

A

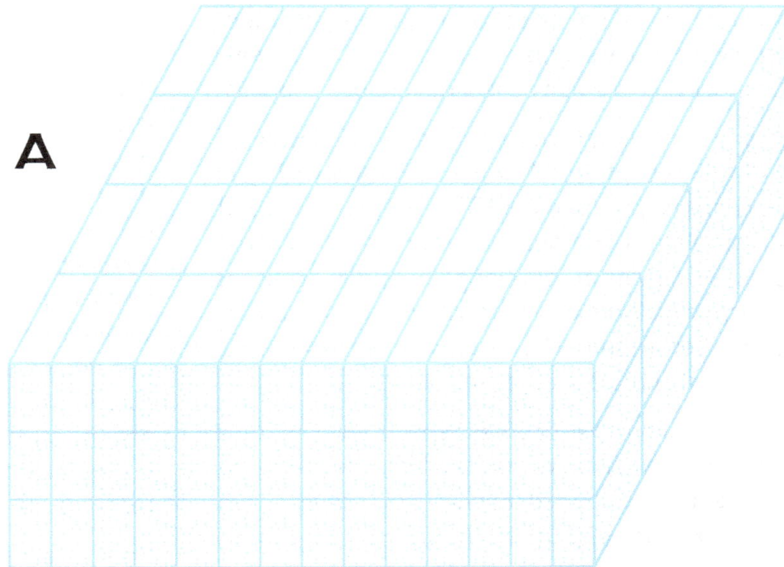

B

C

Questions sur LES ENJEUX DES PROBLÈMES POUR APPRENDRE À CHERCHER

Parmi les problèmes de cet ouvrage, nous en proposons cinq qui ne visent, à première vue, ni un contenu notionnel, ni une étude de la structure des énoncés[1].

Trois le sont durant cette quinzaine (LE THÉ DES MAITRESSES, phases 1 et 2, et LES AIMANTS), et deux dans la quinzaine 7 (PARTAGES et LES ŒUFS). Ces problèmes contribuent comme d'autres situations essentielles au développement des capacités de recherche (faire des essais de calcul, prendre en compte l'écart entre des résultats intermédiaires et le but à atteindre, contrôler sa solution...)

Nous souhaitons, par-delà ces aspects relevant d'une méthodologie générale de la résolution de problème, analyser leurs enjeux selon plusieurs critères :

- ✔ la nature du problème, tel qu'il peut être perçu par les élèves ;
- ✔ le domaine mathématique sous-jacent et la contribution éventuelle de ces problèmes à l'évolution des savoirs.

UN PROBLÈME DE DÉNOMBREMENT

La recherche du nombre de sucres dans la phase 1 du THÉ DES MAITRESSES dépend de la compréhension de la structuration de la boite, celle-ci étant constituée de trois « couches » ayant le même nombre de rangées en ligne et en colonne et donc, implicitement, de la connaissance de ces trois valeurs qui permettent de calculer le nombre de sucres. Pourtant, avec du matériel de numération constitué de cubes ayant par exemple 10 petits cubes par arête, il arrive souvent que des élèves ne quantifient que ce qu'ils voient, ou en comptent plusieurs fois certains.

Ce problème est donc nouveau par rapport aux activités de dénombrement que les élèves ont rencontrées depuis la maternelle, et qui contribuaient au développement des procédures de comptage (un par un, deux par deux...), puis au cours du CP et du CE1, par rapport au recours aux dizaines, que celles-ci soient déjà constituées ou que la formation de groupements par 10 soit du ressort de l'élève.

Au cours de cette situation, **les procédures évoluent** du comptage à la somme de nombres identiques, puis à leur expression multiplicative.

De plus, comme dans d'autres situations où les mathématiques servent à modéliser un objet, un dispositif ou un phénomène concret, plusieurs méthodes sont possibles : soit par exemple prendre en compte les trois niveaux « horizontaux », soit des tranches « verticales ». Dans tous les cas, les élèves ont à formuler et à justifier. Leurs critiques font émerger des critères de validité sur le dénombrement lui-même (*« Tous les sucres ont-ils été comptés ? Certains ne sont-ils pas comptés deux fois ? »*), ainsi que des critères d'efficacité sur les procédures de calcul : celles qui sont rapides (utilisant la multiplication) ou plus accessibles aux yeux de certains élèves eux mêmes (celles utilisant des additions réitérées, par exemple).

De nouvelles situations de dénombrement seront proposées dans la suite de nos dispositifs d'enseignement les années suivantes.

DEUX SITUATIONS DE RECHERCHE DE PLUSIEURS SOLUTIONS

Il s'agit dans les deux cas (LES ŒUFS et LES AIMANTS) de chercher des nombres qui satisfont à une condition (atteindre 66 avec des sommes de 6 et de 10, ou 36 avec des sommes de 4 et de 6), c'est-à-dire, comme les élèves le verront plus tard, vérifient une équation[2]. La recherche d'une première solution peut s'appuyer sur :

- ✔ le dessin : grandes ou petites boites d'œufs (ou images) avec les objets à l'intérieur ou seulement l'écriture des quantités ;
- ✔ des cumuls additifs : de 6 et 10 (pour LES ŒUFS) ou de 4 et 6 (pour LES AIMANTS) ;
- ✔ des essais de multiples, complétés par l'ajout de nombres au voisinage du but.

Le constat qu'**un problème peut avoir plusieurs solutions**, et la production effective de celles-ci, contribuent à **enrichir la représentation des mathématiques** qu'en ont les élèves ; mais l'intérêt de ces problèmes réside aussi dans l'appréhension des variables grâce auxquelles ces solutions diffèrent (ajouter des 6 et enlever des 4 pour LES AIMANTS, par exemple), ainsi que dans l'économie que

---

1. Une typologie des problèmes pour apprendre à chercher est proposée p. 95.
2. Les modèles experts de ces problèmes seront abordés au collège avec une mise en équation sous la forme « $6x + 10y = 63$ » pour les ŒUFS (où x représente le nombre de boites de 6 œufs et y celui des boites de 10 œufs) et « $4x + 6y = 36$ » pour LES AIMANTS (où x est le nombre de petites images et y celui de grandes images).

représente le calcul par rapport au dessin pour cette production d'une nouvelle solution. La validation des différentes solutions permet aussi de repérer ce qui varie entre elles.

D'autres problèmes de ce type seront rencontrés à l'école primaire.

DEUX SITUATIONS DANS LE CHAMP MULTIPLICATIF

Mais cet ensemble de situations contribue aussi à des apprentissages notionnels :

- ✔ l'extension des problèmes du champ multiplicatif par la découverte de méthodes de dénombrement (structuration d'un parallélépipède – celui de la boite de sucres) et la recherche du produit de trois nombres (phase 1 du THÉ DES MAITRESSES) ;
- ✔ la résolution de problèmes de division, par l'utilisation de calculs additifs (PARTAGES), puis aussi soustractifs et multiplicatifs (LE THÉ DES MAITRESSES, phase 2).

On constate souvent que des élèves du CE2 n'ont recours à la multiplication que pour chercher le produit de deux nombres car c'est parfois le seul usage de celle-ci qu'ils ont rencontré auparavant. Ces deux situations (recherche d'un des termes du produit connaissant celui-ci et l'autre facteur, ou recherche d'un produit non pas de deux termes mais, de fait, de trois termes), sont complémentaires pour l'apprentissage de la multiplication.

Dans la résolution des deux problèmes de partage, l'élève a recours à deux grands types de modèles :

- ✔ soit il « vide » un ensemble par des procédures soustractives (dessin ou calcul) : par exemple, il enlève 3 jetons pour en donner un à chacun (PARTAGES), ou il enlève 14 sucres dans la boite de sucres (LE THÉ DES MAITRESSES, phase 2) ;
- ✔ soit il constitue un ensemble organisé selon les contraintes : il remplit des boites d'œufs (ou des couches de sucres) ; pour cela, il additionne par exemple 14 sucres jusqu'à obtenir 168 au moyen de procédures d'additions réitérées.

Une différence concerne l'arrêt de la procédure : lorsque l'élève vide un ensemble, il s'arrête lorsqu'il n'y en a plus assez (cf. « atteindre dix » dans la partie « Question sur p. 202 »), alors que lorsque l'élève construit un ensemble, il doit s'arrêter lorsqu'il approche le nombre cherché ; mais dans les deux cas, ces procédures de cumul additif ou soustractif rendent nécessaires de recompter combien de fois il a distribué des paquets d'objets.

Aucun des deux modèles n'est à privilégier par rapport à l'autre au CE1. Ces procédures évolueront au CE2 vers le recours à des essais de multiples, ce qui ne constitue pas pour nous un objectif du CE1. La résolution de tels problèmes de partage depuis la GS, avec des méthodes allant de la distribution des objets à ce type de calcul, constitue une composante fondamentale de l'approche de la division.

L'EXPÉRIENCE MATHÉMATIQUE CONSTITUÉE PAR CES PROBLÈMES

Pour le calcul soustractif ou multiplicatif, c'est à partir de ces connaissances élaborées lors de la résolution de problèmes que la fiabilité de différentes méthodes est comparée et que **des propriétés émergent** comme des outils efficaces économisant des calculs. En fait, cette approche s'intègre dans notre conception du calcul, plus globale qu'un apprentissage séparé des techniques opératoires ; les situations essentielles d'introduction de la multiplication ont d'ailleurs montré cette imbrication entre l'ancien et le nouveau[3].

3. Cf. aussi « Connaissances anciennes et nouveaux apprentissages », p. 138.

FAVORISER LE DÉBAT SUR LES PROCÉDÉS DE RÉSOLUTION

Cette troisième partie relative à la gestion des temps collectifs fait suite à celles abordant les choix de l'enseignant pour relancer la recherche (p. 16), et la production d'une trace écrite (p. 165). Elle s'appuie sur la situation LE THÉ DES MAITRESSES (p. 195), qui amène à résoudre successivement deux problèmes du champ multiplicatif[4], inédits pour les élèves. La solution du premier est le produit de trois nombres, celle du second sollicitent des procédures de calcul qui seront développées les années suivantes dans l'apprentissage de la division.

Dans la phase 1, les élèves ont eu à résoudre la première partie du problème : *« Quel est le nombre total de sucres dans cette boite ? »* L'énoncé de la phase 2, *« Chaque jour, les maitresses d'une école utilisent 14 sucres pour le thé qu'elles boivent pendant la récréation. Combien de jours va durer la boite de sucres ? »*, ne comporte pas la donnée du nombre de sucres dans la boite.

Dans la mise en commun (p. 196), un débat sur les procédures a permis de mettre en défaut certains procédés erronés de dénombrement
Par exemple, certains élèves trouvent combien il y a de sucres par « couche » (14 × 4 = 56), mais ont pris en compte quatre « couches » : celle qu'ils voient sur le dessus, puis les trois qu'ils voient par la tranche, sans réaliser qu'ils ont pris en compte deux fois la « couche » du dessus.

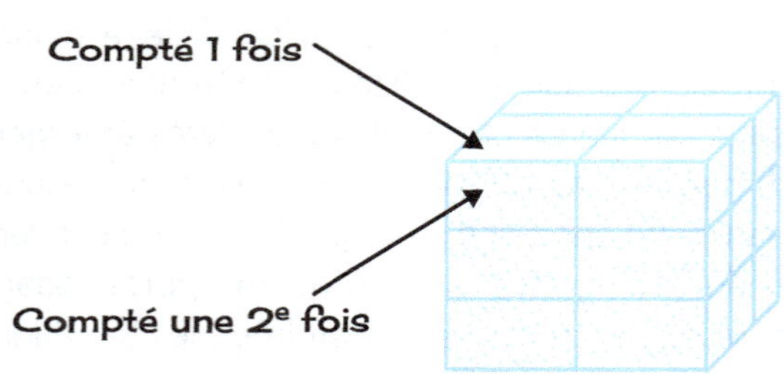

RECENTRER LES ÉLÈVES SUR LA RÉPONSE TROUVÉE

Une première mise en commun a eu lieu et les élèves se sont mis d'accord sur le nombre de sucres.

ENSEIGNANTE : *« On voit que, sur notre problème, on a pu faire plusieurs calculs différents pour trouver le même résultat. 168, c'est quoi ? »*

ÉLÈVE 1 : *« C'est tous les sucres. »*

ENS. : *« C'est … »*

ÉLÈVE 2 : *« C'est un paquet de sucres. »*

ENS. : *« C'est combien il y a de morceaux dans un paquet complet de sucres. On a besoin de retenir qu'il y a 168 sucres dans la boite, car demain on en aura besoin pour la suite. »*

ÉLÈVES : *« Ah ! On va faire des calculs. »*

La question de l'enseignante vise à recentrer les élèves sur la signification de la réponse et à les placer dans la perspective de la phase 2.

AMENER LES ÉLÈVES À EXPLICITER LEUR PROCÉDÉ ET LES AUTRES À SE L'APPROPRIER

Une nouvelle mise en commun a lieu après la recherche du deuxième problème. Notons, pour la suite, que 168 = 12 × 14, et que par conséquent le reste de la distribution est nul : il ne devrait pas rester de sucres.

L'enseignante choisit de faire passer en premier au tableau trois élèves (Anna, Edna et Paul), car ils ne sont pas allés au bout de leur démarche. Leur production est affichée.

ANNA : *« On a fait "168 – 14" jusqu'à tant qu'on arrive à un nombre plus petit que 10. »*

ENS. : *« Pourquoi plus petit que 10 ? »*

ANNA : *« Oui. »*

ENS. : *« Pourquoi ? Tous les trois, vous étiez d'accord pour arriver à plus petit que 10 ?* (Edna fait signe "non" de la tête.) *Edna ? »*

EDNA : *« Non. »*

ENS. : *« Tu voulais arriver à combien ? »*

EDNA : *« À zéro. »*

4. Cf « Les enjeux des problèmes pour apprendre à chercher » (p. 201).

ENS. : *« À zéro ? Pourquoi arriver à zéro ? Les autres, pour nous montrer que vous comprenez, pourquoi faut-il arriver à zéro ? »*

BÉA : *« Parce qu'après, tu vas compter les calculs de combien tu en as fait. Tu commences par exemple à 168 ; après tu vas enlever 14 et tu vas jusqu'à 0 ; et après tu peux compter combien de fois tu as fait 14. »*

ENS. : *« D'accord, on enlève 14… 14 qu'on enlève, c'est les sucres de quoi ? »*

SOPHIE : *« Si on fait jusque 10, ça va quand même faire zéro. »*

ANNA : *« Ça fait un jour, et un autre jour, et encore un. »*

ENS. : *« Un jour, c'est 14 sucres alors on enlève 14 ; un autre jour, c'est 14 sucres alors on enlève 14… C'est ça que vous voulez dire ? »*

ÉLÈVES : *« Oui. »*

ENS. : *« D'accord, asseyez-vous. Il y a un autre groupe qui a fait la même méthode ? »*

Analyse des échanges

La première intervention de l'enseignante, *« Pourquoi plus petit que 10 ? »*, est exprimée dans les mêmes termes que ceux employés par l'élève. C'est une **demande d'explication**, sur une proposition mathématique qui n'induit pas un appel à critique de la part des autres élèves[5]. Mais la question de l'enseignante n'a pas produit d'explication de la part de l'élève (Anna).

La deuxième intervention, *« Vous étiez d'accord pour arriver à plus petit que 10 ? »*, amène une réponse conduisant à un point de vue différent : *« À zéro. »* Cela a pour effet, non pas de faire produire une réponse directe à la question par les élèves du groupe, mais de **faire expliciter le procédé employé par des élèves qui ne sont pas de ce groupe** : les soustractions successives de 14, ce que signifie les 14 (les 14 sucres consommés en un jour) et le nombre de fois que l'on a soustrait 14.

La troisième question, *« Il y a un autre groupe qui a fait la même méthode ? »*, est **fondée sur l'observation des méthodes des élèves que l'enseignante a faite durant la phase de recherche précédente.**

On constate donc à plusieurs reprises que les élèves ne répondent pas précisément à la question de l'enseignante, mais que **cela les amène pourtant à expliciter et à justifier leur méthode**. Il apparait aussi que les autres élèves ne donnent pas d'avis sur le procédé présenté, de sorte qu'il n'est pas encore validé publiquement. Ce choix de l'enseignante se justifie par le fait que les autres procédés ne sont pas encore exposés.

LAISSER LES ÉLÈVES EXPLICITER LEURS PROCÉDURES

Deux autres élèves sont au tableau (Victor et Yana) ; ils pensent avoir employé la même méthode que le groupe précédent.

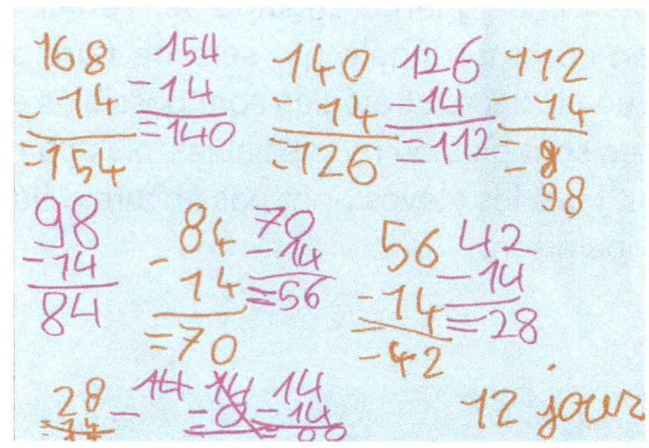

YANA : *« En fait, nous on a voulu faire "– 14" à chaque fois. Parce qu'à chaque fois… »*

VICTOR : *« …on retire 14. »*

YANA : *« On enlève 14 sucres. »*

VICTOR : *« À chaque fois, on enlève 14 ; là, on a trouvé 154 ; on enlève 14 et après on a trouvé 140 ; et on a fait… »*

YANA : *« …la même tactique à chaque fois ! »*

VICTOR : *« On a trouvé le calcul en bas et on a mis "– 14", et à chaque fois on redisait le calcul, et on est arrivé jusqu'à zéro et on a trouvé 12 jours. »*

YANA : *« Parce qu'après, on a compté tous nos calculs et on en a fait 12. »*

VICTOR : *« On a fait "– 14". »*

ENS. : *« D'accord, donc vous avez réussi à trouver 12 jours. »*

[…]

ENS. : *« Et vous avez vérifié à la calculette les calculs ? »*

VICTOR : *« Oui. On a fait chacun un calcul, comme ça ce sera à égalité, il y en a un qui fera ça et l'autre autant. »*

ENS. : *« Et ils ont été vérifiés à la calculatrice ? »*

YANA : *« Oui. »*

ENS. : *« Donc, ils pensent qu'ils sont bons. Du coup, est-ce que vous pensez que le premier groupe aurait pu terminer ? »*

ÉLÈVES : *« Oui. »*

ENS. : *« Cette méthode est-elle longue ou non ? »*

ÉLÈVES : *« Longue. »*

VICTOR : *« Ça remplit la feuille. »*

ENS. : *« D'accord. »*

5. Notons que ce choix permet de centrer les échanges sur les aspects mathématiques et notamment le décomptage de 14 en 14 à partir de 168 jusqu'à 0.

Les élèves de ce groupe ont de la facilité à s'exprimer et à développer leur procédé ; ils explicitent leur stratégie plus longuement et de façon plus détaillée.

Pour ce groupe, l'enseignante, n'a donc pas besoin d'intervenir pour aider les élèves à le faire.

L'enseignante effectue à ce moment une première intervention pour **reformuler cette conclusion** : *« …donc vous avez réussi à trouver 12 jours. »*

La dernière question porte sur la longueur du procédé. L'enseignante anticipe sur l'enjeu de la mise en commun finale qui sera de faire apparaitre que plusieurs stratégies sont possibles et que certaines sont plus ou moins fiables, plus ou moins longues. Mais les élèves n'ont pas encore d'élément de comparaison.

AMENER À INTERPRÉTER LES CALCULS

Un troisième groupe passe au tableau (Pauline et Dylan) :

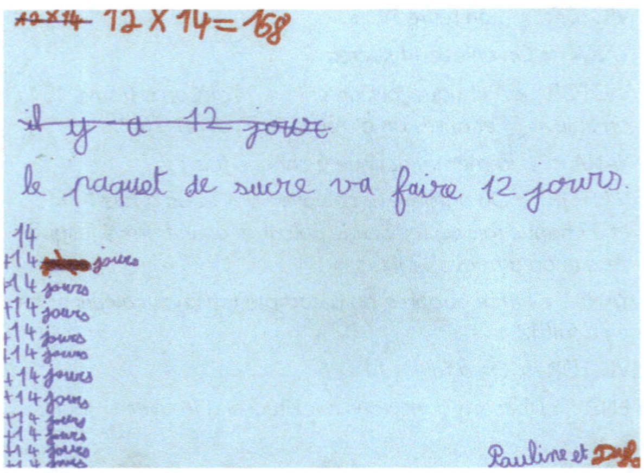

PAULINE : *« Hier, on avait trouvé 168, et on avait fait "12 × 14", donc moi je me suis souvenu qu'on en avait mis 12, et donc moi je l'ai refait le calcul, et après j'ai vu que c'était bien 12 qu'il fallait mettre. »*

ENS. : *« Alors 12, c'est quoi ? »*

DYLAN : *« C'est les jours. »*

ENS. : *« C'est les jours, et alors pourtant quand on a cherché le nombre de sucres dans la boite, on n'a pas cherché les jours. Pourquoi on avait utilisé "12 × 14" ? »*

PAULINE : *« Parce qu'on avait vu que, dans un carré* (couche) *d'en dessous, il y a 12… heu…, 14 en dessous. »*

FRANCE : *« Dans une ligne, il y avait 14, et en dessous quand on avait compté ça faisait 12 »*

PAULINE : *« 12 parce qu'après il y en avait encore 3, et encore 3, et encore 3 en dessous. »*

ENS. : *« Il y avait combien de grandes lignes ? »*

FRANCE : *« 14 à chaque fois. »*

ENS. : *« Dans une grande ligne, il y avait 14 sucres, mais combien il y avait de grandes lignes ? »*

FRANCE : *« 3 »*

EDNA : *« En fait, quand elles prennent 14, ça fait une ligne et après il n'y en a plus, et une autre et après il n'y en a plus… »*

ENS. : *« En fait, chaque jour, c'est comme si les maitresses de cette école prenaient une ligne de sucres. »*

La première question, *« Pourquoi on avait utilisé "12 × 14" ? »*, ainsi que les suivantes, **renvoie les élèves à leur procédé de résolution du premier problème**, et donc à la représentation qu'ils se sont faite de la boite de sucres pour répondre.

À la question de l'enseignante, *« Dans une grande ligne, il y avait 14 sucres, mais combien il y avait de grandes lignes ? »*, Pauline fait une réponse appropriée : *« 12 parce qu'après il y en avait encore 3, et encore 3, et encore 3. »*. L'enseignante reprend cette conclusion dans le but de la rendre plus claire : *« En fait, chaque jour, c'est comme si les maitresses de cette école prenaient une ligne de sucres. »*

Des élèves (France et Edna), qui ne sont pas du groupe, se sont invités au débat : leurs interventions contribuent d'un côté à l'avancée de la validation et montrent à tous que chacun peut avoir une part positive aux échanges. De sorte qu'il est très utile que l'enseignante sollicite régulièrement de tels élèves et étende les interactions à des élèves qui, a priori, ne sont pas directement impliqués dans une production. Et d'un autre côté, elle peut ainsi situer les élèves non auteurs vis-à-vis de ce qui est exposé et vis-à-vis des connaissances et critères de validité qu'ils parviennent à formuler.

À la fin de la présentation des cinq groupes (il s'agit d'une classe à double niveaux CP/CE1 – seuls les CE1 participent à l'activité ici), **les élèves paraissent s'être mis d'accord sur la réponse au problème sans que l'enseignante ne soit intervenue explicitement pour la valider**.
Les élèves ont présenté leur méthode et ont explicité leurs calculs : des procédures s'appuyant sur la connaissance du nombre de sucres (« soustractions successives » et « multiplication »).

IDENTIFIER LES POINTS D'ACCORD

L'enseignante choisit, pour conclure le travail, de faire identifier ce qui a été travaillé par la situation.

ENS. : *« Qu'est-ce que l'on tire du travail que l'on a fait là ? Qu'est-ce que l'on peut retenir de ce que l'on a fait ? »*

EDNA : *« Que 12 × 14 ça fait 168, et que si on fait avec le moins on pourra y arriver à zéro, et donc que c'est la bonne solution. »*

ÉLÈVES : *« Oui. »*

ENS. : *« Il y a une seule bonne solution ? »*

EDNA : *« Non, il peut y en avoir plusieurs, mais la plus petite c'est celle de Pauline et Dylan. »*

ENS. : *« Est-ce que c'est plusieurs solutions ou plusieurs manières de trouver la solution ? »*

EDNA : *« Plusieurs manières. »*

ENS. : *« Tout le monde est d'accord ? »*

ÉLÈVES : *« Oui. »*

L'enseignante écrit au tableau.

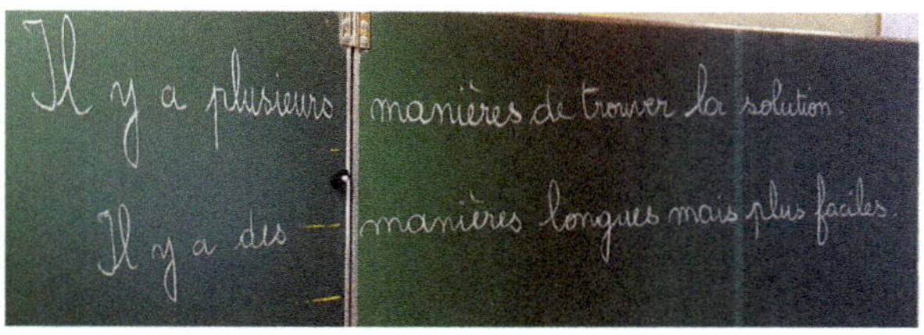

EDNA : *« Si on fait l'autre solution, ce sera plus longtemps. »*

ENS. : *« Il y a des solutions, des manières longues et des manières... »*

FRANCE : *« ...rapides. »*

YANA : *« Elle est plus longue la nôtre, sauf qu'elle est un petit peu plus facile. »*

ENS. : *« Il y en a qui sont longues, mais qui nous semblent plus faciles. Pourquoi ? »*

FRANCE : *« Parce que ... »*

YANA : *« Parce que là au moins on n'est pas obligé d'à chaque fois recommencer à la fin. Parce que si on fait cette solution là on va se perdre dans les 14. »*

L'enseignante note :

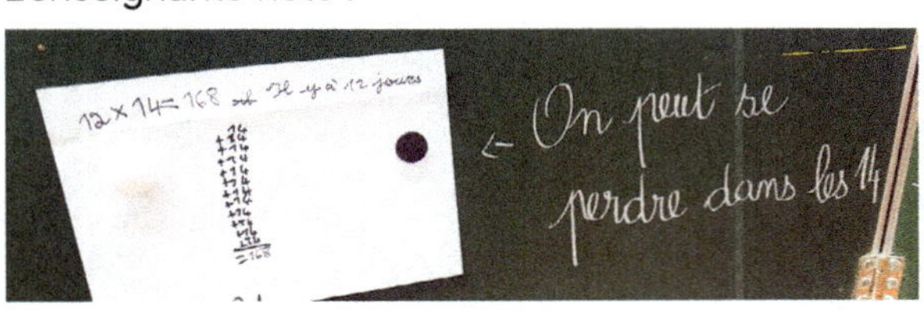

CHARLES : *« Il faudrait quelque chose pour... »*

VICTOR : *« Là, on ne sait pas combien il y a de 14, si on fait 14. »*

EDNA : *« Sinon, vu qu'on est un groupe, il y en a un qui peut dire "12 × 14 ça fait 168", et puis l'autre il écrit "14 ; 14 ; 14..." »*

ENS. : *« Pour résoudre le problème d'aujourd'hui, c'est-à-dire trouver en combien de temps les maitresses mangent tous les sucres, qu'est-ce qu'il fallait absolument savoir ? »*

FRANCE : *« Combien il y avait de sucres dans un paquet. »*

ENS. : *« Et ça, on l'avait trouvé quand ? »*

FRANCE : *« Hier. »*

ENS. : *« On l'a fait en plusieurs fois, ce problème-là. Alors, vous allez bientôt rencontrer des problèmes où vous allez aussi être obligés de faire des calculs en plusieurs fois. »*

FRANCE : *« Tous seuls. »*

ENS. : *« Sans que l'on vous dise qu'il faut faire en plusieurs fois. »*

Analyse des échanges

La première intervention, *« Qu'est-ce que l'on tire du travail que l'on a fait là ? Qu'est-ce que l'on peut retenir de ce que l'on a fait ? »*, est, à dessein, très ouverte.

La deuxième, *« Il y a une seule bonne solution ? »*, est plus fermée et porte sur l'unicité du procédé.

La troisième, *« il y a des solutions, des manières longues et des manières... »*, vise, à partir des adjectifs employés (longue, rapide), à faire aller les élèves, avec leurs mots, sur **le « mathématique » et la comparaison des procédés** (les « soustractions successives », et la « multiplication »).

L'enseignante note à chaque fois au tableau le point qui est souligné par les élèves.

Dans la quatrième question, *« Pour résoudre le problème d'aujourd'hui, c'est-à-dire trouver en combien de temps les maitresses mangent tous les sucres, qu'est-ce qu'il fallait absolument savoir ? »*, les élèves répondent par *« combien il y a de sucres dans un paquet »*. Cette réponse s'applique aux deux procédures évoquées juste avant (« soustractions successives » et « multiplication »), et indirectement à celle qui consiste à compter les « lignes de sucres ».

Ce dernier temps amène les élèves à formuler qu'ils peuvent aussi en tirer des connaissances sur la façon de résoudre des problèmes. Les extraits cités montrent que le vocabulaire des élèves de cet âge est assez approximatif (par exemple, Edna parle d'une solution « plus petite » qu'une autre). L'enseignante doit lever les ambiguïtés ; pour cela, elle peut questionner les élèves ou reformuler. Des questions techniques précises obligent les élèves à rendre explicites certaines affirmations : *« Combien y avait-il de lignes ? »*.

Il est à noter que l'enseignante suit ici les retours des élèves sans chercher à imposer une formulation experte.

Il lui aurait aussi été possible de se retourner vers les autres élèves de la classe et, de façon à bien en faire identifier la provenance, leur demander par exemple : *« Pourquoi 12 jours ? »* ou *« Comment ont-ils fait pour trouver 12 ? »*, et *« Venez le montrer. »* Dans un tel procédé de résolution, en effet, le « quotient » (le nombre de jours) n'apparait pas explicitement : il se détermine à partir du nombre de soustractions successives, qu'il faut donc compter. L'importance de ce point et la nécessité de clarifier va réapparaitre dans la suite de l'échange :

ENS. : *« Montre-moi où est le calcul pour un jour. »*
YANA : *« Ici. »*
ENS. : *« Un deuxième jour ! »*
YANA : *« Ici. »*

EN CONCLUSION

Au cours de cette analyse, nous remarquons que l'enseignante a mis en place des techniques qui pourront être réutilisées dans d'autres mises en commun et éventuellement dans d'autres disciplines :

- ✔ introduire ou conclure les phases en permettant aux élèves de se projeter ;
- ✔ rappeler aux élèves des résultats qu'ils ont produits ou des échanges qui ont eu lieu sur ce problème très récemment (dans la séance précédente par exemple) ; attention, ces échanges doivent être encore « frais » pour les élèves ;
- ✔ laisser le temps des échanges sans intervenir ou renvoyer la question à d'autres élèves.

Deux grands types de discussion peuvent être traitées : **la question du vrai ou du faux et celle de la qualité des procédures**. Elles permettent d'amener les élèves à un débat portant sur des questions mathématiques.

Situation essentielle

SOUSTRAIRE

En cohérence avec le travail effectué au cours des périodes précédentes (maitrise de procédures mentales nécessaires pour la résolution de problèmes additifs et soustractifs variés, avec appui sur la droite numérique et le calcul d'écarts), cette situation vise à introduire une technique opératoire de la soustraction : la technique par complément, plus communément appelée « addition à trou ».

La situation pourra se dérouler en 4 séances :

Séance 1 : phase 1 (étape 1) ; Séance 2 : phase 1 (étape 2) ; Séance 3 : phase 2 ; Séance 4 : phase 3.

Présentation de la situation

Dans les deux premières phases, les problèmes posés portent uniquement sur des nombres.
Dans la phase 3, les élèves doivent réinvestir la technique introduite dans des problèmes adaptés.

Matériel pour la phase 1

- Des cartes format A5 de quatre types (une carte de chaque par binôme – cf. CD) :

Fiche A	Fiche B	Fiche C	Fiche D
465 - 287	. . . + 2 8 7 = 4 6 5	248 - 136	. . . + 1 3 6 = 2 4 8

- La calculatrice est disponible uniquement pour la vérification des calculs.

Matériel individuel pour les phases 2 et 3

- Les fiches de travail (« opérations » pour la phase 2, « problèmes » pour la phase 3 – cf. CD).

Technique opératoire et problèmes

Une technique opératoire permet d'effectuer un calcul sur des nombres ; nous l'introduisons donc ainsi. Cependant, le sens de la réalisation des opérations nait de la résolution de problèmes à énoncés et nous travaillons cette articulation dans un second temps.

Choix des nombres

Chaque élève doit réaliser un calcul correspondant à « une soustraction avec retenue » et l'autre à « une soustraction sans retenue ».
Dans un même binôme, les calculs sont « croisés », et par conséquent les nombres à trouver sont identiques deux à deux. Cela doit permettre d'identifier que deux opérations, a priori différentes mais avec les mêmes nombres, peuvent donner le même résultat.
Les nombres ont trois chiffres de façon à renforcer le procédé utilisé en le reproduisant sur dizaines/centaines comme il est employé sur unités/dizaines.

Phase 1 : Calculs soustractifs

Les élèves sont répartis en binômes mais travaillent individuellement durant les temps de recherche. Les deux élèves d'un même binôme n'ont pas les mêmes calculs à effectuer.
Un élève reçoit la fiche A, puis la fiche D dans un second temps ; l'autre la fiche B, puis la fiche C.

ÉTAPE 1 : CALCULS

Consigne

« Vous avez reçu chacun une fiche indiquant un calcul. Vous devez effectuer ces deux calculs en écrivant tout ce dont vous avez besoin sur la fiche. Vous êtes répartis en binômes, mais les deux élèves d'un binôme n'ont pas les mêmes fiches. »

Recherche individuelle

L'enseignant laisse à tous les élèves le temps de mener à bien leurs calculs. Si nécessaire, il peut proposer d'autres opérations du même type aux plus rapides en les écrivant au verso de la fiche.

Échanges des productions

« Maintenant que vous avez effectué votre calcul, vous échangez votre feuille avec votre voisin et vous vérifiez son calcul. Vous pouvez utiliser la calculatrice. Si vous constatez une erreur, vous la soulignez. »

Discussion en binôme

« Dans chaque binôme, vous examinez les réponses des différentes fiches et si des erreurs ont été constatées, vous vous mettez d'accord pour les corriger. Vous pouvez utiliser la calculatrice. »

Nouveau calcul

L'enseignant distribue la seconde série de fiches. L'élève qui avait la fiche A reçoit la fiche D, et l'autre reçoit la fiche C.
Les élèves effectuent les calculs, les vérifient selon le même déroulement que précédemment.

ÉTAPE 2 : MISE EN COMMUN

Les quatre opérations vont être traitées successivement dans l'ordre suivant : A, B, C, D.

Pour la fiche A, l'enseignant fait un inventaire des réponses trouvées puis sollicite un élève pour qu'il expose son procédé de calcul. Il est important de mettre en valeur ce que dit l'élève pour accompagner son écrit.
Il demande ensuite quels sont les élèves qui ont utilisé le même procédé, puis sollicite le cas échéant d'autres élèves pour exposer leur travail. Tous les procédés de calcul sont discutés et validés ou invalidés au tableau.
Si aucun élève n'a proposé une représentation du calcul sur une droite numérique, il réalise le dessin :

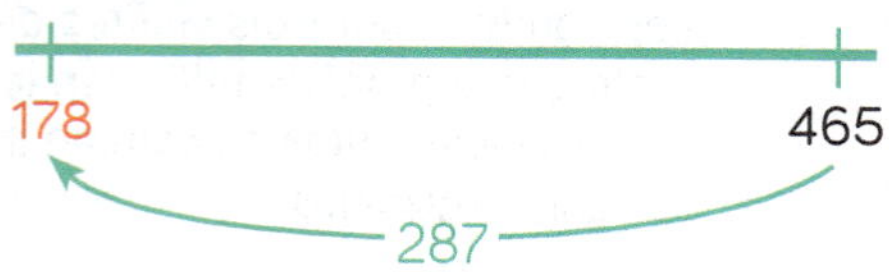

Pour la fiche B, l'enseignant commence par solliciter des remarques visant à la comparer à la fiche A (*« On retrouve les mêmes nombres 287 et 465, mais ils sont en colonnes. », « Ce n'est pas comme dans l'addition, parce qu'on a déjà les résultats et on cherche le premier nombre, mais on fait comme dans une addition... »*).
Il procède ensuite de la même façon que pour la fiche A pour faire exposer tous les procédés de calcul.
Il complète ensuite le schéma précédent pour obtenir :

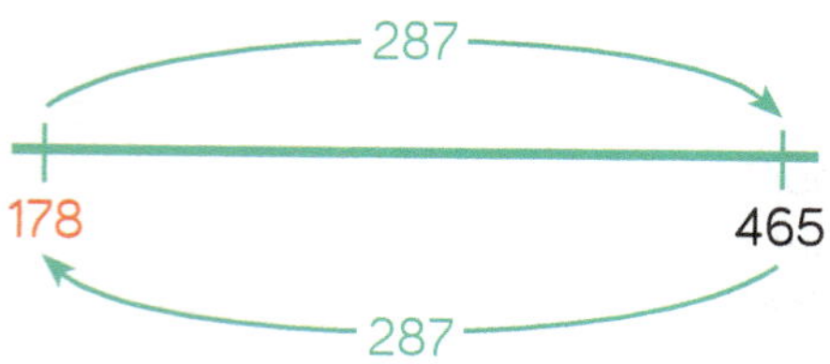

Procédés de calculs possibles pour « 465 – 287 » :

- certains élèves peuvent effectuer 465 + 287 ;
- décomptage de 100 à partir de 465, puis de 10 en 10 de 365 à 295, et décomptage jusqu'à 287 ;
- décomptage par bonds « variés » avec appui ou non sur la droite numérique ;
- transformation de 465 – 287 en « de 287 pour aller à 465 », puis comptage par bonds ;
- soustraction erronée : pour chaque ordre de numération, on ôte le plus petit nombre au plus grand (réponse 222) ;
- soustraction posée et effectuée selon une technique apprise par ailleurs.

Procédés de calculs possibles pour « ... + 287 = 465 »

Les écrits obtenus sont en général de trois types (le premier cas correspondant à la procédure erronée citée ci-dessus) :

	1 1	1 1
2 2 2	1 7 8	1 7 8
+ 2 8 7	+ 2 8 7	+ 2 8 7
= 4 6 5	= 4 6 5	$= 4\ {}_{1}6\ {}_{1}5$

Poser « ... + 287 = 465 » ou « 287 + ... = 465 » ?
Ces deux formes « d'addition à trou » correspondent à la soustraction 465 – 287. Nous avons cependant privilégié la première comme technique de soustraction par complément. Cela est notamment cohérent avec notre choix d'installer la droite numérique comme support des calculs additifs et soustractifs (cf. p. 75).
En effet, le schéma ci-contre, où 465 et 287 sont donnés et 178 est à chercher, installe bien la soustraction 465 – 287 = 178 comme opération réciproque de l'addition 178 + 287 = 465.
Pour un élève, cela serait plus difficile à traduire en termes de déplacement sur la droite numérique dans le cas de l'addition à trou 287 + ... = 465.
De plus, dans ce passage de la soustraction en ligne à l'addition à trou posée, les élèves rencontrent de réelles difficultés pour disposer les nombres correctement. Avec le choix retenu, le placement des nombres dans les opérations « 465 – 287 = ... » et « ... + 287 = 465 » est plus aisé à repérer, ce qui peut aider des élèves en difficulté dans le passage d'une opération à l'autre.

Ce schéma est commenté. L'enseignant veille à faire utiliser les expressions « *465 moins 287 égale 178* », « *178 plus 287 égale 465* », « *de 178 pour aller à 465, il y a 287* », « *l'écart entre 178 et 465 est 287* », de façon à habituer les élèves à passer de l'une à l'autre. Cependant, aucune systématisation de ces changements de terminologie n'est exigée en CE1.

On procède ensuite de la même façon avec les fiches C et D. On pourra constater que le calcul est alors plus aisé pour l'addition à trou, et identifier que cela vient de l'absence de retenue, étant donné les chiffres en jeu pour les unités et les dizaines.

Quelles retenues ?

La troisième opération posée ci-dessus (page précédente) comprend des retenues « en haut » comme dans toute addition, mais aussi des retenues dans le nombre somme. Ces dernières correspondent à ce que dit l'élève : *« 7 pour aller à 5, je peux pas. Je dois aller à 15 ».*
On retrouve alors une opération « très proche » de la technique française de la soustraction qui sera apprise au CE2.

Phase 2 : Installation d'une technique de soustraction

Les élèves reçoivent un exemplaire de la fiche suivante (cf. CD) :

81 − 58 = ...		78 − 43 = ...	
. . + 3 7 = 6 2	. . . + 1 2 4 = 4 3 9	. . . + 5 3 9 = 6 1 2	. . . + 3 2 6 = 7 3 2
102 − 64 = ...		128 − 48 = ...	
256 − 422 = ...		376 − 162 = ...	
800 − 306 = ...		999 − 72 = ...	

Enjeu de la phase 2

Il s'agit d'une phase de reprise des procédés de calculs mis en évidence dans la phase 1. Les élèves vont s'habituer à calculer une soustraction écrite en ligne « c – b = ... » en posant une addition à trou du type « .... + b = c ».

Consigne

« Sur cette feuille, vous avez plusieurs opérations écrites en ligne ou bien en colonnes. Pour chacune, vous la recopiez sur votre cahier, et vous devez trouver son résultat en utilisant obligatoirement une opération posée en colonnes. »

Pourquoi poser une opération ?

Il est possible de déterminer le résultat de certaines opérations sans poser d'addition à trou. La contrainte de poser l'opération oblige l'élève à employer la technique initiée à la phase 1 pour calculer une soustraction.
Il doit ainsi être autonome pour déterminer le plus grand des deux nombres pour un bon positionnement dans l'opération, veiller au bon alignement des chiffres, notamment quand ils n'ont pas le même nombre de chiffres, gérer les éventuelles retenues.
Mais la consigne ne précise pas qu'il faut poser une addition, et des soustractions posées peuvent apparaitre quand les nombres en jeu ne donnent pas lieu à retenues.

Travail individuel et mise en commun

À plusieurs reprises, l'enseignant peut demander aux élèves d'interrompre leur travail individuel pour une mise en commun à propos d'une opération.
Toutes les opérations de la feuille ne donneront pas lieu à une phase collective. Il revient à l'enseignant de choisir celles qu'il mettra au débat, notamment en fonction des difficultés qu'il peut percevoir dans le temps de calcul des élèves.

Pour chacune des opérations traitées collectivement, l'enseignant veille à la bonne disposition des nombres donnés dans l'opération, en sollicitant si besoin une représentation sur la droite numérique. Dans tous les cas, si la représentation n'est pas intervenue dans le traitement, elle doit apparaitre dans la conclusion, accompagnée d'une lecture de l'opération avec « moins » et d'une autre avec « plus ».

Les autres opérations feront l'objet d'une correction individuelle par l'enseignant.

Phase 3 : Des problèmes pour utiliser la soustraction

Les élèves reçoivent au fur et à mesure un exemplaire de chacune des fiches suivantes (cf. CD) :

Problème 1
127 voitures sont rentrées au parking depuis son ouverture, mais aucune n'est sortie. Il y a maintenant 242 voitures dans le parking. Combien y en avait-il avant son ouverture ?

Problème 2
Paul vient de faire un voyage de 232 km et son compteur marque 1 918 en arrivant. Combien marquait-il au départ ?

Problème 3
En partant en courses, Madame Hugo avait 236 euros dans son portemonnaie. Elle a acheté une robe à 145 euros. Combien lui reste-il ?

Ils découpent un énoncé, le collent sur leur cahier puis résolvent le problème correspondant. Ils peuvent utiliser un brouillon.

Recherche individuelle et mise en commun

Chacun de ces trois problèmes fait l'objet d'un temps collectif.

Quand il juge que tous les élèves ont suffisamment avancé dans la résolution du problème 1, l'enseignant interrompt le travail individuel et fait l'inventaire des différentes réponses.
Puis, il fait écrire au tableau toutes les opérations ou procédés de calcul utilisés par leurs différents auteurs.

Le débat doit permettre de déterminer la bonne réponse au problème et d'identifier les erreurs. Il met en évidence la diversité des modalités de calcul valides.

Pour chacun des problèmes, l'enseignant veille à sa représentation par une écriture soustractive et par une écriture additive.

Choix des problèmes

- Dans le problème 1, il s'agit de trouver une partie connaissant le tout. La chronologie de l'histoire va faciliter sa représentation par l'opération « ... + 127 = 242 ». Le contexte permet aussi une explication en référence à une soustraction.
Une seule retenue est présente sur les unités.
- Le problème 2 est un problème de recherche d'état initial après transformation positive. Le contexte permet aussi bien une représentation par l'addition « ... + 232 = 1 918 » que par la soustraction « 1 918 – 232 = ... »
Une seule retenue est présente sur les dizaines.
- Le problème 3 est un problème de recherche d'état final après transformation négative.
Il se représente naturellement par une soustraction et difficilement par une addition.
Pour utiliser la technique de soustraction travaillée dans les phases précédentes, l'élève doit donc oublier le contexte et transformer son opération en ne considérant que les nombres.
Comme il s'agit de monnaie, on peut aussi voir apparaitre une procédure basée sur les échanges « 10 contre 1 ».

Questions sur LA TECHNIQUE DE LA SOUSTRACTION ET LES PROBLÈMES

Nous avons choisi d'enseigner, avec la situation essentielle de cette quinzaine, la technique de la soustraction par compléments (« addition à trou ») au CE1 et de proposer la technique par compensation au CE2[6]. Notre but est que les élèves disposent d'une technique pour effectuer les calculs relevant de la soustraction, que ces calculs soient à élaborer par l'élève comme solution d'un problème ou qu'ils aient simplement à les effectuer dans un exercice.

LES CONNAISSANCES INITIALES DES ÉLÈVES

Comme pour tout autre apprentissage, celui de cette technique suppose d'identifier au préalable les connaissances des élèves, c'est-à-dire les procédures, les représentations et les propriétés dont ils disposent pour résoudre des problèmes relevant de la soustraction, mais aussi les obstacles auxquels ils sont confrontés.

En effet, l'addition, avant de devenir un algorithme (ici une technique posée qui s'effectue de façon automatique en fonction des seules données), a d'abord été un outil mental, évoluant depuis le CP, en traitant des données évoquées dans différents problèmes. Puis, au cours du CE1, elle a acquis une autonomie croissante, le choix d'une méthode (effectuer mentalement la somme, poser l'addition ou recourir à la calculette) étant principalement déterminé par les nombres en jeu[7] et moins dépendant des contextes.

Mais, pour la soustraction, **la décontextualisation des procédures est en cours de construction** et continuera au CE2. Elle suppose par exemple que les élèves prennent conscience que tout calcul de type « a + ? = b » est équivalent à « b – a = ? ». Cette équivalence nécessite souvent une transformation de l'énoncé ; par exemple, la recherche d'une transformation positive, *« Que faut-il ajouter à 135 pour obtenir 216 ? »*, en recherche d'un état final résultat d'une transformation négative : *« Enlever 135 à 216. »* Aussi, nous analysons les méthodes dont disposent les élèves, à l'entrée de cette quinzaine 15, pour effectuer des calculs ou résoudre des problèmes dont la solution experte est la soustraction.

LES MÉTHODES DISPONIBLES SELON LES PROBLÈMES

Certains problèmes correspondent à des écritures en ligne de type « 135 + ? = 216 » ou « ? + 135 = 216 ». Ce sont notamment les problèmes :

- ✔ de recherche d'une transformation positive, connaissant l'état initial et l'état final (problèmes notés « e T+ e »[8]) ;
- ✔ de recherche du complément connaissant une partie et le tout (problèmes notés « e E e ») ;
- ✔ de recherche d'un état initial avec une transformation positive (notés « E t+ e »).

Selon le type d'énoncé, l'une ou l'autre des deux écritures en ligne « a + … = b » ou « … + a = b » est produite plus naturellement. Le passage de l'une à l'autre, qui n'est pas automatique, est pris en compte dans la situation SOUSTRAIRE, qui introduit l'addition à trou posée en colonnes.

D'autres problèmes correspondent à des écritures en ligne de type « 216 – 135 = ? » ou « 216 – ? = 135 ». Ce sont en particulier des problèmes :

- ✔ de recherche d'un état final avec une transformation négative (notés « e t- E ») ;
- ✔ de recherche de la valeur d'une transformation négative connaissant aussi l'état initial et l'état final (notés « e T- e »).

Ces problèmes étaient jusqu'à présent résolus par des calculs d'écarts, avec appui sur la droite numérique. Ils ont été développés à la quinzaine 12 (situation LES ÉCARTS, p. 170), qui ont mis en évidence la relation entre les calculs « 216 – 135 = ? » et « 135 + ? = 216 ». Cette propriété, reformulée au cours de cette quinzaine, permet d'étendre progressivement le champ d'application initial de la technique de l'addition à trou à d'autres calculs.
Mais l'usage d'une technique unique dans la variété de problèmes sera assuré au CE2 par la reformulation de « pour aller à » en termes soustractifs et la décontextualisation des calculs.
Toutefois, le recours dès le CE1 à des formulations très proches de celles de la technique française par compensation favorisera l'acquisition de celle-ci.

6. Les raisons sont développées dans « Vers une technique opératoire de la soustraction » (p. 180).
7. Cf. « Savoir calculer au CE1 » p. 43.
8. Cf. la classification de G. Vergnaud sur les problèmes additifs résumée p. 20.

Questions sur L'ÉVOLUTION DES CAPACITÉS DES ÉLÈVES AU CE1

La résolution de problèmes favorise les différentes composantes de l'activité mathématique : s'investir dans une recherche, contrôler ses résultats, les formuler, les justifier, poser des questions, faire appel à des propriétés mathématiques pour critiquer une production ou une méthode. Ces capacités se développent progressivement au cours de l'année, et les activités de la période 5 témoignent de cette évolution.

UNE APPROCHE DU CALCUL PAR LES PROBLÈMES

Dans la résolution de ces problèmes, les élèves gèrent leurs méthodes, vont au bout de leur solution ; celle-ci, bien entendu, peut comporter des imprécisions. Le calcul, avec son ensemble de procédures, de résultats mémorisés, de propriétés mises en œuvre par les élèves eux-mêmes, constitue **un outil qui ne dépend plus des types de problèmes proposés**.

Dans LE THÉ DES MAITRESSES, la multiplication s'est intégrée dans ce développement en mettant en valeur les améliorations possibles par rapport aux additions réitérées. Comme pour la soustraction, pour laquelle des procédures avaient été mises en place dès le CP, la multiplication s'inscrit dans une continuité du calcul.

LE RÔLE DES ÉCHANGES ORAUX

La confrontation à des problèmes ne doit pas faire oublier le rôle également essentiel joué par le langage dans l'élaboration des connaissances.

« Avant d'être pleinement intériorisées, l'élucidation de sa propre pensée, la justification de son point de vue et, plus tard, l'argumentation proprement dite se construisent de façon interactive. C'est en essayant de répondre aux "pourquoi ?" et aux "comment ?" des autres élèves ou de l'enseignant (*"Pourquoi vous avez fait moins avec la calculette ?"* ou *"Comment vous avez fait pour mesurer ce morceau ?"*, que chacun est amené à revenir sur ses propres actions, à les décrire, à les défendre, à prendre conscience de leur pertinence et de leur validité. »[9]

La variété des interventions des élèves dans les mises en commun illustre cette potentialité : des formulations de sa solution, des reformulations par un autre élève, des explicitations, des demandes d'explication, des questions, des justifications, des raisonnements, des jugements sur un résultat ou une procédure... Mais, au-delà de l'analyse et de la critique des résultats ou des méthodes, ces échanges permettent de **faire émerger des critères de validation mathématiques**.

LES INTERVENTIONS DE L'ENSEIGNANT

Les différentes phases des situations essentielles (appropriation, recherche, mise en commun, synthèse et institutionnalisation) conduisent l'enseignant à faire des choix selon les caractéristiques de sa classe. Ceux-ci sont énoncés dans la description des situations essentielles. Des chroniques sur les phases d'appropriation, de validation sont plus particulièrement analysées dans des chapitres spécifiques[10]. Dans les mises en commun, au CE1, nous pourrions identifier une variété d'interventions portant notamment sur :

- ✔ la gestion des échanges, variable suivant les classes : organisation de la prise de parole, relance de certains élèves moins impliqués ;
- ✔ des demandes de reformulations, adressées à l'élève qui présente sa recherche ou à un autre ;
- ✔ des reformulations par l'enseignant lui-même, de ce que vient de dire un élève, dans le cas où les autres n'ont toujours pas compris son propos, sans toutefois y apporter d'éléments nouveaux ;
- ✔ des demandes d'explicitation ;
- ✔ des corrections d'erreurs de calcul ;
- ✔ le rappel d'un propos venant d'être évoqué.

Ces interventions favorisent le débat dans les classes où les capacités langagières de certains élèves les laisseraient trop souvent en retrait. Elles ne visent pas à leur enlever la responsabilité de la critique dans la mise en commun ; alors que des jugements, notamment mathématiques formulés par l'enseignant, en modifieraient la fonction.

9. Cf. ERMEL CE1 p. 34.
10. Cf. p. 16 et 202.

POUR LA PÉRIODE

Les activités d'accompagnement de la période 5 permettent d'entretenir le calcul (quinzaine 13), d'accentuer le travail sur les grandeurs (quinzaine 14) et d'entrainer sur la numération (quinzaine 15).

OBJECTIF
Construire une table de multiplication

LES NOMBRES RECTANGULAIRES : Recherche de solutions à « 8 x … = n » par réalisation de rectangles, puis directement

(cf. ERMEL CE1 p. 286)

Cette activité prolonge la phase 4 de la situation LES COMMANDES (p. 158) et son déroulement est analogue, mais cette fois la bande a une largeur de 8 carreaux et non de 10.

Il s'agit de déterminer des dispositions rectangulaires de n carrés. Plusieurs valeurs de n étant données, il faut trouver un moyen de mémoriser et d'écrire les configurations obtenues.

Matériel collectif
- Une affiche énoncé : « *Essayez de découper dans la bande un rectangle qui aura 8 carreaux sur un des côtés et … carreaux en tout.* »
- Des étiquettes-nombres pour compléter l'énoncé.
  Exemples : 24, 32, 40, 56, 64, 80, 96… (cf. CD)

Matériel pour deux élèves
- Plusieurs bandes rectangulaires de 8 carreaux de large et d'une quarantaine de carreaux de long (carreaux de 2 x 2 cm, par exemple).
- Une paire de ciseaux, une feuille de recherche et un feutre.

Recherche
La recherche se fait par deux.

Mise en commun
Les différentes productions sont présentées par leurs auteurs ; la façon dont elles ont été fabriquées est exposée ; leur validité est contrôlée.

Nouveau problème
L'enseignant écrit au tableau le répertoire partiel de la table de 8, correspondant aux rectangles qui viennent d'être fabriqués (voir exemple ci-contre).
Il indique alors : « *J'ai laissé de la place pour des résultats qui manquent… Complétez le répertoire en vous aidant des résultats déjà obtenus.* »

…
3 x 8 = …
4 x 8 = …
5 x 8 = …
…
7 x 8 = …
8 x 8 = …
…
10 x 8 = …
…
…

L'enseignant veillera à ne pas proposer tous les multiples de 8 de façon à ce que les élèves établissent les égalités pour ces nombres par calcul.

Recherche
Les élèves font leur recherche individuellement sur une feuille.
L'enseignant précisera, lorsque plusieurs résultats auront été trouvés : « *Trouvez le plus possible d'égalités du type "… × 8 = …", permettant de compléter le répertoire.* »

Mise en commun

L'enseignant demande (en montrant une première place vide) : « *Qui vient faire une proposition pour compléter cette ligne ?* » Des élèves font leurs propositions et présentent aussi le procédé qui leur a permis d'établir ces résultats. Tant les procédés que les résultats sont ainsi débattus et validés. Les autres lignes sont complétées de la même manière.

Trace écrite

Cette mise en commun sera suivie de la reproduction sur la feuille « mémo » de résultats multiplicatifs : les égalités qui viennent d'être établies pour la table de 8.

OPÉRATION PUZZLE (cf. ERMEL CE1 p. 294 et CD)

On remet à l'élève les « morceaux » d'un calcul de produit par un nombre à un chiffre avec la méthode canonique.

Exemple :

6	3	2	
2			x
2	6	5	

L'élève doit retrouver l'opération :

	3	2	6
x			2
	6	5	2

Les formes découpées sont toutes identiques pour que le problème ne porte que sur les calculs.

OBJECTIF
Lire le nombre de dizaines ou de centaines d'un nombre dans son écriture décimale

LES CAHIERS (cf. ERMEL CE1 p. 354 à 357)

L'enjeu est d'amener les élèves à réaliser une commande de cahiers sous forme de cartons de 100 et de paquets de 10. Cette situation se rapproche de la situation MINI-TARTARE dans sa formulation (il s'agit de groupements par 100 et 10).

Énoncé 1

« Les écoles de la commune achètent beaucoup de cahiers. Dans le tableau ci-dessous, vous trouverez les commandes de chaque école. La mairie fait une commande groupée. Les cahiers se commandent en cartons de 100 et en paquets de 10. Rédigez la commande pour la mairie de cette ville. »

Exemples de tableaux possibles

Écoles de la Croix Rousse	Nombre de cahiers
Les Pierres Plantées	200
Le Gros Caillou	110
Jacquard	123
Vaucanson	140
La Fontaine	205
Victor Hugo	60
Les Tables Claudiennes	100

Écoles de Vaulx en Velin	Nombre de cahiers
Jean Jaurès	400
Pablo Neruda	760
Youri Gagarine	323
Jean Vilar	3 000
Martin Luther King	2 500
Makarenko	1 045
La Coccinelle	1 397

Ensuite, les élèves vont devoir travailler avec une commande partiellement effectuée, ce qui va les amener à réaliser des groupements de paquets.

Énoncé 2

« Les directeurs de plusieurs écoles se mettent d'accord pour commander leurs cahiers ensemble. Combien de cartons de 100 et de paquets de 10 doivent-ils commander ? »

Exemple de tableau possible

Écoles	Nombre de cahiers	Nombre de cartons de 100 commandés	Nombre de cartons de 10 commandés
Les Pierres Plantées	200	2	0
Le Gros Caillou	110	1	1
Jacquard	123	1	3
Vaucanson	140	1	4
Victor Hugo	60	0	6
Les Tables Claudiennes	100	1	0
Youri Gagarine	323	3	3
Pablo Neruda	760	7	6

OBJECTIF
Estimer des ordres de grandeur

À chaque fois que la situation s'y prête, les élèves mesurent des longueurs :

- ✔ en mètres (la salle de classe, le terrain de sport, la piste d'athlétisme…) ;
- ✔ en centimètres (la table, le cahier…) ;
- ✔ en millimètres (les carreaux du cahier…)

Les déplacements pour la piscine, le voyage scolaire… sont l'occasion de travailler sur des mesures en kilomètres.

Pour que les élèves ne se fient pas à ce qu'ils voient, mais à ce qu'ils savent, ils travaillent sur l'annexe 3 (cf. p. 216) pour classer les longueurs par ordre de grandeur de l'objet réel représenté sur la fiche.

OBJECTIF
Ajouter ou retrancher 100

LES CARTES RECTO-VERSO (cf. ERMEL CE1 p. 170 à 174 et CD)

Nous indiquons ici les entrainements au calcul et à la reconstruction de résultats additifs pour les périodes 4 et 5.

Périodes 4 et 5	S'entrainer à la reconstruction rapide de résultats lorsqu'on ajoute 100 à un nombre de deux ou trois chiffres ou lorsqu'on retranche 100 à un nombre de trois chiffres.	« 18 + 100 », « 313 + 100 », « 913 + 100 », « 549 − 100 », « 726 − 100 », « 117 − 100 ».

Annexe 3 # ORDRES DE GRANDEURS

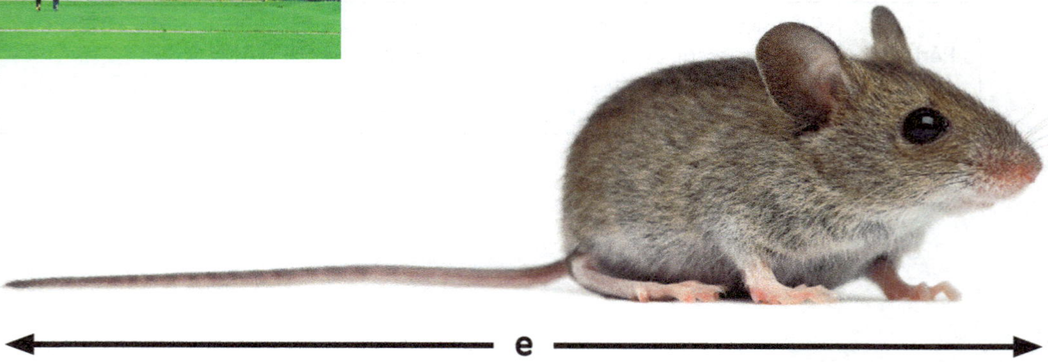

Éclairages sur LA CONTINUITÉ CE1-CE2

LA DÉCOUVERTE DE LA NUMÉRATION DE POSITION À PARTIR DU CP

Au CP, nous avions introduit la connaissance des règles d'écriture des nombres de notre système décimal de position, tout en associant à chacun des chiffres les quantités d'objets qu'ils représentent et en développant l'usage des groupements par 10 pour constituer ou dénombrer des collections. Les capacités de calcul, sollicitées dans une grande variété de problèmes, s'étaient enrichies par l'appui sur les dizaines et par le recours à l'écrit comme auxiliaire et support de la pensée.

LE DÉVELOPPEMENT DU CALCUL ÉCRIT AU CE1

Au CE1, les connaissances sur la numération sont étendues, la signification des chiffres est devenue familière. Dès le début d'année, des problèmes sont destinés à stabiliser ces savoirs. L'écriture des nombres d'objets et des groupements (10, 100...) remplace progressivement les dessins dans les procédés de résolution. Mais, surtout, le calcul écrit prend réellement son essor au CE1, avec :

- ✔ l'usage familier de la technique de l'addition ;
- ✔ le recours à la droite numérique pour faciliter les calculs ;
- ✔ l'amélioration de la gestion des essais écrits dans la résolution de problèmes ;
- ✔ l'emploi de la multiplication comme écriture équivalente et plus avantageuse (plus courte et signifiante) que l'addition réitérée ;
- ✔ les premiers pas dans le calcul multiplicatif (résultats mémorisés, produit d'un nombre par un nombre à un chiffre...) ;
- ✔ une technique opératoire de la soustraction, qui est enseignée en fin d'année en respectant une des conditions fondamentales de nos progressions : permettre aux élèves de contrôler ce qu'ils produisent.

LA CONTINUITÉ AVEC LE CE2

Au CE2, la numération, le calcul et la mesure se renforcent, ainsi que les liens entre eux. Les relations arithmétiques amélioreront la structuration d'un domaine numérique en extension, par une connaissance des multiples notamment. Cette structuration facilitera la mémorisation des résultats associés aux opérations. La technique opératoire de la multiplication sera développée, et celle de soustraction stabilisée avec l'évolution vers la technique française. L'approche des mesures sera étendue à d'autres grandeurs (masse, durée...)

LES CONDITIONS DE CES APPRENTISSAGES

Sans revenir sur l'éventail des décisions et interventions de l'enseignant dans la conduite d'une situation essentielle[11], avec notamment les propositions d'adaptation selon les caractéristiques des classes et les nécessités de différenciation, le début de l'année du CE2 comportera une prise en compte des difficultés rencontrées par des élèves.
Au début du CE1, il s'agissait aussi de permettre à certains – qui n'avaient probablement eu l'occasion au CP que d'appliquer des procédés – de retrouver une confiance dans leur capacité de chercher et de vérifier leurs solutions.
Au début du CE2, pourra persister, outre ces conceptions lacunaires de l'activité mathématique, une représentation limitée du champ de la numération (par exemple, la confusion entre le chiffre des dizaines et le nombre de dizaines d'un nombre) ou du calcul (par exemple, l'appui exclusif sur des mots inducteurs pour choisir une opération). Il est aussi possible que certains élèves ne disposeront pas de procédures mentales efficaces pour évaluer leurs solutions. La première période de l'année comportera donc des activités pour restaurer ces connaissances en redonnant aux élèves une maitrise de leurs productions.

LE RÔLE DES PROBLÈMES

Les problèmes proposés dans les situations essentielles auront un triple rôle dans l'acquisition de ces savoirs. Ils permettront :

- ✔ d'étendre les significations des notions récemment découvertes ;
- ✔ de faire évoluer les procédures de calcul ;
- ✔ de confronter les élèves à des recherches plus ambitieuses, favorisant de nouveaux raisonnements mathématiques.

11. Cf. p. 115 et 226.

COMPLÉMENTS DIDACTIQUES

De la recherche à la production de ressources

L'équipe ERMEL (Équipe de Recherche sur l'enseignement des Mathématiques à l'école Élémentaire) associée à l'IFé (ENS-Lyon) est constituée de professeurs des écoles et de maitres-formateurs, ainsi que de formateurs en mathématiques en ESPE et d'enseignants-chercheurs.

Pour élaborer des ressources répondant aux besoins de l'enseignement des mathématiques à l'école primaire, les recherches en didactique des mathématiques de l'équipe ERMEL comportent :

- ✔ une **analyse** préalable du savoir mathématique (problèmes, propriétés, représentations...) ;
- ✔ une **explicitation** des connaissances et des potentialités des élèves, s'appuyant sur des travaux de psychologie ou de didactique ;
- ✔ la **formulation** de problématiques d'apprentissages et d'enseignement ;
- ✔ l'**organisation** de l'étude des différentes notions en progressions sur l'ensemble d'un cycle ;
- ✔ l'**élaboration** de dispositifs d'enseignement et leur expérimentation pendant plusieurs années.

Ces étapes sont en interaction : par exemple, l'identification des connaissances et des potentialités des élèves est aussi issue des expérimentations de dispositifs pouvant conduire à repenser l'articulation entre les savoirs. L'approche même d'une notion a pu être remise en cause et repensée par ces expérimentations. La nécessité de résultats concordants a été un critère pour retenir des situations.

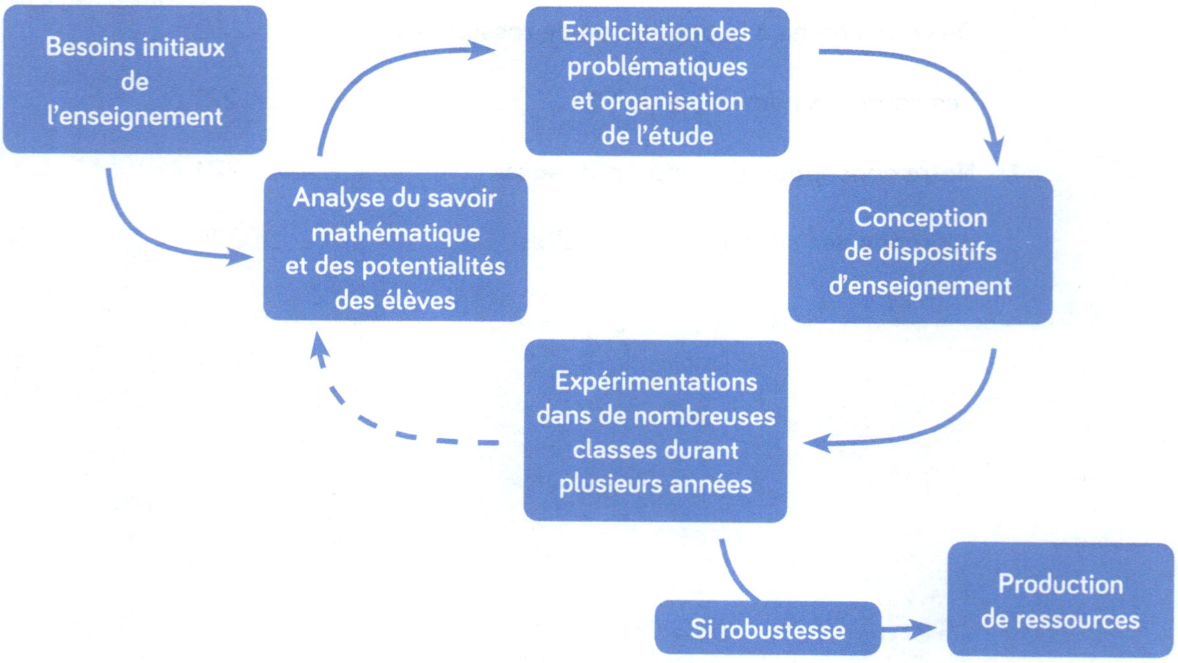

Grâce à cette méthodologie, les procédures et résultats décrits dans l'analyse de la situation sont bien ceux qui seront réellement produits par les élèves dans une classe particulière. L'enseignant peut ainsi anticiper ses décisions et ses choix.
Cette « robustesse » est liée à l'expérimentation de chaque situation, durant plusieurs années, dans plusieurs académies et dans des milieux sociaux différents.

Dans cette publication, nous avons choisi de donner la première place aux situations essentielles, qui contribuent en général à des sauts qualitatifs dans les apprentissages et qui constituent, dans un premier temps, des activités plus complexes à mettre en œuvre. Les pages suivantes explicitent les fondements de ces choix.

Les contenus numériques du CE1

LA NUMÉRATION

La structure des numérations orales et écrites

La « numération » recouvre l'apprentissage des désignations orales et écrites des nombres. Or, ces deux systèmes ont des structures très différentes : la numération écrite est une numération de position utilisant dix chiffres dont le zéro, la numération parlée est un système hybride associant le nom de groupements (dix, cent,...) et leur nombre (deux-mille-trois-cents) [cf. « La numération et ses enjeux » p. 67].

Les propriétés de la numération écrite chiffrée

Au CE1, avec l'étude de nombres à quatre chiffres, des méthodes d'identification des différents groupements (nombre de milliers, de centaines, de dizaines) et de comparaison des nombres sont :

- ✔ **renforcées** par le recours à ces groupements pour quantifier une collection (cf. l'activité LES TRAITS p. 34) ou pour la constituer (cf. la situation LES TIMBRES p. 60 et « Aider tous les élèves à comprendre la numération » p. 32) ;
- ✔ **institutionnalisées** par la compréhension de la valeur de chacun des chiffres : 7 158 est plus grand que 5 871 (cf. l'activité LE JEU DES 4 CHIFFRES p. 89 et « L'apprentissage de l'ordre et de la comparaison des nombres » p. 77) ;
- ✔ **étendues** grâce aux relations nouvelles que la multiplication, notamment par 10, permet d'établir : $320 = 32 \times 10$ (cf. « Entretenir les apprentissages sur les nombres » p. 150).

L'écriture de la numération parlée

Elle devient un objet d'étude, notamment ses régularités et irrégularités (cf. l'activité LES MOTS-NOMBRES p. 134)

La manipulation et ses limites

Dans les activités relevant de l'apprentissage de la numération, et notamment dans des problèmes de constitution de collections, les élèves peuvent encore recourir à des objets et plus largement à des représentations figurées. Toutefois, cet usage du matériel ne leur donne pas directement le résultat. C'est la structuration des groupements en dizaines, centaines, milliers ainsi que l'expression de ces groupements qui est l'objet de l'apprentissage (cf. « Intérêts et limites de la manipulation » p. 36, où le recours ou non à la manipulation dans le cas de difficulté est abordé).

LA MESURE

Les problèmes sur la mesure, proposés à partir du CE1, permettent des apprentissages inhérents aux concepts de grandeur et de mesure eux-mêmes, mais contribuent également à une nouvelle approche du nombre :

- ✔ les élèves sont amenés à distinguer grandeur et mesure (cf. la situation LES BANDES p. 105 et « La mesure » p. 113) ;
- ✔ le travail sur les longueurs donne une nouvelle représentation des nombres, qui concerne notamment leur ordre de grandeur (cf. l'activité LE SERPENT p. 135) ;
- ✔ certaines mesures peuvent être exprimées par des nombres composés comme « 14 cm et 3 mm » ; les nombres entiers en centimètres servent souvent de repères et traduisent parfois une approximation.

La relation entre mesure et numération

Par ailleurs, l'utilisation de différentes unités conduit à l'extension des formulations orales utilisant les groupements (3 m et 25 cm), à des décompositions et recompositions (3 m et 25 cm égale 325 cm), à des expressions suivant des unités intermédiaires, à des « conversions » entre unités.

Les apports de la mesure au calcul

Le travail sur la droite numérique et le calcul des écarts renvoie, de fait, à une comparaison portant sur des longueurs.
Les différents moyens de calcul découverts au CE1 sont réinvestis dans les activités de mesure (cf. « Les apports de la mesure à la numération et au calcul » p. 191). En effet, la détermination d'une longueur demandant une accumulation de mesures conduit les élèves à faire des regroupements de mesures pour faciliter le calcul (cf. la situation LE COULOIR p. 186).
Les activités de mesurage proposées permettent donc un réinvestissement des calculs additifs sur des sommes de plusieurs nombres et enrichissent les contextes multiplicatifs.

LES COMPOSANTES DU CALCUL

Le calcul additif et multiplicatif est développé sous ses différentes formes (cf. « Les procédures mentales : quelle continuité entre CP et CE1 ? » p. 56, « Le calcul et ses représentations » p. 75) :

- le calcul mental (cf. « Entrainement et automatismes » p. 130) ;
- le calcul instrumenté (cf. « Les calculatrices » p. 192) ;
- la technique écrite de l'addition (cf. « En début d'année, que faire avec ce que les élèves savent ? » p. 19) ;
- la soustraction, dont les enjeux sont explicités dans « Vers une technique opératoire de la soustraction » (p. 180), et pour laquelle notre choix d'une technique opératoire est présenté dans « La technique de la soustraction et les problèmes » (p. 211) ;
- la multiplication, traitée dans « La multiplication au CE1 » (p. 127), avec une présentation de la technique dans l'activité OPERATION PUZZLE (p. 214).

L'usage du calcul pour résoudre différents types de problèmes suppose aussi que des exercices d'entrainement confèrent une plus grande fiabilité aux procédures visées et à la mémorisation de résultats (tables). Ceux-ci sont présentés dans les activités d'accompagnement.

LES PROBLÈMES NUMÉRIQUES

Gérard Vergnaud précise : « *L'enseignant du CE1 est en effet confronté à un premier défi : aider les élèves à enrichir le champ de l'addition et de la soustraction à des classes de problèmes qui ne correspondent pas aux prototypes qu'ils se sont formés à un âge plus tendre (l'addition c'est une quantité qui accroit, la soustraction c'est une quantité qui décroit). Dès le cours préparatoire, et en tout cas au CE1, il est indispensable de confronter les élèves à des problèmes dans lesquels, en dépit du fait qu'il se produit une augmentation, il faut faire une soustraction, et en dépit d'une diminution, il faut faire une addition. Cela ne va nullement de soi pour beaucoup d'élèves jusqu'au CE2.* »[1]

Pour cela, dans le cadre de la théorie des champs conceptuels, il analyse les composantes d'un concept mathématique : les problèmes qui lui donnent du sens et que cette notion permet de résoudre, les propriétés et les représentations symboliques associées (par exemple : écritures ou schématisations diverses).

Une évolution des problèmes numériques

Depuis la maternelle, et plus encore au CP, les nombres, leur dénomination orale puis écrite sont devenus d'un usage quotidien. Ils sont aussi progressivement apparus comme des outils efficaces pour résoudre des problèmes. Ces problèmes concernaient d'abord la quantification, la constitution ou la comparaison de collections, l'établissement de repères.

Puis, ils ont permis d'anticiper la réunion de collections ou leur partage, ainsi que des déplacements sur une piste, et plus largement de résoudre différents types de problèmes additifs en ayant recours à des supports symboliques efficaces (cf. le paragraphe « Les représentations symboliques » p. 77).

L'évolution des procédures de calcul est précisée pour chacun des domaines : le champ additif (cf. « La résolution des problèmes additifs » p. 45) et le champ multiplicatif (cf. « La multiplication au CE1 » p. 127).

Les problèmes sont le plus souvent proposés avec des contextes variés. Ils consistent en des données et des contraintes qui expriment le but à atteindre puis en une question. Par exemple, dans un problème additif du type « recherche de l'état final » (cf. p. 45), l'état initial (« *Charles a 18 pin's* ») et la transformation (« *Il en donne 5 à la récréation.* ») sont donnés, le but (« *Combien lui en reste-t-il ?* ») est exprimé par la question.
Ces problèmes sont donc présentés avec un énoncé, pour lequel des variations sont possibles concernant la place de la question, le type de contexte (plus ou moins familier), la présence éventuelle de données superflues... (cf. le paragraphe « La diversité des problèmes » p. 68)

Par ailleurs, conjointement à l'amélioration des compétences de calcul, cette communication de l'énoncé évolue. Elle a d'abord été orale, accompagnée d'une affiche récapitulant les données, au début du CP, puis écrite avec l'accès à une lecture autonome d'un énoncé. L'évolution du statut de l'écrit autorise en effet à ce stade à proposer des problèmes à énoncé écrit.

Pour un certain nombre de ces problèmes toutefois, plusieurs phénomènes apparaissent dans la résolution :

- les élèves perçoivent rapidement le but à atteindre (ce n'est donc pas à ce niveau que va se situer leur travail de recherche) ;
- ils se détachent des représentations (par exemple, ils n'ont plus besoin de dessiner les objets, comme ils pouvaient le faire) ; ils travaillent donc sur des nombres ;
- ils font donc porter leur recherche sur la manière d'effectuer le calcul en passant progressivement à des améliorations liées à la plus grande fluidité de leurs calculs, à la disponibilité des résultats mémorisés, voire à l'automatisation de certains calculs partiels ; l'enseignant doit donc pouvoir repérer cette diversité de méthodes, estimer si elles sont appropriées au problème (donc si les résultats produits sont ceux attendus, aux erreurs éventuelles de calcul près), notamment pour les mises en commun.

1. Vergnaud G., Préface d'ERMEL (« Apprentissages numériques et résolution de problèmes au CE1 »)

Vers la résolution de problèmes ne portant que sur des nombres

Dans les procédures de calcul, plusieurs savoirs mathématiques sont utilisés et se renforcent. En particulier, au CE1 à partir du second semestre, le calcul commence à constituer un outil autonome. Cela conduit à proposer des problèmes ne portant que sur des nombres.
Dans les problèmes ne visant pas l'institutionnalisation d'une notion, les élèves ont l'occasion d'élaborer des procédures de calcul plus développées (PARTAGES p. 100, LES ŒUFS p. 102, LE THÉ DES MAITRESSES p. 196, LES AIMANTS p. 197). En fait, cette approche s'intègre dans notre conception du calcul, plus globale qu'un apprentissage compartimenté des techniques opératoires. Les situations essentielles d'introduction de la multiplication ont d'ailleurs montré cette imbrication entre l'ancien et le nouveau.

Au CE2, et surtout au CM, les problèmes uniquement numériques permettront aussi de développer des procédures de preuve, qui se baseront sur des raisonnements mathématiques plus élaborés que la vérification des contraintes de l'énoncé.

Les savoirs mathématiques qui relèvent de la numération, du calcul et de la mesure se mêlent. L'articulation entre problèmes contextualisés et décontextualisés est d'ailleurs illustrée dans « L'apprentissage de l'ordre et de la comparaison des nombres » (p. 77).

Notre conception des apprentissages

Dans cette partie, quelques caractéristiques des processus d'apprentissage complètent les éléments présentés dans les situations essentielles ou dans les rubriques « Questions sur » et « Éclairages sur ».

Les notions mathématiques ne se réduisent pas à des écritures et des propriétés. Leur apprentissage associe des problèmes où elles apparaissent nécessaires, mais aussi divers modes de représentation langagiers ou iconiques, ainsi que des connaissances mises en œuvre par les élèves sans en avoir toujours conscience. L'acquisition de ces notions conduit à analyser ces différents aspects, éclairés par des travaux de didactique et de psychologie. Si nous n'avons pas cherché à faire une présentation résumée des théories de ces domaines, nous avons indiqué ce qui nous semblait incontournable pour permettre cet éclairage sur les composantes de l'apprentissage. Par ailleurs, les synthèses présentes dans le référent ERMEL permettent au lecteur d'approfondir ces aspects.

LES CONNAISSANCES SE CONSTRUISENT SUR LE LONG TERME

Les principaux apprentissages du CE1 se construisent sur une longue période de temps. Cela était déjà exprimé pour les apprentissages introduits au CP, en particulier la numération écrite et le calcul additif sous ses différentes composantes (résolution des problèmes additifs, procédures mentales, techniques écrites, notations…)

Par exemple, la soustraction apparaitra comme un outil efficace pour résoudre les problèmes de recherche d'une transformation positive principalement au CE2. Plus tard au collège, les nombres négatifs seront introduits et les élèves apprendront à faire des additions et des soustractions avec ces nombres.

De même, la maitrise des groupements par 10, par 100, par 1 000, ainsi que l'identification du nombre de dizaines dans un nombre à trois chiffres, continueront à être travaillées au CE2. Ce savoir sera déterminant pour la connaissance des nombres décimaux et de leur écriture abordée au CM.

Il est nécessaire que l'élève puisse réinvestir ses connaissances dans les problèmes qui leur sont associés. L'apprentissage s'inscrit donc dans la durée.

La dialectique outil/objet

Dans la résolution de problèmes – par exemple ceux proposés dans les situations essentielles –, les élèves doivent élaborer de nouveaux outils qui peuvent émerger à travers leurs actions sans qu'ils sachent déjà les identifier. Lors des phases de mise en commun ou de synthèse, ces outils sont peu à peu explicités en termes familiers et liés directement à la situation, puis employés dans la résolution d'autres problèmes. Ils prennent alors un caractère plus général, permettant une institutionnalisation, leur donnant un nouveau statut, celui « d'objets » décontextualisés, détachés du problème particulier qu'ils ont permis de résoudre. Ils sont aussi dépersonnalisés : les processus, décisions, allers-retours, qui ont conduit à leur élaboration, sont gommés. Ils sont considérés d'un point de vue culturel, ayant leur place dans un édifice plus large qui est le savoir savant à un moment donné, reconnu socialement.

Les connaissances mathématiques sont donc tour à tour des outils efficaces pour la résolution de problèmes et des objets étudiés pour eux-mêmes, ce que Régine Douady appelle « la dialectique outil/objet ».

LE RÔLE DES PROBLÈMES

Notre conception de l'enseignement privilégie l'activité mathématique de l'élève dans l'acquisition des connaissances. Cette activité se développe notamment par la résolution de problèmes, dans lesquels les élèves, face à des situations auxquelles ils n'ont pas été confrontés, ont à élaborer une méthode de résolution, et où ils ont à contrôler eux-mêmes leurs résultats.

Ces problèmes contribuent à établir une relation favorable avec les mathématiques afin que l'élève puisse prendre confiance dans ses capacités de résolution et ses capacités de progression.
Ils leur permettent aussi d'apprendre à chercher, à faire des essais, à utiliser à bon escient leurs connaissances.
Le déroulement des situations essentielles propose des organisations favorisant cette approche.

Dans la progression proposée, les problèmes permettent une évolution des connaissances de différentes façons :

- ✔ Certains problèmes ont pour but de mettre en évidence aux yeux des élèves les limites des procédures qu'ils vont mettre en œuvre. Sans chercher à être exhaustif, c'est le cas notamment de la situation LES TIMBRES (p. 60), avec le recours aux dizaines pour constituer une collection.
- ✔ D'autres visent à améliorer des procédures existantes, par exemple la situation SUR LA PISTE (p. 70), avec un appui sur la droite numérique facilitant le recours aux dizaines dans le calcul, ainsi que la situation LES ÉCARTS (p. 170), avec le calcul des différences.
- ✔ Il ne suffit pas qu'une connaissance soit rencontrée dans un seul contexte. « *Une connaissance n'est pleinement opératoire que si elle est mobilisable dans des situations différentes de celles qui ont servi à lui donner naissance.* »[2]
- ✔ Les connaissances se construisent dans la résolution de problèmes, où les élèves peuvent élaborer ou mettre à l'épreuve des procédures, qui vont donc évoluer ; puis par le réinvestissement de méthodes produites par d'autres élèves lors des phases d'échanges et notamment lors des mises en commun.

LES INTERACTIONS LANGAGIÈRES

Elles jouent un rôle important dans les apprentissages.

Nous avons évoqué l'accompagnement oral par l'enseignant dans de nombreuses situations essentielles, pour permettre aux élèves de comprendre la consigne, pour encourager des élèves lors de la recherche, pour faire formuler ou reformuler une procédure ou plus largement pour solliciter un élève qui ne s'est pas exprimé.

Les interactions entre pairs permettent aux élèves de :

❶ Comprendre les consignes

Cette compréhension bénéficie des reformulations d'autres élèves, prévues dans les phases d'appropriation, grâce à des relances de l'enseignant. Au début du CE1, les buts et contraintes des problèmes sont communiqués oralement, puis progressivement le recours à l'écrit est développé.

❷ Élaborer ensemble une solution

Dans des phases de recherche de certaines situations, les élèves travaillent par deux ou en équipe afin de les inciter à expliciter leurs méthodes et à les justifier. Cela permet à certains élèves, pouvant avoir moins confiance en eux, de s'impliquer réellement dans l'activité. Dans ces situations, les élèves vont donc avoir à confronter leurs choix pour se mettre d'accord sur une réponse unique. Dans d'autres situations, ils pourront avoir à fournir une information à d'autres élèves.
Ces groupes peuvent être homogènes, en particulier si les valeurs de la situation doivent être adaptées aux connaissances des élèves, ou hétérogènes ; dans ce dernier cas, un rôle particulier peut être attribué à certains élèves (« marchand », « banquier »...). Des indications dans les descriptifs précisent comment ces décisions peuvent être prises pour qu'aucun élève ne reste en retrait.

❸ Formuler des méthodes

Dans les mises en commun, les élèves vont donc pouvoir formuler le résultat de leurs actions, expliciter leurs méthodes, exprimer des remarques, des questions ou des critiques à propos de productions ou de propos d'autres élèves, reformuler, souvent sur la sollicitation de l'enseignant, ce que ceux-ci ont dit.
Ils peuvent ainsi se décentrer de leur propre méthode, apprécier ce qui est intéressant dans les productions d'un autre, et le réinvestir dans une phase suivante de la situation ou dans une autre.
Ces échanges les conduisent non seulement à prendre conscience de ce qu'ils ont fait, à comprendre des méthodes plus efficaces, mais aussi à préciser leur vocabulaire, à passer par exemple d'expressions liées à l'action sur des objets aux relations entre les nombres en jeu.

❹ Critiquer des résultats et des méthodes

Les élèves vont d'abord vérifier si les contraintes de l'énoncé sont satisfaites. Puis ils vont, avec leurs mots, formuler des jugements sur les procédures utilisées, soit en termes de validité de la procédure, soit en termes d'efficacité, de rapidité... Ces critères de jugement se précisent au cours des échanges, lors des mises en commun.

---

2. Cf. ERMEL CE1 p. 21.

À propos des situations essentielles

Informations synthétiques sur les principaux moments du déroulement des situations essentielles

« La profession d'enseignant est une profession dont on ne mesure pas toutes les compétences qu'elle exige. On prend mieux la mesure de cette expertise lorsqu'on observe le maitre ou la maitresse dans leur classe : ils prennent des décisions importantes avec une fréquence rare dans la plupart des autres professions. »[3]

LA PRISE EN COMPTE DES CONNAISSANCES DES ÉLÈVES

Les situations de cet ouvrage conduisent les élèves à acquérir des savoirs en s'appuyant sur la résolution de problèmes. Cela suppose qu'ils disposent des connaissances nécessaires pour comprendre l'énoncé proposé et produire une première recherche. Cette condition est explicitée pour chacune des situations essentielles ainsi que dans « Les situations essentielles » (p. 115) qui en expose les principales fonctions.

Toutefois, en début d'année, les élèves peuvent disposer de connaissances très diverses que l'enseignant n'a pas encore eu la possibilité de repérer, ou avoir une représentation des mathématiques qui, quel que soit l'énoncé, privilégie l'application des dernières techniques acquises, par exemple l'addition, plutôt qu'un choix réfléchi de méthode. Aussi, « En début d'année, que faire avec ce que les élèves savent ? » (p. 18) et « Les procédures mentales : quelle continuité entre le CP et le CE1 ? » (p. 56) précisent les adaptations ou reprises du CP nécessaires.

LA STRUCTURATION DES SITUATIONS ESSENTIELLES

Le descriptif de la 1re colonne

La première colonne expose l'ensemble des activités des élèves et des actions de l'enseignant.

Les expérimentions conduites durant plusieurs années dans de très nombreuses classes, dans des milieux sociaux variés, ont montré la robustesse de ces situations : les possibilités de productions des élèves et les décisions de l'enseignant qu'elles entrainent sont exposées.

Le descriptif des situations essentielles propose un déroulement en phases (et étapes lorsque c'est nécessaire), ainsi qu'un nombre indicatif de séances. Dans notre rédaction des situations, une phase n'est pas une séance. La phase est une entité cohérente du point de vue de l'activité mathématique qui, sauf exception, n'a pas vocation à être segmentée. La séance est une unité temporelle que nous pouvons estimer à une quarantaine de minutes maximum au CE1. Une séance peut donc comporter plusieurs phases d'une même situation.
Pour ne pas prolonger la séance au-delà d'un temps raisonnable, ou être conduit à interrompre la séance « abruptement » en cours de phase, il est préférable de conclure la séance à la fin d'une phase et de reporter la suivante à une séance ultérieure. Le temps restant peut-être consacré à des activités courtes d'accompagnement ou d'entrainement, par exemple.

La rédaction des situations telle que nous l'avons conçue dans cet ouvrage, avec une structuration en phases et en séances, peut donner l'impression qu'il est important que, pour chaque séance, les élèves parviennent aux conclusions attendues dans le cadre défini : ce n'est pas le cas. Il faut que les élèves se confrontent réellement aux problèmes, qu'ils mettent à l'épreuve leurs stratégies pour les faire évoluer.
Ainsi, le temps nécessaire aux prises de conscience individuelles peut être variable d'une classe à l'autre ou d'un élève à l'autre. L'enseignant doit par conséquent, en fonction du déroulement des séances, faire des choix « à chaud », en cours de mise en œuvre, comme interrompre une séance et remettre à plus tard certains apprentissages ou au contraire la prolonger un peu pour laisser aux élèves le temps d'aller au bout d'une idée. C'est aussi la fonction des commentaires en 2e colonne d'indiquer des repères pour identifier les connaissances des élèves, ainsi que des choix pour chaque classe en fonction de leur profil.

Les commentaires de la 2e colonne

Ils présentent :

- ✔ la diversité des procédures et les difficultés éventuelles (qui bien entendu peuvent ne pas se retrouver dans chaque classe) ;

3. Vergnaud G., Préface d'ERMEL (« Apprentissages numériques et résolution de problèmes au CE1 »)

- ✔ les possibilités d'adaptation de certaines variables des situations, comme le choix des valeurs numériques souhaitables selon les compétences des élèves
- ✔ des formes de travail (groupes homogènes ou hétérogènes, selon les caractéristiques des classes) ;
- ✔ des éclairages sur les mises en commun, les synthèses et les activités en prolongement des situations essentielles.

Indépendamment de ces conditions, les choix pédagogiques ou la structure des classes peuvent conduire un enseignant à privilégier une forme de travail en partie différente de celle proposée. Le seul critère à ces adaptations réside dans **le maintien d'une activité mathématique pour chaque élève**.

LA MISE EN PLACE D'UN CONTRAT FAVORABLE

Il est nécessaire que les élèves prennent confiance dans leur capacité à résoudre les problèmes proposés, et pour cela qu'ils puissent choisir leur méthode. Progressivement, ils vont comprendre que ce sont eux qui doivent contrôler leur résultat, c'est-à-dire le confronter au but à atteindre, et qu'en général ils peuvent recommencer, modifier…

Donner aux élèves cette responsabilité, non seulement de produire une méthode mais aussi de valider leur résultat, est une composante essentielle du rapport aux mathématiques que nous souhaitons instaurer (cf. la situation LA RENTRÉE p. 14, et plus largement les activités de la période 1).

LES POSSIBILITÉS DE DIFFÉRENCIATION

Nous rappelons à chaque situation essentielle les choix de différenciation qui peuvent permettre de l'adapter aux possibilités des élèves. Les principaux choix sont les suivants (cf. « La différenciation » p. 173) :

- ✔ différenciation par les procédures (accepter que les élèves utilisent des procédures différentes mais compatibles avec les contraintes de la situation) ;
- ✔ différenciation par les variables (valeur des données de l'énoncé, par exemple) ;
- ✔ différenciation par les aides :
  - en particulier l'accompagnement de l'enseignant pour encourager, rappeler la tâche…
  - mais aussi les aides à la formulation (cf. « Favoriser le débat sur les procédures de résolution » p. 202).
  - nous ne proposons pas comme aide la manipulation d'objets, car l'expérience montre les limites du recours à un matériel comme substitut de la résolution avec des nombres, en particulier les illusions qu'elle risque d'entrainer sur les apprentissages réels des élèves (cf. « Intérêts et limites de la manipulation » p. 36) ;
- ✔ différenciation par les rôles : évoquée dans plusieurs situations quand les élèves ont un rôle de « marchand » (cf. aussi « Les classes à plusieurs niveaux » p. 151) ;
- ✔ différenciation par la tâche en proposant, par exemple, des activités spécifiques aux plus faibles (cf. « Aider tous les élèves à comprendre la numération » p. 32) ; « Les classes à plusieurs niveaux » (p. 151) décrit des possibilités d'organisation dans le cas où les tâches sont structurellement différentes.

L'APPROPRIATION DU PROBLÈME

Plusieurs situations essentielles comportent une phase d'appropriation qui vise à permettre à l'élève de comprendre le but et les contraintes du problème (cf. LES BANDES p. 105).

Dans certaines situations, des interventions de l'enseignant sont suggérées pour accompagner les élèves, par exemple en les aidant à verbaliser, ou en faisant un point intermédiaire sur les règles (LE CAISSIER p. 22).

Pour d'autres situations, on peut proposer une phase 0 (ou une étape 0). Par exemple, dans LE CAISSIER (p. 22) ou PARTAGES (p. 100), pour des élèves n'ayant jamais abordé de tels problèmes, ceux-ci sont présentés avec moins de contraintes (cf. aussi « Des choix de l'enseignant pour relancer la recherche » p. 16). Cette présentation peut être faite préalablement à l'activité menée avec la classe entière.

Mais si plusieurs groupes ou élèves interprètent différemment le but ou les règles, l'enseignant arrête alors cette phase, fait reformuler ce qui est cherché, et fait analyser si ces premières réponses apportées par les élèves sont conformes. Dans ce cas, avant de relancer la recherche, on évitera un échange sur les procédures (cf. les situations LA RENTRÉE p. 15 et PARTAGES p. 100).

LA RÉSOLUTION DU PROBLÈME

Dans plusieurs situations, nous présentons des pistes d'accompagnement des phases de recherches par l'enseignant. Dans ces phases, il n'intervient pas pour « guider » les élèves – ce qui de plus serait contradictoire avec la mise en place d'un contrat favorable à la résolution de problème –, mais leur laisse le temps de chercher.

Nous évoquons dans les situations des types d'encouragement ou de reformulation de ce qui est cherché, ou de proposition d'aide selon la procédure mise en place (cf. « Des choix de l'enseignant pour relancer la recherche » p. 16).

LA PHASE DE VALIDATION

Différents types de validation sont envisagés suivant les situations. Mais pour qu'un apprentissage soit possible, et plus particulièrement pour que tous les élèves prennent conscience des erreurs ou des limites de leurs procédures, il est nécessaire de pouvoir analyser les différentes productions collectivement.
Au CE1, les élèves peuvent souvent valider leurs résultats par la vérification des contraintes de l'énoncé à partir du calcul, sans avoir recours à des objets physiques. De plus, la validation pratique, c'est-à-dire le fait de vérifier avec les objets si le résultat est correct peut conduire à un constat du type « c'est bon », sans une interrogation fructueuse sur les procédures.

Les phases de validation se déroulent souvent sous la forme de mises en commun qui ont plusieurs fonctions :

- ✔ valider les solutions et les méthodes, les faire formuler pour que les élèves puissent expliciter leurs choix et les remettre éventuellement en question (cf. page précédente) ;
- ✔ permettre la diffusion des méthodes que l'enseignant pense accessibles à chacun (en particulier celles que les élèves aux connaissances les plus faibles peuvent comprendre) ; l'enseignant choisit, en termes de savoir, un objectif pour la mise en commun.

Ces phases sont parfois plus délicates à gérer : leur fonction est de permettre aux élèves de prendre en charge la validation sous le contrôle de l'enseignant. Celui-ci doit donc organiser cet échange, favoriser les prises de paroles des élèves qui sinon ne s'exprimeraient pas, garantir que la critique des productions s'effectue selon des critères mathématiques, sans porter lui-même de jugement pouvant annihiler le débat. La formulation des solutions par les élèves, et celle des remarques ou des critiques par d'autres, surtout en début d'année, peut, selon les classes, nécessiter un accompagnement par l'enseignant (cf. « Favoriser les débats sur les procédés de résolution » p. 202).

Pour pouvoir identifier les erreurs et préciser les apprentissages auxquels peuvent accéder les élèves à l'issue de la mise en commun, il est nécessaire de prendre le temps d'analyser préalablement les productions, et pour cela, le cas échéant, de différer cette mise en commun (par exemple après la récréation ou à la séance suivante).

LA SYNTHÈSE ET LA TRACE ÉCRITE

La synthèse construite à partir des formulations des élèves aboutit en général à une trace écrite (cf. « La production de trace écrite » p. 165).

Très souvent, la situation essentielle est suivie d'une reprise (décrite dans la situation elle-même). Elle permet notamment aux élèves de réinvestir des méthodes explicitées lors de la mise en commun.
Par ailleurs, nous présentons dans « Les activités d'accompagnement » (p. 8) la variété et la répartition des situations d'entrainement pour consolider les apprentissages.
« Autonomie des élèves et technologies » (p. 85) précise le rôle des outils numériques pour ces entrainements.

ANNEXES

Index

La fonction de cet index est de permettre un passage de la mise en œuvre d'une situation à un éclairage complémentaire. Il ne vise pas l'exhaustivité.

De nombreux termes ont des significations usuelles dépourvues d'ambiguïté et ne demandent pas à être précisés. D'autres termes, comme « différenciation », « phase », « variable »... sont fréquemment utilisés et commentés dans le descriptif des situations essentielles ou des accompagnements. Les termes cités ci-dessous renvoient essentiellement aux rubriques « Questions sur... » de fin de quinzaine et « Éclairages sur... » de fin de période. Ils correspondent plus rarement aux descriptifs des situations, notamment aux commentaires qui les accompagnent en seconde colonne (ces dernières références figurant en italique).

Les compléments de fin d'ouvrage (cf. p. 219-228) apportent aussi des synthèses sur la numération, le calcul, notre conception des apprentissages et les situations essentielles.

Les principales références sont indiquées en gras.

A

C

D

E

G

H

I

Bibliographie

- ARGAUD H.-C. COLENSON A. (2005), « Procédés d'élèves pour calculer une différence », *Revue Grand N*, n° 71, IREM de Grenoble, 39-62.
- ARTIGUE M. (2005), « L'intelligence du calcul », *Actes de l'Université d'été de Saint-Flour, Le calcul sous toutes ses formes.*
- BAROUILLET P. et CAMOS V. (2006), *La cognition mathématique chez l'enfant*, Éd. Solal, Marseille.
- BEDNARZ N. et JANVIER B. (1984), « La numération : les difficultés suscitées par son apprentissage », *Revue Grand N*, n° 33, IREM de Grenoble.
- BIDEAUD J. (1988), *Logique et bricolage chez l'enfant*, Presses universitaires de Lille.
- BROUSSEAU G. (1986), « Fondements et méthodes de la didactique des mathématiques », *Recherches en Didactique des Mathématiques*, vol. 7~2, Éd. La Pensée Sauvage, Grenoble, 33-115.
- BROUSSEAU G. : http://guy-brousseau.com.
- BROUSSEAU G., BROUSSEAU N. (1991), « Le poids d'un récipient – étude d'un problème de mesurage en CM », *Revue Grand N*, n° 50, IREM de Grenoble, (pour les pages 80-83).
- BUTLEN D. et PEZARD M. (2007), « Conceptualisation en mathématiques et élèves en difficulté. Le calcul mental, entre sens et technique », *Revue Grand N*, n° 79, IREM de Grenoble, 3-32.
- CARCEL M., SERME M. (2003), « Où placer le trésor », *Revue Grand N*, n° 71, IREM de Grenoble, 61-84
- CONNE F. (1987), « Comptage et écriture des égalités dans les premières classes d'enseignement primaire », *Math/École*, n° 128, SRP Genève, 2-12.
http://www.ssrdm.ch/mathecole/wa_files/Mathecole_128.pdf
- CONNE F. (1987), « Entre comptage et calcul », *Math/École*, n° 130, SRP Genève, 11-23.
http://www.ssrdm.ch/mathecole/wa_files/Mathecole_130.pdf
- DEPP-MEN (2015), Note n° 84.
- DOUADY R. (1988), « Jeux de cadres et dialectique outil-objet », *Recherches en Didactique des Mathématiques 7.2*, Éd. La Pensée Sauvage, Grenoble.
- DOUADY R., Article « Mathématiques (didactique des) », Encyclopédie Universalis.
http://www.universalis.fr/encyclopedie/mathematiques-didactique-des/
- DURPAIRE J.-L. et MEGARD M. (dir) (2010), « Le nombre au cycle 2 », SCEREN.
http://media.eduscol.education.fr/file/ecole/00/3/Le_nombre_au_cycle_2_153003.pdf
- EL BOUAZZAOUI H. (1982), « Étude de situations scolaires des premiers enseignements du nombre et de la numération », thèse de 3e cycle, IREM de Bordeaux.
- Équipe de didactique des mathématiques de l'INRP (1988), « Un, deux, beaucoup, passionnément ! Les enfants et les nombres », *Rencontres Pédagogiques*, n° 21. INRP, Paris.
- Équipe de didactique des mathématiques de l'INRP (1995), « Chacun, tous… différemment ! Différenciation en mathématiques au cycle des apprentissages », *Rencontres Pédagogiques*, n° 34. INRP, Paris.
http://lara.inist.fr/bitstream/handle/2332/1260/INRP_RP_95_34.pdf
- ERMEL (2006), Apprentissages géométriques et résolution de problèmes, Cycle 3, Éd. Hatier.
- ERMEL (2005), Apprentissages numériques et résolution de problèmes, GS, Éd. Hatier.
- ERMEL (2005), Apprentissages numériques et résolution de problèmes, CP, Éd. Hatier.
- ERMEL (2005), Apprentissages numériques et résolution de problèmes, CE1, Éd. Hatier.
- ERMEL (2005), Apprentissages numériques et résolution de problèmes, CE2, Éd. Hatier.
- ERMEL (2005), Apprentissages numériques et résolution de problèmes, CM1, Éd. Hatier.
- ERMEL (2005), Apprentissages numériques et résolution de problèmes, CM2, Éd. Hatier.

- FAYOL M. (1990), L'Enfant et le nombre, Éd. Delachaux et Niestlé, Neuchâtel, Paris.
- FAYOL M. (2012), « L'acquisition du nombre », Que sais-je ?, Éd. P.U.F.
- FISCHER J.-P. (1987), « L'automatisation des calculs élémentaires à l'école », *Revue Française de Pédagogie,* n° 80, INRP, Paris.
http://ife.ens-lyon.fr/publications/edition-electronique/revue-francaise-de-pedagogie/INRP_RF080_2.pdf
- FUSON, K. C. (1991), « Relations entre comptage et cardinalité chez les enfants de 2 à 8 ans », In J. BIDEAUD, C. MELJAC & J.-P. FISCHER (Eds.), *Les chemins du nombre,* Lille.
- GUITTEL G. (1975), *Histoire comparée des numérations écrites,* Éd. Flammarion, Paris.
- IFRAH G. (1981), *Histoire universelle des chiffres,* Éd. Seghers, Paris.
- IFRAH G. (1984), *Les Chiffres ou l'histoire d'une grande invention,* Éd. R. Laffont, Paris.
- PORCHERON J.-L. (1998), *Production d'inférences dans la résolution de problèmes additifs* (Thèse Paris VIII, J.-F. Richard dir.).
- PROGRAMMES DE 2015 (M.E.N).
- REYDY C. (2013), Apprendre à poser des soustractions : quand l'enseignement spécialisé questionne les pratiques ordinaires sur les opérations (Recherche en Didactique des Mathématiques vol 33 p 183-218)
- RINALDI A.-M. (2016), Thèse sur l'enseignement et l'apprentissage du calcul soustractif en CE2, PARIS VII.
- RICHARD J.-F. (1998), Activités mentales, Éd. A. Colin, Paris,
- VERGNAUD G. (1986), « Psychologie du développement cognitif et didactique des mathématiques », *Revue Grand N,* n° 38, IREM de Grenoble, 21-40.
- VERGNAUD, G. (1985), « Concepts et schèmes dans une théorie opératoire de la représentation », *Psychologie Française,* 30 (3/4), 245-252.
- VERGNAUD, G. (1991), « La théorie des champs conceptuels », *Recherches en Didactique des Mathématiques,* 10(2/3): 133-170. Éd. La Pensée Sauvage, Grenoble.

Planning

		PÉRIODE 1			PÉRIODE 2		
		Quinzaine 1	Quinzaine 2	Quinzaine 3	Quinzaine 4	Quinzaine 5	Quinzaine 6
SITUATIONS ESSENTIELLES		LA RENTRÉE p.14-15	LE CAISSIER p. 21-27	LA BOITE JAUNE p. 37-42	LES TIMBRES p. 60-66	SUR LA PISTE p. 70-74	JULIE VA AU CENTRE COMMERCIAL p. 79-83
Séance n°	1	Phase 1 (étapes 1 et 2)	Phase 0 (optionnelle)	8 séances courtes (2 séances par phase)	Phase 1	Phase 1 (étapes 1 à 3)	Phase 1
	2	Phase 1 (étapes 3 et 4)	Phase 1		Phase 2 (étape 1)	Phase 1 (étape 4)	Phase 2
	3	Phase 2 : LE GOUTER	Phase 2		Phase 2 (étapes 2 et 3)	Phase 2 (étape 1)	Phase 3 : LE ZOO
	4		Phases 3 et 4		Phase 3 (séances courtes)	Phase 2 (étape 2)	
	5		Phases 5 et 6			Phase 3	

ACCOMPAGNEMENTS

	Quinzaine 1	Quinzaine 2	Quinzaine 3	Quinzaine 4	Quinzaine 5	Quinzaine 6
Connaissance des nombres	COMPTINE NUMÉRIQUE		LES FOURMILLiONS ou LES TRAITS			
	JEU DU FURET			JEU DU FURET		
	BANDE NUMÉRIQUE INDIVIDUELLE					
	ROULEAU DES NOMBRES					
	TABLEAU DES NOMBRES					
	JEUX DE PORTRAITS			JEUX DE PORTRAITS		
	CALCULATRICE					
	LABYNOMBRES et HEXANOMBRES					
					JEU DES 4 CHIFFRES	
		VERS LA DROITE NUMÉRIQUE				
Calculs additifs et soustractifs				LA CIBLE DES DIZAINES		
			DES NOMBRES SUR UNE LIGNE DROITE	DES NOMBRES SUR UNE LIGNE DROITE		
			DÉTERMINER L'ÉCART ENTRE DEUX NOMBRES	DÉTERMINER L'ÉCART ENTRE DEUX NOMBRES		
			CARTES RECTO-VERSO Jeux 1 à 5	CARTES RECTO-VERSO - Jeu 6		
			TABLE D'ADDITIONS	TABLE D'ADDITIONS		
		Dix-minos, loto, dominos, puzzles à colorier		Dix-minos, loto, dominos, puzzles à colorier		
						LES CUBES
Calculs multiplicatifs et de division						
Mesure						

☐ Mise en œuvre de l'activité d'accompagnement ☐ Prolongement de l'activité d'accompagnement

général

PÉRIODE 3			PÉRIODE 4			PÉRIODE 5		
Quinzaine 7	Quinzaine 8	Quinzaine 9	Quinzaine 10	Quinzaine 11	Quinzaine 12	Quinzaine 13	Quinzaine 14	Quinzaine 15
PARTAGES p. 100-102	LES BANDES p. 105-112	LES ENVELOPPES p. 116-126	MINI-TARTARE p. 142-149	LES COMMANDES p. 153-162	LES ÉCARTS p. 170-172	LE COULOIR p. 186-190	LE THÉ DES MAITRESSES p. 195-199	SOUSTRAIRE p. 207-210
Phase 1 (étapes 0 et 1)	Phase 1	Phase 1	Phase 1	Phases 1 et 2 (séance longue)	Phase 1 (étape 1)	Phase 1	Phase 1	Phase 1 (étape 1)
Phase 1 (étape 2)	Phase 2	Phase 2	Phase 2	Phase 3 (étape 1)	Phase 1 (étapes 2 et 3)	Phase 2	Phase 2	Phase 1 (étape 2)
Phase 2 : LES ŒUFS (étape 1)	Phase 3	Phase 3	Phases 3 et 4 : LES LOUCHES TROUÉES	Phase 3 (étape 2)	Phase 2	Phase 3	Phase 3 : LES AIMANTS	Phase 2
Phase 2 : LES ŒUFS (étape 2)	Phase 4 (courte)	Phase 4		Phase 4 (étape 1)		Phase 4 (séances courtes)		Phase 3
				Phase 4 (étape 2)				
JEU DU FURET								
		JEUX DE PORTRAITS						
	LES MOTS-NOMBRES							
					25, 50 ET 75			
	JEU DES 4 CHIFFRES						LES CAHIERS	
					LE PLUS PRÈS			
LA CIBLE DES DIZAINES								
JEUX DE MARIAGES 1a à 2c						JEU DE MARIAGES 2d		
	CALCULER DES ÉCARTS							
CARTES RECTO-VERSO - Jeu 7				CARTES RECTO-VERSO - Jeu 8			CARTES RECTO-VERSO - Jeu 8	
TABLE D'ADDITIONS								
Dix-minos, loto, dominos, puzzles à colorier							OPÉRATION PUZZLE	
BOITE JAUNE et LES CUBES								
			CARTES RECTO-VERSO MULTIPLICATIF Jeux 1 à 3					
			JEUX DE BATAILLE					
								LES NOMBRES RECTANGULAIRES
		LE SERPENT						
			LA GRANDE BANDE					
						ORDRES DE GRANDEURS		

En MAJUSCULES : activité décrite dans les « Essentielles »

En minuscules : activité décrite dans le référent ERMEL CE1

Des activités sur l'application TinyTap (sur tablettes et ordinateurs)

Notre choix s'est porté sur une application gratuite (en version standard) fonctionnant sur de multiples supports : TinyTap. Elle peut être utilisée sur iPad (sur l'App Store), tablettes Android (sur Google play), ordinateurs (http://www.tinytap.it).
Sur le CD-Rom intégré à cet ouvrage, nous fournissons plusieurs ressources et un mode d'emploi pour l'installation de l'application ainsi que les liens vers les activités citées ici.
Le principe de l'application TinyTap est de permettre d'exécuter et de créer des activités.

QUELQUES-UNES DES APPLICATIONS POSSIBLES

Nous ajoutons régulièrement des activités.
Elles sont réalisées au plus proche des situations des Essentielles. Pour les trouver saisir « ERMEL » dans le moteur de recherche de l'application.

Voici quelques exemples :

Les cubes : Appuyer sur le nombre manquant, le trouver et le saisir.

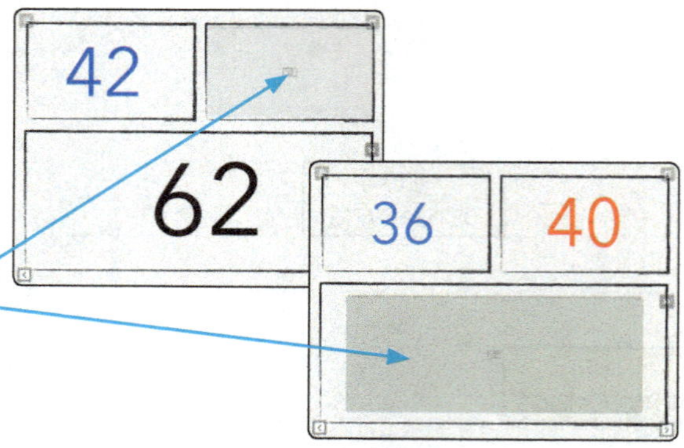

Les écarts : Appuyer sur le nombre le plus proche sur la droite numérique (nous avons fait en sorte qu'il n'y ait pas un « plus proche » en termes de distance sur l'écran pour éviter les confusions).

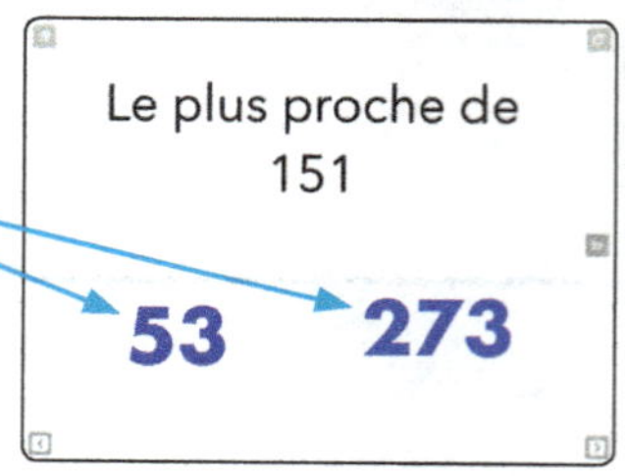

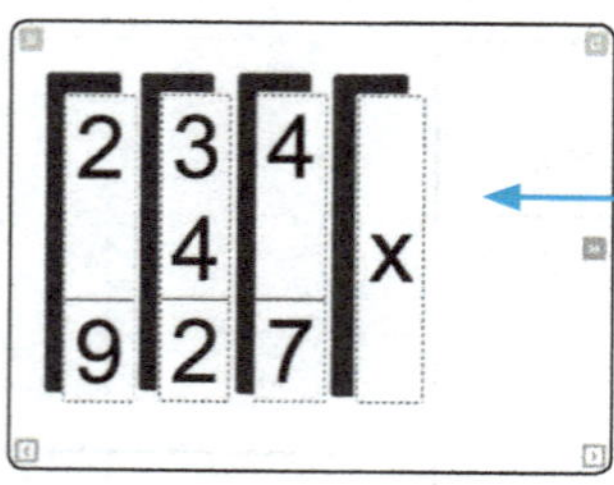

Opération Puzzle : Reconstituer les opérations en glissant les morceaux.

Hexanombres de 10 en 10 : Suivre le chemin de 10 en 10 (sur l'image la bonne case a été touchée, le logiciel indique que c'est correct par une petite animation).

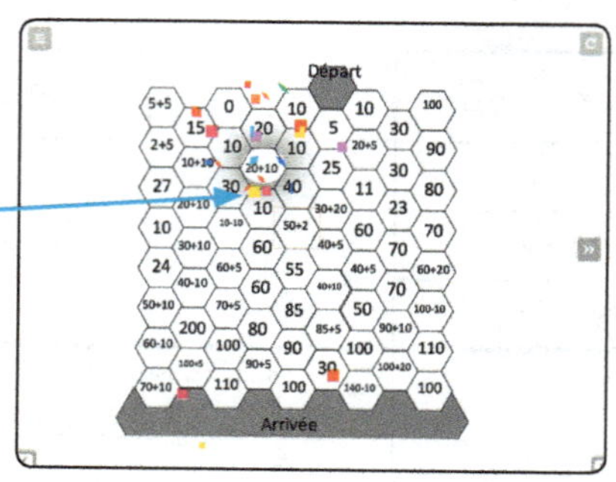

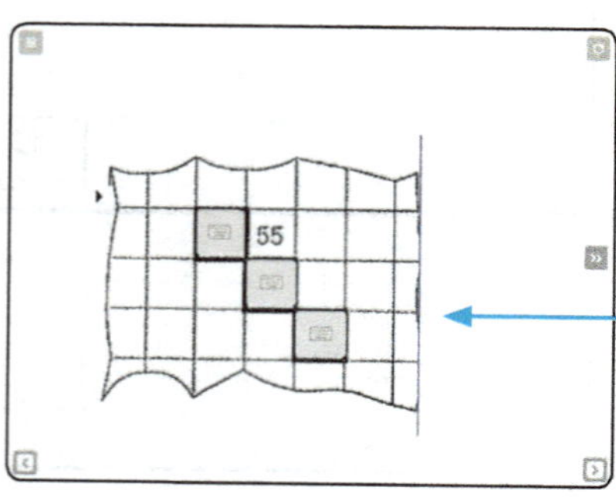

Appuyer sur les cases pour saisir les nombres.

Présentation du cahier de l'élève

Les essentielles d'ERMEL sont accompagnées d'un cahier de l'élève, fruit de l'expérience d'enseignants. Ses objectifs :

- ✔ **pour l'élève,** un cahier qui lui appartient, guide ses recherches, dans lequel il écrit, s'entraine ;
- ✔ **pour l'enseignant,** un outil qui permet de gagner du temps de préparation et remplace de nombreuses photocopies souvent difficiles à gérer en CE1 ;
- ✔ **pour tous,** un support qui garde trace de l'évolution de l'élève, permet d'évaluer ses acquisitions et qui fait le lien avec les familles.

LA STRUCTURE

Comme les essentielles d'Ermel CE1, le cahier est organisé en 5 périodes de 3 quinzaines chacune.

- ✔ les pages concernant les 3 situations essentielles de la période sont placées en premier, dans le même ordre, identifiées par leur nom et un onglet de couleur ;
- ✔ les pages relatives aux activités d'accompagnement de la période sont regroupées ensuite pour une utilisation pouvant varier selon les choix de l'enseignant ;
- ✔ les références aux pages correspondantes des deux ouvrages (Les essentielles et ERMEL CE1).

Un coin de couleur facilite le repérage des périodes, il contient les informations utiles à l'enseignant.

Une zone de date permet d'indiquer le jour où l'activité est réalisée et ainsi de repérer l'avancement dans l'année.

Une marge est présente sur chaque page, elle permet à l'élève et à l'enseignant de noter des informations sur l'activité réalisée.

Onglet en couleur pour récupérer rapidement la période

Nom de la situation

Les références aux essentielles et à ERMEL

Zone pour la date

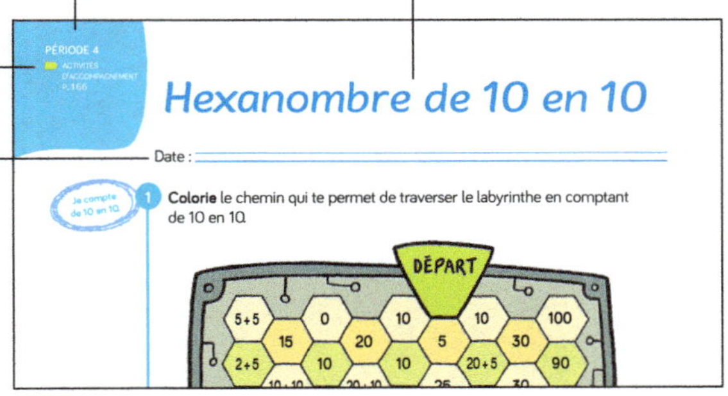

Un macaron bleu dans la marge des activités d'accompagnement explique à l'élève et aux parents ce qui est travaillé.

Des zones de recherche où l'élève peut écrire, dessiner, essayer…

Des zones Mémoire ou Trace, lignées où l'élève écrit ou colle ce qu'il a appris durant la séance.

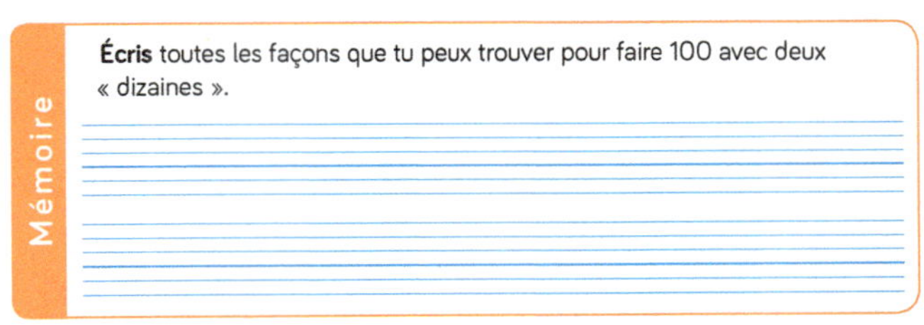

Des outils à disposition de l'éléve : des pictogrammes dessinés dans la marge indiquent quand l'élève peut utiliser les outils à sa disposition. C'est le cas notamment pour la calculette.

Notes

Notes

Table des illustrations

190	ph ©	Serhii Tsyhanok - stock.adobe.com
194 - g		TI106II © Texas Instruments
194 - d		FC 100N Junior © Citizen
216 - b	ph ©	Anna Elizabeth - stock.adobe.com
216 - c	ph ©	Lance Nelson / Getty Images
216 - d	ph ©	ewg3D - Istockphoto
216 - e	ph ©	Eric Issele - stock.adobe.com

Merci aux auteurs pour les prises de vues en classe et les documents « élèves » fournis pour cet ouvrage.

Achevé d'imprimer en France par Dupli-Print à Domont (95)
N° d'impression : 2017071175 – Dépôt légal : N°99876-8/01 - Juillet 2017